国家社科基金特别委托项目“马克思主义与儒学”课题资助

儒学前沿问题高端论坛2014
山东大学儒学高等研究院

重写儒学史

“儒学现代化版本”问题

许嘉璐/主编

人民出版社

总　序

许嘉璐

读者眼前的这套学术丛书，是国家社会科学基金特别委托项目“马克思主义与儒学”的研究成果（批准号 11@HZ009）。本项目自 2011 年 6 月正式立项以来，课题组举行了一系列学术研讨会，发表了一系列阶段性成果（包括一系列学术论文及其论文集）；在此基础上，陆续撰成了这套丛书。

项目共设计了六个子课题：除沈顺福教授负责的文献资料集成“马克思主义与儒学关系研究资料集成”外，包括下列五部专著。这些子课题之间，存在着某种逻辑关联：

1. 何中华教授负责的“马克思主义基本内涵及其历史形态研究”课题

要搞清楚马克思主义与儒学的关系，首先要分别搞清楚马克思主义和儒学各自的真实面貌，澄清误读，还原真相。为此，我们设计了“马克思主义基本内涵及其历史形态研究”和“儒学基本内涵及其现代性因素研究”两个子课题。

对马克思主义的误读，存在着两种情况。一种是“合理的误读”，这主要是由于跨文化交流中误读的不可避免性。在马克思主义的世界性传播中，各国的马克思主义者在解读马克思主义时，必然会受到本国的当代社会生活方式、历史文化传统、当前社会实践需要等方面的影响，这种影响有时是不自觉的，有时甚至是自觉的。这种影响既有共时性的一面，也有历时性的一面，这就需要研究马克思主义的国别形态和历史形态。另一种误读则是真正的误读，这主要是由于对马克思主义原典了解的不够全面、不够系统深入。事实上，许多马克思主义者对马克思主义原典的了解和理解确实是缺乏全面性和系统性的。无论以上哪一种误读，都需要我们重新研读马克思主义原典，以还原经典的马克思主义。

2. 黄玉顺教授负责的“儒学基本内涵及其现代性因素研究”课题

上述误读，同样存在于对儒学的了解和理解中。误读主要有两个方面。一方面是对儒学基本原理的误读。例如，儒学不仅具有“形上—形下”的观念层级，还有更具本源性和本真性的观念——生活或存在的观念；唯其如此，我们才能理解儒学何以能够既一以贯之，又可以穿越历史时空。又如，“仁义礼智”要么被解读为形而上的先验人性论的“德性”，殊不知先验人性论并非儒学的全部；要么被解读为形而下的伦理道德性的“德目”，殊不知伦理道德规范仅属于“礼”的范畴，而“仁义礼智”是一个立体的理论结构系统。另一方面则是对儒学与社会生活之关系的误读。一种常见的误读表现在中国哲学史研究领域，儒学被解读为一种西方哲学模式下的脱离现实生活的纯粹概念游戏；另一种常见的误读则表现在中国思想史研究领域，儒学被解读为一种实证主义史学模式下的琐碎的“流水账”，或者被解读为一种被误读的马克思主义历史观模式下的“封建主义意识形态”。这类误读导致了儒学真实面貌的遮蔽，尤其是儒学的现代性因素的遮蔽。事实上，儒学有不同的历史形态，如王权时代的儒学、第一次社会转型期的儒学、皇权时代的儒学、第二次社会转型期的儒学和民权时代的儒学；后面两种儒学形态对于我们探索儒学与马克思主义之关系问题具有关键意义。

3. 杨朝明教授负责的“马克思主义与儒学之关系的历史与现状研究”课题

马克思主义自传入中国之日起，便与儒学发生了关系。这种关系颇为复杂，且经历了若干历史性变化。大致而论，这种关系有时被理解为负面的对抗性关系（这种理解在五四新文化运动时期最为突出）；有时被理解为正面的吸纳性关系（如有学者认为中国文化与儒学也是马克思主义的来源之一）；还有一种“中道”的理解，认为两者之间存在着非同质，然而可融通的关系（今天持此观点的学者越来越多）。对上述马克思主义与儒学之关系的历史与现状的研究，对于本项目“马克思主义与儒学”的最终目标来说，具有提供历史经验教训的意义。

4. 颜炳罡教授负责的“中国共产党领导人之儒学与传统文化观研究”课题

众所周知，中国共产党历代领导人关于儒学与传统文化的观点是有所不同、有所发展的。那么，这种发展变化是否存在着某种规律？其间是否存在着某种一以贯之的东西？这对于正确理解党和国家的历史与现状、党的建设和中国式发展道路的探索具有怎样的意义？回答这些问题，是本课题的任务。

5. 何中华教授负责的“马克思主义与儒学的内在关系及其融合之可能性研究”课题

本项目的最终目标，是探索马克思主义与儒学之间的某种内在关系及其相互融合的可能性。这是一项极其重大而紧迫，然而却非常艰巨的任务。其重要性在于：中国的和平崛起必然要求马克思主义中国化，而这种中国化逻辑地蕴涵着马克思主义与作为中国文化主流的儒学之间的某种融合；否则，马克思主义中国化就是不可能的，从而中国的和平崛起也是不可能的。其紧迫性在于：当前，中国的改革开放、和平崛起已经进入了一个关键阶段，唯其如此，儒学已然成为党和国家的重要的叙事话语；然而，儒学与马克思主义之间的关系问题仍然没有得到适当的、遑论充分的阐述。而这项任务的艰巨性在于：马克思主义与儒学究竟怎样融合，这是一个十分复杂的理论课题。不论在哲学存在论的层面上，还是在伦理学、政治哲学的层面上，以及在其他社会科学的层面上，“马克思主义与儒学的融合”这个课题都需要丰富的感性、充分的知性、深刻的理性，乃至于深邃的悟性。用老子的话来说，这个课题既需要“为学日益”，也需要“为道日损”。这个课题需要学术大家和学术大师；而我相信，这个课题也能够培育出大家和大师。

鉴于此任务的艰巨性，本项目的研究成果仅仅是一种初步的探索，抛砖引玉而已。

目　录

代序　论“重写儒学史”与“儒学现代化版本”问题

黄玉顺

作为文化认同的“儒家”，其实没有什么“新”的；但作为学术形态的“儒学”却总是“新”的，即总是在不断地推陈出新，建构新的思想理论和学术形态。这是由儒学的秉性所决定的，所谓“日新其德”（《周易·大畜彖传》）①、“日日新、又日新”（《礼记·大学》）②。这是因为：儒学是一种积极入世的学问，每个时代的儒学都是在回应那个时代的问题，从而在观念上具有那个时代的特征，成为那个时代的学术形态，例如孔孟荀儒学之于中国社会第一次大转型时代、汉代儒学之于中华帝国缔造时期、宋代儒学之于中华帝国由盛转衰时期、明清儒学之于帝国后期的中国“内生现代性”（inherent modernity）问题、现代新儒学之于中国社会第二次大转型时代等。然而，一方面，现有的儒学史的叙述，例如所谓“宋明理学”研究，往往脱离了儒学的历史时代性质，成为一种纯粹的概念游戏，遮蔽了儒学的时代特征真相，有鉴于此，我们提出“重写儒学史”问题；另一方面，当代儒学面临着中国的现代化、现代性的生活方式、全球化等等问题，这就需要建构儒学的现代化学术形态，有鉴于此，我们提出“儒学现代化版本”问题，这是“续写儒学史”，即是另一种意义上的“重写儒学史”。

① 王弼、韩康伯注，孔颖达正义：《周易正义》，中华书局1980年影印版。

② 郑玄注，孔颖达正义：《礼记正义》，中华书局1980年影印版。

一、儒学与中国哲学的时代性问题

儒学与整个中国哲学从来都不是一成不变的，而是历史地发展着的、“与时偕行”的，即具有鲜明的时代性。因此，这里有必要谈一谈中国社会的历史形态及其转型问题。

就有可靠文字记载的历史来看，中国社会可以分为三个基本的历史形态：王权时代（列国时代）、皇权时代（帝国时代）、民权时代（民国时代）①。其间，中国社会有两次大转型：第一次是春秋战国时代（其中的观念转型可追溯到西周时期的“绝地天通”②），儒学正是在这个历史时代里建立起来的；第二次是我们身处其中的近代、现代、当代（这次转型尚未完成），出现了20世纪的现代新儒家③、21世纪的大陆新儒家那样的现代性的儒学④。于是，中国社会形态可以分为五大历史时代，每个时代有其特定的儒学思想理论形态：

社会时代	历史时期	儒学形态	观念时代
王权时代 （列国时代）	夏、商、西周	五经原典	前原创时代 （前轴心期）
中国社会 第一次大转型	春秋	孔子儒学	原创时代 （轴心时期）
	战国	孟荀儒学	
皇权时代 （帝国时代）	自秦汉至明清	汉唐儒学 宋明儒学 清代儒学	后原创时代 （后轴心期）
中国社会 第二次大转型	近代	洋务儒学 维新儒学	再创时代 （新轴心期）
	现代	现代新儒学	
	当代	大陆新儒学	
民权时代 （民国时代）			

① 这里所说的“民国”不是特指的“中华民国”，而是泛指的人民主权的国家形态。

② 黄玉顺：《绝地天通：天地人神的原始本真关系的蜕变》，《哲学动态》2005年第5期。

③ 参见黄玉顺主编：《现代新儒学的现代性哲学》，中央文献出版社2008年版。

④ 参见崔罡等：《新世纪大陆新儒家研究》，安徽人民出版社2012年版。

这里的“原创时代”、“再创时代”是我提出的概念，对应于雅斯贝斯的概念“轴心时期”（Axial Period）①，但涵义截然不同。② 所谓“原创”，是指的思想理论（包括哲学形而上学、作为形而下学的伦理学等）的创造，标志着人类理性觉醒，而走出了诗与神的时代，如中国春秋战国时期的诸子百家之学和西方古希腊的哲学、伦理学及科学等。而所谓“再创”是说的对原创时代那些基本观念的突破。原创时代的最根本特征是形而上学的建构，而再创时代则是对这套形而上学观念的解构，在解构的基础上重建形而上学、形而下学。

显然，在不同的历史时代，儒学有不同的思想理论、学术形态。在这个意义上，儒学总是“当代儒学”。然而奇怪的是，不论是赞同儒学的人，还是反对儒学的人，都往往将儒学与某个特殊的历史时代捆绑在一起，尤其是与“封建”、“专制”捆绑在一起，与农业社会、皇权帝国、家族主义等捆绑在一起。这是完全不符合儒学的历史事实的。这也是需要“重写儒学史”的理由之一。

所谓“重写儒学史”，不仅仅是叙述儒学的过去和现在，也包括创造儒学的未来，即创造儒学的历史。这就是“儒学现代化版本”问题。中国正在“现代化”，亦即正在走向“现代性”。这就意味着：尽管历史学意义上的近代儒学、现代儒学、当代儒学已是如此地丰富多彩，然而时代本质意义上的“现代儒学”却还在生成之中。③ 不单如此，还应当意识到：在这个全球化时代，儒学不仅是中国的，也将是世界的。因此，笔者最近提出了“世界儒学”（World Confucianism）的概念。④

以上就是两种意义上的“重写儒学史”：重新认识儒学的过去；由此创

① 雅斯贝斯：《历史的起源和目标》，华夏出版社 1989 年版，第 14、18 页。

② 黄玉顺：《生活儒学导论》，见《面向生活本身的儒学——黄玉顺“生活儒学”自选集》，四川大学出版社 2006 年版，第 38—40 页。

③ 这里严格区分两种不同意义的“现代”概念：一个是历史学意义上的“现代”，是与“近代”和“当代”相对的；另一个则是历史哲学意义上的“现代”，即是“现代性”意义上的概念。

④ 黄玉顺：《世界儒学——世界文化新秩序建构中的儒学自我变革》，未刊。这是笔者于 2014 年 10 月向在美国夏威夷大学举行的“世界文化秩序转变中的儒家价值观”（Confucian Values in a Changing World Cultural Order）国际学术研讨会提交的论文。

造儒学的未来。

二、关于“重写儒学史”问题

第一种意义的“重写儒学史”，说的是重写儒学过去的历史。之所以要重写儒学史，不仅因为历史总是要不断地被重写，更因为现有的儒学史的叙述存在着种种问题，而其中最严重的问题，就是将儒学的历史写成了一种脱离现实生活、无关历史时代、漠视社会痛痒的某种纯粹独立的理论逻辑过程。在现有的儒学史叙述中，我们看到的只是概念，看不到生活。

这方面最突出的表现，就是儒学史、中国哲学史研究领域关于所谓“宋明理学”的研究。“宋明理学”这个标签，把从宋代儒学（乃至上溯到唐代的韩愈等）到明代儒学，甚至明清之际，乃至清代前期的儒学标识为一个单一的纯粹的学术形态，掩盖或遮蔽了其中所存在的重大的时代转换问题。而事实是：在所谓“宋明理学”中，有的儒学是具有现代性的，或者说是走向现代性的；而有的儒学则是前现代性的，或者说是反现代性的、“保守”的甚至“反动”的。

这个问题涉及中国社会的第二次大转型、中国“内生现代性”问题。这里存在着一个简单明了的逻辑：现代性的生活方式的典型，是基于城市化进程中工商经济发展的市民生活方式①；市民生活方式必定产生现代性的观念；这种观念必定在当时的观念形态、思想理论中表现出来，包括在当时的哲学和儒学中表现出来。然而令人感到奇怪的是：一方面，中国的城市社会及其生活方式在宋、元、明、清都曾经是非常发达的，并且在各种文学艺术作品中都有相应的普遍反映；但另一方面，我们在现有的儒学史叙述中，却看不到这种市民生活方式所导致的现代性观念的踪影，岂非咄咄怪事！

这只有两种可能性。一是当时的儒学实在麻木不仁，居然对于现实生活及其观念表现完全无动于衷。但这种可能性是很令人怀疑的，因为儒学的

① 这里并不讨论“市民社会”（civil society）问题。中西历史表明，市民生活方式（civil lifestyle）的出现并不取决于资本主义的社会制度和市民社会；相反，早期市民生活方式都出现于前现代的封建制度（西方）或专制制度（中国）的社会。市民生活方式确实是市民社会的必要条件，但并非充分条件。

秉性就是关怀现实的。那么，如果排除了这种可能性，那就只有另外一种可能性了：现有的关于当时儒学的叙述、“宋明理学”研究，恐怕完全搞错了，遮蔽了事情的真相。儒学史、中国哲学史，尤其是“宋明理学”史，被叙述为某种无关乎现实、无关乎生活的自娱自乐的东西。我们倾向于后面这种可能性，所以才提出“重写儒学史”问题。

当然，也有的研究涉及了“生活”，甚至对于这种“生活”津津乐道。然而那只是某个哲学家、某个儒者的私人琐屑的“生活”，而非真正的作为一种时代际遇的生活际遇；或者只是“廷争”、“党争”那样的钩心斗角的“生活”，而非真正的作为一种历史时代社会生活的政治生活。这就是学术著作、学术论文中常见的“传略”、“背景”之类的记叙。在这类“生活”记叙中，其实看不到生活——看不到一个时代的基本生活方式，更看不到生活方式的时代转换。这里没有历史——没有作为生活显现样式的生活方式及其转换的历史。究其原因，这些儒学史、中国哲学史的叙述，缺乏某种应有的、恰当的历史哲学视野，更谈不上关于历史性、时间性的生活本源视域。①

现以王阳明所开创的“王学”为例。所谓“阳明后学”，就其思想理论的时代性质而论，其实可分为两大派：一派是倾向于现代性的；另一派则是反现代性的。举个例子，倾向于现代性的阳明后学，最典型的是王艮创立的泰州学派。王艮本人的思想就极具现代性：首先是他的平民主体意识，认为“百姓日用是道”，“百姓日用条理处，即是圣人条理处”（《年谱》）②，“圣人之道，无异于百姓日用”，“愚夫、愚妇与之能行，便是道”（《语录》）③；由此而有平等意识，乃至认为“满街都是圣人”（《传习录下》）④；其“淮南格物”说，诸如“身是本，天下国家是末”，“吾身是个矩，天下国家是个方”（《答问补遗》）⑤，其实是现代个体本位精神的一种表达；因此，其“明哲保身”说，其实是个体生命至上观念的一种表现；其“复初”说，“知不善之动者，良知也；知不善之动而复之，乃所谓‘致良知’，以复其初也”（《复

---

① 此外，还有一种具有某种历史哲学视野的儒学史叙述，那就是依据马克思主义历史唯物主义的儒学史研究，本文不论。

② 王艮：《王心斋全集》，江苏教育出版社 2001 年版。

③ 王艮：《王心斋全集》，江苏教育出版社 2001 年版。

④ 《王阳明全集》，上海古籍出版社 1992 年版。

⑤ 王艮：《王心斋全集》，江苏教育出版社 2001 年版。

初说》)①，其实是要复归上述本然状态。泰州学派的一系列代表人物及其传人，诸如徐樾、颜钧、罗汝芳、何心隐、李贽、汤显祖、袁宏道、徐光启等，都是极具现代精神的人物。泰州学派在当时的影响非常大，超过阳明后学的任何一派，这与晚明社会的市民生活及其观念反映密切相关。凡是视之为“异端”者，其实都是属于当时儒家内部反现代性的派别人物。

正因为如此，王阳明本人的思想也是需要重新认识的。作为帝国时代儒学的集大成者，阳明心学具有一种复杂的性质。简而言之，就其“形而下学”层面，即其伦理学与政治哲学而论，它基本上是维护专制主义、反现代性的；然而就其“形而上学”层面而论，它却敞开了走向现代性的可能性，唯其如此，才可能导出上述倾向于现代性的阳明后学。这种可能性之敞开，关键在于其“心学”的本体论与工夫论之间的某种紧张：一方面是“良知”作为宇宙本体的普遍性；另一方面是良知作为“心性”体验的个体性。这就在本质上蕴涵着一种可能：个体之“心”的自我体验成为宇宙本体的终极根据，个体性成为普遍性的根基。这正是现代性的最基本特征：个体性。②于是，当这种“形而上学”下贯于“形而下学”的时候，也就敞开了个体本位的伦理学与政治哲学的大门。鉴于阳明心学的上述双重意义，可以说，阳明是帝国时代的最后一位伟大哲学家，同时也是中国现代性的首席哲学家。

关于这个结论，还可以进一步分析。有一种现象是值得注意的：被公认为西方“现代性之父”的马基雅维里，却是一个君主专制主义者。其《君主论》开宗明义就说：“从古至今，统治人类的一切国家，一切政府，不是共和国就是君主国。”③这句话里的“一切国家、一切政府”适用于所有正在走向现代性的国家与政府；不过，更准确的表达应当是：正在走向现代性的国家都是某种威权主义（authoritarianism）的国家。例如，法国大革命中产生的法兰西第一共和国就是雅各宾专政的恐怖统治，接下来的法国革命史即是共和国与帝国的交替，都具有威权主义的性质。不仅法国，在世界范围内，各个民族国家（nation）的现代化的第一个阶段，几乎毫无例外地都是某种

① 王艮：《王心斋全集》，江苏教育出版社2001年版。

② 关于现代性的本质特征，众说纷纭；而在我看来，那就是个体性。参见黄玉顺：《重建第一实体——在中西比较视野下的中国文化的历时解读》，《泉州师院学报》2003年第3期。

③ 参见马基雅维里：《君主论》，潘汉典译，商务印书馆1985年版，第3页。

形式的威权主义，诸如君主专制主义、军国主义、极权主义等“强人政治”。本文没有篇幅就此展开详尽讨论，仅仅指出这种值得研究的现象，并由此而得出一个基本的结论：任何民族国家现代化的第一步都是威权主义；但这种威权主义也必定被现代化的第二步所否定。后面这一点，不仅已经为西方现代化的历史所证明，而且已经更进一步为最近几十年来的世界历史事实所证实：威权主义政权在经济“起飞”后纷纷解体，“政治强人”纷纷下台。这条铁律，也有助于解释中国当前儒家的复杂构成，例如既有威权主义儒家，甚至极权主义儒家，也有自由主义儒家、民主主义儒家。在这个意义上，阳明心学本身在整体上未尝不可以被理解为一种现代性的儒学形态。

三、关于“儒学现代化版本”问题

另一种意义的“重写儒学史”，不仅涉及儒学的过去，而且涉及儒学的未来，即通过“续写”儒学史来创造历史——“书写”儒学史的新篇章；而这种新的儒学，即“儒学现代化版本”。所谓“儒学现代化版本”，指的是源于现代生活方式、回应现代社会问题的儒学思想理论形态。

上文谈到，真正的“现代儒学”尚未诞生。不过，我们也可以换一种思考方式：“现代儒学”其实是一个过程，在这个过程中，会出现若干种有所不同的“儒学现代化版本”。在这种意义上，儒学的现代化版本其实并不仅仅是一种可能，而已经是一种历史事实。如上文所述，宋明儒学当中必定已经存在着儒学的某种现代化版本，只不过被既有的“宋明理学”研究遮蔽了，需要我们将其揭示出来。继宋明儒学之后，明清之际的儒学、清代的儒学中也都存在着儒学的某种现代化版本，也需要我们将其揭示出来。至于再以后的儒学，例如 20 世纪的现代新儒学，那就更是标准的儒学现代化版本了，这一点应该是没有疑问的。这也说明：儒学现代化版本的建构一直“在路上”——已经并且还在生成之中。

儒学的现代化，大致可以分为三个阶段：帝国后期的儒学现代化；民国时期的儒学现代化；当代的儒学现代化。① 以下的简述，其实也就是一种“重

① 这里所说的“当代”，特指中国大陆改革开放以来的历史时期。

写儒学史”的尝试。

（一）帝国后期的儒学现代化

中华帝国的历史，从秦代到清代，可以分为前后两段：以唐宋之交为转折点，自秦至唐是帝国前期，而自宋至清是帝国后期。从宋代开始，帝国后期的儒学当中出现了现代化，或走向现代性的趋向；这就犹如西方的现代化趋向，在中世纪的中叶就已经出现了，文艺复兴运动早在13世纪末就开始了。这与当时手工业和商业的繁荣、城市的发展、市民生活方式的兴起之间有密切的关系。

1. 宋明时期的儒学现代化

中华帝国发展至唐代而达到鼎盛，其观念形态在儒学中的体现即钦定《五经正义》；而宋代则可以说是中华帝国由盛转衰的历史转折时期，自此以后就是帝国后期，其观念形态在儒学经典系统中的转型，体现为从《五经》体系向《四书》体系的转变。①

这个转折时期所出现的儒学，其实有两种不同的时代指向：一种是“守成”的儒学，所守之成，就是皇权帝国的伦理政治价值，最典型的是程朱理学（“五四”的矛头所指其实并非孔子，而是被戴震批判为“以理杀人”的程朱理学）②；另一种则是“开新”的儒学③，所开之新，最突出的是事功主义思潮，最典型的是浙东学派当中的永嘉学派（以为叶適代表）、永康学派（以陈亮为代表）。叶適认为，“既无功利，则道义乃无用之虚语耳”（《习学记言》卷二十三）④，因此重视工商；而陈亮不仅也主张农商并重，进而认为“古今异宜，圣贤之事不可尽以为法”⑤，故“法令不必酌之古，要以必行”

---

① 也正因为如此，今天的儒学前沿研究基本上不再以“四书”作为核心经典体系。

② 参见戴震：《与某书》，《孟子字义疏证》，中华书局1982年版。戴震原文是说的“以理杀人”，五四时期吴虞等则改作“以礼杀人”，“理”指形而上的“天理”，“礼”指形而下的伦理，但这两者却是一以贯之的。

③ 程朱理学当然也有“开新”的一面，但其所开之新并不是这里所谈的现代性价值。大致而论，程朱理学在形上层级上极有新意，尤其是围绕“天理”与“性理”的形而上学；但这种形上的新意正是为其形下的伦理政治层级上的守旧服务的。

④ 叶適：《习学记言》，上海古籍出版社1992年影印版。

⑤ 转引自朱熹：《答陈同甫书》，《朱熹集》卷三十六，郭齐、尹波点校，四川教育出版社1996年版。

(《三国纪年》)[1]，这是非常深刻的思想。[2] 此外，以胡宏为代表的五峰学派、以欧阳守道为代表的巽斋学派也是值得注意的。

开新的儒学在形而上学层级上的体现，则主要是陆九渊所开创的心学。陆九渊“心即理”的命题，与阳明心学一样是具有双重意义的；其中，如上文所论，心学最根本的现代性意义是通过“吾心”的张扬，敞开了建构个体主体性的可能性（尽管陆九渊本人尚无鲜明的个体主体性意识）。此外，陆氏的弟子杨简所开创的慈湖学派及以舒璘为代表的广平学派，也都值得注意。

2. 明清之际的儒学现代化

明清之际的现代性儒学，其社会生活渊源乃是晚明社会的市民生活方式。关于明清之际儒学的现代性，学界实际上已有许多研究成果。大致而论，作为儒学的一种现代化形态，明清之际的儒学在形而上学层级上还没有多少特别深刻的建树，但在伦理学与政治哲学层面上却是极有创获的，诸如黄宗羲和唐甄对君主专制制度的反思与批判，认为“为天下之大害者，君而已矣”(《原君》)[3]、“自秦以来，凡为帝王者皆贼也”(《室语》)[4]；李颙对自由讲学（某种程度上的言论自由）的倡导，认为“立人达人全在讲学，移风易俗全在讲学，拨乱反正全在讲学，旋乾转坤全在讲学”(《匡时要务》)[5]；顾炎武关于分权制的初步观念，主张“以天下之权，寄天下之人”(《日知录·守令》)[6]；等等。当时儒者的形下建树还不止于伦理政治，甚至涉及知识论与自然科学，如方以智的学术。当然，并不是说他们在形而上学层级上毫无建树，例如陈确就是后来戴震的思想先驱，而认为“天理正从人欲中见，人欲恰好处即天理也”(《瞽言·无欲作圣辨》)[7]。不过，我个人认为，在形而上

---

① 《陈亮集》卷十六，中华书局 1974 年版。

② “古今异宜”的命题，涉及儒家正义论的正义原则中的适宜性原则。参见黄玉顺：《中国正义论纲要》，《四川大学学报》2009 年第 5 期；人大复印资料《伦理学》2010 年第 1 期全文转载。

③ 黄宗羲：《明夷待访录》，中华书局 2011 年版。

④ 唐甄：《潜书》，中华书局 1963 年版。

⑤ 李颙：《二曲集》，中华书局 1996 年版。

⑥ 顾炎武：《日知录》，黄汝成：《日知录集释》，上海古籍出版社 2013 年版。

⑦ 陈确：《陈确集》，中华书局 1979 年版。

学层级上，明清之际儒学最突出的成就乃是王夫之的人性论，它已超越了“性善”、“性恶”之类的先天论或先验论的观念，认为“‘习与性成’者，习成而性与成”；“夫性者，生理也，日生则日成也”。(《尚书引义·太甲二》)①这种思想，已经带有生活本源观念的色彩。

3. 清代的儒学现代化

清代是正式进入中国社会第二次大转型的时期，从清初到晚清，经历了历史学上所说的从“古代”到“近代”的时代转变。李鸿章尽管不懂得这种时代转型的本质意义，但他敏感到了这是中国“数千年未有之大变局”(《复鲍华谭中丞》)②。在我看来，中国社会的两次大转型就是两次“大变局”。

就儒学现代化而论，在属于古代范畴的清代儒学中，最典型的是所谓“乾嘉学派”的朴学。这种儒学的现代性因素，可以从两个层面加以认识：一是新方法，其核心是“实事求是”的方法；③ 二是由此导出的新义理，以戴震儒学为典型。

乾嘉学派“实事求是”的考据方法虽然号称“汉学”，但实质与汉代学术颇为不同，而与近代实证科学方法可以相通，乃至梁启超说：“乾嘉间学者，实自成一种学风，和近世科学的研究法极相近，我们可以给他一个特别名称，叫作‘科学的古典学派’。”④ 胡适也持类似看法，认为“这是一种实证主义的精神与方法，他的要点只是‘拿证据来’”⑤。不仅如此，这其实类似于欧洲中世纪后期的文艺复兴，后者也是学者们通过发现和诠释古希腊、古罗马的古代文献而导出了一种新的时代观念和时代精神。

这种新的时代观念和时代精神，即现代性的思想观念，就是在上述“考据”基础上的儒学“义理”重建。清代儒学现代化在思想理论上达到了帝国后期儒学的最高峰，那就是戴震的《孟子字义疏证》。该书的最大意义，在于解构了古代帝国儒学、特别是“宋明理学”的形而上学，尤其是人性

① 王夫之：《尚书引义》，中华书局 1976 年版。

② 李鸿章：《李文忠公全集·朋僚函稿》卷十一，安徽教育出版社 2008 年版。

③ 梁启超：《清代学术概论》，天津古籍出版社 2003 年版，第 100—101 页。

④ 梁启超：《中国近三百年学术史》，《饮冰室合集》第 10 册，中华书局 1989 年影印本，第 22 页。

⑤ 胡适：《胡适遗稿及秘藏书信》第 7 册《清代思想史》，黄山书社 1994 年版，第 49 页。

论，重构了儒家人性论和形而上学。戴震指出：“理也者，情之不爽失也；未有情不得而理得者也”；“今以情之不爽失为理，是理者存乎欲者也”。（《孟子字义疏证·理》）戴震对人的情欲的肯定，实质上是对人本身的肯定，也就是“人的解放”。

接下来是“近代”范畴的儒学，包括洋务儒学、维新儒学。其实，洋务儒学与维新儒学是很难截然划分的。儒学的近代转向，按照通常的一种划分，大致可以说经历了从“器物”到“制度”，再到“精神文化”的层层深入过程（然后才经五四新文化运动而导出现代新儒家的新形而上学建构）。这方面的研究成果已经有很多了，此处不再赘述。但有一点是必须指出的：现有的历史叙述往往给人一种印象，似乎儒学的现代化只是西方文化外来冲击的结果，仅仅是对“西学东渐”的一种被动反应；这其实是大谬不然的，无法解释为什么早在“西学东渐”之前，儒学就已经开始了自己的现代化过程（上文已述）。

（二）民国时期的儒学现代化

民国时期的儒学，最典型的无疑是20世纪的“现代新儒学”。毫无疑问，现代新儒学已是某种意义的“儒学现代化版本”。这不仅因为他们的宗旨是“返本开新”——“内圣开出新外王”，其所谓“新外王”明确地诉求“民主与科学”（这是与五四新文化运动的宗旨一致的），而且他们的形而上学建构其实也已经不是旧的“内圣”之学，而是融通中西哲学的综合创造，例如梁漱溟、熊十力的儒学与西方生命哲学的关涉，冯友兰的儒学与英美哲学的关联，唐君毅、牟宗三的儒学与德国古典哲学的关系，等等。尽管他们所建构的儒家哲学还存在着种种问题①，但无论如何，这是现代性的儒学，是“现代性诉求的民族性表达”②，是“儒学现代化版本”。

正是在这种意义上，在我看来，相比于20世纪的现代新儒学，目前的一些儒学反倒退步了，甚至出现了一股“逆流”。这个问题，下文还将有所讨论。

---

① 参见黄玉顺主编：《现代新儒学的现代性哲学》，中央文献出版社2008年版。

② 黄玉顺：《儒学与生活：民族性与现代性问题——作为儒学复兴的一种探索的生活儒学》，《人文杂志》2007年第4期；人大复印资料《中国哲学》2007年第10期全文转载。

（三）当代的儒学现代化

众所周知，中华人民共和国成立后，直至“文化大革命”，儒学不仅被边缘化，而且基本上是被批判的对象，也就谈不上什么“儒学现代化”了。这种状况的改变，是“改革开放”以来的事情了；特别是进入 21 世纪以来，中国出现了我称之为“儒学复兴运动”的思想文化现象。① 这是有某种必然性的，我称之为“现代性诉求的民族性表达”，也就是说，现代民族国家的建构过程必然伴随着民族文化的复兴，犹如西方的文艺复兴；这种复兴既有继承的一面（不能全盘反传统），也有现代转换的一面（不能陷入原教旨主义）。“五四”的全盘反传统和全盘西化只是暂时的矫枉过正，所以，接下来就是现代新儒家的兴起，直至最近的儒学复兴运动。

但是，这里特别要指出的一点是：在 21 世纪以来的儒学复兴运动中出场的众多的儒学主张、儒学理论、儒学派别，其时代性质、思想方法、价值立场可谓形形色色，“鱼龙混杂”，其中既有现代性的，也有前现代性的、后现代性的，甚至公然反现代性的。最近有一些倾向，诸如原教旨主义的倾向，专制主义、集权主义的倾向，反民主、反科学的倾向，都是逆历史潮流而动的“逆流”，并且人数不少、能量不小，必须高度警惕。② 当然，除个别卖身求荣者以外，这些儒者都是真诚的，他们的思想倾向也是可以理解的：正如上文已经指出的，现代化的第一步往往都是威权主义，这是某种历史必然性的结果。但这并不意味着威权主义就是儒学发展的正确方向，恰恰相反，儒学的大方向必须是“走向现代性”。唯有如此，儒学才有未来；否则，儒学终将为时代所唾弃。

总之，尽管存在着上述种种负面倾向，我们仍然相信，建构“儒学现代化版本”的历史过程不会因此而终结，儒学仍将继续开拓自己健康的未来。

（作者单位：山东大学儒学高等研究院）

---

① 参见黄玉顺：《面向生活本身的儒学——黄玉顺“生活儒学”自选集》，四川大学出版社 2006 年版，第 54 页；“黄玉顺提出了‘儒学复兴运动’说，其意就是要对中国二十世纪九十年代以来、尤其是新世纪以来的思想趋向给出一种概括性的标识。”（崔发展：《论“儒学复兴运动”说》，《当代儒学》第 2 辑，广西师范大学出版社 2012 年版）

② 参见张清俐：《黄玉顺谈“国学热”现象：“文化复兴”声中的警醒》，中国社会科学网（www.cssn.cn）2014 年 6 月 23 日。

儒法斗争和儒教：意识形态化历史叙事中的儒家

干春松

讨论意识形态化的历史叙事很大程度上受到海登·怀特在《元史学》一书中的概括的启发。但我并不同意他借助曼海姆分类将意识形态的类型区分为“无政府主义者”、“保守主义者”、“激进主义者”和“自由主义者”。就中国近百年的意识形态的历史而言，“三民主义”、“社会主义”都是比“无政府主义”更为典型的意识形态类型。至于“保守主义”、“激进主义”和“自由主义”也很难简单地并列。按照余英时先生的看法，1840年之后，中国并不存在真正的“保守”，而是一个不断激进的过程。① 而且，激进主义和保守主义都可能接受自由主义的理念，因为社会发展过于急剧，所以并不乏某个个体数度改变其意识形态立场的事例。

意识形态的叙述者都宣称自己的主张具有理性、科学、进步等权威性的价值立场，并成为他们判定历史事件和思想发展的自觉的依据，他们会有意识地“拣择”历史资料以证明其所服膺的意识形态真理，由此而构造的历史则呈现为一个有着确定的理想方向的多种阶段。

自从严复翻译了甄克思的《社会通诠》之后，国人接受了一种进步史观，即社会发展必然会由野蛮社会、宗法社会向军国民社会进化。因此，一

① 余英时先生说：世界上几个主要的文化的发展一般都呈现出激进和保守一张一弛的状况。而“在近代的中国，我们则看到一种截然不同的景象，大多数的知识分子在价值上选择了往而不返的‘激进’趋向”。（余英时：《中国近代思想史上的激进与保守》，《现代儒学的回顾与展望》，生活·读书·新知三联书店2004年版，第36页）

度军国民社会成为中国发展的范本，所有不符合这样的社会形态的观念和组织方式都被判定为落后和需要替代的。

在饱受军事和经济失败的压力之下，护卫文化的任务总会屈从于国家独立这样的目标。新文化运动时期，自由主义和社会主义等各种社会思潮相继传入中国，而这些思潮背后都存在各自认定为“真理”的历史发展模式作为基础。而论证其理论的真理性的依据则是其是否能帮助中国实现国家独立。

正如自由主义者认定现代化就是市场竞争和个人自由得到制度性保障的过程一般，社会主义思潮则认定消灭了国家和阶级压迫的理想社会必然会实现，而此前的原始社会、奴隶社会和封建社会、资本主义社会则是实现社会主义社会的前奏。

这样的意识形态化历史观必然会影响对于儒学发展历史的描述。在现代化的叙述中，儒家作为一种源于农业社会的思想观念，难以适应现代化的社会组织方式，因此儒家失去其生命力和现实影响力是一个必然的过程。按列文森的形象的比喻，儒家最佳的未来就是作为博物馆的陈列品。而在救亡史的叙述模式下，儒家要为中国近代的失败担负责任。无论是政治革命还是新文化运动所代表的“文化革命”，其目标不仅是帝王和家族制度，而且还必须打倒儒家的纲常伦理。在 20 世纪，儒家先是失去了其持续了近两千年的独占性价值的地位，后来又不断成为其他意识形态竞争中的一种变量。比如，国民党试图通过中华文化的本位性来与共产主义运动所代表的超国界的价值进行对抗，而在延安时期的中国共产党，则吸取了“中国化”的思路，力争通过中国化的马克思主义与盲目照搬苏联的教条主义式的马克思主义进行斗争，从而形成了以民族的、大众的、科学的新民主主义的文化观。但在如何对待中国传统文化的态度上，中国共产党接受的是唯物论和辩证法的哲学观，而国民党则更注重儒家的道德观念。所以毛泽东在 1939 年 2 月致信张闻天，讨论陈伯达的《孔子的哲学思想》一文时，尤其指出，关于孔子的道德论：“应给以唯物论的观察，加以更多的批判，以便与国民党的道德观（国民党在这方面最喜引孔子）有原则的区别。”“‘仁’这个东西在孔子以后几千年来，为观念论的昏乱思想家所利用，闹得一塌糊涂，真是害人不浅。我觉得孔子这类道德范畴，应给以历史的唯物论的批判，将其放在恰当的位置。”①

然而，作为延安时期毛泽东最为倚重的思想上的助手，陈伯达在1939年撰写的关于老子和墨子的文章中，已经以是否具有朴素的唯物论和朴素的辩证法作为判别古代哲学家高低的标准。比如，陈伯达认为墨子之所以可以被称为是古代最伟大不朽的哲人，是因为墨子是下层阶级的代表，其思想中包含有唯物史观和阶级斗争的学说。②

一方面是与国民党的意识形态的斗争，一方面是唯物论哲学的影响，孔子的思想有限地获得肯定。但是，即使是在延安时期，孔子所代表的贵族式、倾向于维持秩序的观念势必是要遭到批评。

需要指出的是，以儒家和法家的斗争为基本线索的一种思想史的叙述，在1949年之后，越来越被毛泽东所肯定。这方面的作品中最有代表性的作者是杨荣国和赵纪彬。

当然，杨荣国早在20世纪40年代就形成了他的基本叙述方法，即从思想家的阶级地位出发，考察其是否具备唯物论的倾向来评判其思想的进步和反动。在定稿于1952年、出版于1954年的《中国古代思想史》中，他说，孔子虽是开私人讲学之风的思想家，但他的思想体系却是保守的，是要维护那日趋崩溃的种族统治的。“在儒家的一方面，把孔子的消极部分作了充分发挥的就是思孟学派；而具有积极意义，和法家同样反映当时新兴地主阶级利益，为新社会而致力的却是荀子。……因之，从儒家来说，真正代表封建制度的思想的是‘礼表法里’的荀子的思想，而不是孔子的思想，因为孔子的思想是维护种族奴隶制的。”③很显然，与儒家相比，法家厚今薄古的精神与建立在唯物论基础上的进步史观更具有内在的一致性。

在这样的意识形态叙事模式中，即使同样以马克思主义的社会发展模式为底色的郭沫若的叙述体系亦被认为对儒家过于温情。20世纪70年代，在因林彪事件而展开的整风运动中，毛泽东几次谈到郭沫若的《十批判书》。

① 中共中央文献研究室编：《毛泽东年谱》（修订本），（1893—1949），中卷，中央文献出版社2013年版，第114页。

② 参见雷蒙德·F. 怀利：《毛主义的崛起：毛泽东、陈伯达及其对中国理论的探索（1935—1945）》，中国人民大学出版社2014年版，第82页。

③ 杨荣国：《中国古代思想史》，人民出版社1954年版，第2页。

1972年12月17日，在周恩来、张春桥和姚文元均参加的一次会议上，毛泽东说："郭沫若的《奴隶时代》、《青铜时代》值得看。《十批判书》，看了几遍，结论是尊儒反法，人本主义。学术界一批人不赞成，赵纪彬、杨荣国都是批郭的，认为孔是复辟周朝的奴隶制。历史要多读一些。历史中有哲学史，其中分派。儒法两派都是剥削本位主义，法家也剥削，进了一步。杨荣国没有讲清，新的势力兴起，还是剥削。"① 虽然毛泽东对杨荣国的观点提出了一些批评，但是明显他对于以儒法斗争来叙述中国思想史的做法是肯定的，而且其尊法批儒的倾向也十分明确。1973年7月4日，在与张春桥和王洪文的谈话中，又提到《十批判书》尊孔反法，这与国民党和林彪一样了。毛泽东说，他赞成郭沫若以春秋战国作为奴隶制和封建制分期的做法，但是不同意郭沫若对秦始皇的批评。② 或许是因为这样的一些谈话，"批林整风"逐渐转变为"批林批孔"，并进一步地发展为"评法批儒"运动。

1973年8月5日，毛泽东与江青谈话，专门说到中国历史上的儒法斗争。毛泽东说："历代有作为、有成就的政治家都是法家，他们都主张法治，厚今薄古；而儒家则满口仁义道德，主张厚古薄今，开历史倒车。接着念了新写的《七律·读〈封建论〉呈郭老》一诗：'劝君少骂秦始皇，焚坑事业要商量。祖龙魂死秦犹在，孔学名高实秕糠。百代皆行秦政法，十批不是好文章。熟读唐人封建论，莫从子厚返文王。'" ③ 在20世纪70年代，毛泽东的任何一次讲话完全足以成为全国性的运动，"批林批孔"和"评法批儒"这类本来可以成为一个学术讨论的议题则完全变成一次全民参与的政治活动。

在1949年之后的儒学史书写中，任继愈先生也值得一提。

任继愈先生早年入北大和西南联大，曾师从贺麟和汤用彤，以佛教研究见长。20世纪50年代开始信仰马克思主义，1956年在与熊十力先生的信中，明确提出自己已经开始开始怀疑儒家的价值理想，并最终放弃了儒家。

① 中国中央文献研究室编：《毛泽东年谱》（修订本），（1966—1976），第六卷，中央文献出版社2013年版，第458页。

② 参见中国中央文献研究室编：《毛泽东年谱》（修订本），（1966—1976），第六卷，中央文献出版社2013年版，第485页。

③ 参见中国中央文献研究室编：《毛泽东年谱》（修订本），（1966—1976），第六卷，中央文献出版社2013年版，第490页。

> 我和熊先生相处多年，相知甚深。我过去一直是儒家的信奉者。新旧中国相比较，逐渐对儒家的格、致、诚、正之学，修、齐、治、平之道，发生了怀疑。对马列主义的认识，逐渐明确。在1956年，我与熊先生写信说明，我已放弃儒学，相信马列主义学说是真理，“所信虽有不同，师生之谊长在”，“今后我将一如既往，愿为老师尽力”。熊先生回了一封信，说我“诚信不欺，有古人风”。以后，书信往来，就不再探讨学问了。①

1959年10月，毛泽东曾召见任继愈，谈论宗教问题，并肯定了任继愈先生的佛教研究是“凤毛麟角”，并提出世界上的主要宗教都应该有人研究。1964年，任继愈还得到毛泽东专门指定，组建中国社会科学院世界宗教研究所。任继愈先生另外一个重要的任务是组织编写了四卷本的《中国哲学史》(1962—1974年出版)，这部著作的编写组基本上集中了当时国内最为主要的中国哲学史研究人员。该书受苏联教科书体系的影响，以唯物主义和唯心主义、辩证法和形而上学、认识论的框架来介绍中国哲学家的思想。在20世纪80年代笔者上大学的时候，这套著作依然很流行，我印象最深的是关于老子哲学的叙述部分，此书中有两种写法，正文中将老子的“道”的思想概括为唯物论，附录中则说老子的道论是唯心论。这当然也说明用日丹诺夫式、将哲学史理解为唯物主义战胜唯心主义的发展史的方式来理解中国哲学是何等的圆凿方枘、扞格不入。

在20世纪80年代，任继愈先生一系列讨论“儒教”的文章影响很大，这也是国内比较早的从宗教角度来理解和研究儒学的文章。但是深受马克思主义宗教观影响的任继愈先生对宗教有基本的预设：宗教是一种迷信，而科学一定会战胜宗教，宗教最终必将消亡。在这样的预设下，如果将儒家理解为一个不断宗教化的过程，那么儒家的发展史就是一部自我消解的历史。

对于儒家宗教化的倾向，在侯外庐先生主编的《中国思想史》中就已经初见端倪。不过，在多卷本的《中国思想史》中，汉代儒学的天人观，特

① 任继愈：《熊十力先生的为人与治学》，见郭齐勇编：《存斋论学集》，生活·读书·新知三联书店2008年版，第138页。

别是谶纬思想被视为“神学”，任继愈也继承了这个概念，并引申说儒学史就是一个不断神学化的过程。“封建宗法制度和君主专制的统一政权相适应的意识形态，对劳动人民起着极大的麻醉欺骗作用，因而它有效地稳定着封建社会秩序。为了使儒家更好地发挥巩固封建经济和政治制度的作用，历代封建统治者及其思想家们不断地对它加工改造，逐渐使它完备细密，并在一个很长时间内，进行了儒学的造神活动：把孔子偶像化，把儒家经典神圣化，又吸收佛教、道教的思想，将儒家搞成了神学。”①

按照一般的定义，建制性的宗教需要满足以下要素：信仰对象（上帝、佛陀、真主）、信仰组织（比如教会、庙宇）、信众和经典。而任继愈先生则不顾儒家世俗化和理性化的思想传统，将儒家与一般社会组织结合的“弥散性”（杨庆堃语）理解为比欧洲的宗教势力更有影响力和控制力。

> 儒教影响的深度和广度，控制群众的牢固性更甚于欧洲中世纪的教会，佛教禅宗把僧侣变成俗人，以求得中国的封建宗法制度配合；儒教则把俗人变成僧侣，进一步把宗教社会化，使宗教生活、僧侣主义渗透到每一个家庭。有人认为中国不同于欧洲，没有专横独断的宗教；我们应当看到中国有自己的独特的宗教，它的宗教势力表面上比欧洲松散，而它的宗教势力影响的深度和广度、控制群众的牢固性更甚于欧洲中世纪的教会。

在任继愈看来，宗教是人类社会所必须要经历的阶段，所以并不是儒教的理性化使中国脱离了宗教的危害，而是中国的特殊历史条件产生了儒教这样一种特殊的宗教形态。

在儒学发展的历史过程中，儒家人士在不断地进行儒家的宗教化努力，将孔子神圣化、将文献经典化。儒教也与佛教和道教一起参加朝廷的宗教仪式，违背儒家的伦理也会遭受不同的处罚。如此种种，使儒教阻碍了中国人的思想解放和科技的发展，并使中国的资本主义没有得到发展的机会。

---

① 任继愈：《论儒教的形成》，《中国社会科学》1980 年第 1 期。

> 董仲舒对孔子的改造，已经使孔子的面目不同于春秋时期的孔丘，汉代中国封建社会正在上升时期，统一的封建王朝继秦朝之后，富有生命力，配合当时的政治要求而形成的儒教虽有其保守的一面，但它有积极因素。宋明以后，中国封建社会已进入后期，出现的资本主义萌芽，不幸没有得到正常发展的机会。宋明王朝的统治者推动儒教的发展，朱熹对孔子的改造，与孔子本人的思想面貌相去甚远。如果说，汉代第一次对孔子的改造，其积极作用大于消极作用，那么宋代的第二次对孔子的改造，其消极作用则是主要的。儒教限制了新思想的萌芽，限制了中国的生产技术，科学发明。明代（十六世纪）以后，中国科技成就在世界行列中开始从先进趋于落后。造成这种落后，主要原因在于封建的生产关系日趋腐朽，使社会经济停滞不前，中国资本主义没有得到发展的机会，而儒教体系对人们探索精神的窒息，也使得科学的步伐迟滞。上层建筑对它的基础决不是漠不关心的，它要积极维护其基础。中国封建社会特别顽固，儒教的作梗应当是原因之一。①

在任继愈先生的叙事系统中，我们可以看到许多典型的意识形态要素：比如宗教是鸦片，是导致人愚昧落后的根源；社会发展是一个不断进步的过程，而中国社会亦必然会如西方社会那样经历封建社会和资本主义社会。但那时韦伯的著作还没有传入中国，还不会产生“为什么新教伦理催生了资本主义精神，而儒家伦理却成为制约资本主义在中国发展的阻力”这类的问题。因此，任继愈先生对于儒家宗教化的讨论，并非是关注儒家思想中的超越性的因素，而是要把儒家与迷信、荒谬等同起来。因此，任继愈先生认为，“为了中华民族的生存，就要让儒教早日消亡。”

> 总之，历史事实已经告诉人们，儒教带给我们的是灾难、是桎梏、是毒瘤，而不是什么优良传统。它是封建宗法专制主义的精神支柱，它是使中国人民长期愚昧落后、思想僵化的总根源。有了儒教的地位，

① 任继愈：《论儒教的形成》，《中国社会科学》1980 年第 1 期。

> 就没有现代化的地位。为了中华民族的生存，就要让儒教早日消亡。我们只能沿着“五四”时代早已提出的科学与民主的道路，向更高的目标——社会主义前进，更不能退回“五四”以前的老路上去。倒退是没有出路的。①

在这种“没有出路”的儒学史的建构中，比之于儒法斗争模式中法家代表进步、儒教代表保守、落后叙述方式，更为明显地呈现出极端的意识形态叙事模式对成见式“真理”的固执。

（作者单位：北京大学儒学研究院）

① 任继愈：《论儒教的形成》，《中国社会科学》1980年第1期。

荀子“正名”思想的研究模式问题

——论“重写荀学史”

王　堃

一、引　论

荀子之学，以及历来与荀子相关的学术，一般统称荀学。治荀子之思想，不能离开荀学之体系渊源；而专注于荀学，亦不可舍荀子之本而逐源流之末。荀学可谓荀子思想之发展脉络，自秦汉以降，经由刘向校订、杨倞作注，也曾一度隐而不彰；借清代之实学之风复兴，到20世纪以来，荀学则又逐渐受到了重视。至今，荀学渐成浩然庞杂之势，对儒家思想的整体发展也产生着深远的影响。故谭嗣同曰：“两千年来之学，皆荀学。”① 梁启超亦云：“汉兴，群经皆传自荀子，十四博士，大半属荀子之学。东汉以后，又遭窜乱。六朝及唐，日益破碎。无论是非得失，皆从荀学中之一派讨生活矣。”②

荀学与儒家大统的密切关联，表现为其治学视域的广阔和方法的多样。山东省社科院编纂的《荀学史》在对荀学源流的梳理中，对各种方法与视域进行了综合的概括比较，也在以史学方法切入荀学的方面堪称典范。由于哲学与哲学史的界限本难区分，而在荀学史上，又以校勘、考订、注疏为主，这更使得史学方法成为荀学的显著特点。除了史学方法的纵向延伸，比较视

① 谭嗣同：《仁学》，中州古籍出版社1998年版，第169页。

② 梁启超：《读〈孟子〉界说》，《饮冰室合集》1，中华书局1989年版，第21页。

域则是横向的扩充。比较的范围是广阔的，除了在训诂、考据的方面，还包括哲学思想上的比较。通过这纵横两个向度，可以对荀子思想做整体的把握。

值得注意的是，荀子也有对这两个维度的独特表述，集中体现在其正名思想中。荀子继承了孔子的正名思想，并加以扩充，作《正名篇》，因而正名成为荀子思想的主要代表。首先，《正名篇》集中论述“后王之成名”，体现了荀子借“法后王”而“法先王”的历史眼光。法后王是通过“有循于旧名，有作于新名”而实现的，而如何有循、有作，则须诉诸“所为有名”、“所缘以同异”与“制名之枢要”。“所为有名”是指“备其天养，顺其天政”(《天论篇》)，达到参天以治人的目的；“所缘以同异”即天官意物，心有征知；而“制名之枢要”则以约定俗成为主。

那么，约定俗成可谓体现了正名的历史思想，而“从诸夏之成俗曲期”，则是历史思维中的比较视域。通过曲期，远方异俗之乡，得以与诸夏成俗进行沟通、共同发展。曲期是通过“所缘以同异”而实现的，也即“凡同类同情者，其天官之意物也同，故比方之疑似而通，是所以共其约名以相期也”。在共同的天赋基础上，展开历史的纵向和文化间的横向比较，此即正名思想的主要内容。

由此，正名中包含着历史研究的主要思想方法，也成为传统上书写荀学史的依据。每一次历史的重写，其实都是重新的正名。也正因为此，荀学中的一个重要部分就是正名，正名研究构成了荀学史的纲要。那么，以正名研究为核心，通过其中主要模式及存在问题的讨论，是纵观和掌握荀学源流的关键所在。以下将在历史语境和比较视域中，展开正名研究的各个方面，借以探讨荀学史将如何重写。

二、荀学正名的主要研究模式述要

荀子的正名思想既是先秦名学的集大成者，也是儒家正名伦理的集中体现，为荀学之大体。鉴于正名的三个内容：所为有名、所缘以同异、与制名之枢要，荀学史也由此依据礼法、性情和伦理原则三方面展开。从方法上，古典荀学依然遵循义理、考据、辞章，治学形式也以校释、考订为主，其中杨倞所注荀子多为校勘所用，清代傅山《荀子评注》、王念孙《荀子杂志》及补遗、王先谦《荀子集解》皆为代表之作。清末民初不但是校勘的成熟期，而且在此基础上出现了荀学专著与专文，形成了新的学术高峰，例如梁启超的《荀子评诸子语汇释》及《荀子正名篇》、刘念亲的《荀子正名篇诂释》、龙宇纯的《荀子论集》、陈登元的《荀子哲学》等。从中可见，正名思想的哲学阐释已占主流，尤其在以伦理原则解释礼义与性情中所采用的历史视域，如龙宇纯以约定和声训诠解制名之枢要中的“名无固宜”与“名有固善”①。至20世纪70年代以来，熊公哲的《荀卿学案》继而就“法后王”而“法先王”这一历史方法论，结合正名作出深入的剖析。正名作为荀学之基础地位日益彰显。

正名作为荀学的基本纲要，为研究者提供了方法与模式，因而正名研究决定着荀学的方向。究其根源和目的，正名则一直被视为一套伦理学说。刘念亲在《荀子正名篇诂释》自序中道：“夫物本无称而有名，名无固宜而有约，知止不殆，至殆则正。此咸自然之使，人间世之所不得已也。”此自然之谓，也即性具而情生、感欲而知道，道有经理条贯，此即“礼之分也，道之著也”②。正名也就是这套自然而然的“礼之分”、“道之著”，萌生于天之情欲，形成于治之经理。

而就治之经理而言，牟宗三的《名家与荀子》是体系化理论的开始，也是中西比较中正名研究的起点。《逻辑典范》对逻辑命题和感受意义上的命题作出了内外的区分，将荀子的正名思想定位于认识论基础上的伦理系统，其中，“以智识心”的认识论决定了其伦理学注重经验实证的特性。③由此开启了以伦理价值为目的，以逻辑实证为手段的正名研究的先河。曹峰对此有过概括，荀子从未将逻辑正名与伦理正名作出区分，逻辑正名仅仅是为了伦理政治的目的服务的。④

---

① 龙宇纯：《荀子正名篇重要语言理论阐述》，《荀子论集》，台湾学生书局1987年版，第107—126页。

② 刘念亲：《荀子正名篇诂释》“自序”，据1924年排印本影印，第64—67页。选自严灵峰编：《无求备斋荀子集成》，台湾成文出版社有限公司1977年版。

③ 牟宗三以“思想主题”、“理智存在”的智心规定了荀子与“道德主体”的仁心有着必然的差距，使得其伦理系统与西方主流接近，而与儒家之“人极”渐远。（参见牟宗三：《名家与荀子》，台湾学生书局1979年版，第225页）

④ 参见曹峰：《〈荀子·正名〉篇新论》，《学灯》2007年第4期。

正名的比较研究自此分为两端，其一继承传统路径，从礼义性情上着手，由于受到牟宗三的影响，这一层面多具有经验认识论的特点；而在国外汉学界，近二十年来实用主义、生态主义、心理主义等的影响，使得正名心性理论呈现了丰富的层次。其二是从逻辑上入手，纯粹从语言逻辑上展开者，自汉学界的德效骞而始，大体不离西方形式逻辑的思路，而在此方向上荀子的正名并不深入；另一则以逻辑为途径进行伦理讨论，自柯雄文 1985 年的《伦理论辩：荀子道德认识论之研究》开始，以逻辑语义学切入伦理论证成为普遍的做法。① 而在语言学界逐渐摆脱形式逻辑的束缚，而与实用主义等现代思潮融合之际，这两股方向的分界出现了模糊的倾向。此外，从政治哲学角度进行正名的探讨，也在逐渐成为一个新的理论朝向。礼与法的结合点依然是心性论以及治理条贯之间的关系，因而本身也是正名的问题。而政治哲学特有的问题意识则将正名的思想基础推向了更深的考问中。

由此可见，随着时间的推移，正名研究逐渐从横向的逻辑推演转向了纵向的历史叙述，尤其体现于比较研究中由认识论的逻辑语义学向实用主义语用学的转移。这是向正名本身蕴涵的历史视域的一种回归，但也仅代表着实用主义与正名思想在此点的融汇，而并不意味着二者的等同。既然对正名思想的研究本身也是一个正名的过程，因而文化的比较必不可少，那么在何种意义上进行比较则是进一步的问题。

荀子作正名，本身就是在与诸子的对话和比较中进行的，在横向上批判吸收了各家学说，才能循旧作新，伸展历史的纵向维度。正名本身包含的历史视域和文化比较两个维度，也是后来荀学研究的基本思路。文化的比较是在历史中进行的，而历史也是在多元的对话中敞开的。无论是秦汉还是唐宋，荀学史的书写从来离不开文化间的比较，比如董仲舒的深查名号源自荀子正名，宋儒的变化气质也有关化性起伪。荀学史就是正名本身的展开样式，也是其中比较思维的表现。清代考据学的兴盛，给正名的比较带来了方法上的繁荣，例如“声训”成为“径易不拂”的新解释。而自民国以来，中西文化间的比较就成为正名研究的主要方法。那么，从“法后王”的观点

---

① Antonio S. Cua：*Ethical Argumentation：A Study in Hsün Tzu's Moral Epistemology*，Honolulu：University of Hawaii Press，1985.

看，从中西比较的哲学视域出发，统观其历史的发展，并对其作出评判，是当下荀学和正名研究的起点。

三、比较视域中的正名研究史

（一）约定主义：文化比较的第一阶段

正名思想在语言学家王力那里，被看作是一种社会的约定，名实之间没有固定的对应关系，制名也无一定的原则可循；同时，语言的约定性与思维的共通性，决定了名的可易性与实的不易性。① 这一论述代表着一种约定主义的基本观点，而其渊源可以追溯到汉学界的约定派。自德效骞 1928 的翻译以来，“名无固宜”（no assuredly appropriate）、“名无固实”（no corresponding reality）基本决定了约定派的两条原则，如同 Bryan Van Norden 所说：

> 弱的约定派声称：首先，音素之间的联系是否名称由约定决定；其次，特殊的符号与其所指之物之间的联系也是任意和偶然的。②

弱的约定派将名仅仅看作符号，对于如何命名以及名实之间联系的态度是约定论的，然而对所命之实则未尝作出规定，实往往被视为固定不移的，而与名无关。例如 Paul R. Goldin 声称：“虽说名本身是任意约定的，但被命名之物无疑是确定的。”③ 这与其肯定天的形上地位或许有关，实是由天决定的，因而实在先名在后，名的约定性即显现出其次要的地位。而 Graham 在此之前，也说过类似的话：“对于荀子而言，虽然名是约定的，而其所标志的对象则确定无疑。”④ 同样，Hansen Chad 也认为荀子在坚持约定

---

① 王力：《中国语言学史》，山西人民出版社 1981 年版，第 5—6 页。

② Bryan W. Van Norden, Hansen on Hsün-tzu, *Journal of Chinese Philosophy* 20 (1993), p.376.

③ Paul R. Goldin, *Rituals of the Way: The Philosophy of Xunzi*, Chicago: Open Court, 1999, note 7, p. 96.

④ Graham, A. C., Replies and Comments, in: HENRY ROSEMONT, Jr., (Ed.) *Chinese Texts inPhilosophical Contexts: Essays Dedicated to Angus C. Graham*, La Salle: Open Court, 1991, p. 285.

论的同时，是个绝对主义者（absolutist）。[①] 此三人代表着约定主义中的决定论者，由于把实作为绝对的，名的地位相应降低了，约定也由于这种名实的隔阂而具有了激进的任意性。

与此相反，另一种强的约定派则将名实关系看得更为灵活，名不仅限于指实的符号，还能对实进行规定，名与实都是由约定给出的。这样，约定就不再只是任意的名约，而具有了划分名实的重要意义。Makeham 对正名中的这段话提出了新的翻译，即把约定译为“ordain”，名与实都由约定而被指定，而指定这一切的则是圣王。[②] 在这种阐释中，约定的任意性似乎更大了，圣王被赋予了决定名实的权力，而这权力从何而来？

汉学过于注重名实在语义上的关系，而在国内传统的做法中并不多见。对于约定的由来，更多是从天官意物、心有征知入手，结合法后王与法先王的关系而证得。上文提到，龙宇纯以原始语和学生语的关系解释径易不拂对约定俗成的补充，这其实是从语言训诂的方面对法后王与法先王的关系作出阐释。因此，约定俗成其实是一个师法的过程。也正由于此，国内的研究并不从正名直接入手，而关于礼义积伪、心性修为等各个方面，则都与正名的约定俗成有关。

1. 正名中的心性论

从正名中的心性论上讲，自牟宗三将荀子归为“以智识心”以来，多以认识心切入心的征知。例如韦政通的“天生人成”观，将天、性、虑、伪等诸多方面视作心的整体，而赋予其客观自然的性质。[③] 徐复观、劳思光等人亦持类似“自然心”观，直至樊浩、惠吉星等，皆以荀子所论之心不具有道德直觉，仅具认知理性，并受礼义教化的规约。[④] 这样，人的心性完全失去了创造性，而仅受制于外在的礼义。

这一阐释思路的沿用恰与西方自然主义传统暗合。因而，荀子与自然

---

① Hansen Chad，*A Daoist Theory of Chinese Thought：a Philosophical Interpretation*，New York：Oxford University Press，1992，p. 309.

② Makeham John，*Name and Actuality in Early Chinese Thought*，Albany：State University of New York Press，1994，pp. 59-63.

③ 参见韦政通：《荀子与古代哲学》，台湾商务印书馆 1992 年版，第 49 页。

④ 参见樊浩：《中国伦理精神的历史建构》，江苏人民出版社 1992 年版，第 128 页；惠吉星：《荀子与中国文化》，贵州人民出版社 1996 年版，第 207—210 页。

主义的比较，尤其是与道家的比较，在国外蔚然成风。David S. Nivison 对比荀子和庄子，认为荀子有两种相反的倾向，一是投入的儒家倾向，一是冷静的道家倾向；而道家对自然的崇尚则成为荀子论礼的基础，因而人道秩序只是天道自然之体现。①Benjamin Schwartz 同样认为，荀子的礼义只是宇宙秩序的一部分，是自然法的体现。持类似观点的还有 P. J. Ivanhoe，Michael Puett，Donald Munro 等。而 Paul R. Goldin 则直接将自然之天作为形而上者，置于礼义性情之上。② 佐藤将之在荀子与《黄帝四经》的比较中，发展出天地人三位一体的诠释构架，这无疑为荀子的心性论提供了富有自然特征的形上基础。③ 自然主义的另一种发展是心理主义，例如 Lee H. Yearley 在比较庄子和早期儒家传统时，认为荀子的正名源于参与（involvement）和脱离（detachment）这两种相反的心理活动，其根本是人心所本有的心理能力——导演（director）与观众（spectator）两种角色的并存。④ 这种心理主义的倾向影响深远，包括 David B. Wong，Bryan W. Van Norden 等都以心理学方式探究荀子心性论与道德主体，并在此层面上将其与道家作比较，依然令其同归于自然主义。⑤

自然主义的阐释模式，其实有违荀子的“人道”思想。反观其《天论篇》中所着重强调的“天人相分”，心性的确具有所受于天的自然禀赋，然而人道却迥异于自然，“治乱非天也”，“治乱非时也”。摆脱了自然的决定，人对于礼义才具有了创造力。天与人的相分体现在心的性伪之分上。何淑静在对正名心性论的阐释中，探讨了“以心为性”的条件，即在生而有之、感而自然的天性之上，还需人为的积习方可化性起伪，而积习是在礼义实践

① David S. Nivison，Xunzi and Zhuangzi，T. C. Kline Ⅲ and Philip J. Ivanhoe (Edited)，*Virtue，Nature，and Moral Agency in the Xunzi*，Indianapolis/Cambridge：Hackett Publishing Company (2000)，pp.176-187.

② Paul R. Goldin，*The Philosophy of Xunzi*，dissertation of Harvard University (1996).

③ Masayuki Sato，*The Confucian Quest for Order：The Origin and Formation of the Political Thought of Xun Zi*，Leiden・Boston：Koninklijke Brill NV，2003，pp. 316-323.

④ Lee H. Yearley，Hsün Tzu on the Mind：His Attempted Synthesis of Confucianism and Taoism，*The Journal of Asian Studies*，Vol. 39，No. 3 (May，1980)，pp. 465-480.

⑤ 详见 *Virtue，Nature，and Moral Agency in the Xunzi*，T. C. Kline Ⅲ and Philip J. Ivanhoe (Edited)，Indianapolis/Cambridge：Hackett Publishing Company，2000。此书是对这一心理主义趋势的总括。

的工夫中对礼义的认知。因此从“生而有”上说，心就是性；从实践工夫上说，心性则有着层次之别。①然而其所谓实践工夫依然是经验主义的，建立在自然的认识理性基础上，因而未脱自然主义的窠臼；且其将礼义的认知与践行分为两截，与荀子“行义动静度之以礼”（《君道》）的知行如一有别，也未达到其“知默犹知言”（《非十二子》）的言行一致。林宏星则援用了伽达默尔的“共通感”，心在礼义实践中体道、造道而与道合一，心性不再由某种形而上者所决定，而具有了自觉的创造性。然而林同时承认，心一方面认识道，另一方面创造道，这依然设置了主客的架构，因而其对自然主义的超越并不彻底。②相比较而言，梁涛在将荀子与中庸的比较中，把心性中的诚、仁、义与礼义实践结合起来，并将此视为荀子对中庸的发展。③从某种程度上，礼义与心性的融合超出了主客的对待，从而与自然主义模式拉开了距离。路德斌的两层人性论也是心性二分的代表，第一层是本始材朴之性，第二层是具有德性伦理色彩的道德理性。④这种视域中，荀子较孟子而言，在心性的建构上具有了相当的形上意味，甚至有所超越，虽说这种形上的设计带有些许德性伦理的色彩。

2. 正名中的礼义积伪论

与心性论相对的是礼义积伪论。张炳尉在《荀子“性恶”说重估》中谈到，由于天赋之性是没有道德内涵的，那么价值是“由外铄”的，道德性只能起于后天的礼义积伪。⑤陈林在《“化性起伪”何以可能》一文中，以性—情—虑—伪概况了性伪的相合。首先，性发为情、欲、知、能，此位天性本有；而心通过思虑指引行为的过程，此为后天起伪。二者合而言之即“性伪合”。⑥这与何淑静以心为性的条件之论其意略同，只是加入了伪的成分而更为整全。类似文章还有 Tang，Kwok Hung 的 *The relationship of Li and*

① 何淑静：《论荀子是否以“心”为“性”》，《孟荀道德实践理论之研究》，台湾文津出版社 1988 年版，第 64—68 页。

② 参见林宏星：《〈荀子〉精读》，复旦大学出版社 2011 年版，第 114 页。

③ 参见梁涛：《荀子与〈中庸〉》，《邯郸师专学报》2002 年第 2 期。

④ 参见路德斌：《荀子与儒家哲学》，齐鲁书社 2010 年版，第 146—154 页。

⑤ 参见张炳尉：《荀子“性恶”说重估》，《孔子研究》2011 年第 1 期。

⑥ 参见陈林：《“化性起伪”何以可能——荀子工夫论探析》，《道德与文明》2012 年第 2 期。

Qing in the Xunzi ①，廖名春的《对荀子思想的心认识》② 等等。

由于礼义与心性互为表里，心性论的阐释方式也同样影响着积伪论的特征。例如，当心性论以某种理性主义为本质时，相应的积伪论也就显得较为次要，比如路德斌的《荀子与儒家哲学》中，荀子的知与能被比作亚里士多德的实践理性，那么其所进行的礼义积伪也就是实现此理性的外在条件。国外的相关论文有 EricHutton 的“Moral Reasoning In Aristotle And Xunzi”，“Kim-Chongchong 的 XunZi and the Essentialist Mode of Thinking on Hunan Nature”，余纪元的“Human nature and virtue in Mencius and Xunzi：An Aristotelian interpretation”③ 等。而若以非本质论为心性论的主体，则礼义积伪也将具有更重要的地位。在柯雄文的《伦理论辩：荀子道德认识论之研究》一书中，即更为注重礼义如何在积习中辨合符验，成为正名中礼义积伪思想的代表。

积习离不开推类的实现，自柯雄文以来，对伦理推类的探索往往与逻辑语义学联系起来。这与文化比较中的第二阶段紧密相关。

（二）逻辑语义：文化比较的第二阶段

从逻辑学角度切入荀子正名的研究，最早始于德效骞的《荀子——古代儒学之塑造者》。书中评价了包括荀子在内的先秦诸子的名学思想，得出逻辑即名学的结论。而 Hansen 则指出了名学与逻辑的区别，而先秦的名学仅具语义学的意义。这一论断与后来以逻辑语义学为方向的正名研究有着密切的关联，而这一进路在柯雄文的《伦理论辩》一书中得以充分体现。它不但为正名思想提供了逻辑语义学上的完整论证，关键在于将这种思路贯穿于伦理讨论的始终，以致成为道德认识论的鼻祖，对后来产生深远的影响。

---

① Tang，Kwok Hung，*The relationship of Li and Qing in the Xunzi*，Institutional Repository：the Hong Kong University of Science and Technology of Library，2007.

② 参见廖名春：《对荀子思想的心认识》，《河北学刊》2012 年第 5 期。

③ EricHutton，“Moral Reasoning In Aristotle And Xunzi”，*Journal of Chinese Philosophy* 3（2002），pp.355-384. Kim-Chongchong，“XunZi and the Essentialist Mode of Thinking on Hunan Nature”，*Journal of Chinese Philosophy* 1（2008），pp.63-78. Yu Jiyuan，“Human nature and virtue in Mencius and Xunzi：An Aristotelian interpretation”，Dao 1（2008）.

自柯雄文以来，许多学者致力于以逻辑语义学的工具探讨伦理问题；然而正如柯雄文自己所说，“伦理推理总是更灵活，而不像法律推理那样严谨”①。伦理推类在荀子那里表现为“法后王”与“法先王”的统一，即展开历史的视域，用一以贯之的方法解决当下的问题。而这种历史的一贯并非逻辑的一贯，没有固定的标准可循。那么柯雄文采用了语义学的方法，借用奥斯汀（Austin）的“语言现象”（linguistic phenomenon）理论来解决名实关系的对应问题。例如，命（calling）与期（describing）分别表征着名实之间是充分条件还是必要条件的关系。②因而，伦理正名的根基依然是逻辑语言上的关系问题。

逻辑语义学的方法在国内的正名研究中以推类逻辑的形式表现，例如崔清田在《推类——中国逻辑的主导推理类型》③中，认为中国逻辑中的推类不具有规范的推理论式，只有对实质内容的描述性说明。以名来描述实，并从中寻找和提取名实之间的逻辑关系，这与柯雄文的逻辑语义学并无不同。而这种逻辑关系主要体现在类的同异上，同类则同名，异类则异名，以同异关系作为推类逻辑的基础，成为正名在逻辑语义上发展的导向。例如，张晓光的《荀子推类思想探析》④、皇朝阳的《中国古代逻辑的主导推理联系——推类》⑤等论文，都持此种逻辑语义的观点。

然而逻辑关系能否代表伦理讨论中的名实关系，依然是个问题。对这种问题的意识，使得逻辑语义学的发展出现了某种程度的转向，也即从柯雄文的重逻辑轻实用转向相反的方向。例如，对于柯雄文以固定的逻辑关系表示名实之间的语义意义的做法，林从一称之为“语义表象主义”（semantic representationism）；相反，他提出了“语义推理主义”（semantic inferentialism），将名的意义系于其所在的推理属性中，如与其相关的所有

---

① A. S. Cua, “Ethical Reasoning and the Uses of Definition”, *Ethical Argumentation: A study in Xunzi's Moral Epistemology*, Honolulu: University of Hawaii Press, 1985, p. 96.

② A. S. Cua, “Ethical Reasoning and the Uses of Definition”, *Ethical Argumentation: A study in Xunzi's Moral Epistemology*, Honolulu: University of Hawaii Press, 1985, pp.108-111.

③ 崔清田：《推类不具有规范的主导推理类型》，《中州学刊》2004年第3期。

④ 张晓光：《荀子推类思想探析》，《逻辑学研究》2009年第3期。

⑤ 皇朝阳：《中国古代逻辑的主导推理联系——推类》，《南开学报》（哲学社会科学版）2009年第5期。

社会活动。① 而所有这些社会活动都是在人与人之间的交往中不可避免的，如杜威所言，“把自己系于自然和他人的可能之中”②。因而，虽说林自认坚持着柯雄文的逻辑语义方向，而与实用主义保持距离；但不可否认，他所引用的关键概念“推理主义”正是来自布兰顿（Robert Brandom），一个以实用主义语用学为其语言学基础的人。③

（三）实用主义：文化比较的第三阶段

随着语言学界与实用主义逐渐合流，正名研究领域也出现了从逻辑语义向实用主义转向的趋势。这体现在以 Van Norden，Kurtis Hagen 等人为代表的轻逻辑而重实用的趋势。Hagen 在其博士论文《儒家建构主义：荀子哲学的重建和运用》中，把荀子的正名诠释为实用主义语境下的建构。在此模式下，正名是根据理（pattern）而进行类（categories）的建构，而理本身则亦是由人所建构的。对理进行建构也即“制割大理”，Hagen 以“切玉”比喻之，伦类的建构好比是将一块玉按文理切开，但文理并非一定，而是因人、因情而异的，根据不同情况强调不同的理的样式（pattern），由此在已有的伦类结构（pre-existing structure）之上进行新的创造。④

Hagen 的建构主义与安乐哲对于正名的观点是一致的。在《儒家角色伦理学》一书中，安乐哲以过程哲学和关联宇宙论对正名作出了新的诠释，正名既是述也是作，在所处的角色和关系中展开历史的叙述，新的语言和名类就在此历史的陈述中得到创作。因而正名就是在经验和关系中创造意义，并

---

① Lin Chung-I，“Xunzi as a Semantic Inferentialist：Zhengmingg Bian-Shuo and Dao-Li”，*Dao* 10（2011）：311-340，at p. 330.

② John Dewey，*Quest for Certainty*，The Collected Works of John Dewey，ed. Jo Ann Boydston，1972-1985；Carbondale：Southern Illinois University Press，2008.（Late Works 4：244）

③ Jaroslav Peregrin，Tales of the Mighty Dead（book review），Erkenntnis 59（2003）：421-424. 在这篇文章中提出了一个概念，IHFPR（inferentialist-holist-functionalist-pragmatist-rationalist tradition），而布兰顿（Robert Brandom）可作为此概念的代表。或者说，布兰顿的推理主义正植根于实用主义思想，即实践优先于理论，而这一点正是林在其“语义推理主义”中所坚持的。

④ Kurtis G. Hagen，Confucian Constructivism：a Reconstruction and Application of the Philosophy of Xunzi，Dissertation of University of Hawaii，2002，pp. 52-53.

将自己的创造和想象力变为现实的过程。① 关联宇宙论是建立在经验和实用主义的基础上，对原子论的形而上学和数理逻辑的解构。因此，角色伦理意义上的正名是对逻辑语义（logical semantics）传统的颠覆，而建立了从实用主义语用学（pragmatics）入手正名研究的进路。

关于语用学与正名思想的联系，国内其实早有相关的讨论。例如张晓芒、毕富生的《孔子“正名”思想的语用学意义及社会功用》② 中，即涉及“正名以正政”的语用意义，同时探讨了儒家正名思想与西方语用学之间的异同。只是这种讨论还是初步的，比如把“名”、“辩”分别归于语义和语用，而将逻辑与伦理分开，却未注意到名辩本是一体。语用学作为语义学在自然语言中的扩展，实则早已取代了后者的地位，而这种取代恰恰在正名中表现得尤为充分。名即是辩，名在辩中，正名本身就是一个伦理问题，故无须诉诸逻辑语义的分析。

因此，安乐哲和 Kurtis Hagen 的正名研究为实用主义语用学的推广建立了坚固的基础。而语用意义与荀子正名的全面比较，尚需更为深入的论证。

（四）政治哲学：文化比较的第四阶段

《论语·颜渊》曰：“政者，正也。”政治哲学的考虑从来都是正名的重要方向。曹峰曾提出：“荀子的名思想是将语言问题引向政治问题。”③ 而政治哲学的核心问题是正义、民主、人权等理论，围绕此核心，又分别有法学类的刑名论、礼学类的诗乐论，以及政治管理和政治教育等更多话题。虽说从政治哲学的角度开展的正名研究尚未成体系，而在文化比较的视域中，荀子的正名也始终占据着一席之地。

---

① Roger T. Ames, *Confucian Role Ethics: A vocabulary*, Hong Kong: The Chinese University of Hong Kong, 2011, pp. 46-54. 这部分中，安乐哲运用易经的变通来解释他的关联宇宙论，同时对孔子的述而不作进行了正名的阐释。

② 张晓芒、毕富生：《孔子“正名”思想的语用学意义及社会功用》，《孔子研究》2008 年第 2 期。

③ 曹峰：《〈荀子·正名〉篇新论》，《儒林》第四辑，山东大学出版社 2008 年版，第 273、276 页。该文指出：“语言的问题就是政治的问题，要解决政治的问题必须首先解决语言的问题。”从《荀子》的整个篇章中看，正名的目的确乎是为“正道而辨奸”（《正名》），使“万物得其宜”、“贤不肖皆得其位”（《儒效》）的政治目标而服务的。

民主与人权是西方政治理论的一大主题，Paul Goldin 在其 1996 年提交的博士论文《荀子的哲学》中，认为荀子正名中体现的人道是“天命”（Heaven Mandate）的表现，因而其政治与人权思想也来源于“天”这个形而上者。①Goldin 虽自认从荀子思想本身为立场着眼的，然而这种形而上学的思路被安乐哲批评为“无立场”（view from nowhere），也即援用了现实主义（realism）的立场而不自知。② 安乐哲在《先贤的民主》中以作为仪轨（礼）的角色和关系取代了“天”、“道”，而成为共同体与个人目标一致的结合点。③ 这种民主观是其关系宇宙论在政治哲学领域的体现，同时也是以此为背景的对正名政治思想的诠解。Hagen 认为，荀子的人权是“伪”的结果，是人们所建构的道德系统的一部分，然而却不是任意约定的。伪（constructs）本身包含了礼和正名的意义，权力是在历史传统中根据不同情况建构起来的，因而不是绝对的，而是随时调整的，它是礼的表现，也是由正名（attuning names）过程给出的。④ 陈素芬在这个意义上，提出了儒家民主是运用集体智慧的生活方式，体现为自己与他人同时获得个体性，因而成为仁的实现方式。⑤ 民主是在“述而不作”中对历史的学习和传承，它本身就是正名思想的集中体现，既是所正者又是被正者，体现了正名思想的完整的政治哲学内涵。

与民主、人权观念相联系的是女性（feminism）理论。如李晨阳所言，儒家伦理研究有两个传统：其一为儒家与女性关怀伦理的比较，也称儒家同

---

① Paul R. Goldin, *The Philosophy of Xunzi*, Cambridge: Dissertation of Harvard University, 1996, p.128. 其中阐述，天通过人道而掌握了人的生活，表现为礼法等制度设计。而在最后一章，人道与礼法建构的关系又被归于正名。因而，正名作为一种政治哲学思想，奠定在“天”的形上基础之上。

② Roger T. Ames, *Confucian Role Ethicss: A vocabulary*, Hong Kong: The Chinese University of Hong Kong, 2011, p. 21. 现实主义或绝对主义（absolutism）都是以形而上学的决定论为基础的，这正是 Goldin 的立场。

③ 郝大维、安乐哲：《先贤的民主——杜威、孔子与中国民主之希望》，何刚强译，江苏人民出版社 2004 年版，第 109 页。

④ Kurtis G. Hagen, *Confucian Constructivism: a Reconstruction and Application of the Philosophy of Xunzi*, Dissertation of University of Hawaii (2002), pp. 180-184.

⑤ Sor-Hoon Tan, “Confucian Democracy as Pragmatic Experiment: Uniting Love of Learning and Love of Antiquity”, *Asian Philosophy* 17 (2007), pp.141-166.

情伦理；其二为儒家与正义伦理的比较，也称儒家正义伦理。① 前者建立在仁的基础上，后者则更为注重义，而仁义的不可分离决定了两个传统的合流，因而女性正名也是其政治哲学意义的一部分。Li-Hsiang Lisa 在其《儒家与女性》一书中，通过礼的内外之区别和联系，阐述了女性在儒家传统中的角色和名分及其与政治秩序的一致关联，提出了带有关联宇宙论特色的儒家女性主义（Confucian Feminism），为女性正名提供了富于历史传统意义的新趋向。② 关于儒家与女性的话题，历来是争议的焦点。例如，Lijun Yuan 的“Confucius，Confucianism，and the Confucian Rationale for Woman's Inequality”曾将儒家的三纲五常视为对女性毋庸置疑的压制，并认为传统儒家是没有为女性留出地位的，虽说其人性和自我理论对于女性主义有很好的借鉴价值。③ 二者的对立其实是个体性的正义论与社群主义之间矛盾的反映，如何解决这个矛盾，也是正名的政治意义之所在。

在国内的研究中，荀子正名与正义思想也逐渐进入了政治哲学的论域。例如，储昭华用海德格尔的存在与此在解释荀子正名思想中的个体性，“稽实定数”就是以空间化的形式体现的此在转换，对应着居于群体之中的个体性，这即是正义原则的产生。④ 石永之以“行义以正”阐释了荀子正名思想中的公正、正义内涵。⑤ 而黄玉顺则以儒家的仁爱统摄了正义的由来，在《荀子的社会正义理论》中，以一体之仁对差等之爱的超越，构造出荀子的正义原则。⑥ 这意味着文化比较的视域将在正名政治哲学意义上面临进一步的发展。

---

① Chenyang Li，“Does Confucian Ethics Integrate Care Ethics and Justice Ethics? The Case of Mencius”，*Asian Philosophy* 18（2008）：69-82，at p.69.

② Rosenlee，Li-Hsiang Lisa，*Confucian and Woman*，Albany：State University of New York，2006.

③ Lijun Yuan，“Confucius，Confucianism，and the Confucian Rationale for Woman's Inequality”，Reconceiving Women's Equality in China：a Critical Examination of Modals of Sex Equality，Lanham MD：Lexington Books，2005，pp. 1-24.

④ 储昭华：《人的概念的政治哲学意义》，《明分之道——从荀子看儒家文化与民主政道融通的可能性》，商务印书馆 2005 年版，第 206 页。

⑤ 参见石永之：《荀子正义思想述要》，《孔子研究》2012 年第 2 期。

⑥ 参见黄玉顺：《荀子的社会正义理论》，《社会科学研究》2012 年第 3 期。

四、正名研究中存在的问题和展望

在当今“不对话，毋宁死”的文化语境中，比较的视域在哲学思考中已近乎不可避免。正名本身就是在比较中进行的，那么如何在历史叙述中给出比较的视域，则是关于正名的思考所能延绵不绝的理由。同时，任何一种比较都需要历史为背景，而历史的叙事则依借当下的比较而展开。那么，如何在比较和历史叙事中获得一个参照点，是正名所亟待解决的问题。

而正名之所以成为荀学研究的主要领域，就在于它是面对问题的。《不苟》曰：“物至而应，事起而辩。”《性恶》曰：“起于变故，成乎修为。”荀子作正名，就是为了解决“析辞擅作名以乱正名”的当前问题。见问题而生忧患之心，起修为之作，展开时间和空间的维度，历史和比较的思维由此产生。正名本身包含的诠释思想，是敞开当下比较研究的根本。中国文化的诠释向来处于“西学东渐”的模式之中，故有沦为西方历史语境变迁之反映的倾向，这在以上论述中尤为明显。目前的正名研究史，其实无过于逻辑语义学向实用主义语用学转移的一种表现，其中所呈现的争议也只是西方学说之间的固有矛盾，如一与多、个体与群体、本体论与关系论等。那么如何将这些争议划归于统类之中，使“万物得其宜，事变得其应”（《儒效》），方为荀子所倡大儒之效。

变故是正名的缘起，它导致利益分配的混乱和民众的疑惑不平，荀子认为应遵照约定俗成的原则来解决问题。然而遵守约定不意味着固执成俗，而是从美俗、抑恶俗，从当下的问题出发，有选择地继承旧俗和创发新俗。那么选择的依据何在？黄玉顺认为，制礼正名的根源在于仁爱。人生而有欲也是仁爱的一种表现，只不过是差等之爱；由此导致利益冲突，唤起推类之知，回归一体之仁。① 仁爱既是起点也是终点，是推类的基础和依据，也是正名循旧作新的大本大源。正名研究同样面对着争议和困惑，当代的正名史和荀学史如何撰写，依然是一个正名的问题，因而也需诉诸仁爱的本源。

仁爱本身是无主体性，或先于主体性的，被诠释的对象和诠释者同时

---

① 参见黄玉顺：《荀子的社会正义理论》，《社会科学研究》2012 年第 3 期。

出现于仁爱的情感之中，历史的传统在主体的诠释中产生，比较的对象按照可对应性和非等同性出现在比较的层级中。儒家诠释学以仁爱为本，关系、过程、时间性，以及历史视域都处于比较层级上的某个位置。荀子曰：“唯仁之为守，唯义之为行。诚心守仁则形，形则神，神则能化矣；诚心行义则理，理则明，明则能变矣。变化代兴，谓之天德。”（《不苟》）历史视域与比较层级，就在守仁行义中得以形成并不断发展，成为儒家思想史的根源。

（作者单位：山东大学儒学高等研究院）

儒学史重写的语境

——以三才通贯为一视域下的横渠易学为例

王新春

撰写儒学史，应有语境的充分考量。语境，包括儒家经典文本的语境，文本背后的历史文化语境，后世解读者再造的语境及其背后的历史文化语境，今天我们所值的历史文化语境，以及在守正开新、继往开来理念下，基于传统与现代的有机结合，借我们的重写活动所实现的视域融合后的新语境。因我们所实现的新语境，儒学一如传统时代，不是一单纯的 being，而是充满时代活力与广阔未来前景的 becoming。包括张载思想在内的理学史的撰写，亦应如此。

《周易》经传确立起易学专门之学的经典话语系统。其后，汉代的经学家，从象数的一面出发，丰富了这一系统；魏王弼、晋韩康伯等，则从义理的一面着眼，深化了这一系统；南北朝隋唐时期，这一系统又在儒释道三教由冲撞、互峙走向会通、融合的历史文化语境变迁过程中，既受到严峻挑战，又获得新的诠释。而自中唐古文运动所肇始的表征鲜明文化自觉的儒学复兴思潮，在经历五代十国的短暂曲折之后，迄于北宋中叶渐次全面展开。易学的这一系统，遂在充任儒学复兴、理学形成深层学理根柢的形式下，得到重构。北宋五子所做的各呈精彩的重构，最具开创性和影响力。作为儒学复兴主要标志的理学这一全新儒学形态的创立，就是借此而实现的。五子之一的张载（1020—1077），以其天地人三才通贯为一的宏大视域，重建了易学的话语系统，留下了《横渠易说》与《正蒙》等易学作品，推出了器识卓荦、气魄宏伟的横渠易学，从而奠定了理学中关学的基本规模，与另四子声气相通，为儒学复兴贡献了自己的心力。本文即拟就张载上述视域下的易学作一番粗浅的探讨，以为儒学史的重写，表达一得之愚。

一、圣人之《易》与天易

《周易》古经以卦画爻画的符号系列与卦辞爻辞的文字系列的互诠互显，奠定了易学的初始架构。在此基础上，经由《易传》的创造性诠释，《易》开显出外而符号与文字、内而象数与义理互诠互显的典范易学话语系统。在此系统内，天地人三才并立共在的语境，成为易学的基本语境。故而，三才缺少了任何一才，皆不能构成易学的语境。而且，探天究地，最终还是为了立人。人，成为易学的终极关切。离开了人，尤其不再构成易学的语境。这才有了《系辞下传》与《说卦传》的如下两段经典表述："《易》之为书也，广大悉备，有天道焉，有人道焉，有地道焉。兼三才而两之，故六。六者非它也，三才之道也。""昔者圣人之作《易》也，将以顺性命之理，是以立天之道，曰阴与阳；立地之道，曰柔与刚；立人之道，曰仁与义。兼三才而两之，故《易》六画而成卦。"以此晓谕人们，宇宙浩瀚，大化流行，天地人物生化于其中，构成多姿多彩的大千世界，汇为宏大有机生存生命共同体。基于人的生命自觉，以人置身于其中作为提出问题、探讨问题以立论和言说的基本出发点，则在此宇宙大化有机整体中，具有举足轻重意义的，就是作为造化之源的天地与造化所成最高境界生命存在的人三者，所谓三才。三才各有其道。天道展现于阴阳，地道展现于刚柔，人道展现于仁义。天道地道，本然如是，不是因人才确立。"立天之道"、"立地之道"之"立"，指的乃是天道地道由人所揭示、标举、守望、护持而得以彰显、畅遂和立住。人道则接续宇宙大化而来，本乎天道地道，由人基于高度生命价值意识自觉而确立、挺显。于是，作为符号系列的八卦与六十四卦的三爻、六爻之位，涵摄符示着三才并立共在的位的正定：八卦的三爻，初地、中人、上天，涵摄着顶天立地方为人；六十四卦的六爻，初二地、三四人、五上天，初刚二柔、三仁四义、五阳上阴，符示着置身天地间接通天地、定位人生之应然和不三不四而不仁不义之枉为人。大化所成三才并显共在其中的大千世界这一共同体，成为人的完整生活的世界。《易》六十四卦的符号系列所涵摄符示与卦辞爻辞以及《传》文的文字系列所诠释彰显的，就是三才并立共在其中的大千世界或人的整个生活世界的各种具体情势，就是三才之道落实情形差异所促成的各种复杂多样格局与境域及其价值应然。此可谓由人、由圣人所创作出的浸润着人的价值理想与宇宙关怀、人文关切的有符号有文字之《易》。而大千世界、生活世界所呈现的一切，则可谓一本然的无符号无文字的宇宙大《易》，抑或一本然的以三才、万象并立共在历程为活生生符号文字的宇宙大《易》。前者本于后者，并更进而开显、升华了后者。突显人的生命自觉的三才之道，即此成为易学的核心论域。

依张载之见，借助于《易》这部经典，人们应当领会到四重“易”的厚重底蕴。这四重“易”分别是：圣人之《易》、天易、宇宙大家庭之易与由我书写之《易》。

这里先言圣人之《易》与天易。

在张载看来，圣人之《易》，即作为经典文本的《周易》经传，它由数位圣人创作而成。这部《易》，涵括后三重“易”，开示了天易、宇宙大家庭之易，又指明了如何由人实地书写好属于自己的无愧于“人”字称号的《易》。

圣人之《易》，立足三才并立共在的语境，着眼遥契天地之道的人生价值应然立论：“《易》为君子谋，不为小人谋，故撰德于卦，虽爻有小大，及系辞其爻，必谕之以君子之义。”① 它揭示，天道之阴阳，地道之刚柔，人道之仁义，是三才得立的根本，是性命得立的根基；通贯三才之道，顺应性命之理，最大限度地在卦中各爻所符示的时位上采取有效行动，明时通变，与时偕行，务尽时位之用，以谋求人生德业的成功，才是人生唯一正务：“阴阳、刚柔、仁义之本立，而后知趋时应变。……六爻各尽利而动，所以顺阴阳、刚柔、仁义、性命之理也。”②

所谓天易，张载指出，即造化本身，指的是作为经典文本的《易》所开示的活生生的宇宙之《易》。借圣人所启示的《易》之慧眼观宇宙，他认

① 《张载集》，中华书局2006年版，第48页。以下凡引该书，标点有时略有改动。

② 《张载集》，中华书局2006年版，第49页。

为，人们就会发现，大宇宙所呈现的，就是一部活生生的《易》之大书。圣人之《易》，正是在这部大书的基础上创作出来，并与之相契合的。

针对《易》之为书，除上述《系辞下传》与《说卦传》的两段表述之外，《系辞上传》还称："《易》与天地准，是故能弥纶天地之道。……与天地相似，故不违；……范围天地之化而不过，曲成万物而不遗，通乎昼夜之道而知。故神无方而易无体。"申明了《易》所涵蕴的一切，完全与天地宇宙间的一切齐等契合。而就天地宇宙间所呈现的一切，以《易》之慧眼而观之，《系辞上传》则说："天地设位，而易行乎其中矣。"又说："乾坤成列，而易立乎其中矣。乾坤毁，则无以见易。易不可见，则乾坤或几乎息矣！"乾坤即天地。天地确立其上下之位，大化流行的过程次第展开，一部活生生的宇宙之《易》也就渐次接续不断地呈现出来。天地在，造化在，这部活生生的《易》即在。假如天地毁，造化止，这部《易》则即时而亡，不再能够被看到。换言之，天地与这部《易》共时而又历时性地同在。正因乎此，反向思考，如果这部《易》不再能被看到，那么也就意味着天地的近乎毁灭。

就此，张载诠释道："《系辞》言《易》，大概是语《易》书制作之意；其言'易无体'之类，则是天易也。"①"'《易》与天地准'，此言《易》之为书也。'易行乎其中'，造化之谓也。"②"苟乾坤不列，则何以见易？易不可见，则是无乾坤。乾坤，天地也；易，造化也。圣人之意莫先乎要识造化，既识造化，然后其理可穷。"③

《易传》指出，天地造化的过程，也就是借助于阴阳二气之消长盈虚、交感变化以创生万物，赋予万物以性命，令大千世界生生不息的过程。所谓："天地之大德曰生。"（《系辞下传》）所谓："一阴一阳之谓道，继之者善也，成之者性也。……显诸仁，藏诸用，鼓万物而不与圣人同忧，盛德大业至矣哉。富有之谓大业，日新之谓盛德，生生之谓易，……阴阳不测之谓神。"（《系辞上传》）造化之道，就是阴阳交感变化的生化之道。借助此道，天地落实了其好生之大德，造化出了万物大千世界，令自身日新又新，也使

① 《张载集》，中华书局 2006 年版，第 186 页。
② 《张载集》，中华书局 2006 年版，第 181 页。
③ 《张载集》，中华书局 2006 年版，第 206 页。

大千世界日新又新，引发了生生不息的宇宙大化洪流。于是，天地成就起富有万物大千世界的大业，彰显了自身日新又令大千世界日新的盛德，而大化流行亦成为一鲜明生机无限、生意盎然、生生不已的过程。恒保盎然生机生意而生生不已，成为天地之德支撑下的、由阴阳之气神妙莫测变化所促成的宇宙大化的根本品格，成为大化的第一义，成为天易亦即宇宙这部活生生的大的《易》书的第一义，成为《易》之“易”字的第一义。而“乾道变化，各正性命。保合大和，乃利贞”(《乾·彖传》)。天道下贯，大化流行，万物各得以正定其性，正定其命，有了表征自身之所以为自身的天道支撑下的本然至正的性命。于是，由这些涵具本然至正性命而生化日新着的事物所构成的异彩纷呈的大千世界，汇成了潜在最高境地的和谐场域，并借事物性命本然之正的落实，而趋向现实最大的和谐之境，即所谓太和之境。

在《易传》思想的基础上，张载认为，解读天易，就是解读造化，就是解读天道下贯而成万物之性命。他说：“不见易则何以知天道？不知天道则何以语性？……不见易则不识造化，不识造化则不知性命，既不识造化，则将何谓之性命也？……易乃是性与天道，其字日月为易，易之义包天道变化。”① 天易昭示了性命与天道的贯通，昭示了性命的源头来自造化过程中天道的下贯。究明天道下贯而成万物性命的造化之实，性命的究竟所以然才算大白，天易，亦即宇宙这部大的《易》书，才算被读懂。可见，探究性命的奥秘，明了性命之所自来，可谓解读天易的基本出发点与目的。

在张载看来，欲知造化，先要知造化之本的太虚。他说：“由太虚，有天之名；由气化，有道之名；合虚与气，有性之名。”② 造化是由气所实现的造化，气来自于太虚，太虚无形无象，是气的本然状态，也是宇宙的本始本然。终极意义上的本然之天，指的就是太虚。道则是源自太虚的气的运化过程。性命即本于太虚与气化。他称：“太虚无形，气之本体，其聚其散，变化之客形尔。……气之为物，散入无形，适得吾体；聚为有象，不失吾常。太虚不能无气，气不能不聚而为万物，万物不能不散而为太虚。循是出入，是皆不得已而然也。……彼语寂灭者往而不反，徇生执有者物而不化，二

① 《张载集》，中华书局2006年版，第206页。
② 《张载集》，中华书局2006年版，第9页。

者虽有间矣，以言乎失道则均焉。……知虚空即气，则有无、隐显、神化、性命通一无二，顾聚散、出入、形不形，能推本所从来，则深于《易》者也。……气聚则离明得施而有形，气不聚则离明不得施而无形。方其聚也，安得不谓之客？方其散也，安得遽谓之无？故圣人仰观俯察，但云‘知幽明之故’，不云‘知有无之故’。”① 太虚之气无形无象，气化凝聚，则气自太虚出，形成有形有象的暂时性存在——事物，事物消亡，构成它的气消散，复返进入太虚，恢复其无形无象的本然。气的凝聚与消散，乃气的本性使然。气凝聚，事物形成，人们眼睛的视力得以发挥作用，就会发现以有形有象状态存在的气而气显；气消散，事物消亡，人们眼睛的视力就难以发挥作用，鉴察不到视力盲区下的以无形无象状态存在的气而气隐。凝聚与消散，是气化过程中气的两种暂时状态；两种状态下，气都会保持其太虚中的本然常态。就事物而言，有生死、成毁、存亡、有无之别；就气而言，则只有聚散、出入、形不形、隐显之分，而无生死、成毁、存亡、有无之别。究极而言，宇宙中恒常存在着往复循环聚而显、散而隐的气。气的永恒性与事物的暂时性形成了鲜明的对照。佛教徒追求超脱轮回的不生不灭的涅槃之境，是认定一物可以走向远离其本源的不归之路；道教徒追求长生久视，执著于肉体之存，是认定一物可以超越其暂时性而不再变化。二者虽有区别，但在悖逆聚散变化的气化必然方面，在背离气化流行的过程方面，可谓殊途同归。以气观万象，则包括事物性命在内的一切，全然可归于气化流行聚散往复的整体过程。一切皆在此整体过程之内，而概莫能在其外。皆在其内，而彼此通而为一。这一汇通为一的整体过程，是由内涵对待、冲荡而又最终趋于最大动态和谐之境的太虚气化所引发的同样趋于最大动态和谐之境的过程：“太和所谓道，中涵浮沉、升降、动静、相感之性，是生絪缊、相荡、胜负、屈伸之始。其来也几微易简，其究也广大坚固。”② 见而及此，才算精通了《易》。

张载所处的时代，佛教、道教等已经成为对接续华夏主流传统的儒家之整体哲学文化价值系统形成深度严峻挑战的不可轻忽的力量。他毅然站

① 《张载集》，中华书局 2006 年版，第 7—8 页。

② 《张载集》，中华书局 2006 年版，第 7 页。

出，立足于当时的文化语境，直面而应对挑战，正本清源，矫正人们的视听，以光大经典圣学，引导落实宇宙人生之应然。他着眼宇宙大化，以太虚即气说，以气聚成物而显、气散复返太虚而隐，充分论证了大千世界的真实存在性，否定了佛教的幻化论；以气的凝聚与消散往复循环的不间断性，揭示了造化所成事物的暂时性与流转性，否定了佛教的涅槃说与道教的成仙说。以此宣示，人所置身于其中的这个大化流行的世界，是唯一真实可靠的世界，它绝非幻化不实，绝非糟糕透顶；在它之外，并不存在其他世界，更谈不上优于它；这一世界，就是人的唯一生存家园，就是人的整个生活的世界；生命来自本然之天太虚之气的造化，它真实而短暂，因其真实而须看重，不应抱其他幻想，因其短暂而须倍加珍惜，勿令荒废。

他进而指出，作为宇宙本始的本然之天的太虚，不单纯是一气的存在，它集真善于一身，既是一真实的存在，更是一绝对善的存在，以此奠定了大宇宙终极至善的根基，并在造化天地万物的过程中，将其善下贯到了大千世界，令万物的性命之中具备了此善，令大千世界、人的生活世界成为涵具善、拥有善的终极大宇宙根基支撑的美妙的世界，于是真善美在此汇通为一。以此宣示，造化不单纯是一气化的过程，气化成形的同时，内在地还有更具根本性意义的赋善成性致美的过程。他说："天地以虚为德，至善者虚也。虚者天地之祖，天地从虚中来。"① 又说："气坱然太虚，升降飞扬，未尝止息。……此虚实、动静之机，阴阳、刚柔之始。浮而上者阳之清，降而下者阴之浊，其感通聚结，为风雨，为雪霜，万品之流形，山川之融结……"② 太虚之气聚散变化，分化为天地，再由天地阴阳刚柔的消长凝聚变化，化生形体各异状态万千的万物万象。在此过程中，借助气化，太虚之善先是下贯于天地，成为天地之德、天地之性，然后再由天地赋予了万物，成为万物性命之本然，亦可谓天地之性。阴阳展现为五行，五行阴阳以化物，于是因禀受阴阳之气与五行之质的不同，万物又有了各各不一的气质之性："天下凡谓之性者，如言金性刚，火性热，牛之性，马之性也，莫非固有。凡物莫不有是性，由通闭开塞，所以有人物之别，由蔽有厚薄，故有

---

① 《张载集》，中华书局 2006 年版，第 326 页。

② 《张载集》，中华书局 2006 年版，第 8 页。

智愚之别。”①“莫不有是性”的“性”，谓源于太虚之善的天地之性。在每一生命体内，气质之性与天地之性间存在张力。气质的清通与浊滞，直接影响到天地之性是开通畅遂还是有所阻蔽，影响到其通遂或遭阻蔽的具体程度。人与物相较，前者气质优于后者，天地之性在人身上就得到了相当显著的开通畅遂，人与物即此拉开了距离；人与人相比，气质相对清通者与相对浊滞者，前者天地之性遭受的阻蔽要轻于后者，所以其生命自觉的程度明显高于后者，智者与愚者即此区分开来。于是一个由本然之天太虚为本始，以太虚之善为终极价值支撑，以太虚之气聚散变化为依凭，由共具同一天地之性、各有不同气质之性而有着性命境地鲜明差序之异的天地万物所构成的一本而万殊、生化而日新的大千世界图景，被勾画了出来。在此图景中，人以其气质之优越，越出众多物类，成为堪与天地并立的三才之一。天地人三才并立共在的大宇宙格局形成。这一格局，对于大千世界的未来走向，起着决定性的影响。

这一天易说，显然是与邵雍“须信画前元有易”②说不谋而合的，两说一同启发了后世朱熹的“画前之易”、“天地自然之易”说。

二、宇宙大家庭之易

天易明，性命之理彰，因乎性命赋予与禀受的关系，三才间，三才格局下的大千世界事物间，就具有了内在深层终极的大宇宙亲缘。于是，借此大宇宙亲缘，天易被内化为宇宙大家庭之易。

针对同一对象，视域不同，解读出的内涵往往就会有显著差异。经过《易传》的诠释，《易》既开示了阴阳交感变化以成万物的阴阳之理，又开示了继善成性的性命之理。汉代易学，借《易》阴阳之理的视域，解读出宇宙的阴阳大化之道；北宋五子，则借《易》性命之理的视域，解读出宇宙人生天道与性命的贯通。易学的重心，随之由阴阳大化转向了性命，着眼性命心性以贯通天人的理学的基本品格，渐次确立起来。基于性命的大宇宙亲缘之

① 《张载集》，中华书局2006年版，第374页。

② 程颢、程颐：《二程集》，中华书局2004年版，第45页。

视域，张载又进一步解读出了一部活生生的宇宙大家庭之《易》。

天易是一部本原性的活生生大的《易》书：“《易》一物而三才备：阴阳气也，而谓之天；刚柔质也，而谓之地；仁义德也，而谓之人。”① 这部大的《易》书，直接呈现的，就是各以阴阳、刚柔、仁义表征其道的天地人三才并立共在的大宇宙格局。三才似乎以各自有别于另二方的外观，并立而共在着。加入性命这一因素，此一外观瞬间即会被打破：“阴阳、刚柔、仁义，所谓‘性命之理’。……《易》一物而合三才，天地人一，阴阳其气，刚柔其形，仁义其性。”② 天之阴阳与地之刚柔来自本然之天太虚的气，其交感，化育人与万物，赋予人物以形体；其交感的同时，源于太虚之善的天地之德之性也赋予了人物，成为它们的本然天地之性，而人因其气质之优，将此天地之性彰显为了仁义之德。“性尽其道，则命至其源也。……至于命者止能保全天之所禀赋，本分者且不可以有加也。”③ “天授于人则为命（亦可谓性），人受于天则为性（亦可谓命）。”④ 天所赋谓之命，人物所受谓之性，通贯言之谓之性命。可见，从性命的角度言之，人物形而下的形体与气质，来自天气地质；形而上的本然之性，来自天地之性。天气地质、天地之性贯通下贯，才有了万物之性命，才有了性命之理。在性命之域，天地人三才通贯为一，天地物通贯为一，阴阳展现其气的一面，刚柔展现其形的一面，仁义、本然之性展现其性的一面。在人物的性命这里，天地人、天地物更是直接通贯为一，阴阳之气昭示着天施，刚柔之质昭示着地化，仁义之德、本然之性昭示着天地之赋。正是气、质、德、性这些在人在物之天地要素，抑或在人在物之天地，成就了人与物。究极而言，正因人物之性命来自天施地生、天地所赋，所以人物与天地间，就具有了大宇宙亲缘关系，天为父，地为母，人物为子：“乾称父，坤称母；予兹藐焉，乃混然中处。故天地之塞，吾其体；天地之帅，吾其性。民吾同胞，物吾与也。”⑤ 敬畏感恩报本反始的生命情怀，是三代礼乐文化的基本精神，这一精神为孔子所开创的儒家所继

① 《张载集》，中华书局 2006 年版，第 235 页。
② 《张载集》，中华书局 2006 年版，第 235 页。
③ 《张载集》，中华书局 2006 年版，第 234 页。
④ 《张载集》，中华书局 2006 年版，第 324 页。
⑤ 《张载集》，中华书局 2006 年版，第 62 页。

承并发扬光大，成为一种仁孝精神。接续这一精神的荀子说：“礼有三本：天地者，生之本也；先祖者，类之本也；君师者，治之本也。无天地恶生？无先祖恶出？无君师恶治？三者偏亡，焉无安人。故礼，上事天，下事地，尊先祖，而隆君师，是礼之三本也。”① 而《礼记·郊特牲》则称：“社，所以神地之道也。地载万物，天垂象，取财于地，取法于天，是以尊天而亲地也，故教民美报焉。家主中霤而国主社，示本也。唯为社事，单出里。唯为社田，国人毕作，唯社，丘乘共粢盛，所以报本反始也。……天垂象，圣人则之。郊所以明天道也。……万物本乎天，人本乎祖，此所以配上帝也。郊之祭也，大报本反始也。”② 升华这一报本反始情怀，具有丰厚礼学素养的张载认为，有着优于万物的性命了悟、生命自觉的人，应当从子女与父母的家庭血缘之亲，触机旁通，升华领悟到人物与天地的宇宙根源性之亲。领悟到，父母而外，天地才是更具根源性意义的性命之本，天地实为究竟意义上的人物之父母，人物与天地之间，具有难以隔开的终极大宇宙亲缘。基于这一亲缘，那么，就人之类中的个体之我而言，我置身在这样一个宇宙大家庭之中，乾天为我之父，坤地为我之母，我的鲜活感性生命，就与父天母地浑然无分、一体无隔地处在它们之间。充塞于天地之间的气，形成了我的形体；决定天地之所以为天地的天地之性，成为我的本然之性。与我同在的民众，形体、本然之性同样来自天地间的气与天地之性，因而与我共有父天母地而具同胞之亲；与我同在的事物，气质虽远劣于我，但形体、本然之性的来源，与我丝毫不殊，因而天地也是它们的父母，它们也就成了我的伙伴。不但我如此，人之类中的每一个体之我，都生活在这样一个以天地为父母、以民众为同胞、以万物为伙伴的宇宙大家庭之中。于是人的整个生活世界基础上的整体宇宙大家庭意识得以确立。

上述宇宙大家庭意识，是在明造化之本、悟性命之源的易学宏识下，会通报本反始的生命情怀确立的。这一意识，既是一高远卓荦的见识，更是一高远卓荦的境界，尤其还是一高远卓荦的生命承当。将自己置身于其中的大宇宙，认同承当为一宇宙大家庭：将天地，认同承当为自己的父母；将充

① 王先谦：《荀子集解》，中华书局 1988 年版，第 349 页；标点有改动。

② 朱彬：《礼记训纂》，中华书局 2007 年版，第 392—397 页。

塞于天地之间的气，认同承当为自己身体的有机构成部分；将天地之性，认同承当为我之所以为我、我之所以为人的性；将民众，认同承当为自己的同胞；将万物，认同承当为自己的伙伴。上述认同承当，体现了对于造化之本的天地的敬畏感恩尊重善待，体现了对于天地造化所成的人物与大千世界的敬畏感恩珍视善待，体现了对构成自己生活世界一切的内在价值的敬畏善待，体现了对支撑这一切的来自本然之天的太虚之善与此善下贯所成在天地在人物的德性之善的敬畏善待，体现了对真善美汇通为一而趋向最大动态和谐之境的整个生活世界的无限珍视善待。

借此认同承当，三才并立共在的格局获得了重构。一则该格局获得了宇宙大家庭的新语境；再则因我的承当，三才中的人之一才，由我直接承当起来。于是三才并立共在的易学语境，获得了由我认同承当而引动的新语境。

我的直接承当，使得三才中的人的主体性得以挺立。三才的并立共在，转向由人的主体性挺立所自觉推进的新局面。天道地道，皆因人道的践行，获得挺显、守望、护持与稳步实现。人道得以践行而落实的同时，恰使天道地道也得以落实。人性人道，遂成为三才格局的希望所在。实现人道，才能契合天地，接通天地之道，真正实现人之所以为人，升华作为造化所成最高境界的生命存在；实现人道，才会更好地实现天地之道，升华天地的德业。这也是“《易》一物而合三才，天地人一，阴阳其气，刚柔其形，仁义其性”论中固有之义。人的仁义之性，就表征着三才通贯为一的整体的性，表征着大化流行之整体、大千世界之整体、生活世界之整体、宇宙大家庭之整体的性，据此性而来的人道，就是上述整体得以迈向充满活力的动态真善美和谐圆满之境的康庄通衢。在这一点上，张载之见与程颐、邵雍之识是相通的。在诠释符示天地不交的否卦（䷋）卦辞“否之匪人”时，程颐称：“天地交而万物生于中，然后三才备，人为最灵，故为万物之首。凡生于天地之中者，皆人道也。天地不交，则不生万物，是无人道，故曰匪人，谓非人道也。”① 开示了人道是三才之道的集中体现与实现，人道是造化中天地之道的最高体现与实现。而在自己的高度原创性易学作品《皇极经世》中，邵雍也

① 程颢、程颐：《二程集》，中华书局 2004 年版，第 759 页。

说："道之道尽之于天矣，天之道尽之于地矣，天地之道尽之于万物矣，天地万物之道尽之于人矣。"① 借用邵雍式的语言，则张载之见可表述为：本然之天太虚之德之道尽之于天地，天地之德之性之道尽之于万物，天地万物之德之性之道尽之于人。

三、由我书写之《易》

在宇宙大家庭语境下，三才并立共在的格局，因为有了我对于人之一才的直接承当，而豁显出人的生命主体性。这一主体性，是由我所挺立起的，于是天易、宇宙大家庭之易，最终落实为由我书写之《易》。

依张载之见，所谓由我书写之《易》，质而言之，即是在我直面宇宙大家庭语境下的三才格局，庄严承当起三才中人之一才的角色时，以父天母地孝子的角色定位，通过着实躬行，以一生的心力，推展打上自身性命深深印记的人生德业历程。此即以自己独特人生历程下的积极作为为活生生符号文字而书写成的真正属于自己的《易》。准此，我应敬畏感恩父天母地的好生之德及其所造化出的一切，珍视善待与我具有命运共同体关系和宇宙大家庭亲缘的万民与万物本身的内在价值，挺立自己生命的主体性，自觉承当起大家庭中的一切。一如《礼记·乐记》所言"大乐与天地同和，大礼与天地同节。……乐者天地之和也，礼者天地之序也。和，故百物皆化；序，故群物皆别。乐由天作，礼以地制。……明于天地，然后能兴礼乐也"②，来自本然之天太虚之善的天地之德之性，可谓一终极本原性之仁，它在天地造化的过程中，落实为富有礼的秩序性内涵的宇宙大家庭："礼即天地之德也，……天地之礼自然而有，何假于人？天之生物便有尊卑大小之象，人顺之而已，此所以为礼也。"③ 我即应以仁礼合一的价值自觉，守望天地之德之性，"知礼成性"，善待大家庭的一切成员："知极其高，故效天；礼着实处，故法地。人必礼以立，失礼则孰为道？……知礼以成性，性乃存，然后道义从此

---

① 邵雍：《皇极经世》，道藏本第 23 册，文物出版社、上海书店、天津古籍出版社 1996 年版，第 422 页。

② 朱彬：《礼记训纂》，中华书局 2007 年版，第 567—569 页。

③ 《张载集》，中华书局 2006 年版，第 264 页。

出。……时措之宜便是礼，礼即时措时中见之事业者。”① “天体物不遗，犹仁体事无不在也。‘礼仪三百，威仪三千’，无一物而非仁也。”② 遵循礼数，敬畏父天母地君臣长幼小大先后之序，落实善待一切成员之仁，期许构建起有序和谐通泰的理想大家庭，成为我毕生应致力的人生伟业。仁礼合一，成为我的人生态度、行为方式，成为我的生命存在方式与实现方式。我之准此所做的一切，最终凝练升华为对于父天母地的一个“孝”字：“尊高年，所以长其长；慈孤弱，所以幼其幼。圣其合德，贤其秀也。凡天下疲癃残疾、茕独鳏寡，皆吾兄弟之颠连而无告者也，于时保之，子之翼也；乐且不忧，纯乎孝者也。”③ 一切的一切，或直接针对父天母地，或出于为父天母地分担承当，最终都可归结为对于父天母地的敬畏感恩、孝事善待。正所谓：“天所以长久不已之道，乃所谓诚。仁人孝子所以事天诚身，不过不已于仁孝而已。故君子诚之为贵。”④ 由此，我的心即有望跻于盛大显用之境，通我生活世界中的天地万民万物与心为一，时刻挂怀敬畏善待，终至打通内外，全然接通契合天地之心，成就起宇宙式的大我。这一大我生命存在的达成，就是圣者天地境界的实现，我应以此为终极期许：“大其心则能体天下之物，物有未体，则心为有外。世人之心，止于闻见之狭。圣人尽性，不以见闻梏其心，其视天下无一物非我。……天大无外，故有外之心不足以合天心。”⑤ 以此为终极期许，我就会真正成为天地的良心、宇宙的良知之所在。

为此，张载特别强调以德性为价值根基的人的生命境界的提升，认为读圣贤之经，就要以圣贤为自身最终人生期许。德眼以观经，张载扭转以往每每以人爵观照爻所符示的时位的解《易》理路，着力突显了爻位所符示的德位意涵。这突出表现在其对乾卦九五爻爻辞“飞龙在天，利见大人”与该爻《文言传》“圣人作而万物睹”、“乃位乎天德”的独到诠释上：“九五，大人化矣，天德位矣，成性圣矣，故既曰‘利见大人’，又曰‘圣人作而万物睹’。……圣人用中之极，不勉而中，有大之极，不为其大，大人望之，所

① 《张载集》，中华书局 2006 年版，第 192 页。
② 《张载集》，中华书局 2006 年版，第 13 页。
③ 《张载集》，中华书局 2006 年版，第 62 页。
④ 《张载集》，中华书局 2006 年版，第 21 页。
⑤ 《张载集》，中华书局 2006 年版，第 24 页。

谓绝尘而奔，峻极于天，不可阶而升者也。乾之九五曰：‘飞龙在天，利见大人’，乃大人造位天德，成性跻圣者尔。若夫受命首出，则所性不存焉，故不曰‘位乎君位’而曰‘位乎天德’，不曰‘大人君矣’而曰‘大人造也’。……成性则跻圣而位天德。……及夫化而圣矣，造而位天德矣，则富贵不足以言之。……仲尼犹天，‘九五飞龙在天’，其致一也。”① 九五本来被解读为受命所出的君位、天子之位，所谓九五之尊。张载却将其解读为德与天合，性成其为天地之性而圆成，境跻于极致而成圣。在他看来，德、性、境臻于乾卦九五爻所符示的位，就是圣人境界与气象的圆满达成。这是我，是士人，是人当仁不让于圣贤的终极应然价值追求。受命与否，皆当如是。这是世间富贵远远不可与其同日而语的。故而他主张，人人皆当期许这一意义下的九五，并申言：“儒者则因明致诚，因诚致明，故天人合一，致学而可以成圣，得天而未始遗人。”② 经过这番解读，《易》成了一部导人透过践行以成圣之书。

在这点上，张载之见又与程颢之识灵犀相通、相得益彰。在给弟子讲学时，程颢曾发问并自答：“‘天地设位，而易行乎其中矣’；‘乾坤毁，则无以见易’。‘易不可见，则乾坤或几乎息矣’。易是个甚？易又不只是这一部书，是易之道也。不要将易又是一个事，即事尽天理，便是易也。”③ 研究《易》，不再单指研究那部经典，明其训诂，究其微言大义，而是更应透过自己人生日用中合乎德性价值根据的正大作为，有力呼应圣人之《易》，书写行动化的见诸实际的《易》。

正是在此基础上，落实《易》三才之道的三立说，会通《礼记·礼运》“人者，天地之心也”④ 之论，张载进而提出了彪柄千古的“横渠四句”。传世的“横渠四句”，有三种表述：(1)“为天地立志，为生民立道，为去圣继绝学，为万世开太平”⑤；(2)“为天地立心，为生民立道，为去圣继绝学，

① 《张载集》，中华书局 2006 年版，第 50—52 页。

② 《张载集》，中华书局 2006 年版，第 65 页。

③ 程颢、程颐：《二程集》，中华书局 2004 年版，第 31 页。参见王新春：《仁与天理通而为一视域下的程颢易学》，《周易研究》2006 年第 6 期。

④ 朱彬：《礼记训纂》，中华书局 2007 年版，第 348 页。

⑤ 《张载集》，中华书局 2006 年版，第 320 页。

为万世开太平”①；(3)“为天地立心，为生民立命，为往圣继绝学，为万世开太平”②。三种表述，明末清初之后，以最后一种流传最广，影响最大。各表述间，表面的差异主要有二：一是“立志”与“立心”之异；二是“立道”与“立命”之别。而其内在实质的差别，则并不甚大。“为天地立志”，承《孟子·公孙丑上》“夫志，气之帅也；气，体之充也。夫志至焉，气次焉”而来，可从张载“天地之塞，吾其体；天地之帅，吾其性”进一步得到确解。“天地之塞”，即充塞于天地之间的气；“天地之帅”，即统帅、决定天地之气与天地之所以为天地者，亦即天地之性之德。志为气帅，则“天地之帅”可换言为“天地之志”。而天地之德即天地之心。因此，“为天地立志”与“为天地立心”，可互换。《中庸》云：“天命之谓性，率性之谓道，修道之谓教。”天所赋谓之命，人及物所受谓之性，顺着本性行事即为道。张载亦称：“天授于人则为命（亦可谓性），人受于天则为性（亦可谓命）。”则他所云“为生民立道”与“为生民立命”意思相承而不悖。“横渠四句”的基本精神，就是横渠易学所宣示的士人当仁不让于圣贤与王者的宇宙大家庭、生活世界、家国天下庄严承当的生命主体精神。③

透过对于《易》卓有成效的解读与重构，张载推出了上述内涵四重“易”的厚重底蕴、彰显士人鲜明生命主体意识自觉的横渠易学。在与五子中其他四子同中有异、异中有同的声气应和下，生命主体精神渐次豁显，成了理学时代的主旋律。于是其后胡宏转进孟子“穷则独善其身，达则兼善天下”（《孟子·尽心上》）之论，提出“‘穷则独善其身，达则兼善天下’者，大贤之分也；‘达则兼善天下，穷则兼善万世’者，圣人之分也”④之说；陆九渊则标举“宇宙内事，是己分内事；己分内事，是宇宙内事”⑤之承当；王阳明又提出“天地无人的良知，亦不可为天地矣”⑥之论，阳明后学王艮更

---

① 朱熹：《朱子全书》第拾叁册，上海古籍出版社、安徽教育出版社 2002 年版，第 190 页；《张载集》，中华书局 2006 年版，第 376 页。

② 黄宗羲：《宋元学案》，中华书局 1989 年版，第 769 页。

③ 参见王新春：《“横渠四句”的生命自觉意识与易学“三才”之道》，《哲学研究》2014 年第 5 期。

④ 《胡宏集》，中华书局 2009 年版，第 26 页。

⑤ 《陆九渊集》，中华书局 2008 年版，第 273 页。

⑥ 《王阳明全集》，上海古籍出版社 1995 年版，第 107 页。

以“出则必为帝师，处则必为天下万世师”（《王心斋全集·语录上》）期许自我。这一生命主体精神，激励着理学时代及其后的志士仁人，在现代则被转型为中国哲学家的崇高追求。1942年，抗战正酣，执教西南联大的一代大哲冯友兰先生，在为其著作《新原人》所作的《自序》中即言：“‘为天地立心，为生民立命，为往圣继绝学，为万事开太平。’此哲学家所应自期许者也。况我国家民族值贞元之会，当绝续之交，通天人之际、达古今之变、明内圣外王之道者，岂可不尽所欲言，以为我国家致水平、我亿兆安心立命之用乎？虽不能至，心向往之。非曰能之，愿学焉。”① 在中华民族走向伟大复兴的今天，基于民族文化意识自觉，这种舍我其谁的庄严承当的生命主体精神，经过一番创造性转化之后，必将在处理天人关系，营造契合生态文明的生存发展场域，构建和谐天人生态，塑造有敬畏有感恩有使命有担当的健全人格，构建和谐社会与和谐世界诸方面，发挥其应有的作用。文化存民族存，文化亡民族亡。经济腾飞的同时，民族的复兴更有赖于文化的复兴。因此，上述生命主体精神，正可成为当今民族复兴的莫大助力。

（作者单位：山东大学哲学与社会发展学院）

① 冯友兰：《三松堂全集》第四卷，河南人民出版社2001年版，第463页。

试述当代大陆新儒家的形而上学及特点

巴文泽

“当代大陆新儒家”是20世纪90年代兴起的一个学术团体，他们以复兴儒学为己任，著书立说，身体力行，在学界的影响越来越大，“这个群体，我们称之为‘新世纪大陆新儒家’”①，亦称之为“当代大陆新儒家”。大陆新儒家的理论探索，已经引起了学界的极大关注。② 大陆新儒家的研究论域颇为丰富，其中在儒家形而上学问题、民族性与现代性、政治儒学与儒教问题上都有深入探讨和突破。本文就他们的形而上学进行探讨，分析他们取得的新成就。大陆新儒家在现代新儒家的基础上，不再“依傍”某一个西方学派作为自己形而上学体系的范式，而是以中西哲学融合的视域，构建自己的哲学体系。

一、对现代新儒家形而上学的反思

现代新儒家大多构建了自己的形而上体系，其中以熊十力、冯友兰和

---

① 崔罡：《总论：如何切中活的思想史》，《新世纪大陆新儒家研究》，安徽人民出版社2012年版，第1页。

② 反对者重视是因为遏制，如方克立认为大陆新儒家的诉求，已经触及了马克思主义的官方地位，因而必须加强研究，并予以批判和抵制。（方克立：《关于当前大陆新儒学问题的三封信》，《学术探索》2006年第2期）支持者则因其问题意识、理论特色等异于现代新儒家不同而要“严格区分‘当代新儒学’与‘现代新儒学’”，来彰显当代大陆新儒家的独特地位。（徐庆文：《严格区分“当代新儒家”与“现代新儒学”——评〈新世纪大陆新儒家研究〉》，《社会科学研究》2013年第2期）

牟宗三作为典型。熊十力的新唯识论用中国哲学中“体”与“用”两个最基本的哲学范畴，构建了一个对宇宙万物、万事之存有根源和状态皆可作出解释的本体论体系。冯友兰的新理学体系援用20世纪二三十年代尚处于兴盛阶段的美国新实在论和维也纳实证主义哲学的观点、方法，对程朱理学作了新的改造而形成的本体论哲学。牟宗三受德国古典哲学，尤其是康德和黑格尔的影响，将中国文化的人文精神核心或根源的儒家道德理念和实践，作了具有现代哲学内涵的新诠释，形成了他的“道德的形上学”本体论。“新唯识论、新理学、道德形上学是20世纪中国儒学的三个最重要的、具有代表性的形上学理论形态，它们从融合儒佛、改造理学、发展心学等中国哲学的不同学术方向上展现自己新的理论形态，昭示儒学已步入一个新的理论建设时代。”① 不仅如此，现代新儒家的形而上的本体论，都受到西方哲学的影响，将民主、科学等现代性要素纳入他们的体系，使他们的本体论呈现出“现代性”。

1. 反思现代新儒家的“现代性”

大陆新儒家对现代新儒家的努力都作赞赏和认同，然而，对他们构建的形而上本体却提出了批评。批评来自两个方面：一方面批评他们的形而上不够“现代”，另一方面批评不够“民族”。

张立文认为现代新儒家“接着”宋明理学讲，虽然有新的因素出现，但总体并没有超出宋明理学的范围，还属于前现代哲学。他通过对宋明理学和现代新儒家的比较，认为宋明理学中的程朱理学由冯友兰的新理学继承，陆王心学由贺麟、牟宗三、唐君毅新心学继承，张载、王夫之的气学有张岱年的新气学继承。② 前者为“旧三学”，后者为“新三学”。张立文认为“新三学”并没有“度越”“旧三学”，理由有三：第一，“新三学”是对“旧三学”的自觉承接。冯友兰说的新理学是照着和接着程朱理学讲，贺麟和牟宗三自称接着陆王心学讲，而张岱年虽然没有标明自己是接着张王气学讲，但他的哲学明显是受张王气学的影响，可以说是一种继承。第二，“新三学”和“旧三学”的哲学核心范畴相同。张立文认为每一次哲学理论形态的变

① 崔大华：《儒学的现代命运——儒家传统的现代诠释》，人民出版社2012年版，第338页。

② 参见张立文：《从宋明理学到现代新儒家》，《上海社会科学院学术季刊》2004年第1期。

化，都会有新的哲学范畴出现，而宋明理学和现代新儒家的哲学范畴是一致的，所以现代新儒家并没有超出宋明理学。“现代新儒家的新理学、新心学、新气学，尽管吸纳西方哲学中的某些主义或学说以求会通，但作为标志其理论形态的哲学核心范畴的理气心性没有变，即道没有变，只不过引进西学中的某些主义或学说，对理气心性作了一些新的解释而已。因而从哲学理论思维意义上说，笔者认为现代新儒学的‘新三学’并没有超越宋明新儒学的‘旧三学’是指没有创造属于自己时代精神的精华的哲学核心范畴的理论形态而言，这是我长期研究中国哲学范畴的体认，也是我之所以追究现在还讲‘新三学’的意义与价值何在的原因所在。”① 第三，“新三学”和“旧三学”所诠释的经典文本是一样的。张立文认为，宋明理学所诠释的经典文本主要是《易》和《四书》，而现代新儒家也一样。因为对于诠释经典文本的选择，既与时代相一致，也与诠释者的理论核心范畴相一致，“诠释经典文本的不同选择，实意蕴着特定历史时空存在的理论思维形态的个性。现代新儒学的‘新三学’基本‘接着’宋明新儒学的‘旧三学’，并没有超越‘旧三学’对诠释经典文本的选择”②。

黄玉顺受现象学尤其是海德格尔的影响，批评现代新儒家的本体论属于传统的前现代的形而上本体论，没有把握哲学前沿，因而还不够“现代”。黄玉顺根据海德格尔的“存在论区分”（der ontologische Unterschied）的观念架构的启发，将儒学观念也划分了层级。海德格尔将哲学观念做了一个区分，就是“存在”（Sein）与“存在者”（Seiendes）的区分：存在→形而上存在者→形而下存在者。且海德格尔认为自从轴心期以来，哲学、形而上学一直在追求存在着，或者说是追求形而上存在，完全遗忘了存在本身。据此启示，黄玉顺将儒家的观念划分为三个层级：生活情感（本源）→性（形上）→情（形下）。黄玉顺认为“生活—存在”的思想视域是当下社会最前沿的基本视域，同时也是原创时代的基本视域。“关于这种‘生活—存在’的思想视域，我想强调指出两点：一方面，在我看来，这是当代思想所应有的一种最前沿、最基本、最起码的视域，舍此不足以语思想；另一方面，这

① 张立文：《超越与创新——答李存山先生》，《学术月刊》1999 年第 10 期。

② 张立文：《超越与创新——答李存山先生》，《学术月刊》1999 年第 10 期。

样的思想视域其实也正是最古老的一种思想视域，亦即原创时期（略相当于雅斯贝尔斯之所谓‘轴心时期’）乃至前原创期的思想视域。”①

在当代西方哲学，尤其是后现代主义的视域中，“形而上学”是应当被“解构”的，而在生活儒学中则是“解破”，即“我们必须‘破译’儒家形而上学，以‘理解’它”②。黄玉顺通过对中国传统哲学的分析，发现“性→情”的观念架构是中国形而上学的基本结构，“我们对‘性→情’构架的分析和把握，实际上就是对形而上学的把握，或者说，它就是形而上学的基本架构”③。儒家自思孟学派以来一直到宋明理学和现代新儒家，都是这样的形而上学。

黄玉顺从生活儒学出发，认为中国传统的形而上学，包括现代新儒家“遗忘存在”，“即在其理论建构中蔽塞了生活本源”④，因此必须解构。现代新儒家，无论是熊十力的体用论（体→用）、冯友兰的新理学（真际→实际）还是牟宗三的道德形而上学（内圣→新外王），都是典型的传统形而上学的设定，都是形而上的存在者，而不是存在—生活。“传统形而上学由于遗忘了存在、蔽塞了生活，于是只会思考存在者、特别是形而上的唯一绝对的存在者，而不会思考存在、生活；只会思‘有’，不会思‘无’。这样一来，这种形而上学就会成为无本之木、无源之水，就会凝滞、僵化，无法切入当下的存在、活泼的生活，无法与时偕行、顺天应人。这种形而上学忘记了自己是渊源于生活的，反倒企图充当生活的僭主、统治者、裁判者，最终成为非常可怕的东西。历史上某些儒学的‘以理杀人’，现代新儒学的无法实现‘内圣开出新外王’，盖缘于此。今日的儒学复兴，假如仍然采取这样的传统形而上学的致思方式，就无法避免‘原教旨主义’，就不可能真正有效地切入‘我们的’生活。”⑤传统的形而上学植根于过去的生活，是前现代社会的伦理（形而下）根据，而社会一旦转型，从前现代转向现代社会，原来的形而上学无法为当下社会提供形而下的根据，因此，必须将其解构，在此基础

① 黄玉顺：《生活儒学与形而上学之关系——致胡治洪教授》，《学术界》2008年第1期。
② 黄玉顺：《爱与思——生活儒学的观念》，四川大学出版社2006年版，第49页。
③ 黄玉顺：《爱与思——生活儒学的观念》，四川大学出版社2006年版，第46页。
④ 黄玉顺：《生活儒学与形而上学之关系——致胡治洪教授》，《学术界》2008年第1期。
⑤ 黄玉顺：《生活儒学与形而上学之关系——致胡治洪教授》，《学术界》2008年第1期。

上重建形而上学。

2. 反思现代新儒家的“民族性”

当代大陆新儒家一方面批评现代新儒家不够“现代”，另一方面也批评他们的理论构建不够“民族”。21 世纪以来，学界掀起了一场“关于中国哲学合法性问题”的大讨论，几乎所有的儒学或中国哲学领域的重要学者都参与了讨论。在这场讨论中，学界反思 20 世纪中国哲学的研究，问题集中在“以西方哲学范式创立的中国哲学能不能够传承中国文化的真精神”。就儒学而言，冯友兰、牟宗三等现代新儒家所构建的理论体系被质疑为“不中不西”，没有真正体系儒家的真精神，因而“民族性”不够。而大多数大陆新儒家则认为必须创新具有“民族性”的理论形态，故而有学者认为“中国哲学合法性”的大讨论，才是当代大陆新儒家出场的标志性事件，“新世纪大陆新儒家出场的标志性事件，并非《理性与生命》一书的出版，更非极具蒋庆个人色彩的《宣言》，而是这场大讨论”①。

当代大陆新儒家认识到现代新儒家产生的必然性和合理性，也分析了他们所构建的体系与中国文化的背离。大陆新儒家认为现代新儒家是在西方文化强烈冲击下产生的，又依傍西方哲学的研究范式构建的哲学体系，这是中国现代性的方面。但从另一个角度来看，现代新儒家虽然证明了中国有哲学，但却无法说清这就是“中国哲学”，也可以将它们称为“哲学在中国”。干春松引用了景海峰一段原文表达了这种观点：“‘中国哲学’在现代学术形态中所对应和临摹的，显然是这样一种经过学科化、专业化之后的‘哲学’，它的目标就是要建构成有清晰界定的现代性的知识体系。但这样的‘中国哲学’，显然不是中国传统学术所固有的，而是现代知识形态建构中的一种想象的推及，只能是戴着中国面具的西方式哲学。中国古代哲人对人生、宇宙的思考，有自己独特的方式，所提出的问题和西方哲学也不尽相同，有些是根本无法类比的。如果硬要设定有所谓的‘普遍哲学’，的形式，那么中国哲人的许多思想就无法纳入其中。这种实际状态的含混性，就使得‘中国哲学史’的边界极其模糊。假如推论到极端，要么说中国没有哲学（那是用了

① 崔罡：《总论：如何切中活的思想史》，《新世纪大陆新儒家研究》，安徽人民出版社 2002 年版，第 42 页。

西方哲学形态中某些极为严苛的标准来衡量的），要么中国哲学就变成一只无所不装的筐（那是把所有可称之为思想的东西都视为哲学的缘故）。冯友兰三十年代所建构的‘中国哲学史’范式，显然是较为接近西方哲学标准的，这固然便利了专业化的学科建制的需要，但同时也远离了中国哲学的精神。”①

陈明对冯友兰、熊十力和牟宗三的哲学体系提出了批评。在陈明看来，现代新儒家以西方哲学为模板、精心构建的哲学体系，恰恰是对儒家思想的背离和破坏。

> 冯友兰基于新实在论立场作了格式化推进，确立了宇宙论、知识论和人生论三分的中国哲学史写作架构。由于更多从义理结构出发，冯著更具典范意义，其“接着讲”的哲学创作也能很自然地与其对儒学的哲学化工作接榫，但冯对中国思想的西式范塑也更为彻底。在强烈的逻辑学、知识论取向探照之下，中国古代真实的思想脉络在临摹式分类、重组中被遮蔽了，系统化程度越高，去中国思想之真愈远，逻辑性越强，悖中国思想特质愈甚。冯以创建新理学自期，却把程朱理的主要内容概括为共相和殊相、一般和特殊，显得对儒学的本真主题了无感觉。对儒学的哲学化，实质上成了西方哲学化，最终是儒学本来面目的自我陌生化和异化。
>
> 熊十力立足于民族文化生命，但对体系化有根深蒂固的癖好，西式框架的部分取鉴对其心性体系的构建有一定作用；通过哲学化的途径，儒学成为一现代哲学体系，堪与西方话语系统相颉颃。与此同时，身心修证、实践躬行的一面多少被熊忽略了，而这恰是儒学的精髓所在。梁漱溟晚年对熊的严辞批评，确当地点出其理路偏出中国思想的症结所在。
>
> 沿着熊的理路，牟宗三对中国哲学之心性一面的深入发掘、精密理析，在新儒家中最称杰出。牟严厉批评胡适、冯友兰的工作——以

① 干春松：《中国哲学和哲学在中国——关于中国哲学“合法性”的讨论》，《江海学刊》2002年第4期。

> 西方标准选取中国材料复就范于西方框架，视之为“莫大的愚蠢与最大的不敬”。对哲学与历史文化传统的相关性的强调，使牟突出了中国传统的特殊性和一贯性，在与西方对逻辑、知识论的侧重作比较时，也精准地显明了中国心性论传统的独特性。问题在于，牟对这种传统之无比高超的证明，是藉康德哲学的精神和黑格尔哲学的架构来达致的。对西方哲学模式、范畴和思维方法的借用，牟较冯走得更远更彻底。①

按照西方哲学建立的儒学或中国哲学，造成了一种奇怪的现象：不懂西方哲学，就不懂中国哲学。“一些牟宗三的学生认为，要研究孟子就必须首先懂康德，不懂康德就不能研究孟子。这就像我当年考北大哲学系时，人们认为不懂马克思主义哲学就不能研究中国哲学的情况是一样的。”② 这是对本民族文化的自我放逐，也是文化自卑和自我殖民的表现。

大陆新儒家对现代新儒家的哲学体系或形而上体系从“现代性”和“民族性”两方面进行了质疑和批评，尤其是民族性方面更为激烈。这也许有些偏颇，但也说明了大陆新儒家在新时期对儒学的自信与焦虑。一方面他们和现代新儒家一样，认为儒学是中国文化的命脉所在，能够承载中国人的生活和生命，表现出民族文化的自觉和自信；另一方面，在全球化的大潮中，儒家文化依然面临着西方文化强有力的冲击，如何传承儒学，避免现代新儒家“不中不西”、“以西律中”的困境依然在探索之中。

二、儒家形而上学的新探索

对于儒家形而上学的重建，大陆新儒家内部也有不同的观点。陈明对现代新儒家的形而上学提出批评后，提出了他的儒学重建方式——即用见体。陈明认为，在现代性和民族性的双重压力下，即用见体是儒学当下重建

① 陈明、周瑾：《范式转换：超越中西比较—中国哲学合法性危机的儒者之思》，《同济大学学报》（社会科学版）2006 年第 2 期。

② 刘笑敢：《学术研究还是民族文化？——关中国哲学的身份问题》，《中山大学学报》2010 年第 1 期。

的合适形式，“现代性深入中的政治建构、全球化冲击下的文化认同以及现代性和全球化双重语境里的身心安顿，是近代以来外忧内患的新形式。据此应对，则又当如何？曰：即用见体”①。然而，他的体用关系既不是近代以来的中体西用之体用，也不是宋明理学之体用，而是类似于现象学的“存在者”与“存在”之间的关系，“‘体’大致与‘存在者的本质’对应，‘用’与‘见’则大致与‘去存在’对应”②。在陈明看来，宋明理学的形而上不适合现代性，近代以来的形而上学不合符民族性，因而，儒学的重建就要放弃形而上学的构建，而是直接契入民族文化，表现民族文化，创造民族文化。

张祥龙从“现象学视野”出发，认为儒学属于象思维，而形而上学则属于概念化思维，将儒学形而上学化，则会失去其特点。张祥龙认为形而上学的特点是概念化思维，它的特点是：以概念为起点、普遍化、静态化、高阶对象化、事后反思化和后意义生成化儒学属于象思维，其独特之处体现为七个特点：原发、非对象（能象）、补对而生成、纯势态、潜在全息、时化和原初地语言化。③

然而，大多数的大陆新儒家都认为复兴儒学，当重建形而上学。郭沂认为，形而上学是哲学的命脉，“也是中国哲学的基础与核心”④。虽然现代西方出现反形而上学的潮流，但这只是哲学发展的一个过渡阶段，形而上学在西方必将会重新兴起。而中国传统的形而上学则在近代被西方哲学冲击而中断，现在正是重新反思、认识和重建中国形而上学的时候了。

黄玉顺对此作了深刻的阐述。黄玉顺认为，形而上学无法拒斥，更无法反对，因为形而上学是形而下学的根据，“形而上学的意义，是对世界万物的存在（形而下者的存在）给出一个终极的根据、一个统一的解释；用一个哲学概念说，是用形而上者来为形而下者‘奠基’”⑤。在黄玉顺看来，形

---

①、陈明：《即用见体初说——以“中学为体，西学为用”及“中体西用”为背景》，2005年8月30日，http：//www.aisixiang.com/data/8478.html。

② 陈明：《即用见体初说——以“中学为体，西学为用”及“中体西用”为背景》，2005年8月30日，http：//www.aisixiang.com/data/8478.html。

③ 参见张祥龙：《概念化思维与象思维》，《杭州大学学报》（社会科学版）2008年第5期。

④ 郭沂：《中国之路与儒学重建》，人民出版社2013年版，第152页。

⑤ 黄玉顺：《形而上学的略论——回复陈明先生的一个跟帖》，《湖南社会科学》2008年第5期。

而上学只有被意识到或没有被意识到的问题，而没有存在或不存在的问题。因为只要思考世界的本原、本体、终极原因、统一体，就是形而上学，这就是哲学所说的"本体论承诺"。虽然陈明反对构建形而上学，但他所用的体、用等概念，就是形而上学的思考。所以，古今中外，形而上学都是不可逃避的。所以，"问题并不在于我们今天是否仍然需要形而上学，而在于需要怎样的一种形而上学"①。儒学的重建，首先儒家哲学的重建，也即儒家形而上学的重建。

在大陆新儒家中，黄玉顺的"生活儒学"、张立文的"和合学"，牟钟鉴的"新仁学"、郭沂的"道哲学"颇有建树，为儒家形而上学重建做了重要的探索。

1. 黄玉顺的"生活儒学"

黄玉顺以现象学为切入点，以观念分层为关键，以超越前现代哲学和全盘西化为突破，以复兴儒学为宗旨，构建"生活儒学"。黄玉顺认为"中国有没有哲学"完全是个伪问题，因为哲学是就是思考"存在者整体"或者"存在者之为存在者"，即作为所有存在者的最后"根据"的那个存在者，即是所谓"本体"(noumenon)，在西方表现为世界、上帝、人类，而在中国则表现为天、道、性、理。从生活儒学来看，根本就没有什么现成的"中国哲学"或"西方哲学"，在生活（生存）中，哲学是不断生成的，在这一过程中，中、西、古、今都被纳入其中。在生活（存在）中重建中国哲学（形而上学），那么，"生活"就必须出场。

黄玉顺的"生活"观念，是以现象学为切入点，超越了胡塞尔、海德格尔的"存在"观念，领悟出的儒家形而上学的大本大根、源头活水。黄玉顺认同胡塞尔、海德格尔为形而上学奠基的思想，二者均未能真正实现这一目的，胡塞尔的意识现象学，将形而上学奠基于纯粹先验意识的本质直观，其实跟康德一样，是在用形而上学来为形而上学奠基②，"而海德格尔所谓'基础存在论'的生存论分析，归根结底奠基于作为一种存在者的'此

① 黄玉顺：《形而上学的略论——回复陈明先生的一个跟帖》，《湖南社会科学》2008 年第 5 期。

② 参见黄玉顺：《"生活儒学"导论》，《面向生活本身的儒学——黄玉顺"生活儒学"自选集》，四川大学出版社 2006 年版。

在’(Dasein)，实质上仍然是一种主体性的设定，也就是说，实质上仍然还是一种形而上学”①，即胡塞尔和海德格尔都是以一种形而上学为另一种形而上学奠基，并没有找到形而上学的本源。就像科学不能给科学奠基，给科学奠基的只能是形而上学，而形而上学也不能给形而上学奠基，给形而上学奠基的只能是形而上学之外的存在。这种为形而上学奠基的存在，黄玉顺讲其称之为“生活”。

“生活”是生活儒学的核心观念，而观念分层则是生活儒学的关键。虽然黄玉顺认为海德格尔没有真正找到形而上学的根源，但海德格尔讲人类的观念分为三个层级则是极为重要的思想，这三个层级是：存在观念（生存领会）→形而上存在者观念（哲学）→形而下存在者观念（科学）。“这样一个观念层级的基本架构，我是承认的，我认为这是人类全部观念、观念史的基本事实。”② 与海德格尔的观念分层相对应，通过对儒家观念的分析，黄玉顺将其分为“生活情感（本源）→性（形上）→情（形下）”三个层级。③ 其中“生活”为大本大源，源头活水，为性（形而上）奠基，而性则为情（形而下）奠基。

在生活儒学中，有两个路向，一个是“先约后博”的奠基过程，另一个是“先博后约”的回归过程。先博后约，就是从生活到形而下的奠基过程，生活就是存在本身，是“无”，是大本大源、源头活水，其显现为生活情感，就是“仁”、“爱”；在这种本源上，通过“思”，去“成己”、“成物”，而给出形而上存在者，从而建构形而上学，然后给出形而下学。“爱首先是作为不忍之心的本源之爱，而递转为作为绝对主体性、实体性、本体的形上之爱，并落实为作为道德情感的形下之爱。”④ 先博后约，就是从形而下回归到生活本根、源头的过程，也是一个通过“工夫”提升境界的过程，“所谓境界，不外乎是一种回归：首先是从形而下存在者回归到形而上存在者，最终是回归‘无我’‘无物’的纯真的生活情感”⑤。

---

① 黄玉顺：《“生活儒学”的导论》，《面向生活本身的儒学——黄玉顺“生活儒学”自选集》，四川大学出版社 2006 年版。

② 黄玉顺：《爱与思——生活儒学的观念》，四川大学出版社 2006 年版，第 12 页。

③ 黄玉顺：《爱与思——生活儒学的观念》，四川大学出版社 2006 年版，第 23 页。

④ 黄玉顺：《爱与思——生活儒学的观念·叙说》，四川大学出版社 2006 年版，第 3 页。

⑤ 黄玉顺：《爱与思——生活儒学的观念·叙说》，四川大学出版社 2006 年版，第 3 页。

生活儒学，既是对传统儒学架构“性→情”的突破，也是对西方传统“主→客”架构的突破，是对当代思想前沿的把握，也是儒学思想的当代原创。在生活儒学的视域中，必须避免两种倾向，一种是前现代化的“儒家原教旨主义”，另一种是全盘西化的激进主义。也就是说，生活儒学既是现代的，又是民族的，这是由我们当下的生活所决定。然而，从《“生活儒学”导论》看，黄玉顺的生活儒学只是完成了一半，即只完成了形而上学的构建，形而下学的构建尚未完成，虽然有一些相关的论文发表，但这都是一些“小零钱”，我们还是渴望能够早日看到“大钞票”。

2. 张立文的“和合学”

张立文的“和合学”是中国大陆新儒家中重要的形而上构建。张立文的“和合学”，以“和合”为核心观念，以和合存在（人）为基础，以和合法（生生法、创新法、意境法）为进路，以和合历史哲学、和合语言哲学、和合价值哲学、和合艺术哲学为内涵，以和合生生道体为目标，构建了独树一帜的哲学（形而上）体系。

张立文认为，真正的哲学创新，需要三个方面的突破：一是“核心话题转向”；二是“人文语境转移”；三是“诠释文本转换”。[①] 而和合学就是从这三个方面取得了突破：“和合”取代了理气心性成为现代的核心话题，智能创生和价值创新成为时代的人文语境，《国语》取代《四书》成为新的诠释文本。

哲学的创新是解决时代挑战和文化发展的要求。和合学虽然由张立文所创建，“‘和合’二字可谓自家体贴出来”[②]，但却立足于融合现代社会的矛盾冲突，并深受植根于中国传统文化之中。在张立文看来，现在中国面临三大挑战：价值理想的挑战（生态危机、社会危机、道德危机、精神危机、文明危机），西方文明的挑战和社会现代化转型的挑战。时代的挑战需要和合精神，而和合精神又是中国文化人文精神的精髓和中国文化的生命智慧，它是回应人类所面临的三大挑战、解决五大危机的最佳的文化选择。

对于和合和和合学，张立文给出了自己的理解：“所谓和合的‘和’是

---

① 参见张立文：《“自己讲”、“讲自己”：中国哲学的重建与传统现代的度越》，北京师范大学出版社2007年版，第40—48页。

② 张立文：《和合学概论》，人民出版社2004年版，第344页。

指和谐、和平、祥和；'合'是结合合作、融合。和合是指自然、社会人际、心灵、文明中诸多元素、要素相互冲突、融合，与在冲突、融合的动态过程中各元素、要素和合为新结构方式、新事物、新生命的总和。和合是宇宙间普遍现象，而被和合学作为研究对象建立在和合文化基础上的和合学，是以和合的义理为依归，既涵摄又超越冲突、融合的学问。"① 和合不仅是不同要素之间的协调、合作，也不仅仅是各种矛盾冲突的融合，更重要的是创新，这也意味着和合学就是中国哲学的创新。

张立文看来，人是和合学的基础，即和合者，因为人具有"虚灵不昧的品格"、"自我创新的内核"和"生命力的体认"主体性特征②，所以才能成为和合者。一旦和合者的生命智慧朗现，就按照和合法开始和合之路，即"和合起来"。具体言之，"融突"关系在变易、转换中展现为五义：一是和合生生，二是存相式能，三是融突和合，四是自然选择，五是烦恼和乐。和合五义，都蕴含着融突理论，即关于融合冲突关系的理论，简称融突论。差异—存相—冲突—自然—烦恼—突；和生—式能—融合—选择—和乐—融。融突的提升，即是和合。和合此五义，即是和合意蕴的内在的动态结构方式。与和合五义相对应的，是和合学五义：一是和合的主旨是生生，二是变化形式，三是流行超越，四是对称整合，五是中和审美。

在和合中，形成了四大领域：和合历史哲学、和合语言哲学、和合价值哲学、和合艺术哲学。这四大领域呈现为和合三界：和合可能世界、和合意义世界、和合生存世界。和合三界最终归向"即流行即超越"的和合生生道体。和合生生道体不可思议，不可言说，爱和智慧是它的基本特点，智能创新和价值创造是它的基本品质，和生、和处、和立、和达、和爱是它的基本原则，它是各种理想价值的"元价值"，"'和合起来'的和合生生道体，它实质上既是一种和合精神家园，亦是一种和合生生价值道体，和合是超越一切价值储备、流行于所以价值理想的元价值"③。

张立文的和合学，是在时代面临各种冲突，中国文化（哲学）面临挑战所作的一种自觉创新，以"自己讲"、"讲自己"的主体意识，以中国文化

① 张立文：《儒家和合文化人文精神与二十一世纪》，《学习与探索》1998 年第 2 期。
② 张立文：《和合学概论》，人民出版社 2004 年版，第 69—77 页。
③ 张立文：《和合学概论》，人民出版社 2004 年版，第 96 页。

（哲学）的精神和智慧，汲取西方文化（哲学）养分，创立了一种新的哲学体系。然和合学虽然构想精妙，论证严密，但却悬空而无法下达。对于和合之道，紧靠哲学的玄思还不够，还需要讲和合之道落到实处的具体路径。

3. 郭沂的“道哲学”

郭沂认为近代以来，如何整合知识论和价值论，从而建构新的哲学体系，是整个世界哲学的根本任务，也是中国哲学的根本任务。就中国哲学而言，在传统哲学的基础上重建中国哲学，以牟宗三为代表的现代新儒家作了探索，然并不是令人满意的范例，其根源恐怕在于没有在更高的层而上处理好知识论和价值论的关系。因此，郭沂进行了新的尝试，构建出“道哲学”的体系。道哲学体系由三个部分组成，即道体、性体和心体。

郭沂以现代宇宙学和中国古代哲学宇宙论为基础，以中国古代形而上学为榜样，综合中西古今的哲学意识，用“道”来表达宇宙之本意、世界之本体。郭沂的道本体，和中国传统哲学中道的含义基本一致，都是一个超越的和绝对的本体世界，“它无边无际、无穷无尽、无所不包、不生不灭，是一个绝对的‘大全’和一切存在者之母”①。

郭沂认为，性体就是各类事物所具有的各种素质的总和，其中最能代表一类事物的本质并与之同其他事物区分的素质，是“本质的性”，其他素质是“费本质的性”。在郭沂看来，宇宙万物都有性，但性有高低之分，其中人性最高。然人性中既有真善美，也有假恶丑。这是郭沂对宋明理学中人性分为“气质之性”和“天命之性”的现代阐释。

所谓心体指人的自觉能动性，包括知、情、意三个方面。知是心的认识功能，情是心的情感体验功能，意是对知和情的自觉和引导。

郭沂用中国传统的体用论，将道、性、心贯穿起来，形成一个体用链，“道体为体，性体为用；性体为体，心体为用”②。心体的发用，则形成文化，即形而下层面，民主、科学等都属于心体的直接产物。

郭沂的道哲学体系，是周敦颐的《太极图说》的现代诠释，虽然他认为牟宗三的内圣“坎陷”外王不是成功的范式，但道体如何发用为文化，还

① 郭沂：《中国之路与儒学重建》，人民出版社 2013 年版，第 163 页。
② 郭沂：《中国哲学的当代建构》（下），《河北学刊》2009 年第 9 期。

需要作进一步的探讨。

4. 牟钟鉴的“新仁学”

牟钟鉴虽然声称“不想重建儒家形而上学本体论”①，但是他的“以仁为体，以和为用；以生为本，以诚为魂；以道为归，以通为路”的理论构架②，却形成了一个完备的形而上体系。牟钟鉴将他的体系称为“新仁学”，在新仁学的构建中，“以仁爱为核心理念，突出生命哲学的主线”，“以孔孟儒家为主，吸收诸子百家之长而加以综合创新”，“以孔子儒家为主，吸收西方文化之长，是新仁学具有鲜明的当代精神”③。

牟钟鉴的新仁学体系中，最重要的概念是仁、和、生、诚、道、通，而仁是核心理念。他用中国传统的体用论，融合西方哲学，又引申出了心、忠、恕、孝、悌、信、义、德、敬、民主、自由、平等、人权等概念，形成一个自身的逻辑体系。其中“仁”是根基和本体，如同一棵大树，仁是树根，其他是枝叶，而和使各个部分的相互依存。“生”是指生命，包括个人、社会和自然的生命。新仁学把仁爱明确指向关爱生命，以生为本，就是热爱生命、尊重生命、护养生命、优化生命，因此，新仁学也就蕴含着尊重自然、保护环境的理念。世界的生命体都是真实无妄的，所以“诚者，天之道也”。然而，有人为了某种目的，把本然真实掩盖起来而失去真我，失去真我也就等于失去了灵魂，故要以诚为魂。道是中国哲学中的最高范畴，既是宇宙的深层本质，也是最高的真善美，还是人类社会最高的境界，只有仁道才是体现公道、生道和善道的大道，归向大道是仁学的终极目标。通是万事万物通向大道的坦途，也是万物交往的路径，“塞”则弊病丛生，“通”则生命舒畅。不仅有物质之路，还要有文化之路、心灵之路、情感之路，把人类沟通起来，把人与自然沟通起来，社会才能臻于大同之境。④

新仁学从十个方面进行了阐发：仁性论、仁修论、仁志论、仁智论、仁礼论、仁事论、仁群论、仁力论、仁艺论。这十个方面包括了道德、政治、经济、艺术等多个层面，但牟钟鉴没有采用传统儒家内圣开出外王（不管是

① 牟钟鉴：《新仁学构想——爱的追寻》，人民出版社 2013 年版，第 50 页。
② 牟钟鉴：《新仁学构想——爱的追寻》，人民出版社 2013 年版，第 49—50 页。
③ 牟钟鉴：《新仁学构想——爱的追寻》，人民出版社 2013 年版，第 46—49 页。
④ 牟钟鉴：《新仁学构想——爱的追寻》，人民出版社 2013 年版，第 50 页。

直接开出还是间接开出）的理路，而是把仁爱的原则融合在各个领域。

牟钟鉴的新仁学体系，是儒家传统仁爱思想的现代阐发，也是对现代社会所面临的问题的理论回应，仁爱虽然不能解决现代社会所有的问题，但仁爱对社会或个人而言，却“须臾不可离也”。当然，牟钟鉴的新仁学体系，正如其他学者所有，还需要进一步的思考和完善，“一是书中的十大专论略显单薄，在基本理念已经具备的情况下可再细化丰富。二是新仁学尚须回答一个问题，‘爱’应该从何处培养？在突破了传统家庭、家族的藩篱之后，这种本质上无私的情感着力点在哪里”①。

三、大陆新儒家形而上学的特点

当代大陆新儒家在构建形而上学中，表现出几个方面的特点。第一，大陆新儒家的理论视野更为开阔。和现代新儒家相比，大陆新儒家不再“依傍”西方某一种哲学来构建自己的理论体系，而是将中、西、古、今各类哲学作为理论视域，把握哲学最前沿的理论，构建最新的哲学体系。第二，巨大的理论勇气。在西方一片拒斥形而上学的呼声中，尤其是经过后现代主义的解构后，大陆新儒家依然构建自己的形而上学体系，这需要巨大的理论勇气。这种巨大的勇气来自于对哲学爱智的追求，也来自于他们深厚的理论素养，和艰苦卓绝的理论探索。第三，强烈的责任意识。横渠四句教“为天地立心，为生民立命，为往圣继绝学，为万世开太平”是现代新儒家安身立命的志向，也是大陆新儒家的志向，这是由儒家哲学经世致用的品质所决定的。第四，在源头上承接孔孟。和现代新儒家“照着”、“接着”宋明理学讲不同，大陆新儒家虽然重视宋明理学，但他们更多地直承先秦原始儒家，孔孟荀成为他们理论的直接源头。因此，宋明理学的理、气、心、性不再是他们哲学的核心命题，而仁、义、诚等范畴是他们的核心命题；同样，他们说诠释的文本也从程朱陆王的著述变为先秦儒家元典，如《论语》、《孟子》等。第五，综合创新。综合创新是张岱年提出的中国哲学发展的基本路径，在一定程度上，现代新儒家也是在走综合创新之路，但他们还处于初级阶

① 段海宝：《创新是最好的传承》，《光明日报》2013 年 11 月 4 日。

段，即还是处于学习、模仿的综合阶段，而大陆新儒家则走上了真正的创新之路，无论是“生活儒学”、“和合学”、“新仁学”还是“道哲学”，都有原创性，是中国哲学的最新发展。可以说，大陆新儒家的哲学体系，为中国哲学、甚至中国文化的进一步发展“奠基”。第六，“在途中”。大陆新儒家的形而上体系，由于其原创性，所以还不完备，依然“在途中”，需要原创者的继续努力，也需要更多的学者的努力。

（作者单位：许昌学院）

内圣外王新诠

石永之

一、传统诠释的问题

内圣外王出自《庄子·天下篇》"是故内圣外王之道，暗而不明，郁而不发，天下之人，各为其所欲焉，以自为方。"这是说，当时的天下学术，诸子百家都有自己的内圣外王之道，老子抱朴守真而小国寡民，庄子齐物逍遥以应帝王，墨子天志兼爱而尚同非攻，原始儒家中，孔子克己复礼，孟子达则兼济天下，荀子化性起伪，而对中国文化影响最大的内圣外王之道则简明扼要地体现在《大学》这个文本中，其文如下：

> 古之欲明明德于天下者，先治其国，欲治其国者，先齐其家；欲齐其家者，先修其身；欲修其身者，先正其心；欲正其心者，先诚其意；欲诚其意者，先致其知，致知在格物。物格而后知至，知至而后意诚，意诚而后心正，心正而后身修，身修而后家齐，家齐而后国治，国治而后天下平。自天子以至于庶人，壹是皆以修身为本。

这里的"格物、致知、诚意、正心、修身、齐家、治国、平天下"八个条目被视为实现儒家"内圣外王"之道，其中格物致知、诚意正心、修身被视为内圣之事，而齐家治国平天下则被视为外王之业。

儒家的内圣外王思想聚焦于《大学》，是一个由汉到宋不断阐释的结果，汉代学术是五经为重，宋代则演变为四书五经，四书在五经之前，而朱子将《大学》置于四书五经之首，以为儒学之纲领。朱子学长期居于正统地位，并被用来科举取士，于是这一阐释被凝固下来直至近代。这里有两个关键词：家族、天子。

先说家族。《大学》这样的内圣外王之道是为了适应传统农牧业社会的宗法血缘结构而成，它以内圣为根基，用格致诚正的一套道德教义培养帝王及储君，教育士君子，然后齐家以化民成俗，最后达到国治天下平的政治效用。由此可以看出，齐家是内圣外王的转换点。

为什么齐家在《大学》的内圣外王之道中有这么重要的意义呢？这是因为，秦汉郡县制以来，中国社会的结构基本是三层夹心饼式的结构，皇族在顶层，成千上万的家族构成了社会底层，夹在中间则是流动官吏体系。由于有底层家族的自我管理，郡县制体系是治不下县，极大地节省了社会的管理成本。皇族由打天下来决定，中间层的官吏则是选举，从举孝廉到最后定型的科举制。在这样的结构中，不变的是家族，流动的是官吏，皇族的更换则需要流血牺牲的改朝换代来完成。

在这样夹心饼式的社会结构，家族首先是人们的生活单元，也是生产单位，同时也是基本政治单元，因此政治就必须维系家族的存在。孟子曰："为政不难：不得罪于巨室。巨室之所慕，一国慕之；一国之所慕，天下慕之。故沛然德教，溢乎四海。"（《孟子·离娄上》）所谓巨室就是大家族，维系了家族的存在，就维护了社会的稳定。所以齐家就是内圣外王之间一个重要的环节。"所谓治国必齐其家者，其家不可教而能教人者，无之。故君子不出家而成教于国。孝者，所以事君也；弟者，所以事长也；慈者，所以使众也。"（《大学》）

再说天子。《大学》的内圣外王应用于皇权时代，儒家的一个主要任务就是教养帝王，也就是做帝王师，在某种意义上，《大学》就是皇权时代儒家的帝王术。《大学》这个文本的主要目的是很清楚的，那就是教导培养帝王的德性。固然《大学》也说："自天子以至于庶人，壹是皆以修身为本"，但其主要对象应当是帝王，格致诚正、修齐治平被用来教导帝王以及储君在皇权时代是有其效用，也是合乎时宜的，而一般的庶人则做到齐家也就够了。

之所以如此，是因为《大学》看到最高政治权利对政治的重要性，《大学》有言："一家仁，一国兴仁；一家让，一国兴让；一人贪戾，一国作乱，其机如此。此谓一言偾事，一人定国。尧、舜率天下以仁，而民从之；桀、纣率天下以暴，而民从之。其所令，反其所好，而民不从。"在《大学》文本的结尾处有："国家不以利为利，以义为利也。"《大学》无疑是将国家的治与乱主要归于帝王之一人。

由此可知，《大学》对儒家内圣外王之道的解释已是明日黄花，内圣外王需要重新诠释，这是因为政治结构、文化结构和社会结构都已经发生变化。首先说政治结构的变化，辛亥革命成功地用民权取代了皇权，帝王时代已经为人民民主所取代，帝王术已经没有用武之地，其次是文化结构的变化，全球化的浪潮使得各个国家的文化都变得多元，没有了单一文化传统，儒家的新内圣必须应对文化多元。最后，更为根本的变化是，传统的家族式社会结构已经解体，传统的家庭，夫唱妇随，男耕女织，生产与生活统一，而今的家庭不再是基本的生产单位，而只是基本的生活单元。更重要的是，传统的家族解体，血缘加地缘的社会基本结构也基本解体，家族也不再是政治的一个层级结构。

传统的齐家既关乎伦理，也关乎政治，对帝王尤其是如此。而今天的齐家只是伦理，再与政治无涉。今天的政治人物无需在家庭与国家间艰难决策。反过来说，今天的政治已经基本摆脱了家庭伦理的纠缠，夹心饼的政治模式已经被彻底打破，无论是谁，家不再是国，国也不再是家，现在则需要适应现代社会。

西学东渐以来，新儒家力图重新解释这一传统，主张内圣开出新外王，而新外王就是科学和民主。其基本趋向是政治革新，以民权取代皇权，而伦理固守儒家伦理本位。这一解释有着巨大的进步，但是仍然存在一些问题。自维新变法以来，中国就在积极引进西方的民主政治，五四运动更是以民主和科学为旗帜。内圣开出新外王这一模式却很难解释这一现象，就政治层面而言，这一解释模式是不够成功的。

就伦理层面而言，如果固守儒家伦理本位如何应对文化多元，难道今天可以做到让佛教徒、天主教徒、基督教徒以及佛教徒都依据儒家伦理来行事吗？这岂不违背了人类付出巨大代价才获得的宗教信仰自由的共识。实际上，中国人的内圣之学从来就不是一元的，儒学产生之初就是与道家相互吸收、相互补充、相互拮抗而发展的，佛教进入中国之后，中国社会长期是儒释道三教并存的。

关键的问题，中国社会的结构已经发生根本性变化，家族已经退出历史舞台，此为中国两千年未有之大变局，这将从政治和伦理两个方面对中国社会发生深刻的影响。家族退出政治舞台，中国已经没有了皇帝家族，取而代之的是民权社会；社会底层的家族正在被彻底解构，家族伦理自然会随之退出历史舞台，取而代之的是核心家庭伦理和现代社会的规则伦理，规则伦理依靠人们对规则的尊重和遵守，这是现代社会转向法治的根本原因。

这也就是说，中国文化从内圣到外王都需要全面的变革。内圣需要去家族伦理而保留核心家庭伦理，外王则需要中国社会逐步走向法治。

二、内圣新诠

儒家新内圣有三点是需要革新的，那就是核心家庭伦理、规则伦理和新儒教。核心家庭可以在保留儒学自身特性的前提下矫正个人主义之失，规则伦理是现代社会之必需，新儒教可以纠正信仰缺失之弊端。

先说核心家庭伦理。伦理学就是要处理人和他人之间际关系的问题，儒家处理人际关系的根本出发点就在于仁者爱人。而仁爱情感的培养最开始的地方就是家庭，核心家庭是培养仁爱情感的发端处，儒家新伦理仍然首先强调家庭伦理，孝为仁之本，百善孝为先。父慈子孝、夫妇和睦的基本人伦在核心家庭里面仍然是必需的。家庭是人类各个文明到目前为止的共同选择，如果没有在家庭里从孝悌开始的道德情感的培养，那么人类恻隐仁爱的普遍性人际情感又从何处生根？

进一步，儒家五伦仍然应该基本保留。“父子有亲，君臣有义，夫妇有别，长幼有序，朋友有信。”（《孟子·滕文公上》）父子、夫妇、长幼、朋友这些基本人伦关系并没有改变。此唯有“君臣有义”是一种政治关系而不是伦理，同时人们还有些诟病君臣这样的传统名词。但是如果明白了其实质意义的话，作为一种人伦关系还是可以保留的。

其次是规则伦理。核心家庭是人生活的主要空间，五伦的人际关系也都是熟人关系。现代社会如何处理陌生人的问题显得更为重要，现代儒家伦理应以一体之仁对一切人，即一视同仁，以恻隐仁爱之心对待所有人。

儒学的根本在于仁者爱人，当然新的儒家伦理学还必须涉及“泛爱众”的问题。在农业社会所形成的宗法血缘社会被解构之后，今天的人类打开家门即是社会，三纲之类传统的家族伦理已经不适应现代社会。古代中国，荣也家族，罪也家族，荣则光宗耀祖，罪则株连九族。而现在家族伦理的社会基础已经不在，家族将自然消解，逐渐退出中国人的社会生活，需要形成新的伦理规范。

现代社会在坚守儒家美德伦理的基础上，还需要规则伦理。发展并遵守规则伦理可能是儒家新伦理的主要任务，虽然西方的规则伦理经过几百年的发展已经呈现了某种疲态，出现了为规则而规则的情况，兴起了美德伦理的浪潮。但是中国社会的规则伦理却是方兴未艾。遵守社会规则就是处理人伦关系。

最后，儒家新内圣需要新儒教重建信仰，西方启蒙文化的逐次除魅的过程，也是众神渐行渐远的过程，信仰逐步缺失，道德逐步下滑，此种情况在今日之中国，其害尤其烈。启蒙的哲人原本打算用理性的宗教取代信仰的宗教，但是，理性的宗教无法说明圆善问题，也就是不能用理性来说做好人何以有好报，因此，也就不能很好地劝善，而劝善是宗教主要的伦理学任务。同时，启蒙文化也说明，信仰的宗教可以作理性的阐释，而且今天的宗教也必须能够得到理性的解释，以避免宗教狂热。重建的信仰应该是比传统的宗教理性，比启蒙文化更相信信仰。而儒家思想的特点在这一点上最适合重建信仰。

新内圣需要在理性的尽头处神道设教。把理性能够解释的交给科学和政治，把理性不能解释的交给宗教，死生富贵绝不是理性能够给出令人信服的解释的，子夏从孔子那里听说的“死生有命，富贵在天”表明，儒家的内圣之学是基于上天德性的信仰，西周时候，“皇天无亲，惟德是辅”即以表明。孔子对天的信仰是很明确的，孔子说过：“天生德于予，桓魋其如予何？”（《论语·述而》）“文王既没，文不在兹乎？天之将丧斯文也，后死者不得与于斯文也；天之未丧斯文也，匡人其如予何？’”（《论语·子罕》）“不怨天，不尤人。下学而上达。知我者其天乎！”（《论语·宪问》）

天赋与人德性者，即是天命。孔子曰：“君子有三畏：畏天命，畏大人，畏圣人之言。小人不知天命而不畏也，狎大人，侮圣人之言。”（《论语·季氏》）“五十而知天命。”（《论语·为政》）“不知命，无以为君子也。”（《论语·尧曰》）

儒家的新内圣主要对象不再是帝王师，而是社会大众，因此，民间是儒学的主要传播人群，民间儒学的目的是教化，因此也可以称为民间儒教。儒教所要解决的显然只是伦理而不是政治问题，儒教应该远离政治，这也可以说是儒家的政教分离。这也意味着儒家和儒教一定程度的分离，儒教治伦理，儒家管政治，历史上这样的分化实际上就是已经存在，道家和道教也有分化。

三、外王新诠

新外王所要解决的当然是民主的问题。这就首先必须分析中华民族近一百多年的政治实践，维新变法，君主立宪归于失败，辛亥革命之后，清帝逊位，民国建立，最后是共和国的建立。民主始终像游魂一样，难以真正进入中国人的政治生活。

民主的理念是伴随着现代民族国家观念一起进入中国的，这时的世界是殖民主义、帝国主义盛行的时代，流行的是弱肉强食的丛林法则，救亡图存是优先的考量，而要救亡就必须首先建立统一而强大的现代民族国家。民族国家的建立延缓了中国政治的民主进程，但这是政治体制大转换所必须走的第一步。

中国民主政治举步维艰的第二个原因是，中国社会底层的家族直到最近几十年才开始解体，中国的市民社会才开始形成，只有家族结构在人们政治生活的影响消除了，人们才能够真正体会到人人平等的重要性，体会到法治精神和法律的重要性。

基于以上原因，儒家新外王首先是天下主义。随着中国的强力崛起，中国人的民族自信心和文化自信心都开始逐步确立起来，中国应该按照自身悠久的文化传统来发展自己的民主政治，中华民族原本有着天下主义的传统，孔子主张和而不同、悦近来远，孟子反对以邻为壑，墨子主张兼相爱交相利与非攻。

天下主义的中国奉行君子外交而非警察外交。君子动口不动手，君子外交第一义就是坚持非攻立场，也就是不以任何名义发动侵略战争，墨子最先认识到战争的破坏性，所以他说："当若繁为攻伐，此实天下之巨害也。"(《墨子·非攻下》) 两次世界大战更是让人类看到了现代战争的残酷与惨烈，现代战争的破坏性巨大、杀伤力巨大且代价高昂，已经无任何战争红利可言，而且谁也不敢保证，局部的冲突就一定不会导致毁灭性的核战争的爆发。

中国需要从政治哲学层面说明中国的崛起是和平崛起。中国的和平崛起必须从天下主义的立场来说明，视中国崛起为世界威胁的"中国威胁论"，是一些人依据目前仍然流行的国家主义立场来看待问题的。这需要从理论上分析并批判国家主义的谬误，确立天下主义的全球正义理论。

就现实而言，现在的世界呈现一种单极化态势，中国的崛起可以让世界向均势化的方向发展，世界力量的均衡，可以让某些国家狂热的民众平静一些，不再轻而易举地以武力的方式兜售他们的政治立场和政治观念。

就国内政治的发展趋势而言，在中国已经建立起了强大而统一的现代民族国家，存亡危机已经解除之后，就应该回归自身传统的天下主义。持天下主义立场的国家，应当是一个有示范效应的国家。这样的国家是一个人人平等的国家，不会因为种族、民族、性别、年龄而歧视任何人，只有这样的国家才能够悦近来远。天下主义的国家是一个自由的国家，人们可以自由贸易、自由迁徙。天下主义的国家是一个法治国家，以保障人们的平等与自由。

中国需要积极推进政治民主，构建自由社会，进一步推进学术自由、思想自由、言论自由。没有学术自由，思想无法深化发展。没有思想自由，人们的思想就会贫乏，失去创造活力；没有言论自由，就听不到民间的声音，难以明察政治的成败得失；兼听则明、偏信则暗是政治哲学的铁定规律。

贫弱的中国工业基础薄弱，需要用国家主义的方式集中财力发展工商业。计划经济曾长期在国民经济运行中处于主导地位，现在的中国，需要进一步让经济回归社会，以形成真正自由的市场经济，激活社会的创造活力。

儒家的新外王还应当是平等自由主义。也就是平等优先而自由随之。平等的理念是政治哲学的理论起点，却又最容易在政治实践中迷失的东西。而自由是在法律确立之后才有自由可言，没有法律则难言自由。

西方启蒙文化以自由、平等、博爱为旗帜，是西方人现代民主发展的历史顺序，西方人因残酷的宗教战争之后，达成了宗教信仰自由的基本结论，而后是言论自由、思想自由，但仅仅有自由是不够的，美国以自由立国，可是种族歧视的问题一直挥之不去，直到现在才基本实现了法律层面的平等，而在民间却不能说其消极影响已经完全消除。

平等是政治哲学的逻辑起点，从政治哲学的角度说，天赋人权、人人平等，平等的个人达成共识、缔结信约，制定宪法和法律，然后依法行政。民主政治的要义就是主权在民，西方人用契约论来说明其主权在民的政治哲学原理，在契约论的背后有一个政治权力的分解综合理论，由政治权力体现国家的意志，被分解为权力机制要素和权力元素，权力机制要素是一套行政机构及其运作，而真正的权力元素就是个人意志。政治权力首先是从下而上的认可，然后是自上而下的权力运作。

平等优先的第二个原因是，平等的政治实践最为困难，平等最容易迷失。平等的人必须形成不平等的政治权力结构，无论何种制度的政治结构都是金字塔式的结构，这样结构一旦形成，处于优势地位的人极容易践踏平等。同时现代社会的生产方式，各种生产要素都参与到分配体系之中，使得贫富悬殊随处可见，公平很难实现。

仅仅有平等是不够的，平等理念是需要持续不断地加以维护的，政治权力的金字塔结构容易经常侵犯平等，这是需要思想自由，尤其是言论自由加以维护。

就中国传统而言，孔子“有教无类”的教育理论与实践开创了教育平等的先河，拉开了人类追求平等的序幕，孟子“人皆可以为尧舜”，荀子“涂之人可以为禹”从理论上，确立了人人平等的思想基础，而法家则从政治层面实践平等理念，“宰相必起于州部，猛将必发于卒伍”，(《韩非子·显学》)中国传统政治哲学从理论上也设计了国家最高权力的选择，

新外王的民主政治以仁爱共识为基础。西方政治哲学的发展有一个伦理与政治的断裂，这正如罗尔斯所说：“古代人的中心问题是善的学说，而

现代人的中心问题是正义观念。”① 这一断裂是从马基亚维里开始的，他批评古希腊的政治哲学说：“许多人曾经幻想那从未有人见过更没有人知道曾经在哪里存在过的共和国和君主国，可是从人们实际上怎样生活到应当怎样生活距离是如此之大，以至一个人要是为了应当怎样而忘记了实际怎样，那么他不但无法生存，而且会自取灭亡。”② 古希腊的政治哲学是一种乌托邦式的理想，而不具有可操作性。由此开始，西方文化的主流由伦理转向政治。

自由主义一直是西方政治哲学的主流，罗尔斯认为：“政治自由主义的问题是：一个由自由而平等的公民——他们因各种合乎理性的宗教学说、哲学学说和道德学说而产生了深刻的分化——所组成的稳定而公正的社会之长治久安如何可能？这是一个政治的正义问题，而不是一个关于至善的问题。”③

为了解决政治正义而不是伦理至善的问题，罗尔斯说：“为了发挥其政治角色的作用，公民被看作是具有适合于这一角色的理智能力和道德能力的，诸如，由一种自由主义观念所给定的政治的正义感的能力；一种形成，遵循和修正其个体善学说的能力；还有他们具有维持正义的政治社会所需要的政治美德能力。”④ 这就是说，罗尔斯假定公民具有政治正义感的能力，同时还假定政治美德能力。

政治正义感和政治美德能力是在政治生活中时刻起作用的能力，怎么能够仅凭假定来敷衍了事呢？它们必须从理论上得到说明，明确其来源，并时时培养这样的能力。这一点罗尔斯不可能不明白，只是他囿于西方的文化传统而不能突破罢了。

西方世界有长期政教合一的历史，其间还导致过残酷的宗教战争，宗教信仰自由是西方人用无数生命和鲜血换来的，这也是西方人特别珍视宗教信仰自由，以及更高意义上的自由主义大行其道的原因。所以西方人在各种宗教信仰中主张价值中立，不立国教。但是价值中立会导致政治向工具化、技术化方向发展，而最终形成无伦理支撑的政治。

---

① 罗尔斯:《政治自由主义》，万俊人译，译林出版社 2000 年版，第 26 页。

② 马基亚维里:《君主论》，张志伟等译，陕西人民出版社 2001 年版，第 92 页。

③ 罗尔斯:《政治自由主义》，万俊人译，译林出版社 2000 年版，第 13 页。

④ 罗尔斯:《政治自由主义》，万俊人译，译林出版社 2000 年版，第 33 页。

而中国没有过宗教战争的历史，也没有西方意义的政教合一，历史上，中国人的宗教信仰自由很少受到限制，长期以来，就是儒释道三大宗教并存，多种宗教信仰任人选择。依据中国文化传统，可以对伦理与政治断裂问题提出不同解决方案。那就是，新外王不持价值中立的立场，而是希望就仁者爱人达成伦理共识。世界伦理运动表明，各宗教伦理可以基本形成仁爱共识，以之为政治的伦理支撑；同时，可以相信各大宗教都能够培养德性君子，为政治提供人力支持。

因此，儒家新外王主张，以仁爱共识为政治哲学的伦理支撑，各大宗教伦理培养德性君子，为政治提供人才资源。以人人平等为政治哲学的逻辑起点，平等的个人缔结信约，制定宪法和法律，并依法行政，以宗教信仰自由保障政治的伦理支撑，以思想自由、言论自由为为平等保驾护航。简言之，儒家新外王的关键词就是仁爱、平等、自由。

四、内圣外王的新连接

今天的人类面临着一个多元与统一的问题，文化多元、宗教多元，人们有不同的伦理行为规范以及不同的信仰，可是人们又必须生活在一个统一稳定的政治秩序的社会里面。道德伦理和宗教信仰属于内圣的范围，而政治秩序则属于外王的范围，也就是说，现代社会面临的现实是内圣多元而外王则需要统一，固守内圣外王的统一或者内圣开出新外王，都是强调儒家内圣唯一性，这种做法显然都是不合时宜的。

伦理道德与人们的宗教信仰有着千丝万缕的联系，而人类的宗教信仰多种多样，今天没有人能够把多元的宗教统一起来，即使存在这种可能，那也是在遥远的未来。宗教信仰自由也是今天人类的共识。而且事实上，各大宗教都能够培养德行君子，各大宗教都为人类的文明发展作出过自己的贡献。

儒学真正的特色并不在于其内圣独特性，而在于儒学内圣外王的结构是具有普适性的。儒学的生命力就在于其内圣不离外王的思想结构。儒家的内圣与外王依据的是人的不同能力，儒家的新内圣建基于人对天也就是超越者的信仰，而儒家新外王则建立在理性的基础上，信仰和理性是人的不同能力，而人既可以有信仰，也可以有理性，这就好像人既可以接受科学，也可以欣赏艺术一样。

内圣外王的新连接就是，多元内圣为外王也就是民主政治提供伦理支撑，这是希望民主政治的宪法、法律以及整个的制度设计都有其伦理学依据。同时，就政治实践而言，重新连接儒家内圣与外王的接榫点就是德行君子，各大宗教都能够培养德行君子，以为民主政治的人才之源，这也就是《论语》所说的，“君子之仕也，行其义也”（《论语·微子》），“行义以达其道”（《论语·季氏》）。

儒家内圣外王的新连接有一个绕不过去的人性论问题，内圣外王的新连接不坚持一元人性论，而主张人性显现论。感天动地的善行义举是人所为，同时令人毛骨悚然的反人类的恶行，比如希特勒对犹太人的大屠杀、南京大屠杀，不都是人干的吗？这说明人性可以显现为善，也可以显现为恶。人性就是人与生俱来的特性，本来无所谓善恶。孟子曰：“形色，天性也。”（《孟子·尽心上》）荀子说：“性者，本始材朴也。”孟荀都认为自然人性无所谓善恶。然而天性在不同的生活环境中会显现出善与恶的巨大分别，不能说人类的善行有人类自身的依据，而人类的恶行就没有其自身的根据。无论何种人性论，其最终的主张都是扬善抑恶。扬善就需要从伦理层面培养和扩充人的道德情感，抑制恶除了为善去恶的道德之功外，还应该尽力不让呈现恶的环境出现。

学术界关于人性论仍然聚讼不已，这里特别寻出大程和阳明的论述以为依据，体贴出天理的程颢就曾经说：

> “生之谓性”，性即气，气即性，生之谓也。人生气禀，理有善恶，然不是性中元有此两物相对而生也。有自幼而善，有自幼而恶，……是气禀有然也。善固性也，然恶亦不可不谓之性也。盖“生之谓性”、“人生而静”以上不容说，才说性时，便已不是性也。凡人说性，只是说“继之者善”也，孟子言人性善是也。夫所谓“继之者善”也者，犹水流而就下也。皆水也。有流而至海，终无所污，此何烦人力之為也？有流而未远，固已渐浊；有出而甚远，方有所浊。有浊之多者，有浊之少者。清浊虽不同，然不可以浊者不为水也。如此，则人不可以不加

澄治之功。故用力敏勇则疾清，用力缓怠则迟清，及其清也，则却只是元初水也。亦不是将清来换却浊，亦不是取出浊来置在一隅也。水之清，则性善之谓也。故不是善与恶在性中为两物相对，各自出来。此理，天命也。顺而循之，则道也。循此而修之，各得其分，则教也。①

《传习录》也记载有王阳明关于人性显现论的这样的论述，如下：

先生曰："性无定体，论亦无定体，有自本体上说者，有自发用上说者，有自源头上说者，有自流弊处说者。总而言之，只是一个性，但所见有浅深尔。若执定一边，便不是了。性之本体原是无善无恶的，发用上也原是可以为善、可以为不善的，其流弊也原是一定善、一定恶的。譬如眼，有喜时的眼，有怒时的眼；直视就是看的眼，微视就是觑的眼：总而言之，只是这个眼。若见得怒时眼，就说未尝有喜的眼，见得看时眼，就说未尝有觑的眼，皆是执定，就知是错。孟子说性，直从源头上说来，亦是说个大概如此；荀子性恶之说，是从流弊上说来，也未可尽说他不是，只是见得未精耳。众人则失了心之本体。"②

阳明的"性之本体原是无善无恶的"，也就是大程"生之谓性"、"人生而静"以上不容说，即人性本无善恶，善恶的分化在发用处呈现，有了善恶的分化就需要扬善抑恶，这不仅需要伦理道德发挥作用，还需要政治层面的努力。

孺子入井显现了人的恻隐之心，"恻隐之心，仁之端也"，(《孟子·公孙丑上》）既然恻隐之心是仁爱情感的发端处，就应该以此恻隐之心为根基，扩充之、培养之，以通成圣成贤之道。这与传统儒学主流的儒家心学所强调的并无二致，孟子所确立的性善论就是人类伦理学的根基，这是儒家所应该坚持的亘古不变的立场。

传统的内圣外王是以性善论贯彻到底的，性善论作为道德伦理学的基

---

① 程颢、程颐：《二程集》，中华书局1981年版，第10页。

② 《传习录下》，《王阳明全集》，上海古籍出版社2009年版，第115页。

础是没有问题的。但是要运用到政治哲学领域则未必就合适，因为政治哲学所要解决的是利益分配问题。这正如荀子在探讨政治制度的起源所说：

> 礼起于何也？曰：人生而有欲，欲而不得，则不能无求。求而无度量分界，则不能不争；争则乱，乱则穷。先王恶其乱也，故制礼义以分之，以养人之欲，给人之求。使欲必不穷于物，物必不屈于欲。两者相持而长，是礼之所起也。故礼者养也。(《荀子·礼论》)

这里的意思是说，人作为一个活生生的实体，生来就有物质方面的需求，人通过自己的劳动以自利自养，这是人类存在的基本前提。由于自然资源的匮乏、天灾、也由于人无止境的欲望，人类往往会因为物质方面的需要而发生争抢，这就需要确立分配制度，也就是要“制礼义以分之”，只有在利益分配制度确立之后，伦理道德才好发挥作用。所以说，利益分配制度的确立是人类社会得以存在的首要前提。这也是荀子所代表的儒家外王学特别重视礼的原因。

用人性显现论破除了人性论问题的迷雾之后，儒家内圣外王的新连接不应坚持《大学》性善论贯彻到底的立场，而是孟子的性善论归伦理，荀子的性恶论归政治，伦理政治各行其道，并驾齐驱，只重视内圣绝不是完整的儒家思想，只重视外王当然也不完整，内圣外王应该两翼双张。

内圣外王的理论连接点在于，取儒家仁者爱人的作为各大宗教、各个文明的伦理学共识，并以之作为政治学的伦理根基。两翼双张的实践连接点在人，儒家内圣的关键在于培养德行君子，在民间化民成俗，在庙堂行义已达其道。现在培养的重点不在帝王而在公民，不在庙堂而在民间。

伦理是人的伦理，政治也是人的政治，内圣外王皆是为人而设，所以，内圣外王的新连接应该回到人本身，内圣外王所依据的是人的不同能力，政治哲学的基础就是人的理性能力，儒家的内圣之学依据人对德性天道的信仰。

总之，儒家内圣外王的新连接应该回到孔子，回到儒家的源头活水，回到儒学最原初的起点处，简言之，就是：合孟荀，折中于孔子。

(作者单位：山东社会科学院儒学研究中心)

马克思主义中国化：比较中西哲学的视域

田辰山

“马克思主义中国化”是个突显中国特色社会主义的理论问题，是当今拥有13亿人口的中国，作为一个东方大国坚定走自己的路，对道路充满自信的重大理论问题。鉴于中国共产党领导下中国今天呈现的社会现实以及今天世界格局的中国地位，重新理解与阐释为什么马克思主义能走上中国化道路，认识马克思主义与中国传统思想文化的关系，具有极其重大意义。

一、马克思主义中国化的政治必然与历史契机

如果对基本历史知识有所了解，而且持有客观的人民性观点，应该不难认识到，20世纪马克思主义在中国的传播以至于生根开花，不是一个偶然现象，而是属于文化、政治、历史的内在必然性起的决定作用。简言之，马克思主义符合中国政治诉求，符合中国传统对人事、天事的认识。政治诉求，即对一场历史上多次改朝换代那样的社会大革命，对重振中华的需求；对人事、天事的认识，即传统民族精神、文化思想深层次的天道万物观、人生观、道德观、辩证观、崇尚观。而内含于其中可称为主脉与核心的，是人民性，或曰民本观。民本就是天道，天道就是正道；重振中华，就是“大道废、有仁义”，霹雳治乱，使人间重归正道。

马克思主义中国化的几个必然逻辑问题，不应忽略；其一，应该看到，马克思主义本是西方思想传统主流的异军突起，它是马克思主义走上中国化之路的内在原因；其二，在数不清的西方思潮一股脑涌入中国的历史背景

下，中国人百里挑一，接纳了马克思主义。这次历史性选择，也是自然、必然性的选择，它反映出马克思主义与中华思想的天然联系；其三，马克思主义在中国遇到的是自然选择，而不是被强势政治力量刻意引进并强加于社会与民众的；一开始只是少数知识分子的个人介绍马克思主义，之后其整个中国化过程都结合着革命的实践，出现摧枯拉朽，形成自下而上、由弱到强的磅礴气势，最后成功地上升为整个民族的现代意识形态。这一过程皆反映了必然性所起的作用。

更深理解马克思主义中国化，比较中西哲学手段是必需的。在这一比较视野中，人们可意识到，西方不是铁板一块的思想体系，必须一分为二；西方的不少思想不太可能与中国天人之道的思想沟通。马克思主义是西方最能与中国对话的部分，有其确凿原因。马克思主义关键地在三点根本脱离西方主流：一是作为无神论，脱离主流的超绝造物神（或唯一真理）本体论；二是申明世界一切事物皆是互相联系；三是承认自然宇宙的本质是变化；此三点与西方主流思想范畴相悖，却容易与中国对话。因为，由古希腊苏格拉底、柏拉图、亚里士多德启始，直到启蒙运动确立个人自由主义传统，为西方思想主流的，是奠基于：(1）形而上学的超绝造物神（或唯一真理）本体论；(2）宇宙间一切皆为形而上学质相的个体性、互不联系、二元对立。马克思学说强调“人”的社会性，因而具有鲜明人民性，造成容易与中国对话的政治原因。在中华文化方面，“民本观”作为现代中华思想“人民性”的传统根源；中国化的马克思主义是具有鲜明人民性的中国现代思想，其根本源自马克思主义的人民性与中国“民本”观的合拍。

有理由说，中国近现代革命政治诉求，伴随一个历史契机，在马克思主义那里获得满足；同时，马克思主义与中国革命政治实践相结合。这个“供求关系”的历史大幕是：一方面，西方私人资本力量的世界性进犯（全球化）形势，另一方面是中国的革命向西方寻找“先进思想”；除去数不清的其他西方思想，中国人恰逢其时地遇到对欧洲本身风起云涌工人运动释放影响的马克思主义。这是一次中国与欧洲联系在一起的历史契机，其中的政治目标紧紧契合为一体：马克思主义“人民性”与中国天人之道“民本观”的相合。现代中国，民本观具有人民性，即鲜明地站在人民大众立场或角度对社会提出变革要求。在欧洲推动、指导工人运动的马克思主义来到中国，与民本观共鸣；二者之联系的自然性是深厚的。

二、马克思主义与中华思想文化的天然联系

如上所述，西方思想传统自古希腊苏格拉底、柏拉图、亚里士多德开始，到启蒙运动确立的个人自由主义基于：(1) 形而上学的超绝造物神（或唯一真理）本体论；(2) 宇宙间一切皆为形而上学质相的个体性、互不联系、二元对立。这在比较中西哲学阐释视域中，可概括为一个术语，即“一多二元”：“一”是指形而上学的超绝造物神或唯一真理；“多”是“一”主宰下“宇宙间的一切（含人）”；“多”是以形而上学的质相个体性、互不联系、二元对立为存在形式。另外还表示：无论“一”与“多”之间，还是“多”彼此之间，关系都是单向线性、二元对立的。

与“一多二元”相对而言，中国的天道万物观可概括为“一多不分”。中国自然宇宙观没有西方形而上学的超绝造物神或唯一真理的“一”，也没有西方形而上学质相的个体性、互不联系、二元对立的“多”。“一多不分”的“一”，是相系不分致使的一切事物呈现“浑然而一”；“多”是指内在互系、呈现浑然而一状态的事物多样性。所谓“一多不分”是“一”中有“多”，“多”中有“一”；“一”与“多”互为必要依存条件。

在“一多二元”与“一多不分”之间，马克思主义无神论彻底否定主流的造物神（或唯一真理）本体论，申明一切皆是互相联系，宣称变化为自然宇宙的本质，恰是从“一多二元”走向“一多不分”的思想形态，所以可称为“异军突起”，所以演变为西方的最能与中国对话的部分。

马克思主义的走向“一多不分”，与中国思想传统就有了天然联系性。天然联系性致使马克思主义有了实现中国化的潜在性，而后与中国天道万物观结合为现代新思想意识形式。言“天然联系”，是区别于非天然、非联系，是就其源自人类经验而非形而上学抽象概想而言。就是说，马克思主义与中国传统天道万物观，都是出自人的经验对自然世界的感悟而形成的认识，都不是出自上帝造物（或唯一绝对真理）前提的假设。说二者“天然联系”，除去说二者都产生于人的经验，都不含任何人为假设染指，这样的经验是天然的、自然的，同时也是说，由经验所产生出的，都是“人是互相联系的”

认识。这点的共同，是天然性，是深层次的精神相通之处；二者因此而可沟通、可融通乃至结合。反之，如果认为存在一个绝对造物神（或唯一绝对真理），把一切（包括人）视为“孤立个体、互不联系的”，那是假设的，非天然的，是从外于自然、以概想强加于人经验的，相悖于天然的。所以，“天然联系”是两点：一是经验的，二是“人是相互联系”、社会性的。

小结一下，马克思主义演变为西方最能与中国对话的部分，是出自这样的经验表述：“当我们通过深思熟虑来考察自然界或人类历史或我们自己的精神活动的时候，首先呈现在我们眼前的，是一幅由种种联系和相互作用无穷无尽地交织起来的画面，其中没有任何东西是不动的和不变的，而是一切都在运动、变化、生成和消逝。这种原始的、素朴的但实质上正确的世界观是古希腊哲学的世界观，而且是由赫拉克利特最先明白地表述出来的：一切都存在，而又不存在，因为一切都在流动，都在不断地变化，不断地生成和消逝。”① 无可怀疑，对这段话听起来最感到舒服的会是中国人！为什么？因为此处提到的赫拉克利特，是属于古希腊比西方现代更接近中国“一多不分”的世界观。回归赫拉克利特，等于是在深层向着中华天道万物观贴近。

三、从马克思主义到《易经》的“辩证法”中国化

马克思主义在西方“异军突起”，从“一多二元”走向“一多不分”，它的中国化必然集中反映在辩证法智慧的中国化，因而也必然要归宗于中华智慧源头活水的《易经》。《易经》是“一多不分”天道万物观、相反相成/一阴一阳之谓道、通变互系智慧思维的开源之处。总结起来，这个深层次的中国化过程可分为四个步骤：

第一步：马克思主义的翻译首先是从德文、英文到日文；日文有大量汉字，很多著作是从日文译为中文的。而马克思主义一经译为中文，已然发生转入“一多不分”中国天道万物观的深刻变化；其原有西方形而上学语言的西方含义被屏蔽。如，蔡元培用古汉语翻译“辩证法”，以“静之于动也，有之于无也，盖触处无非矛盾者”等语，对待“contradictions”（纯属

① 《马克思恩格斯文集》第9卷，人民出版社2009年版，第23页。

动作意义的冲突）。梁启超解读西方哲学，以古汉语“有”、“无”、“成”、“万法”、“则”、“象”等，去对待西语“being”、“Not-being”、“becoming”、“the world of plurality and change”、“law or rule”、“form”等概念。① 所有这些西语概念，无一不喻意形而上学超绝本体论和一切皆为质相个体、互不联系与二元对立。而转为汉语后，此种喻意，皆被屏蔽。

第二步：译为汉语后的马克思哲学如仍不易理解，便用中国典故、成语、观念表述，这样，西方概念就都变成“一多不分”天道万物观范畴的内在联系（或曰道）意象语汇。如，瞿秋白将辩证法解释为正反相成、“互辩法唯物论”、正反相成、互变律、互动律、变易互动、矛盾性；许多概念，如规律（law）、动律（law of motion）、线索（clue）、原因（causality）、联系（link）或关系（connection）、逻辑（logic）、影响（influence 或 impact），在原西语表述的是单向线性、二元对立因果逻辑，而现在汉语译词，皆是表述“一多不分”意义的类比联想。②

第三步：一场刻意的马克思主义哲学通俗化和中国化运动（以毛泽东、艾思奇、李达、吴亮平、张如心、陈唯实、沈志远等为主要推动者）。艾思奇申明：“中国自己的哲学中有着丰富的自然发生的辩证法唯物论的遗产。这表示中国自己也有着辩证法唯物论的传统，也即是马克思主义的哲学在中国本身就有着思想的根源。”陈唯实从中国古代哲学“探究辩证法的观念”，像郭沫若及其他持同样观点学者那样，他专门撰写“中国古代哲学上的辩证法”；他对中国古代哲学遗产进行整理研究，高度评价《周易》、《老子》、《庄子》的辩证法，指出中国古代“对于辩证法已有相当的发现”。③

第四步：毛泽东使马克思主义完全融入中国传统思想语境，大量使用古代典故；提出要与西方形而上学加以区别（包括调整辩证唯物主义基本定律、对恩格斯提出质疑）。在孔子那里，他找到“辩证法因素”，并用“辩证唯物论”解释墨子，提出墨子的“两而无偏”与儒家的“执两用中”是指一

① 参见田辰山：《中国辩证法：从已经到马克思主义》第二章，中国人民大学出版社 2008 年版。

② 参见田辰山：《中国辩证法：从已经到马克思主义》第四章，中国人民大学出版社 2008 年版。

③ 参见田辰山：《中国辩证法：从已经到马克思主义》第五章，中国人民大学出版社 2008 年版。

种相对稳定的"质"。毛泽东在延安发起一次动员学者整理古代思想，寻找"辩证唯物论"活动，找出一大批"唯物论"、"辩证法"思想家人物。这一中国化过程，显示马克思主义辩证法，是如何由于跟中国思想传统的天然联系，一旦进入汉语域境，即迴然归于中华文化本土智慧。

四、马克思主义话语承载的中华思想内涵

马克思主义经过中国化，在中国土地的落户形式，主要是对原传统的再阐释与改造，虽不免在表面有些反传统印象，在深层却沿袭、保留古今一脉的天道万物自然宇宙观；同时，深层的沿袭与保留，也换得在一套全新现代语言体系中的弘扬。在这方面，仍有大量细致分析厘清工作，方能更清楚认识。

到底马克思主义中国化是什么？在中国环境到底化了马克思主义的什么？是怎么化了的？现代新话语是什么？它喻意的中华文化传统根源是什么？可简洁地说，它是转换视域与话语语境，即由马克思主义的西方视域转换到彻底的中国视域中来。第一，就宇宙观而言，马克思主义的自然观转为与之相近的一多不分中国自然宇宙观。第二，方法论得之与中国传统的契合机会——作为辩证论的科学方法与《易经》的"观"、"遂感而通"（以及理学之格物致知）不谋而合。第三，在思维方式上，马克思的探求内在联系与"阴阳之道"、万物变通，皆可归入"辩证观"范畴；"辩证"即是《易经》曰"通变"，即是在万物表面的互不联系状态下，深入格物，发现其间的相系不分，即理，即道，即现在人嘴里说的"规律"。此外，"唯物"论于中国视域，在于将视点放在关系，放在内在联系上；中国的"物"不是不变本质，而是作为过程与事件性的物，是变化的物，充满内在联系的物。第四，在价值观即中国谓"崇尚观"方面，"共产主义"有根深蒂固西方来源，但在中国是与《礼运篇》大同（各得其所）社会分不开的观念；"无产阶级"、"劳动者"是与"弱势"民众、"民本观"联系的；"阶级道德"对立于西方旧道德与个人至上主义新道德，而在中国是与"得道"（即在人离不开关系、人与人需有合乎正道之关系）意义联系在一起的。"平等"是由人与人相系不分喻意而来，不是从"个人主义"喻意而来。以"中和"思想为例，它根

本表述的是所求之正当关系应达到的状态，仍是社会和谐和人人各得其所之状的大同含义。然而在中国化马克思主义语境中，它是以“平等”喻意，是从“仁”引申的社会平等；同时“礼”也是“平等”，视为互相尊重与做好本分。有人说：“官、民、士平等为仁；人民安心做好本职工作，造导弹，扫大街无高低贵贱，又同时敬老爱幼为礼。”

马克思主义从西方视域转换到中国视域来，随之，中国有了一套对马克思主义阐释的现代话语，而它喻意的是中华文化内涵。这样地喻意传统文化内涵的概念与话语，例子举不胜举，如：“为人民服务”离不开“民本”、“大道之行”的思想根源；“民本”可表达为“为大多数人的利益”、“无产阶级利益”、“劳动大众利益”，“一切以国家民族利益，作为自己的根本利益”；“非无产阶级思想”常喻意“小人”趋利；“共产党员”可延伸喻意“楷模”、“君子”，所以要《论共产党员的修养》。做“共产党人”是做“大好人”，要修养，要改造世界观（乃至斗私批修）。好人、英雄不是一时一事变成的，而是平常修养、改造世界观而来的；修养的目的，是为人民服务，是尽职敬业；不怕苦、不怕累、持之以恒，愚公移山等，是为人民服务所应有的态度。共产党员修养，不是两耳不闻天下事、闭门只读圣贤书，而是胸中时刻装有天下，不忘现实政治；心中有政治即是有“治国、平天下”。修养不是个人的事，不只是“圣人”才做，百姓不必；是人人负责任，关心与参与监督政府，人人都不当小人；而只要不想当小人，任何人都需要修养，需要改造世界观。改造世界观最成功者，就是近乎中庸，“天地与我合一”，可与天地参，可干天下大事者。毛泽东在陕北说服人们联蒋抗日时说：“国家国家，没有国，就没有家，如果不把中华民族的存亡作为第一大任，那我们就不配做炎黄子孙。”这既是马克思主义，也是中华思想文化。

不必讨厌政治，马克思主义与中国传统（如儒家）的政治理念都不是坏事；只是脱离了这种理念根源的政治，才变为坏事，才变为西方自由主义“个人权力斗争”（power struggle）意义的，才是讨厌的。政治的政，就是正，就是做正事的人、组织、政府；政就是行公道。马克思主义是“无产阶级政治”，为人民大众利益制定政策和搞社会实践，也是人民民主专政，还是“民本观”，人民利益最大，为人民掌权，或为民做主，所谓“民主”。政治的“治”，就是治乱，治不正；或曰正道。什么是革命？是乾坤不正，大道不行，天下不公，需要扭转，需要急风暴雨，需要霹雳手段。中国历史周期律性的政治腐败引起起义、朝代更迭。马克思主义讲阶级斗争，一个阶级推翻一个阶级的统治。政治大凡有两种状态，仁政、德政是奉天承运；揭竿而起是大乱达到大治，是替天行道。所谓“阶级斗争”，背后的中华文化根源意义，就是不公平、不合理、不仁不义、以强欺弱，就是用钱和权力的压迫。讲阶级斗争，就是承认这种状况，注意这种状况，反对这种情况，反对违反天道的朝廷，是人民要活命；是换一个为民的新政权。共产党在马克思主义旗帜下进行的革命政治，就是历来传统话语所说的上面这种情况。

对马克思主义中国化作简洁理论概括，它就是马克思主义与中国革命具体实践相结合，与中国社会主义事业具体实践相结合。今天进一步阐释这个问题，要讲深层视域，要讲哲学方面的马克思思想在中华哲学文化土壤的扎根，与中华传统世界观、思维方式、价值观的结合，以及以此为基础才取得的在具体实践层次的开花、结果。实际上，这是让马克思主义找到与中国现实政治与中华民族精神的内在联系，是用马克思主义世界观、思维方式、价值观、立场、观点、方法解释中国环境的具体问题；与此同时，也是用中华民族精神的世界观、思维方式和价值观念理解马克思主义。所谓“中国化”，是打通二者：话语上打通，思想上打通，具体实践、政策与策略上打通。

五、马克思主义中国化是社会主义中国新文化

没有比马克思主义更能与中国思想文化契合的西方理论，没有比它更能成功地实现中国化的西方文化。“中国化”不言而喻，是化为中国的，先决条件是与中国传统思想相同，不仅在社会操作、运用层次如此，而且整体范畴结构（就一多不分而言）是可以转入中华传统视域与语境的。

从比较中西哲学视域看待马克思主义中国化问题，最容易让人陷入教条主义的原因是陷入其西方的语境不能自拔，误导对马克思主义的准确解读。须清醒地提高意识的是，马克思主义因其非是“一多二元”（或曰“走向一多不分”）的，致使它并非是人们流行理解的形而上学、单向线性二元对立“决定论”。

首先，马克思讲“内在联系”，不是讲“规律”。如果甲和乙是内在关系，是说要判断甲、乙，是以它们之间关系做依据的。相反，如果甲和乙是外在关系，对二者判断，是根据它们各自的独立性。在内在关系上，甲和乙是互相决定、互相必然和互相经验的；二者不管谁起变化，对方也必然是个变化。西方语境的“规律”，是“外在性”、绑结的，不是“内在联系”。在马克思眼里的，是充满关系的社会。它是活生生表述在《资本论》的；资本、劳动、价值、商品等等都是作为关系抓在手里的，是作为构成整体的必要因素抓住的。

其次，马克思不是科技决定论。马克思被误解持有“经济永远是前提和起决定性作用”的观点；历史在马克思眼中似乎是一条单行街。马克思说过“生产是决定性的因素”，但十分明确，在“内在联系”境况上，马克思不可能是“经济决定主义”或者“技术决定主义”。马克思说过：“伴随手工作坊出现的是封建主的社会，伴随蒸汽机出现的是工业资本家的社会”。但是，马克思的大量著作都批评：没有比持这种观点更糟糕的理论家。放弃单线因果关系，才是马克思向中国提供在哲学上对话的地方。

再次，马克思的科学不是资本主义科技，而是辩证！马克思是将“辩证”作为“科学”的同义词运用的；所以生产才被看作是内部关系（辩证）过程。马克思认为，一定的生产方式或者国家模式，总是与一定的社会国家合作形式相结合的，这种合作形式本身就是生产力。合作方式本身是本质性关系，它确实是规定着生产方式。例如，相比之下，奴隶制生产方式与资本主义之间，资本主义合作本质则是被神秘化的“自由”。

最后，只有资本主义才有“经济”问题。马克思强调，如果看不到资本主义条件的社会与政治同生产之间的联系，比起前资本主义的此种联系是很不同的，将导致经济基础与上层建筑二元对立问题的混乱。马克思勾画了前资本主义那些联系，然而集中研究资本主义。他分析的一个重要部分是说明，只有资本主义才有市民社会与国家的二元对立问题。严格说，只有资本主义才有所谓“经济”问题。只是由于此，上层建筑与经济基础是分离的，是由它决定的。

从 20 世纪初，迄今整个中国现代，都是一部马克思主义中国化的历史。它包括中国共产党发动与领导的革命时期，1949 年后的社会主义建设与发展时期和三十多年来的“改革开放”时期，马克思主义中国化自始至终都是进行时的实践与探索。从中西哲学比较的角度看，马克思主义中国化是现代中国思想史的主流。中国马克思主义者是以观关系为中心的视野、中国的历史、经验和思想文化传统来理解马克思主义，恰恰由于与西方那种决定主义原因观毫无干系而绕过了它，将马克思主义嫁接到中国思想传统的大树，成为现代枝繁叶茂的社会主义中国新文化。马克思主义中国化是中国思想传统的现代转化，而且是取得社会实践历史性成功的新转化。马克思主义中国化的形式，就是中国思想传统的现代形式，二者互系不分，相合则中国昌盛，相分则中国受挫。

21 世纪的今天，中国共产党领导下中国社会现实及世界格局中国的地位，发生了天翻地覆地变化，面临百多年来空前复杂与严峻的局面，中国的视角也好似变了。但如果是清醒的，应该看到的是时代没有变，中国今天的历史课题没有变，中国道路的逻辑没有变，我们仍然是在近代以来先辈们开辟的路上走，享受着他们的福佑，继续着他们未完的事业，应对着现实不断摆到前面的新问题。马克思主义并没有过时，而是现实要求我们更自觉地与中国实践相结合，把题目选对、做对。马克思主义中国化曾给中国带来光明。今后，光明仍然属于马克思主义中国化的前途。

（作者单位：北京外国语大学）

作为现代政治哲学的先秦思想

白彤东

一、中国传统思想何以是哲学

中国哲学合法性问题，即中国传统思想中是否有哲学这个问题，自“哲学”这个概念引入汉语、引入中国，一直是引起争议的问题。从“哲学”是一外来概念的意义上讲，传统中国自然就没有哲学。而只有在这个概念传入并有从事哲学工作的人之后，中国才有了哲学。显然，中国传统思想中是否有哲学这个问题不是在这种琐屑的意义上谈的。我们真正关心的问题是，虽然哲学这个概念源自西方，但是，按照对它的某种理解，中国传统思想中是否有属于哲学的部分？由此，我们可以看到，对中国传统思想是否有哲学这个问题，我们首先要回答哲学是什么这个问题，即为哲学划界这个问题。但不幸的是，我们学过一点现当代分析哲学、科学哲学就会知道，逻辑经验主义者曾以为，科学与形而上学之间，或者科学与非科学之间的界限应该非常清楚。但是，这么多年的研究，让我们意识到这个界限并不明晰，或者我们并不能达到对这个界限的共识。如果为科学划界——这个界限在很多人的直觉上讲是显然的——都是如此，我们可以想象给哲学——这个明显比科学的界限要模糊得多的学科——划界的困难。① 但是，“中国哲学是不是哲学”这样的问题，似乎又依赖于对这个界限的准确勾画。为了解决这个疑难，笔

① 因此，如果在中国哲学合法性的讨论中，一些人没有给他们所理解的哲学划界，或者自以为他们所划的界限是显然的共识，这是思维不清晰或者幼稚的表现。

者采取一个“建构”式的策略。也就是说，笔者下面会给出一个对哲学是什么的简单定义。如果读者接受这个定义，那么我们可以继续看看中国传统思想是否符合这个定义的规范，从而在这个定义的基础上，讨论中国传统思想是否是哲学这个问题。

这个定义虽然是笔者给出，但是，它应该尽量地捕捉到我们对哲学是什么的一般理解，而不是完全随意的。特别是，我们不希望我们所给的哲学的界限太窄，也不希望它太宽。如果我们把这个界限放得太宽，会包含了我们一般不归类于哲学的东西。如果这个界限太窄，我们很可能是把哲学内部的一个流派，或某一时段的哲学当成哲学全部。在西方哲学内部，现当代英美传统和欧陆传统经常互不买账，不认为对方所做的是哲学。就中国哲学合法性问题，比如，一种常见的错误，是有些人把对笛卡尔以降的西方哲学，尤其是对其本体论与认识论的某种（片面）理解，当作唯一的哲学方式，并因之而否定中国传统思想中有哲学。美国学者 Franklin Perkins 为此提供了一个很好的也很有趣例子（Perkins，manuscript）。他指出，莱布尼兹和黑格尔对中国思想的观察很接近，即西方思想在理论反思上超出中国思想，但是中国思想在实践智慧和生活伦理上超过西方。但是，尽管有如此类似的观察，但是两位西方哲学家得出来的结论却很不同。于莱布尼兹，他的结论是欧洲思想在第一哲学上更高，而中国思想在实践哲学上更高，两者应该相互学习。但是黑格尔在《哲学史讲演录》中的著名（臭名昭著?）的结论，是中国没有哲学，至多是西方哲学里已经有的，但不入流的东西。① 其原因，Perkins 认为，如当代哲学家 Pierre Hadot 指出的，从欧洲古典时期直到其近代早期，哲学仍然被理解为一种生活方式。② 到了后来，尤其在黑格尔的哲学系统里面，没有其所谓的第一哲学，一种思想就无法再被当作哲学。因为莱布尼兹和黑格尔对哲学的理解不同，所以尽管他们对中国思想的观察近似，但在中国思想是否是哲学这个问题上却得出了非常不同的结论。③

---

① 参见黑格尔：《哲学史讲演录》第一卷，贺麟、王太庆译，商务印书馆 1959 年版，第 118—132 页。

② Perkins 的文章里没有给出 Hadot 的文献索引。他应该指的是 *Philosophy as a Way of Life：Spiritual Exercises from Socrates to Foucault.Hadot*。（Cambridge，MA：Blackwell，1995）

③ 举这个例子，并不等于是说笔者同意莱布尼兹和黑格尔对中国思想的观察。下面会讲到，笔者认为，从系统的理论反思上讲，中国思想也是有其优势和特色的。

这里需要指出的是，同样认为中国没有（某种特定的西方）哲学，与黑格尔等人不同，一些学者可能因此认为这恰恰是中国思想的优点。郑家栋就曾提到，日本学者中江兆民以批评的态度指出日本无哲学，但是傅斯年却认为，“中国本没有所谓哲学，多谢上帝给我们民族这么一个健康的习惯”。对此，郑家栋认为，原本对哲学有兴趣的傅斯年对哲学态度的转变，来自于他对他所接触到的哲学，即德国哲学的厌恶。① 近年来引起中国哲学合法性辩论的导火索之一，德里达对中国思想是否为哲学的否定回答，同样是出于赞扬中国思想的角度上去说的，其根据，也是流行于当代欧陆哲学和美国哲学家罗蒂及其支持者中对（西方）哲学的一种特定解释（逻各斯中心主义）。② 有些学者虽然没有那么极端，认为中国有哲学，但是基于对西方哲学的特殊理解上，认定中国哲学绝不同于西方哲学。③ 类似的说法，我们经常在各种谈论中国哲学的场合听到，比如中国哲学乃是一种心性哲学、生活哲学、修身工夫，等等。这种做法，如笔者的一位朋友 Edward Slingerland 评价安乐哲等人的做法时所说，有“逆向东方主义”（reverse Orientalism）之嫌。在这种通过与后现代思潮为伍来辩护中国哲学合法性，笔者也以为是不自重的表现。并且，这种做法，对中国哲学也犯下了以偏概全的错误，因为，对中国哲学的如此描述，明显把韩非子这样的思想家排除在外了。

总之，在给哲学划界这个问题上，我们要在宽窄之间找到一个合适的度。这是一门艺术，不是一门科学。在这个问题上，我们有不同意见，其实是很正常的事情。哲学中很多真理都有这样的特征，即它相反的那面不是谬误，而是同样深刻的真理。对哲学划界这个一般问题的不同争论也可能归于此类。因此，在上述划界标准的基础上，在承认上述的所有困难的同时，笔者对哲学给出下面这个定义，即哲学乃是对那些能够超出特定时间（时代）、特定空间（地域）、特定人群的，且是我们不得不面对却又无法根本解决的

---

① 参见郑家栋：《中国哲学史：写作与中国思想传统的现代困境》注 1，《中国人民大学学报》2004 年第 3 期。

② 参见陆杨：《追思德里达》，《博览群书》2004 年第 12 期。

③ 比如海外中国哲学研究者安乐哲（Roger Ames）频频提到这种观点。有关文献，参见郑家栋：《“中国哲学”的“合法性”问题》注 20，2001 年 12 月 25 日，http：//www.confucius2000.com/poetry/zgzxdhfxwt.htm。

问题（简称“哲学问题”）的系统反思。① 哲学不应该是当下行为或是习俗成见之表述，而需要对其有所反思。它也不应该是零散的见解，而是尽可能地成为一个内在一致的系统（即对其反思又有所反思）。它的系统反思对象，不能局限于特定的人群、时间、地域，否则哲学就成了人类学、社会学、历史学、地理学。这一对象又关乎人生活之根本，是人不得不面对却有无法根本解决的问题——可以根本解决的问题，已经从哲学里分离出来，成为科学研究的对象了。

在本文下一节，我会对中西哲学的共同或共通问题有所阐发。这里，先让我们假设中西思想有共通的哲学问题，那么，中国思想是否有对这些问题的系统反思呢？有些人会说没有，因为中国经典多缺乏论证。但是，这种说法假设了对哲学问题的系统反思必须体现为论证，但是，这个假设本身被论证过吗？

退一步讲，即使系统反思需通过论证体现，中国经典真的没有论证吗？让我们拿《论语》来做个例子。之所以选择《论语》，是因为认同中国哲学的人多把它当作哲学文本，但是比起其他被当作哲学文本的中国传统经典来说，它似乎属于最缺乏论证的经典之一。② 那么，如果我们能展示它蕴含着丰富的论证，那我们就不难想象，我们可以容易地展示其他常常被中国哲学之同情者归为哲学经典的文本也含有丰富的论证。就《论语》来说，比如，在《论语·阳货》中，孔子与其弟子宰我讨论三年之丧的问题。三年之丧，应该是当时的礼俗。如果《论语》不过是对习俗的记录，那么孔子与宰我就不应该对三年之丧有任何讨论，至多只是诉诸权威而已（“此乃《礼》之所定，故必守之”云云）。但是，在《论语》中，双方都分别给出了超出诉诸习俗的思考与论证。当然，与三年之丧的讨论相比，《论语》中很多对话都更为简约，似乎不能算论证。比如在《论语·宪问》中，当被问到是否可以以德报怨时，孔子对此的直接回应只有简简单单的四个字，“何以报德？”其

① 这与冯友兰先生将哲学定义为“对于人生的有系统的反思的思想”有所呼应，但是更宽泛些。（参见冯友兰：《中国哲学简史》，涂又光译，北京大学出版社 1985 年版）

② 比如，美国中国哲学研究者 Bryan van Norden 就认为《论语》不应该被算作哲学文本，因为他缺乏哲学文本所必需的系统性。（“Unweaving the ‘One Thread’ of Analects 4：15”，in *Confucius and the Analects*：*New Essays*，edited by Bryan Van Norden，Oxford：Oxford University Press，2002，pp.216-236）

后又用八个字给出了自己的立场（“以直报怨，以德报德”）。但是，“何以报德”四个字一针见血地点出了“以德报怨”这个想法的毛病之关键。也就是说，“以德报怨”听起来很高尚，很宽容，但是，这种对恶行的宽容，其实是对德行的不公。

一般来讲，中国传统文献中表面论辩的缺乏不等于说它们不含有论证。它们这种表面的缺乏可能是因为很多论辩的步骤被省略了，跳过了，而它们给出的是所谓的“论证轮廓”(argumentation sketch)，或者论证中最关键、最难的地方。实际上，即使在以论证严格著称的理论物理学和数学的著作里面，很多论证也都是“跳步”的。但是，如果一个读者因此无法理解这些论证，那么结论不是这些著作的作者之论证不严谨，而是这个读者可能没有资质来做物理学或者数学。如尼采所说，“在山群中最短的路是从峰顶到峰顶：但是为了走这条路人必须腿长。格言应该是这些峰顶——而这些（格言）所诉诸的人应该是高远的”①。

那么，这种跳步是为了什么呢？直接的理由包括省事（甚至仅仅是现实条件的约束——一个建于公理系统上的严格式论证可以非人地长!)、炫耀、一种基于贵族式的骄傲（aristocratic pride）的对平庸之不屑，等等。除此之外，还有一个与哲学反思之表达有内在关系的原因：每一个复杂的问题可能都有无数从严格的逻辑上讲需要论证的地方，但是，这种事无巨细的论证，容易使读者迷失于这种琐屑，迷失于“富裕的窘境”(embarras de richesses)。这种简约的论证，可以给出读者最重要的路标。而其中的细节，合格的读者可以自己来完成。这种一针见血的本领，也正是大思想家（无论是哲学家还是科学家）之所以为大的地方。

简而言之，轮廓式论证与西方哲学常见的步骤更加详细的论证是论证的不同形式，并且前者也许可以更好地激发和引导我们的反思。我们可以把这种想法再推进一步，承认有彻底超出论证体裁的表达（作者的)、激发（读者的）反思的方式，比如《道德经》、尼采的著作里面用到的格言体。这种体裁，尤其是表达对那些可能有着内在紧张的问题的反思的时候，可能是

① 转译自 Nietzsche，Friedrich，*Thus Spoke Zarathustra*. Walter Kaufmann (tr.) . London：Penguin Books，1954；《查拉斯图拉如是说》第一部分第七节，“论读和写”。

有其优势的。比如，如果所要说的是不可言说的，那么我们是否能有除了静默之外的言说方式呢？这是在柏拉图的 *Phadreus* 里讲的写作的问题、《道德经》道不可言说的道、《庄子》提到的不落言筌、佛学的说无背后的共同问题。

因此，中国传统经典文献中是可以找到论证，找到反思的。但是，不可否认的是，这些论证与反思常常看起来很零乱，不系统。而按我们的定义，哲学需要是系统的反思。西方传统中被当作哲学文献的，常常采取论文体（treatise），是明确针对某一组哲学问题的系统反思。上面提到的《论语》，多是孔子与他人的谈话记录（这也部分地解释了孔子为什么会言简意赅）。其他被同情者当作哲学的中国经典文献，也常常不是为了纯粹的理论讨论而写，而是对统治者的具体建议、与其他大臣和政策顾问的争论之记载、对经典或历史事件的注释与评论，或是更广义的语录。如钱穆先生指出的，在秦以后的时代，也许是因为儒家的向上流动思想的贡献，有思想的学人常常成为统治精英的一部分。[①] 这与春秋战国之前和中世纪（乃至近现代早期）的欧洲不同。因此，过去中国的知识精英可以把他们的政治思想和理论付诸实践，而没有太多需要将它们变成脱离现实的理论。（钱穆先生没有指出的一个事实是，中国士人于政治的深深卷入，也使得他们没有理论探讨所必要的闲暇）实际上，卢梭说的一段话可以用来支持钱穆的说法。在《社会契约论》的第一段里，他指出：

> 人们要问我，我是不是一位君主或一位立法者，所以要来谈论政治呢？我回答说，哪个也不是；而且这是我为什么来谈论政治。假如我是个君主或者立法者，我就不应该浪费自己的时间来谈要做什么事了；我会去做那些事情或者保持沉默。[②]

---

① 钱穆：《中国历代政治得失》，生活·读书·新知三联书店 2005 年版，第 21 页；冯友兰先生也说，"著书立说，中国哲学家视之，乃最倒霉之事，不得已而后为之"（冯友兰：《中国哲学史》，华东师范大学出版社 2000 年版，第 7 页）。其原因，冯先生诉诸中国哲学家对内圣外王的信奉，但笔者更倾向于钱穆先生的说法。

② Rousseau，Jean-Jacques，*On the Social Contract with Geneva Manuscript and Political Economy*. Edited by Roger D. Masters and translated by Judith R. Masters. New York，NY：St. Martin's Press，1978，p.46.

与此不同，中国历史上的很多政治思想家是居于政治的核心。这一点在春秋战国时代已经发生了。比如，西方也许与权力核心最接近的思想家之一马基雅维利，他的政治地位也不及身为韩国诸公子的韩非子。如果我们可以相信《史记》里的记述的话，当时的秦王（即后来的秦始皇）在读了韩非子的东西以后，与韩国打了一场仗，就是为了能把韩非子弄到秦王的身边来（《史记·韩非列传》载："秦王见《五蠹》、《孤愤》之书，曰：'嗟乎，寡人得见此人与之游，死不恨矣！'李斯曰：'此韩非之所著书也。'秦因急攻韩。"）。对这种重视，马基雅维利和其他西方政治哲学家恐怕只有羡慕嫉妒恨的份儿了（不过，他们如果知道韩非子的下场也许会心安一些）。

当然，这一辩护只是解释了为什么中国很多思想家的作品与西方不同，并暗示，如果被给予机会（或者，更准确地说，如果被剥夺了参与现实政治的机会），中国这些思想家也会写出与西方政治哲学著作更相像的、对哲学问题的系统反思。但是，中国经典，尤其是语录体经典表面的日常性，不等于其没有哲学理论的诉求，即所谓"不离日用常行内，直造先天未画前"①。并且，虽然中国传统思想缺乏表面上的系统，但是这不等于说，其中的经典没有隐含的系统。类似的观点，冯友兰先生早已表达过：

> 所谓系统有二：即形式上的系统与实质上的系统。此两者并无连带的关系。中国哲学家的哲学，虽无形式上的系统；但如谓中国哲学家的哲学无实质上的系统，则即等于谓中国哲学家之哲学不成东西，中国无哲学。……中国哲学家之哲学之形式上的系统，虽不如西洋哲学家；但实质上的系统，则同有也。讲哲学史之一要义，即是要在形式上无系统之哲学中，找出其实质的系统。②

因此，能够被当作哲学的中国经典中是有论证的，且论证是有系统的。从哲学角度读这些经典，就是要填充论证轮廓，并发现经典内部的系统。换

① 《王阳明全集》，上海古籍出版社1992年版，第791页。

② 冯友兰：《中国哲学史》，华东师范大学出版社2000年版，第10页。据郑家栋，王国维、胡适、蔡元培等更早地提出了类似的区分。（郑家栋：《"中国哲学史"写作与中国思想传统的现代困境》，《中国人民大学学报》2004年第3期）

句话说，一部经典是否为哲学经典的一个必要条件在于我们是否能发现系统论证，或其他表达系统反思之方式。但是，如此理解中国哲学合法性，还是会遇到批评。比如，据郑家栋的理解，冯友兰所理解的中国思想何以为哲学，与我们这里的立场极为相似，但同时他对这种工作进行了批评。① 他指出：

> 清晰性与系统性成为“中国哲学”现代转化的不二法门。……依据冯友兰的说法，由于中国历史上的典籍是言简意赅，通常只是径直地说出结论，所以现代意义上的“中国哲学”或“中国哲学史”研究，在很大程度上也就意味着如何运用逻辑分析方法把古代哲人所省略的推理过程添补出来，这要求既不能够说得太多，也不能够说得太少。冯氏的贡献主要在于逻辑和清晰性方面，当然，此所谓“清晰”是付出惨重代价的，冯氏的“中国哲学史”研究最不相应者可能是对于《老子》的阐释，直到晚年的《中国哲学史新编》，他仍然套用通常所谓“一般”与“特殊”、“共相”与“殊相”来说明《老子》中的“道”、“有”、“无”与天地万物的关系。如果我们追随冯先生的讲法，那么老子其人其书压根就谈不上什么“智慧”，至多也只是三四流的形而上学家，或者更惨。②

郑家栋还由此出发，批评了在冯友兰影响下，现当代学者以本体论、形而上学为中国哲学重心所在的做法。③ 像在本节之前的讨论里提到的，常有人说，中国哲学是一种生活方式，强调修身、体悟。更有极端者，坚持中

---

① 本文的立场，虽与冯友兰先生的立场多有契合之处，但是，第一，本文讲哲学需要论证，而回避用可能引起误解的“逻辑”一词（因为它常常被理解成狭义的形式逻辑），更不将论证与科学方法混为一谈（这与冯先生的立场似有分别。参见冯友兰：《中国哲学史》，华东师范大学出版社 2000 年版，第 5—6 页）。第二，本文认为论证只是反思的一种表达方式。第三，也是最重要的区别，如本文下面会论证的，中西哲学之别，并非冯先生所讲的古今之别。

② 郑家栋：《“中国哲学史”写作与中国思想传统的现代困境》，《中国人民大学学报》2004 年第 3 期。

③ 郑家栋：《“中国哲学史”写作与中国思想传统的现代困境》，《中国人民大学学报》2004 年第 3 期。

国哲学只能由中国人、由中国人特有的概念来理解。这一立场，堪称中国哲学之神秘主义。

最后这种极端立场，在哲学上讲，不免要落入私人语言的困境，或者一种极端相对主义的困境。也就是说，我们可以质疑持这种立场的人，他凭什么知道那独特的中国哲学是什么，中国古人脑子里在想什么？如果我们不相信他是灵童转世之类的话，我们就不得不说，连中国哲学也是没有的，某一个人的说法，也只能在他自己的话语系统里才能解释，甚至某一个人在某一时刻的说法，只能在那个时刻里被解释，即我们最后会被引到人连一次踏入同一条河流都不能的境地。并且，按照我们这里对哲学的立场，如果一种思想只属于中国，那它是人类学、社会学研究的对象，而不是哲学研究的对象。

至于认为中国哲学乃是一种生活方式，我们上面已经论述过了，西方哲学里，也有这种传统，而以此来泛论中国哲学，也有以偏概全的危险（韩非子的哲学中生活方式是重点吗?）。并且，我们这里说的，是作为哲学要有系统反思。在这之上或之外哲学还有生活方式之功能，那也未尝不可。我们甚至可以把哲学之定义改为“哲学是对超时间、地域、人群的根本问题的系统反思，其意图是改进人类之生活”，这样就把生活哲学包含进来了。我们这里只是说，有系统反思是一种思想为哲学的必要条件。对此，如郑家栋所批评的，一个进一步反驳是对中国思想清晰化、系统化的努力有可能使中国思想蜕化成三四流的西方哲学。在这一点上，笔者也认为，用西方哲学的一些系统、概念硬套中国哲学很成问题。如果不同哲学的相通性来自于他们面对的共通问题，我们要从问题出发，而不是一下就迷失在概念系统里面。同时，笔者也认为，一些清晰化、系统化的努力是失败的。并且，清晰化、系统化应该采取更宽泛的标准，而不是将一种清晰化、系统化的方式（比如西方近现代哲学的论文体，甚至只关注狭义之论辩的分析哲学之方式，或者德国古典哲学的系统）当成唯一的方式。但是，只要我们不诉诸静默或心灵感应，我们总是要讲出我们的哲学观念。哪怕是对不可说者，我们还是要说出来。《道德经》也没有在“道可道非常道”之后戛然而止，而历代注者也还是在道不可道之常道。只要我们的对象是哲学，我们总要对之清晰化、系统化。一种尝试的失败，不能说明清晰化、系统化的失败。如果这种努力注定失败，那才能说明我们面对的不是哲学。①

实际上，清晰化与系统化的努力，恰恰是中国历代的注疏所要做的一件重要事情，而并非受西方哲学之刺激而反应的结果。②在这个意义上，经典的阅读者必须同时也是经典的解释者，是经典的共同书写者。因此，指责中国传统经典没有系统实际上是对传统经典阅读方法之不知或遗忘的结果。另外，传统中国的很多政治思想家有着很高层的政治实践，并因而可以用之以对政治进行反思。这就有可能弥补了他们于建筑在闲暇之上的思辨的缺失（我们已经看到，西方政治哲学家的闲暇可能是非自愿的）。理解他们内含的论证与系统反思因而也会是收获很大的事业。

根据我们对哲学的定义，称中国思想（之部分）为哲学，是认定它是有普适性的。这与先秦诸子的立场应该是一致的，因为他们似乎没有觉得他们的思想只适用于某个特殊的人群。那么，是否还有中国哲学，或者我们说中国哲学的时候，其意涵是什么？这触及了金岳霖先生在冯友兰《中国哲学史》审查报告中的“在中国的哲学”（普适观点）和“中国的哲学”之分③，或是冯友兰先生的“中国的哲学”（普适观点）和“中国底哲学”之分④。笔者认为，本文所讲的中国哲学，用冯、金二先生的术语，是指在中国的哲学（金岳霖）或中国的哲学（冯友兰）。它是中国的，因为我们所依据的是中国的经典文献，并在这些文献所针对的问题的情境下去理解。它们是哲学，因为它们所针对的问题与西方哲学所针对的问题有共通性。但是，也许，通过对中国经典的哲学梳理，我们发现，中国传统思想家对这些共通问题有不同于西方整体的，但在中国思想家之间共享的处理方式或系统。如果是这样，那么我们就发现了中国的哲学（金岳霖）或中国底哲学（冯友兰）。但是，

---

① Stephen Angel讨论过对中国思想为哲学的类似反对，而他的回应，与笔者的论点也有呼应。（Angle，Stephen，*Contemporary Confucian Political Philosophy：Toward Progressive Confucianism*. Cambridge，U.K.：Polity，2012，pp.7-9）

② 由此，以哲学角度阅读中国传统经典就有其特定的要求。关于这一点，笔者在其他地方讨论过。（参见白彤东：《旧邦新命：古今中西参照下的古典儒家政治哲学》，北京大学出版社2009年版，第7—11页）

③ 转引自冯友兰：《中国哲学史》，华东师范大学出版社2000年版，第436—437页。

④ 冯友兰：《三松堂全集》第五卷，河南人民出版社2001年版，第270—280页。对此区分的讨论，参见陈来：《“近代化的中国哲学”——从冯友兰的哲学观念谈起》，载陈少明：《现代性与传统学术》，广东人民出版社2003年版。

这意味着我们对中国哲学和西方哲学都要有一个整体的、正确的把握。其可能性看来很渺茫，而对此的说法很可能是大而无当的妄言。并且，即使我们最终想做整体判断，从文献出发也是不可避免。因此，专注于具体文献，乃中国哲学研究之重要方法。①

二、先秦思想乃现代政治哲学

因此，如果我们在上一节的论证成立，那些（隐）含着系统反思的中国传统思想就可能被归入哲学。下面，为了理解作为哲学的中国传统思想，让我们来看看这些思想面对的是什么问题。根据我们对哲学的定义，理解一套哲学思想，我们不应该从它的概念体系出发，而是要首先理解它所面对的问题。对传统中国是否有哲学的思考，以及做比较哲学，人们常常从概念或概念体系出发。但是，依据本文对哲学的理解，不同时间、地域、人群所可能共享的，是哲学问题。它们也是不同哲学所共通的。但是，不同哲学采取了何种概念体系，却不一定是相通的。② 并且，基于概念的比较，比较会流于零散和随意，也常常因为要将这些概念从不同的哲学系统中剥离出来，有着胡乱格义的危险。从问题出发对比较哲学的另一个重要意涵是，这种比较不应该由时间、地域、人群等外在条件出发，尤其是时间，因为不同时间的哲学有可能面对着相通的问题。比如，即使在认同中国传统思想是哲学的学者中间，先秦哲学也常常被理解成所谓“轴心时代”（Axial Age）的哲学。这个概念来自于西哲雅思贝尔斯（Karl Jaspers）。他把中国春秋战国时代的

---

① 中国哲学合法性被质疑，还有其他原因。比如，从胡适等开始的整理国故运动，到新中国成立前三十年正确的哲学只能有一种，都使得对中国传统只能从思想史的角度去研究，而不是当成一种活的哲学去研究。西方现代大学体制，将对西方经典的研究之不同路线比较清晰地分开（古典系、历史系等），而中国现代文、史、哲分野不清，使得一些在当代西方不算作哲学类的工作也被加上了中国哲学的名义。中国传统思想，尤其是儒家，有相应于西方基督教功能的一面，这在西方现代大学的哲学研究与我们这里所定义的哲学里也很难找到位置。

② 在处理中国哲学合法性问题上，黄玉顺批评了一些学人关注于西方哲学之“迹”、之“法”，而不是其“所以迹”、“所以为法”。这种做法，忽视了可能是中西之“共在”，即共同的（笔者更愿意说是共通的）生活世界。（参见黄玉顺：《追溯哲学的源头活水——“中国哲学的合法性”问题再讨论》，《四川大学学报》2011 年第 4 期）这一观点与笔者这里的观点相合。

思想和与其近乎同时的古希腊、古印度思想放到一块，称之为“轴心时代”的思想。① 同情儒家的当代学者，如罗哲海（Heiner Roetz），也以轴心时代的思想来理解儒家。② 这种说法在肯定中国哲学的合法性上，有积极意义。但是，如果这种理解仅仅是从时间来将各种哲学流派比附在一起，那么它就有可能忽视了这些流派（由于其面对问题的根本差别所导致）的本质不同。

另有论者，从一种哲学普适的观点出发，从哲学内部体系出发，将中国哲学等同于（西方）古代（中古）思想，比如将中国的天人感应思想与西方中世纪的思想的类比。③ 由此，中西之别实际上就成了古今之别。比如，冯友兰先生指出：

> 在第一阶段，我用地理区域来解释文化差别，就是说，文化差别是东方、西方的差别。在第二阶段，我用历史时代来解释文化差别。就是说，文化差别是古代、近代的差别。④

在《新事论》中，他指出：

> 近数年来，有主张所谓全盘西化论者，有主张所谓部分西化论者，有主张所谓本位文化论者。无论其主张如何，但如其所谓文化是指一种特殊地文化，则其主张俱是行不通底……有一比较清楚底说法，持此说法者，一般人所谓西洋文化者，实指近代或现代文化。所谓西洋文化之所以是优越底，并不是因为它是西洋底，而因为它是近代或现代化底。……我们近百年来之所以到处吃亏，并不是因为我们的文化是中国底，而是因为我们的文化是中古底。⑤

---

① See Jaspers, Karl *The Origin and Goal of History*. Translated by Michael Bullock. London: Routledge and Kegan Paul Ltd, 1953.

② See Roetz, Heiner, *Confucian Ethics of the Axial Age*. Albany, NY: SUNY Press, 1993.

③ 与此呼应，对中国医学合法性问题上，中医也被与古希腊医学相类比。

④ 冯友兰:《三松堂全集》第一卷，河南人民出版社 2001 年版，第 307 页。

⑤ 冯友兰:《三松堂全集》第四卷，河南人民出版社 2001 年版，第 204—205 页。

在《中国哲学史》中，他将先秦哲学与古希腊哲学列为上古哲学，经学与中世纪哲学列为中古哲学，并指出落后于西方，中国尚无近古哲学。并且，无论中西，中古哲学新意不多也不很新，而近古哲学之新意既多又甚新。①

总而言之，在所引的这些段落里，冯友兰先生采取了哲学普适性的态度，认为中国哲学与西方哲学是相通的，但中国只有上古和中古哲学。基于一种历史进步的观点，他认为中国哲学是落后的，是需要现代化的。另外，他还认为中古哲学进步缓慢，对思想贡献不多。对此，郑家栋认为，冯先生的这种中西对比是牵强的，并且忽视了秦以降中国哲学的丰富发展。冯先生讲会通中西，实际上是将西方启蒙、西方的方法引入中国哲学，因此被视为正统派的他骨子里是很西化的。② 确实，对那些否定中国哲学重要性的学者而言，他们会欢迎冯先生这种说法。因为这种理解只是承认了中国思想的哲学性，但是贬低了其意义。

就冯先生的观点本身来说，不但如郑家栋所指出的，他以中古来描述秦以降思想有失偏颇，而且他认为欧洲中世纪缺乏进步的观点——这也曾是西方思想史界的主流观点——也过于陈旧。更重要的是，他的和其他有类似观点的人的一个基本假设是，哲学是进步的，而这就意味着今天的总是优越于古代的。与此相对，其他一些学人，比如新儒家唐君毅先生和言必称希腊与经学的中国的斯特劳斯主义者中的一些人，反其道而行，认为古代之思想优越于今日之思潮。这个判断似乎是基于一种历史倒退的观念。比如，在他的《生命存在与心灵境界》一书的后序中，唐君毅先生将西方乃至人类文化的一大危机，归结于近代之自由与个人独立观念和职业专门化和分化。③ 他将问题的最终解决，寄希望于“由西方近代哲学，回到中古哲学之重信心、重灵修之精神，更须由西方哲学通至东方之儒佛道之哲学”。④

以上两种立场，虽然都更正确地注重了不同哲学流派的内在思想，但

① 参见冯友兰:《中国哲学史》，华东师范大学出版社 2000 年版，第 3—6 页。

② 参见郑家栋:《“中国哲学史”写作与中国思想传统的现代困境》，《中国人民大学学报》2004 年第 3 期。

③ 参见刘梦溪编:《中国现代学术经典：唐君毅卷》，河北教育出版社 1996 年版，第 903—905 页。

④ 刘梦溪编:《中国现代学术经典：唐君毅卷》，河北教育出版社 1996 年版，第 925 页。对唐君毅这些想法的评价，参见黄冠闵:《主体之位：唐君毅论哲学与教化的基础》，(文稿)。

是，它们的判断都基于今胜古的进步观或者古胜今的退步观。这两种观念本身的正当性，都很令人怀疑。更重要的是，笔者认为，这些说法都未能理解中国传统哲学，尤其是先秦哲学所面对的问题的实质。笔者在下面会论述，先秦所面对的，是周秦之变局。而这一变局所包含的问题的实质，乃更近似于西方的现代性问题。在这个意义上，先秦哲学乃一种现代哲学。①

因此，在这一节余下的部分，笔者将试图论述周秦之变所带来的基本问题是什么。笔者将论证，这一问题是实质上的小国寡民之封建制度瓦解后，如何在新的政治现实中，即广土众民的国家内部找到社会凝结剂，建立起统治架构，以及如何处理这些国家之间关系的问题。这与西方中古到近现代的转变所带来的问题更有可比性。②

处于周秦之变局中的春秋战国时代充斥着社会与政治上的混乱和转变。在这一时代之前的西周的政治架构是一个封建的、金字塔般、扩张的系统。周王（尤其是最初几代的周王）分封他们的亲戚、忠实和能干的臣下（很多人同时也是周王的亲戚）、前朝的贵族，等等。这些人成为他们被分封的诸侯国的统治者，享有很大的对其封地的自治权。最初分封的目的是在小国周打败商帝国以后，通过所谓“封建亲戚，以藩屏周”（《左传·僖公二十四年》），来迅速消解群敌环伺的局面。因此这些诸侯国的设置往往很有战略考虑，比如经常设在周所不能很好控制的地域，并且经常是几个诸侯国一起设置以便互为援助。这是一种军事殖民与扩张政策。③当这些诸侯国通过蚕食其周围的“蛮夷”之地得以扩张后，它们的统治者常常会做与周王所做类似

① 依笔者的定义，哲学是处理超时间、地域、人群的问题的，但这里又强调先秦哲学所处理的问题之特殊性，似乎是自相矛盾。诚然，按笔者的理解，周秦之变的特殊问题（即现代性问题）不是人类在任何情境下都要面对的，而只是在笔者所理解的现代性条件下才会不得不面对的。但这一现代性问题不局限于特定人群、地域，并且是只要现代性的条件得以满足时，我们都要处理的问题。在这个意义上，先秦哲学处理的问题，即现代性问题，还是（有条件地）超时间、地域、人群的。当然，先秦儒家哲学所处理的一些问题，比如公私关系问题，可能有超越现代性的层面，是多种性质的人类社会都要处理的问题。

② 白彤东在发表于《中国人民大学学报》2011 年第 5 期的《韩非子与现代性——一个纲要性的论述》中有本文下面论证的早期版本。

③ 参见钱穆：《国史大纲》，商务印书馆 1996 年版；李峰：《西周的灭亡》，上海古籍出版社 2007 年版。钱穆指出，这些蛮夷可能与诸夏之间并没有种族上的分别，而只是没有过着定居的农业生活，也不服从周的管制和宗法、礼教约束。（钱穆：《国史大纲》，商务印书馆 1996 年版，第 55—56 页）

的事情，即分封他们的亲戚与亲信。就周帝国来说，周王统领诸侯，诸侯统领大夫，大夫统领家臣，而家臣统治他们属地的民众（这些属地因而地小人少）。在西周的制度下，每个层级上都是一个主子统领有限的臣属，而这一统属关系不能越级。这一现实使得统治者通过个人影响与接触和以宗法为基础的礼俗规范来统治成为可能。

以上对西周制度的描述，与我们常听到的西周乃君主专制制度的说法相违背。持后一种说法者也常常以《诗经·小雅·北风之什·北山》所说“溥天之下，莫非王土；率土之滨，莫非王臣”为证。但是，如果通读这首诗，我们可以明显看到，这是一位大臣抱怨工作分派不均，自己承担了太多工作，连父母都无法照顾，因此这首诗不应该被当作对西周的制度的准确描述。而历史研究表明，诸侯对其诸侯国有很高的自治权，在诸侯这个层级之下的诸侯国内部事务，周王无法干涉。

但是，也许是因为宗族的纽带经过几代以后被削弱，或是因领土扩张和人口增长使得礼俗不能再起到有效的约束作用，或是整个周帝国已经扩张到当时的极限从而使得内斗变得很难避免，或是西周之制度本身设计的缺陷，这种封建贵族等级、宗法系统在春秋战国时期渐趋瓦解。① 在春秋时代，与西周不同，周王只被给予了名义上的尊重。最终，他实质上变成了诸侯之一（并且是实力很弱的一个）。诸侯国的疆界不再被尊重，通过吞并战争七雄终于产生，也带来了中国历史上的战国时代。在春秋战国时代，随着封建贵族的消逝，诸侯国乃至后来七雄的统治者不得不直接统治其国家，而他们的国家领土越来越大，人口越来越多，且在没有封建约束下流动性越来越高。在没有天下共主及其他封建宗法的约束下，这些国家的存亡以及这些君主在其国内的存亡完全依赖于他们的实力。

上述这种转变与欧洲从中世纪到（西方的）现代的转变多有相似。欧洲中世纪的政治架构也是金字塔般的封建贵族等级制度，其每一级也都处于“小国寡民”的状态，而其约束方式也是广义上的礼法。但是，这一架构在欧洲的现代化转变中也渐趋瓦解了。与封建制度一起消失的是贵族阶级和他

① 李峰有对西周灭亡，尤其是其内在制度缺陷的详细分析。（参见李峰：《西周的灭亡》，上海古籍出版社 2007 年版）

们的政治制度与生活方式。中国的春秋战国时代，土地的贵族专有继承和旧有的公田系统被废除，土地自由买卖随之兴起。在西方的现代化进程中则出现了臭名昭著的英国圈地运动。同时，战争形式也因封建贵族制度的瓦解而变化。军队被平民化了，因此贵族的行为准则也消逝了。战争赤裸裸地服务于对资源与霸权的争夺，并成为以砍脑袋为目标的残忍“竞技”运动。如钱穆先生指出的，与封建等级摇摇欲坠但还没有坠的春秋时代的战争相比，战国时代的战争是彻底地残忍与丑恶的。① 相应的，欧洲产生了拿破仑和他的人民战争。这种全民战争使得“无辜”平民成为一个模糊的观念，从而也让我们理解犹如贵族时代区别平民与保护俘虏的日内瓦公约在实行上的困难。封建贵族体系的瓦解导致了丛林政治。在中国，本是天下共主的周王也成了这种混战中的（失败的）一员。在各级贵族的消灭与被消灭的斗争中，最终胜出的贵族，以他们为核心，造就了有统一的中央政府的大国。金字塔式的封建结构变成了平面（平等）的主权国家结构。在这些国家之上，再没有政治实体可以合法地干预它们的内政。这是欧洲威斯特伐利亚体系之后出现的主权国家。虽然没有“主权国家”的说法，但是战国中的国家也是实质上的主权国家。

当然，说中西转变之相似不是否定其间的不同。比如，欧洲中世纪以前有古希腊和古罗马文明。这给予了他们的转型独特的哲学、政治、文化资源，也给予他们对不同问题的关注。② 与春秋战国时的中国相比，欧洲作为一个整体也没有那么强的“天下共主”式的对自身文明的统一和连续的想象。其部分原因是中世纪欧洲没有世俗君主享有如周王那样高和长久稳定的地位，并且欧洲中世纪的封建也不如周那么系统、清晰。教皇的位置相对稳

---

① 参见钱穆：《国史大纲》，商务印书馆 1996 年版，第 88—89 页。

② 比如，古希腊哲学中对本体论、认识论的兴趣，在先秦哲学中鲜能找到。前者可能开始是一个偶然，但是随着传统自为的生命，这个偶然渐渐成了某种必然，成了欧洲思想家必然要处理的问题。近代欧洲思想家对此类问题的处理并不与政治意义上的现代性问题直接相关，也是其现代性中独特于中国周秦之变的地方。当然，他们对这些问题的处理，可能还是与政治之变局呼应。比如，从洛克到 20 世纪逻辑经验主义对逻辑与经验的强调，可能与平等的政治理念相关。关于最后一点，参见白彤东（文稿）中的相关讨论。同时，对本体论、认识论问题的处理，也与现代科学兴起、工业革命等交织，成为欧洲现代性独特之处。笔者感谢李勇博士促使本人澄清这一点。

定，但是它明显比不上周王意义上的天下共主地位。而欧洲与西周封建系统的这种差别的一个深层原因，是西周封建是在顶层设计的基础上从上到下实现的，而欧洲的封建更是从下到上、多种因素斗争和妥协的结果。① 这一区别不但对两者的封建形式，更可能对两者封建之后的转型有深远的影响。② 在向现代化转变的过程中，欧洲同时有领土的大幅扩张（移民与殖民），而春秋战国时候华夏文明的扩展可能更多是蚕食性的。欧洲的“春秋战国”也没有能够达到中国所达到的统一，尽管它们确实成功地打了两场“世界”大战和很多较小规模的战争。③ 更为重要的是，在欧洲现代化后期发生了工业革命，这也是欧洲现代化的独特之处。

但是，我们这里所要强调的，不是中西之转变没有不同，而是它们之间有足够的，并且是根本的相似。这种相似的根本，像我们上面已经暗示的，就是封建贵族政体的瓦解和广土众民的独立主权、集权国家的诞生。这种转变，带来了全新的政治问题。一般地讲，政治问题可以分为政治实体内部的组织以及政治实体之间的关系。在封建贵族制中，政治实体之内，各级统治者由贵族充当，而这种统治秩序的维护根据礼法。其金字塔的每一层级上都只有常常是几百或几千个人的共同体。也就是说，每一级都是一个实质上的寡民之小国，或“高度同质的熟人共同体”。当一个共同体（community）很小的时候，建立在一种对善的共享的整全理解之上的道德和行为准则是很有可能的。在政治实体内部与金字塔中的政治实体之间，各级统治者通过礼法维护秩序（虽然军事力量很可能也会起作用）。在西周，最高的仲裁者是周王，而欧洲的最高仲裁者并不很清晰和确定。当然，在面对这个金字塔之外的人（戎狄、蛮夷）的时候，战争是最通常的手段。《左

---

① 钱穆早已指出过西周封建与欧洲封建的这种差别。（参见钱穆：《国史新论》，生活·读书·新知三联书店 2005 年版，第 1—3 页）

② 比如，中国与欧洲的区别，并不是像通常说的是以亲缘还是契约组织起来的，而是契约是由上而下的还是由下而上的。而欧洲由下而上的契约关系，可能对君主立宪在英国的率先出现有贡献。当然，这不是说宪政的建立必须要有由下而上的契约传统，或者这种传统必然最终导致宪政。

③ 旅美香港学者许田波指出，春秋战国时的中国与现代化开始时的欧洲有深刻的相似。她进一步分析了为什么中国最终走向统一，而欧洲没有这个问题。（Hui，Victorial Tin-Bor，*War and State Formation in Ancient China and Early Modern Europe*. Cambridge，U.K.：Cambridge University Press，2005）

传》中所谓“国之大事，在祀与戎”（《左转·成公十三年》），很好地概括了封建制下的政治活动。“祀”所代表的是封建礼法，用于维护内部等级秩序，并加强内部联接。“戎”是对这种制度之外的政治实体的战争。①

但是，封建贵族政治体制的瓦解，上述的政治根本问题又要被重新回答。首先，是谁来充当统治阶级（包括如何选择统治者和这种选择的合法性问题）？其次，是统治阶级内部与统治者和被统治者之间靠什么来凝结？如果不是恢复封建贵族体制，第一个问题自然是个问题。那么，为什么社会、政治凝结问题也会是个问题？这是因为，在中西封建制瓦解之后出现的国家都是由一个中央政府直接领导的广土众民的社会。这似乎是个不重要的变化，但是，在政治里，大小很重要。那些能够用来凝聚小共同体的（亲情、宗法、礼俗、个人契约、对善的分享）不再能够凝聚大的陌生人社会，除非使用行之有效的压制（oppressive）手段。也就是说，在非压制的情形下价值多元就不可避免。对后一点，一些西方近现代思想家和先秦思想家如韩非子都有所把握。② 最后，金字塔式的封建架构垮台后涌现出来的独立主权国家之间关系如何处理，即所谓我们现在所说的国际关系问题，也成了问题。

---

① “封建制”是否适用于中世纪的欧洲和西周时期的中国，是个在学界很有争议的问题。关于前者，参见 Brown 和 Reynolds 的相关著述。（Brown，Elizabeth A. R.（1974），“The Tyranny of a Construct：Feudalism and Historians of Medieval Europe”，*The American Historical Review* 79.4，1063-1088；Reynolds，Susan，*Fiefs and Vassals*. Oxford：Clarendon Press. 1994）关于后者，参见李峰的相关著述。（李峰：《西周的灭亡》，上海古籍出版社 2007 年版；李峰：《西周的政体》，生活·读书·新知三联书店 2010 年版）但是，现在似乎也没有一个更好的，对其理解有共识的术语来描述中世纪欧洲和西周时期中国的制度。并且，如文章中所解释，这里的“封建制”的内涵是：上一级政府或统治者除了其直接管辖的小片地域和生活于其上的有限人口外，将名义上属于它的大量人口与土地分派（分封）给下一级政府或统治者，并给予其以高度自治为基础的代理权，并不干涉后者内部的运作（比如再下一级的官员任命）。这个金字塔的每一层级，领导者与其代理者（在最低一级是领导与其直属的人民）构成联系紧密的熟人共同体，从而一个表面上的大国就被分成了无数熟人共同体的、“小国寡民”的单元。各级领导者有血缘意义上的贵族构成。在这个意义上称中世纪的欧洲和西周时期的中国，恐怕是争议不大的事情。

② 对西方自由主义思想家如何理解多元性与共同体大小的关系，参见周濂的相关论述。（周濂：《政治社会，多元共同体与幸福生活》，浙江大学“第 12 届中国现象学年会”论文，2007 年 11 月；《最可欲的与最相关的——今日语境下如何做政治哲学》，《思想》，台湾联经出版社第 8 辑）我们这里当然不是说韩非子是自由主义者，而是说他与自由主义者对超越共同体之上的社会形态中的道德多元性有着类似认知。

在欧洲，上述问题是其近现代政治思想家所面对的问题，可以说是现代性问题，或至少是现代性问题的一部分。那么，这是不是说明中国的周秦之变也是一种现代化呢？这一论断的前提是“古今之变”的实质是（或部分地是）建筑在贵族血缘继承与宗法契约基础上的、在每一层级上都是高度同质的小国寡民的熟人共同体的封建等级制的瓦解，与异质的广土众民的陌生人社会的出现。现代性的问题就是如何处理转变带来的各种政治、社会问题。如何理解现代性是一个很大的问题，而上面的这种阐释的正当性自然也需要仔细的考察，包括与各种现代性理论的比照。这里我们无法对此进行详细考察，而只能在说明我们的预设是什么之外，回答一些明显的反驳。有人会说，欧洲现代性表现为市场经济、平等、自由、权力合法性等观念。但是，贵族体制不再的一个结果就是土地市场化（自由买卖），这恰恰是春秋战国中发生的事情。至于“平等”与自由，它们本身是复杂的概念（何种意义上的平等、关于什么的自由）。贵族体制瓦解，意味着人不再因为血缘而天生不平等，也意味着人不再是天生就有固定的职业，而有了选择的自由。这种观念也反映在先秦诸子的思想中。先秦儒家大多认为人们在潜能上是平等的，或至少应该是“有教无类”。这与西方启蒙运动以来的大众教育（mass education）思想有呼应。① 韩非子也提出了法律面前（除了人主之外）人人平等的想法。如果我们对他将人主放在法律之上有所不满，我们要知道，在西方宪政之初，君主也常常是不受法律约束的。先秦儒家、法家、墨家都有各自的以机会平等为基础的选贤举能的安排，他们所认可的这种社会与政治的流动性是一种自由的表现。

关于权力合法性的问题，“古代”（欧洲的中古与中国的春秋战国之前），统治者权力也有其合法性基础，只不过它是诉诸某种神意。权力合法性的“现代性”表现在不再诉诸这种神意，或用韦伯的术语，现代经历了去魅（disenchantment）的过程。一个明显的原因是当旧的封建政权坍塌时，旧有的神意当然不能再起作用，因而或者要被重新解释，或者要被彻底放弃。同时，这一变化也可以看作是现代性所包含的多元主义和某种平等主义（所谓“王

---

① 关于儒家与启蒙以来西方教育思想的区别，参见白彤东：“Against Democratic Education”，*Journal of Curriculum Studies*，43：5，pp.615-622。

侯将相宁有种乎”① 的结果。现代西方对政权合法性的探求导向了社会契约与民主政治。在中国，西周时“天命”可能已经被“人化”了，民意化了（所谓“天听自我民听，天视自我民视”《尚书·泰誓》)②，而先秦儒家，尤其是孟子进一步发挥了这种权力合法性来自于满足人民物质与精神需要以赢得民心的想法。③ 当然，像我们提到的，西方的现代化有古希腊和古罗马的资源（比如民主等观念)，而周秦之变中的中国没有。这可能导致了不同的制度设计。

另外，作为西方现代化的一个重要的，看似独特的世俗化（去基督教化)，也许是上述一些根本变化的合力（新的权力基础与权力架构的要求、非压制情形下的不可避免的多元化、民众教育的提高，等等）外加西方中古之独特现实的结果（宗教及其组织是维系欧洲中古封建制的重要纽带)，而并不是现代化的本质特征。④

总之，我们不是否定欧洲的现代化有其特殊性，而是要指出，欧洲的现代化与周秦之变有足够的相似，并且有些我们以为是欧洲现代化的特殊的东西，其实也可以在周秦之变里找到，并且这些特征是更深层的社会政治转变（即本文强调的封建制下的小国寡民向广土众民的大国过渡）的表征，而不是现代化的实质。

面对这些共同问题，先秦思想家与欧洲现代思想家提出的解决，有些相似，有些不同。《老子》与卢梭似乎都认为现代化的前景是不可接受的，因此都号召“回到”某种小国寡民时代。⑤ 其他的思想家似乎都是要向前

---

① 司马迁:《史记》，上海古籍出版社 1981 年版，第 229 页。

② 这里只说“可能”，因为《尚书·泰誓》是否为西周文献存在争议。

③ 需要指出的是，儒家的政权合法性观念虽然强调民意，但是它同时也强调精英作用。它对民意的理解（同时强调人民的物质与伦常需要）也与当代西方民主国家的理解有不同。（白彤东:《旧邦新命：古今中西参照下的古典儒家政治哲学》，北京大学出版社 2009 年版，第 21—94 页）

④ 另外一个常被当作西方现代性的重要而独特的概念是个体概念及个人主义。对此，一方面，中国先秦思想中也有个体的想法，比如《庄子》里的“各”、“自”、“独化”等观念；另一方面，西方现代后期个人主义的滥觞也许与其希腊传统，尤其是与其工业化这一欧洲现代化的独特发展有关系。

⑤ 参见白彤东:“How to Rule without Taking Unnatural Actions（无为而治）: A Comparative Study of the Political Philosophy of the Laozi”, *Philosophy East and West*, Vol. 59, No. 4/ October, 2009, pp.481-502. 中文版参见白彤东:《旧邦新命：古今中西参照下的古典儒家政治哲学》，北京大学出版社 2009 年版，第五章。

看。上面已经提到，儒、法、墨都希望在平等基础上建立其一套选贤举能的办法，用贤能替代贵族来充当统治阶级。他们之间的争论之一，是贤能的标准。西方近现代思想家也不断挑战血缘意义上的贵族制，在其政治中也引进了建立在平等基础上的选贤举能制度（“民主”制度）。但是，现代西方民主制度的选贤举能的成分被很多人遗忘了，导致了平等与自由被一些近现代西方思想家当成独立的、根本的价值，而西方自由民主制度中的贤能政治（meritocracy）或被遮掩起来，或被在理论与实践上否定。这种对选贤举能背离的优劣，值得争议。[①] 关于在陌生人社会寻求内部凝聚的问题，西方的民族国家、马克思的阶级理论，都可以被理解为对这个问题的回答，而儒家则提出了以恻隐之心和夷夏之辨为基础的国家认同理论。儒家的这一理论也成为他们的国家关系理论的基础。儒家的这种国际关系理论又与西方现代以来的主流理论（以民族国家为基础的强权政治和后来的世界主义）不同。这些理论之间相对的优劣还是有争议的。[②]

如果我们的理解是对的，那么，中国先秦经典所蕴含的，不仅有哲学，而且因为其关注的问题乃是现代性问题，乃是政治问题，所以它还是现代政治哲学。[③] 在当代承认中国哲学合法性地位的人（比如新儒家）中间，其主流观点是将中国哲学，尤其是儒家哲学之根本理解为（中古的）心性哲学，因此本文的观点可以说是异端。但是，就周秦之变乃一种现代化这一看似大胆的观点而言，独立于本人的工作，前面提到，旅美政治学者许田波也提出过这个观点。[④] 著名政治学者福山也指出，秦国是“一个早熟的现代中央集权国家，”并且“有如果不是所有，也是很多马克斯·韦伯所定义的根本性

① 对此的批评，参见白彤东：《旧邦新命：古今中西参照下的古典儒家政治哲学》，北京大学出版社 2009 年版，第三章。

② 对这些问题的具体讨论参见白彤东：《仁权高于主权——孟子的正义战争观》，《社会科学》2013 年第 1 期；《现代国家认同与国际关系——儒家的理论及其对民族国家与自由主义范式之优越性》，《知识分子论丛》第 11 辑，待刊；《恻隐之心的现代性本质——从尼采与孟子谈起》，《世界哲学》2014 年第 1 期；徐英瑾：《演化心理学对〈1844 年经济学——哲学手稿〉之“异化”观的“祛魅”》，《学术月刊》，待刊。

③ 当然，这不否认有些先秦思想家可能没有理解到时代巨变的内涵，或是对此不甚关心。

④ See Hui, Victorial Tin-Bor, *War and State Formation in Ancient China and Early Modern Europe*. Cambridge, U.K.: Cambridge University Press, 2005.

的现代特征”①。并且，虽然笔者在这一节里批评了冯友兰先生将中国哲学等同于上古、中古哲学的观点，但是，笔者对周秦之变的理解，也是受了冯友兰先生对这一变局的理解所启发（虽然他没有说这一变化是一种现代化）②。就中国先秦哲学之政治本性来讲，司马谈早在《论六家要旨》中就已指出："夫阴阳、儒、墨、名、法、道德，此务为治者也。"③ 今人如萨孟武，也是说“先秦思想可以说都是政治思想”。其实，哪怕是现在被理解成为以心性为本的宋明理学，据余英时的说法，其政治性也是被今人所掩盖。④ 余英时先生的老师，钱穆先生，也专注于中国思想的政治层面。

那么，为什么中国哲学的政治层面会被认同中国哲学的主流所忽略？笔者认为，其主要原因，乃是中国近百多年来反传统的结果。⑤ 在这种浪潮下，中国思想（尤其是儒家）常被污名为“两千年封建专制的糟粕”。即使号称文化保守的新儒家，虽然可能措辞没有这么极端，但是其实也分享这种否定中国传统政治的想法。出于这种否定，新儒家将儒家讲成一套心性哲学，不但夸大了宋明理学的心性向度的核心性，更是对先秦与两汉儒学的政治性视而不见。⑥ 这里要澄清的是，我不是说新儒家的儒学没有政治向度，而是说他们的政治向度是心性 / 伦理向度的副产品，是在后的；而我所强调

---

① Fukuyama, Francis, *The Origins of Political Order: From Prehuman Times to the French Revolution*. New York: Farrar, Straus, and Giroux, 2011, pp.125-126. 但是他认为周秦之变只在中国带来了政治的，而不是经济的和社会的现代化。这一点我当然不同意，但无法在这里展开。

② 冯友兰：《中国哲学简史》，涂又光译，北京大学出版社 1985 年版，第 184—186、195—196 页。

③ 《淮南子·氾论训》中有类似的说法。（“百家殊业，而皆务于治”）（高诱注：《淮南子》，上海书店出版社 1986 年版，第 213 页）

④ 参见余英时：《朱熹的历史世界》，生活·读书·新知三联书店 2004 年版。

⑤ 中国思想的政治哲学维度被忽视可能还有其他原因。比如，郑家栋指出：“形上学、本体论是现代‘中国哲学’的重心所在，这既与回应黑格尔对于‘中国哲学’的批评有关，也与思考康德批判哲学所提出的问题有关。”（郑家栋：《“中国哲学史”写作与中国思想传统的现代困境》，《中国人民大学学报》2004 年第 3 期）

⑥ 比如，刘述先就多次指出，儒家分精神性的（即新儒家的心性哲学）、政治化的（意指给专制做走狗的）、世俗的。（刘述先：《儒家思想开拓的尝试》，中国社会科学出版社 2001 年版，第 16 页；《论儒家哲学的三大时代》，贵州人民出版社 2009 年版，第 3、50 页）哪怕是所谓后新儒家林安梧，对传统政治亦持同样的贬斥态度。（参见林安梧：《道的错置——中国政治思想的根本困结》，台湾学生书局 2003 年版）

先秦儒学首先是政治哲学，心性层面只是政治哲学的副产品。①

回到“封建专制的糟粕”这个判断，我们撇开“糟粕”这个情绪性字眼不谈，首先，按我们这里的解释，“封建”指的是西周的制度，这个意义下的封建制恰恰是允许地方（诸侯）自治，因此“封建专制”是个自相矛盾的词汇。其次，中国秦以降的两千年的历史的主线并非封建，而是郡县制。最后，这两千年的制度虽有专制的一面，但是用“专制”描述它有失片面。②是什么原因会导致如此错误的想法呢？笔者认为，这种说法，乃是“胡说”，即用胡人的视角看中国产生的说法。中国近代受辱于西方，中国学人之主流就因此认为，中国一定落后于西方。西方进入了现代，那我们自然就处于前现代。西方走向自由与民主，那我们自然就是专制社会。西方在现代之前是封建制度，那我们两千年有的自然是封建制度。后来号称是马克思主义的五阶段论也再次强化了这种对中国历史的曲解。但是，如果我们这里的理解正确，反而是中国率先进入现代社会。因此，中国思想在欧洲启蒙乃至近代影响了一些西方思想家这一事实，就可能不是偶然的，或仅仅是欧洲思想家曲笔来批评本国统治者能充分解释的了。③

这种对中国历史与传统政治的理解对世界历史与思想史之影响的另一个例子，是对日本历史的理解。我们经常把明治维新之前的日本与传统中国类比。实际上，中国传统是封建专制这一说法，更直接地是受到这种类比的影响。的确，日本明治维新之前的制度确实是封建的，它更像西周的封建制，其政治现状更像周王室大权旁落的春秋时代，而不是秦以降的传统中国的制度与现状。明治维新相当于周王室统一列国，进入现代社会。④但在上

① 这一区别，会导致对儒家哲学的不同解释。作为一个例子，参见白彤东在《恻隐之心的现代性本质——从尼采与孟子谈起》（《世界哲学》2014 年第 1 期）中从政治哲学在先的角度，对孟子之恻隐之心的解释。

② 参见钱穆：《中国历代政治得失》，生活·读书·新知三联书店 2005 年版。

③ Hobson 的研究是最近关于这个问题的一个有趣工作。谢文郁在他最近的一篇文章中也指出了中国思想对康德的可能影响。（Hobson，John M.，*The Eastern Origins of Western Civilization*. Cambridge University Press，2004）

④ 韩东育在其专著中指出，日本并非如很多人所认为的是儒家资本主义的代表。在其现代化之前，有一个对中国先秦思想的反思，并有一个脱儒入法的过程。当然，日本现代化与周秦之变所不同的，是它引进了西方现代化中独特的工业化因素。（参见韩东育：《日本近世新法家研究》，中华书局 2003 年版）

述那种错误类比之上，日本和中国的一些学人的结论是，中国本来与日本同是封建，但中国在现代化上落后于日本，因此20世纪上半叶的中国仍然处于前现代的封建社会。①

总之，本文的中国早期现代性的观点，不只是出于一种文化自尊（或因自卑而产生的自尊），而是给出了论证。我们已经看到，这一观点会对我们哲学史、思想史，乃至历史的研究产生巨大影响。并且，中国很早就进入了现代社会，但是其传统政治又不同于现代西方政治，这意味着可以有不同的处理现代性的方式，而中国秦以降的两千年政治可以为我们反思多种现代性与现代政治提供很好的资源。当然，像我不断强调的，周秦之变乃一种早期现代化这一观点并不否定欧洲的现代化有其特殊之处。比如，像已经提到的，欧洲现代化后期的工业化是其独特之处，这使得封建贵族政体垮台后所导致的流动性极大地深化。虽然中国传统社会中有流动性，但是工业化使得社会最下层的人民也更加彻底地流动起来。这一变化有着深刻的社会与政治的意义。我们可以说，有了工业革命的现代化乃是现代化的2.0版本。②中国传统政治里很多社会政治组织（比如宗庙）需要进一步调适才可能适应工业化、全球化后的世界。这些是我们要向西方学习的，也是政治哲学家所要反思的。这种学习与改进的前提，也是要建立在我们对中国传统政治及其哲学的真正缺陷的理解之上的，而不是中国近一百五十年来有病乱投医的做法（它不但没修正好中国的缺陷，还把中国传统中好的东西给杀死了）。也就是说，中国一些传统做法无法适应工业化社会要求，自然要抛弃（如果我们不拒绝工业化的话），一些需要调整，但还有一些不受工业化影响。那么，后两者所提供的，如果仍然与西方主流政治理论与实践不同，这就意味着对工业化后的现代社会，依然有着不同的应对方式，而我们要分清不同方式的优劣。也就是说，在探索现代世界更好的政治治理方式这个问题上，历史没有终结。用先秦诸子来类比，现在的世界，是个放大版的新诸子时代。

（作者单位：复旦大学哲学学院）

① 这也成了对20世纪中国革命之血腥的辩护的一个重要来源：这些血腥是破除封建、走向现代化的代价，“一白遮百丑。”

② 白彤东对此有更详细的讨论。（参见白彤东：《恻隐之心的现代性本质——从尼采与孟子谈起》，《世界哲学》2014年第1期）

重写儒学史与古代史意识形态

任剑涛

一部儒学史，实际上一直处在不断地重写的状态。从古代思想史的角度看，儒学以经学的方式、道统的追溯，不断改写着。从现代思想史的角度看，不同时期，不同立场、观点和方法书写的儒学史，就更是呈现出花样翻新的重写情景。从今天的角度看，重写儒学史，究竟是要达到什么目的，是还原儒学的独尊地位、编排新的道统？还是以崇尚儒家基本价值的心态恭敬地书写儒学历史？抑或是以观念史、知识史的书写方式，给人们提供一部儒家思想叙述演进的历史？如果说现今以前的儒学史重写本身已经成为历史的话，那么当下重写儒学史的不同路向，都得面对重写儒学史的前置论题，那就是如何免除现当代妨碍人们理性重写儒学史的古代史意识形态诸先定条件主导，真正以儒学的历史面目来书写儒学史。

一、重写儒学史的意识形态魅影

儒学史的书写，是近代以来中国重建国家哲学、建构现代学术体系的落墨重点所在。这当然与儒学在中国古代史上的重要地位有着密切的关系。在古代历史上，儒学一直扮演着双重角色：就其提供古典国家的统治哲学而言，自汉代以降，一直是中国历朝历代崇奉的国家基本理念和制度精神；就其解释经典、辨章学术、考镜源流而言，自汉代以来，一直是中国各个朝代思想学术的主流形态。因此，在中国迈向现代的转型关头，如何处置儒学遗产，便成为天经地义、最为重要的思想学术论题。① 在传统与现代转换之际，站在不同立场、具有相异偏好、选择不同视角的人，都绕不过儒学这道门槛，因此都不得不在相关思考中处理儒学史这一论题。这正是中国现代思想学术史中重写儒学史的一种基本态势。

儒学史的现代书写，具有强烈的意识形态色彩。从书写模式，而不考虑具体内容的视角看，这一断定，可以从两个视角得到说明：一是古典式的儒学，总是与国家权力紧密勾连在一起。因此，在现代处境中，不管论者是不是将儒学与政治变迁关联起来思考，只要是论及传统儒学，就不得不处理古典儒学与国家权力之间的关系。这便是一种论述作为古典意识形态的儒学的必然进路。二是处理儒学与现代中国建构关系时，究竟是将儒学放在原有的古典意识形态位置上重建，还是将儒学放置到一般思想流派的地位上对待，也有一个坚持还是放弃儒学的现代意识形态定位的决断。于是，几乎可以断定，在现代处境中书写儒学史，是绝对回避不了意识形态论题的。对儒学史进行重写的意识形态问题，主要有二：一是放弃还是坚持意识形态化的儒学史视角，二是在什么意义上重启儒学的现代运程。这两个问题换算为近代中国思想学术界聚讼不下的争论命题，就是如何处理儒学传统与现代转型的关系问题，如何处置儒学的思想学术传统与国家权力之间的关系问题。就前者而言，需要辨识的核心问题是，传统是否具有相沿以下、顽强绵延的通贯能力，抑或是传统已然中断，另外开启了一个自有精神脉络的现代？就后者而论，需要清理的基本问题是，坚持儒学的意识形态地位，是不是一定要将儒学重新安顿在与国家权力直接勾连的位置上，抑或是将儒学与国家权力完全隔绝，促使它成为多元价值世界的一个组成部分？人们习惯于将前者视为一个学术史的问题，将后者才当作意识形态的问题。其实，一种断然中止传统的古典儒学意识形态，实则是为了开启中国人输入的现代意识形态的统治局面，并非一种拒斥意识形态的决绝态度。这样的进路，也是一种意识形态姿态。就此可以说，近代以来重写儒学史的尝试，有着纠缠不清的意识形

① 前者在“经学与建国”的主题下得到充分展开。参见干春松等编：《经学与建国》所收之“专题：经学与建国”诸文，中国人民大学出版社 2013 年版。后者在“国学”的名义下得到扩展性表达，参见刘东等主编：《审问与明辨：晚清民国的“国学”论争》（上下册）相关文章，北京大学出版社 2012 年版。

态难题。

围绕上述两个论题，晚清以来重写儒学史的意识形态进路，可以区分为三种：一是坚持古典意识形态的固有进路，毫不妥协地将儒学作为国家统治哲学对待。这是晚清极端保守派努力为之的事情。但由于时易世变，这一进路获得的认同程度之低、受到的排斥程度之强，使其迅速退出思想竞争的场域。二是以国人引介的现代西方意识形态取儒学而代之。在初期，这样的取代方案甚多，但最后力拔头筹的是马克思主义意识形态。这正是本文要着重讨论的、决定性地影响了重写儒学史的古代史意识形态建构起来的标志。三是在现代背景下重建儒学的意识形态。这样的重建，有观念形态的尝试，如现代新儒学；也有权力形态的，如蒋介石在《中国之命运》中用来抵抗苏俄和西方的儒学观念。但总的说来，这两者也都归于失败：前者的尝试，从来未曾打通一条儒学重领思想世界风骚的道路；而后者的意欲，随着政治竞争的失败，而归于寂灭。但这些在经验层面归于失败的尝试，并不改变意识形态塑造儒学史书写的总体局面。在三种影响儒学史重写的进路中，意识形态的书写模式，唯一对儒学史的实际书写造成长期且巨大的影响。这当然与这一书写模式获得了国家权力的长期支持，具有密切关系，而且也与它直接与国家权力内在地共存紧密联系在一起。这中间，存在两个需要具体分析的结构面：一是古代史意识形态对儒学史重写的一般规制，二是形成了意识形态化的书写儒学史的基本氛围。前者使重写儒学史逃不出古代史意识形态的制约，后者让儒学史重写成为花样翻新的意识形态撰制。

仅就后者来看，重写儒学史之成为花样翻新的意识形态撰制，体现为几乎所有的重写儒学史努力，都与古代史意识形态有着若即若离的关联。但总体上儒学史的书写，都是这一意识形态约束的、路径依赖下的产物。众所周知，儒学史的现代书写，既存在于一般的中国思想史、中国哲学史书写中，也存在于儒学史的专题书写中。受制于成型的古代史意识形态化书写的儒学史，大致展现为三种模式：一是强化的意识形态书写方式，这样的书写方式，直接与马克思主义社会形态史观传入中国并占据统治地位的政治变迁有关。但更与中国的政治斗争状态紧密相连。登峰造极的状态，呈现在“批林批孔”、“评法批儒”的儒学史书写作品中。这是古代史意识形态制约下重写儒学史最典型的模式。最具政治代表性的作品是“批林批孔”、“评法批儒”的论著。学术上的强化版本是郭沫若、范文澜、翦伯赞等人关于中国古代史的著作。① 较好的学术书写成果，是侯外庐主编的《中国思想通史》。② 不过前者是重写儒学史的历史学理论供给者，后者是从思想史视角为重写儒学史预制方案。二是具有知识取向，但受意识形态制约的书写方式。这是古代史意识形态相对弱化情况下的儒学史书写模式。这样的书写模式，大致围绕唯物主义与唯心主义、辩证法与形而上学的僵化演进线索来书写儒学史。代表作当推任继愈主编的《中国哲学史》(四卷本)③、萧萐父和李锦全主编的《中国哲学史》(两卷本)④。三是弱版本的意识形态化书写成果，这一模式着意将意识形态处理为知识结构、思想方法，从而以之为书写儒学史的基本进路。冯契的《中国古代哲学的逻辑发展》⑤ 堪为代表。在本文论题范围内需要着重关注的，自然是第一个进路。后两者在知识上可重视的必要性，超过第一个进路。但三种进路具有同心圆特征，且后两者是前者衰变的产物。这无疑给了笔者重点关注第一个进路以支持理由。

改革开放以后，意识形态的书写方式与一种知识性的取向相结合的特征逐渐凸显，并开始出现意识形态色彩蜕化，知识取向显豁的儒学史书写模式。受到港台与海外新儒家影响的李泽厚，算是在这条道路上走得最远的作家。他的历史唯物主义书写进路，为儒学史的重写开辟了一条新路。这也是李泽厚认为自己的儒学史书写不同于港台海外新儒家的地方。这样的努力，体现在他撰写的《中国古代思想史论》⑥ 一书中。庞朴以辩证法为方法指引，也为儒学史的重写提供了另一条颇具特色的路径。他撰写的《儒家辩证法研究》⑦，简明扼要地表达了这样的书写宗旨。尽管两人在此后的著述中，基本坚持了这样的写作风格。但这样的风格在非意识形态化的儒学史重写风潮

① 郭沫若撰著的《中国古代社会研究》、范文澜主编的《中国通史》、翦伯赞主编的《中国史纲要》，是落定中国古代史意识形态的标志性著作。

② 参见侯外庐等:《中国思想通史》第一卷，人民出版社 2011 年版。该书第一章明确表述了一种古代史意识形态引导下的中国思想史观，但已经较为审慎地使用亚细亚生产方式这样的概念。

③ 任继愈主编:《中国哲学史》(四卷本)，人民出版社 1979 年版。

④ 萧萐父、李锦全主编:《中国哲学史》，人民出版社 1982—1983 年版。

⑤ 冯契:《中国古代哲学的逻辑发展》，上海人民出版社 1995 年版。

⑥ 李泽厚:《中国古代思想史论》，人民出版社 1986 年版。

⑦ 庞朴:《儒家辩证法研究》，中华书局 1984 年版。

中，已经不再构成写作典范。抑或说这样的重写儒学史尝试，催生了超越它的另一种儒学史撰著风格，那就是试图重建儒家的现代意识形态权威性的写作进路。这样的写作进路，以蒋庆重建儒家的“政治儒学”论说为代表，近期已然成为大陆新儒家重写儒学史的基本模式。

当下所谓重写儒学史，严格说来，是对现代中国重写儒学史的再次重写。这样的重写，当然与现代中国受特定形式意识形态的严重影响，所写出的儒学史扭曲了儒学历史变迁情形，具有密切关系。当然也与儒学史的书写，一直处在不同意识形态的争执状态有关。更与儒学史超出历史书写范围，直接切近中国当代精神生活与政治实践需要的现实理由，并用以解释中国近代以来何以落后的文化决定论理路，紧密联系在一起。重写儒学史，就此可以说既是一种儒学史书写的基本处境，也是不断趋近儒学史真实的努力。这是一种儒学史书写的动态定势的写照：所谓重写儒学史，已经不是单纯的学术史努力了，而是直接关联当下“中国向何处去”的大问题之思想史表述了。重写儒学史，实际上一直负载着远远超出儒学历史书写的沉重使命。这是近代以来重写儒学史一直摆脱不掉的意识形态魅影。

重写儒学史的意识形态魅影，十分诱人。原因很简单。因为这样能够呈现出现代形态的诸种儒学史写作的简单明了特质，人们完全可以在直截了当的意识形态化儒学史那里，得到中国近代以来落后于世界步伐的明快解释。并且在一种线性的历史发展观的引导下，找到中国走出落后的光明大道。这无疑给处在“落后就要挨打”地位的中国人一种找到了出路的强烈快感。一种既说明过去，又指引当下，更指点未来的意识形态，人们岂有理由加以拒斥？

二、古代史意识形态及其影响力

儒学史重写中的意识形态魅影，形象、身影各不相同。就本文关注的主题来讲，简单归纳起来，儒学史书写中的古代史意识形态，是一种以社会形态史观奠基的、确定不移地将儒学当作与中国古代封建社会伴随始终的、历史化了的，因此也就是完全过时的古典意识形态。儒学主要作为封建中国地主阶级的意识形态，就此成为必须被先进阶级的意识形态所取代的陈旧观念，只能作为历史遗产，成为批判对象，当作超越参照。

这样的儒学史书写方式，长期成为儒学史书写的固定模式。尽管中间存在强弱不同的表达进路，但总的说来以对儒学的封建主义意识形态定位为核心，展示出一种建立在固定版本的马克思主义视角的批判继承、必然超越的基本倾向。形成这样的儒学史书写模式，有一个历史演进过程：从中国现代思想兴起的角度看，由于现代思想的兴起大致处于一个与传统对峙的状态，因此，颠覆儒学的价值导向与知识重建意图，潜蛰在中国现代思想的萌生与发展进程中。这样的思想倾向在缺乏国家权力直接介入的情况下，在不断的思想交锋中，为自己积累了相当厚实的思想资源。当这样的思想倾向获得国家权力方面的支持时，需要转换视角，从"占居统治地位的思想是统治阶级的思想"这一特定角度看，1949 年之后，由于否定儒学成为确立新兴的政党国家意识形态权威的前置条件①，国家权力直接介入了儒学史的重写事务，"批林批孔"以及"评法批儒"等运动，就是国家权力与儒学史重写直接挂钩的标志性事件。这类事件表明，曾经处在现代与传统对峙状态的儒学史重写，被转换为由国家权力直接主导的政治事件。这是儒学史的意识形态化书写达到登峰造极的状态。盛极而衰，此后儒学史的书写逐渐转向，随着改革开放形成的相对宽松氛围，儒学史书写才得以走出僵化的意识形态书写定势。

这是一个值得考察的思想史事件。之所以说它值得考察，不仅是因为这样的书写定势全然改变了儒学史的面目，而且也是因为这样的书写模式让国家权力直接塑造了儒学史书写进路，更是因为这样的书写方式促成了书写者的政治立场先行的思维定式。即使把这一事件放到现代世界思想史的范围来看，也是一个极为特殊的思想史事件，值得人们特别重视。

考察这一思想史事件，可以从观念兴起和政治与书写互动的两个角度着手。从前者看，重写儒学史所承受的古代史意识形态压力之形成，来源于 20 世纪上半叶中国思想界的数次重要论战，以及 20 世纪下半叶占居政党国家意识形态地位的统治思想所促成的思想氛围。前半段，是一个为国家权力支持某种意识形态进行的观念预演；后半段，则是国家权力与自身恰相吻合

---

① 参见任剑涛：《经典、经典的替代及其条件》，《江苏社会科学》2003 年第 1 期。

的意识形态联手作用于儒学史重写的写照。

对此，可以加以分别考察。就前半段来看，20世纪上半叶中国的思想界，接引西方的激进思潮甚为殷勤，中国传统思想的自主陈述几乎溃不成军。尤其是从政治权势演变与学术研究相关性角度审视，所有重要的思想争论，都有政治权势之争的影子。① 在复杂交错的思想争论中，民主与科学成为思想界的主调。但在与政治勾连的角度看，当时政治舞台上的两股重要力量，中国国民党与中国共产党，有着鲜明不同的思想主张：占居统治地位的中国国民党，在政党国家的思想主调上，并未承诺民主与科学的价值基调。相反，蒋介石刊布的《中国之命运》，既反对苏俄式的现代激进主义，也反对西方资本主义的主流意识形态。伸张一种明显政治化了的儒家价值立场。在中国共产党一方，毛泽东对现代中国的文化进行了判然有别的二分：与"旧民主主义文化"完全异趣的"新民主主义文化"，应当是中国现代文化的主调。② 而新民主主义文化除开浮面上的民主与科学之外，深层坐实的其实是中国共产党的指导思想，也就是马克思主义。毛泽东一方面对当时流行的所有意识形态流派进行了全面的反驳，将当时的主流文化进行了类型区分，确定当时中国存在帝国主义文化、半封建主义文化和新民主主义文化。就三类文化的具体承载者而言，帝国主义文化包涵帝国主义国家在中国办理的文化，以及买办和洋奴文化。半封建文化包括尊孔读经、旧礼教旧思想以及反对新文化新思想的人士。他们结成了"文化上的反对同盟"，以反对新文化。而代表中国未来的新文化，则是"由无产阶级领导的人民大众的反帝反封建的文化"，也就是"共产主义思想"凸显的文化形态。这就将民国如火如荼展开的文化争论，放置到了一个不可移易的意识形态平台上，随着中国共产

① 有论者对民国思想争论的状态进行过概观，指出："由于思想家群体和思想流派众多，思想文化论争也因而此伏彼起，如民国初年的孔教之争，五四时期的东西文化之争，白话与文言之争，科学与玄学之争，'工化'与'农化'之争，问题与主义之争，新旧文学之争，无政府主义之争，社会主义之争，二十年代末三十年代初的中国社会性质论战，中国社会史论战，唯物辩证法论战，民主与独裁之争，'以农立国'与'以工立国'之争，'中国本位'与'全盘西化'之争，'社会主义'与'资本主义'之争，以及抗战时期的'中国化'的争论，唯心与唯物的争论，如此等等。"（郑大华：《论民国思想史的几个特点》，《天津社会科学》2006年第3期）这些论争，非本文关注重点，因此存而不论。

② 参见《毛泽东选集》第二卷，人民出版社1990年版，第694—698页。

党取得全国政权，像蒋介石那种试图同时拒斥苏俄与西方，发扬光大儒家传统的文化主张，自然是作为反动文化的主张被扫进历史垃圾堆，而无产阶级领导的新文化天经地义地成为绝对主导的文化形式。

循此可知，毛泽东所确立起来的新文化的意识形态基调，将绝对主宰中国的文化演变：既主导观念形态的文化争论，也主导文化观念背后的政治判断。政治塑造文化的定势，就此凸显。在意识形态呈现为国家权力与思想观念的绝对影响力的定势中，人们试图理解中国历史，包括理解中国儒学史，就必须首先理解旨在重新塑造中国历史的新型意识形态。仅就对中国现代历史具有深刻、广泛而持续影响的新型意识形态来看，马克思主义的社会形态演变规律的理论，不能不居于重中之重的地位。简单缕述马克思主义的社会形态理论，就此变得重要起来。马克思主义强调，人类历史是围绕生产力与生产关系、经济基础与上层建筑的矛盾而波浪式前进、螺旋式上升的过程。这一过程体现为从原始社会、奴隶社会到封建社会、资本主义社会、社会主义社会，最后落定在共产主义社会的最高社会形态上。这五种社会基本形态的关系，是一种不可逆的递进关系。

> 历史上依次更替的一切社会制度都只是人类社会由低级到高级的无穷发展进程中的一些暂时阶段。每一个阶段都是必然的，因此，对它所由发生的时代和条件说来，都有它存在的理由；但是对它自己内部逐渐发展起来的新的、更高的条件来说，它就变成过时的和没有存在的理由了，它不得不让位于更高的阶段，而这个更高的阶段也同样是要走向衰落和灭亡的。①

依据这种历史辩证法观念，马克思主义强调，具有活跃性质的生产力与经济基础，总是要催生生产关系和上层建筑的变化。这种变化的直接动力，来自于代表先进生产力，却总是处在受剥削、受压迫地位的那些阶级。在奴隶社会，就是奴隶阶级，正是他们反抗奴隶主阶级的斗争，促使社会发

---

① 黎澍主编:《马克思、恩格斯、列宁、斯大林论历史科学》，人民出版社 1980 年版，第 209 页。

展到更高层次的封建社会；在封建社会，便是农民阶级，由于他们反抗封建地主阶级的斗争，推动社会发展到更高层次的资本主义社会。在资本主义社会，集中了此前一切被剥削、被压迫阶级美德于一身的无产阶级，以其对资产阶级的反抗，有力地推动人类社会向社会主义—共产主义社会飞速发展。在这样的历史哲学定论中，形成于中国“奴隶社会”晚期与成熟于“封建社会”的儒家思想，自然就被归于一种落后的封建意识形态。那也就必然是一种将被新兴的、先进的意识形态所替代的陈旧思想体系。

马克思主义关于社会形态演进规律的理论，被机械挪用到中国历史的总体解释之中。随着马克思主义成为政党国家的主流意识形态，这样的历史解释，也就成为国家权力全力支持和维护的历史基本理论，变成了解释中国古代历史思想与实践的唯一理论指南。简而言之，由此形成的中国古代史意识形态的基本轮廓，可以为人们所勾勒：一方面，由于设定了中国古代整个历史就是奴隶社会、封建社会的历史，因此，它被先进的资本主义社会以及比资本主义更为先进的社会主义—共产主义社会所取代，就是一种历史的必然。就此刚性地确定了它落后以及被取代的历史地位。另一方面，受制于整个中国古代社会的所有意识形式，不管是哲学、政治、经济、社会，通通都被安顿在落后，且反映了奴隶主阶级与封建地主阶级统治需要的观念平台上。因此，这些观念接受批判，也就是理所应当的事情。再一方面，由于中国古代社会的一切思想学说，都是与奴隶主国家或封建地主阶级的国家权力直接勾连在一起的，因此，必须在新兴的无产阶级国家权力打碎旧的国家机器的同时，以新兴的无产阶级意识形态对陈旧的古代思想学术全面取而代之。

古代史意识形态广泛影响甚至是制约了截至改革开放以前的、整个中国大陆的中国人文科学史研究。历史学书写中凸显的“五朵金花”（中国古代史分期问题、中国封建土地所有制形式问题、中国封建社会农民战争问题、中国资本主义萌芽问题、汉民族形成问题）、中国哲学史书写中的两个对子（唯物主义与唯心主义、辩证法与形而上学）史、文学史中的封建旧文学定位，无一不是古代史意识形态直接或间接制约下的产物。古代史意识形态，不仅成为一切书写中国通史和专门史的指导思想，也逐渐成为相关研究人士的思维方法，更成为人们撰写相关历史的基本模式。对此，只需要指出改革开放前几乎所有相关作品的千人一面特征，也就可以知晓古代史意识形态对学术界所具有的强大统御力量。

就后者论，重写儒学史过程中政治与学术的特殊互动状态，直接塑造了儒学史重写的基本面目。在1949年以后的一段时间内，重写儒学史过程中存在的政治与学术的互动，一直使政治处在强势的引导地位，而学术处在被动的跟随状态。两者之间的互动关系，基本上是一种政治塑造学术，也就是按照政治形势的需要撰写儒学史的状态。出版于20世纪五六十年代的侯外庐的《中国思想通史》，以及任继愈主编的《中国哲学史》对儒家思想的书写，尽管有一种附会马克思主义意识形态的特点，但总的说来，还在学术重写的范围内展开其书写工作。到了“文化大革命”阶段，“批林批孔”与“评法批儒”运动中，对儒学史的书写，就完全是按照政治权力斗争的需要，在书写相关历史了。“批林批孔”的简单勾连，完全是国家权力支持的意识形态粗暴地服务于权力斗争需要的产物。这已经是毋庸多言的事情。“评法批儒”中以儒家代表保守的、奴隶主阶级和封建地主阶级利益，以法家代表新生的、开明的地主阶级利益的分类，实在是服务于“文化大革命”后期政治斗争需要的草率定位了。① 以所谓两条路线斗争贯穿儒法思想史的书写方式，完全将古代史意识形态用于裁剪中国古代思想史。但这种书写方式成为当时流行的方式，就可以看出古代史意识形态直接与政党、国家权力勾连起来时的畸形状态。

三、古代史意识形态的困境

古代史意识形态的形成，有它的历史与现实机缘。而古代史意识形态对儒学史重写所产生的广泛、深刻且持续的影响，也是相应的机缘在中国人文学术领域的体现。这仍然是需要从两个不同视角加以审视的问题。

古代史意识形态得以形成的历史机缘，自然是与中国古代社会历史结构的特殊性联系在一起的。关于中国社会形态的定位，曾经在民国学术界出

---

① 参见《人民日报》资料室编辑:《论述法家和儒法斗争部分文章汇编》(无具体出版时间，据所收文章发表时间推测，大致印制于1975年) 所收的文章，可以较为充分了解这种书写模式的特点。

现过广泛的争论。但最后还是马克思主义的主张彻底胜出。但即使在马克思主义的主张中，也不是没有分歧的。这与马克思主义的经典作家对中国古代社会的模糊定位具有密切关系。在五种社会形态理论被斯大林极其明确地敲定下来以前，马克思等对中国这类东方社会的社会形态表述，使用了较为含混的“亚细亚社会生产方式”的表述。这一表述，留给人们定位亚洲社会，尤其是东亚社会的社会形态以较大的余地。假如以马克思等将亚细亚生产方式与希腊罗马等“古代的”社会生产方式相其并论来看，似乎暗示人们，亚细亚生产方式是与希腊、罗马生产方式在类型上具有独立意义的社会形态。马克思指出：

> 大体说来，亚细亚的、古代的、封建的和现代资产阶级的生产方式可以看做是社会经济形态演进的几个时代。①

很显然，在这里，马克思主义并没有给出欧洲封建社会以前东西方社会形态的明确定性。只是到后来斯大林在对历史上出现过的生产方式进行简单归纳的时候，才将古代的生产方式明确为奴隶制的生产方式。

> 历史上，有五种基本类型的生产关系：原始公社制的、奴隶占有制的、封建制的、资本主义的、社会主义的。②

尽管这一归纳成为中国学术界基于政治理由全盘接受的定论，但中间实际上还容有解释余地。论者完全可以直接采用马克思本人的表述，以亚细亚生产方式来定位中国古代社会的社会性质。不过，在斯大林的社会形态刚性划分确定下来以后，中国学术界大致接受了以奴隶社会、封建社会定位整个中国古代社会的主流看法。尤其是毛泽东将中国革命时期的社会性质确定为“半封建半殖民地”社会以后，关于中国古代社会性质的争论，似乎尘埃

---

① 中国社会科学院历史研究所编：《马克思、恩格斯、列宁、斯大林论资本主义以前诸社会形态》，文物出版社1979年版，第19—20页。

② 中国社会科学院历史研究所编：《马克思、恩格斯、列宁、斯大林论资本主义以前诸社会形态》，文物出版社1979年版，第21页。

落定。自此以后，中国古代社会属于奴隶社会与封建社会的定论，经由马克思主义历史学家郭沫若、范文澜与翦伯赞等的努力，成为几乎不可撼动的权威定论。

马克思本人对中国社会形态的论述，尽管是外国人的天才猜测，但与中国古代历史确实具有某种特殊性的事实是相近的。正像马克思本人确信的，相比于希腊、罗马式的西方古代社会，中国古代社会不论是在土地制度、城乡关系、社会早熟、社会维新、劳动关系等方面，均与西方古代社会迥异其趣。① 正是由于中国古代社会特性的含混性，给了论述者们接受或拒斥某种特定的意识形态论说以不同理由。这是中国古代史意识形态得以生成的历史根据。不过需要强调的是，古代史意识形态后来具有支配中国人文学科史撰写的巨大能量，不是来自于中国历史的理论分析之经验事实的含混，而是来自于古代史意识形态与国家权力的直接勾连，这是它具有强大的政治影响力最为重要的动力所在：中国古代史意识形态与中国的新民主主义—社会主义革命紧密联系在一起，因此具有强大的政治力量支持这样的论说。分析起来，中国国民党领导中国革命时期，缺乏强有力的现代革命理论支持。先期孙中山的革命论说太过浪漫主义，完全无法支撑革命的理论需要。这是他从旧三民主义"发展"出新三民主义的直接原因。后来勉强出台的蒋介石《中国之命运》的革命论说，自以为同时拒斥苏俄与西方，凸显了中国革命的特殊性。实际上这造成蒋介石相关论说与中国革命现代性的疏离。中国共产党确实在这一方面技高一筹，建立起了具有强大政治动员能量的革命论说。而这样的革命论说，恰恰就坐实在中国的古代史意识形态上面。中共六大便确立起来的中国革命任务，就呈现出古代史意识形态与中国革命的内在勾连关系。

> 中国革命现时的骨干，它的基础及中心任务是：一、驱逐帝国主义者，达到中国底真正统一。二、彻底的平民式的推翻地主阶级私有土地制度，实行土地革命，中国底农民（小私有者）要将土地制度之中

① 参见侯外庐等:《中国思想通史》第一卷，第一章"中国古代社会和古代史想"，人民出版社 2011 年版，第 3—15 页。关于相关问题的具体讨论，不属于本文关注的范围，因此不详细引证。

的一切半封建束缚完全摧毁。①

这就是众所周知的、致力挣脱半封建半殖民地状态的中国新民主主义革命的目标。这一革命目标的确立，一与中国受西方列强的侵略相联系，二与中国社会的封建性质相关联。这是古代史意识形态，其实也就是马克思主义的社会形态论勾连在一起的中国革命理论。正是在这一革命目标的指引下，中国共产党取得了中国革命的领导权与最后胜利。因此，取得国家权力的执政党，便将这样的革命理论运用于解释整个中国历史的演进，明显固化了古代史意识形态对人文学术领域的支配权力。

古代史意识形态的关键，不在确立五种社会形态而将中国古代社会固化为落后的奴隶社会与封建社会，而在这样的社会已经处在被先进的资本主义社会和社会主义社会势不可挡地替代状态的断言。恰如列宁所指出的：

你们应当时刻注意到社会从奴隶制的原始形式过渡到农奴制、最后又过渡到资本主义这一基本事实，因为只有记住这一基本事实，只有把一切政治学说纳入这个基本范围，才能正确评价这些学说，认清它们的实质，因为人类史上的每一个大的时期（奴隶占有制时期、农奴制时期和资本主义时期）都长达几千年或几百年，包含许许多多的政治形式，各种各样的政治学说、政治见解和政治革命，要认清这一切异常繁杂的情形，特别是与资产阶级的学者和政治家的政治、哲学等等学说联系着的情形，就必须牢牢把握住社会阶级划分的事实，阶级统治形式改变的事实，把它作为基本的指导线索，并用这个观点去分析一切社会问题，即经济、政治、精神和宗教等等问题。②

这一段话凸显了古代史意识形态的特质：一方面，它确定无疑地相信社

① 高军编：《中国社会性质问题论战（资料选辑）》上册，人民出版社 1984 年版，第 1 页。在这里，之所以没有引用后来毛泽东对中国革命性质的、更为流行的分析结论，是因为中共六大的表述，直接与当时中国社会性质的论战相关，它对中国古代史意识形态的塑造发挥了直接的推动作用。

② 中国社会科学院历史研究所编：《马克思、恩格斯、列宁、斯大林论资本主义以前诸社会形态》，文物出版社 1979 年版，第 21 页。

会的线性进化论，无论人类在古代历史上有什么伟大的思想创造和物质文化、制度文化建树，它都不过是已然落后的、势将被取代的一个阶段而已。另一方面，凡是被取代的特定历史阶段的任何思想学说，都不过是相应时代的统治阶级的辩护词，必须化繁为简，将之作为已然退出历史舞台的阶级遗留物对待。再一方面，兴起中的、最先进的无产阶级，理所当然地成为承载了远比历史上曾经发挥过积极作用的阶级文化更值得期许的无私文化。因此，以最高位的文化优势审视历史上的低位文化，也就成为天经地义的事情。

> 马克思的学说所以万能，就是因为它正确。它十分完备而严整，它给予人们一个决不同任何迷信、任何反动势力、任何为资产阶级压迫所作的辩护相妥协的完整世界观。①

这就为古代史意识形态确立起了绝对不可撼动的正确地位：站在远比古代人先进的现代高位，立定远比古代统治阶级思想要先进的价值观念，对这些历史既成的思想学说进行严格的批判和超克，不仅是理所当然的事情，而且是担当文化使命的表现。但问题在于，当苏俄、中国的官学人士在横移马克思主义经典作家这类论述，并且几乎完全忽略了他们论及亚细亚社会的审慎态度的时候，脱离了语境的古代史意识形态，便势必陷入以信念裁剪历史的窘迫之中。

如果说马克思论及东方社会性质的时候，尚且保持一种学者的审慎立场的话，此后的相关论述，都处在勇于断定的价值先行状态。因此，便出现一个不管历史事实如何，硬将其塞入既定理论框架的武断定势。首先，可以肯定的是，中国古代社会性质，不能用欧洲古代社会性质来确定。这既是马克思本人审慎对待中国古代社会定性的原因，也是套用马克思论断如亚细亚理论认定中国古代社会性质的中国学者（如侯外庐等）审慎态度的动因，更是对中西古代本就是两股道上跑的车自然呈现的差异应有的认识。② 其次，

---

① 黎澍主编：《马克思、恩格斯、列宁、斯大林论历史科学》，人民出版社 1980 年版，第 373 页。

② 梁漱溟在《东西文化及其哲学》一书中，明确指出中西文化精神的巨大差异。（梁漱溟：《东西文化及其哲学》，商务印书馆 1999 年版，“绪论”第 10—24 页）

判断中西社会古代社会性质的基本概念，具有完全不同的含义，因此不具有随意挪用的通义根据。中国的封建，是由家族内部的分封制构成，分封者绝对不具有与中央王权抗衡的制度渠道；西方古代的封建制度，则是一种地方势力与中央王权分庭抗礼的机制，它对后来的央地分权、宪政兴起发挥了积极作用。加之从历史演变的角度讲，中国自秦朝起始，已经实行郡县制为主的行政控制制度，中式的封建制明显衰落。马克思主义经典作家使用的封建概念，确实不适于分析中国古代社会性质。最后，使用基于西方社会历史经验形成的分析概念，来审度中国历史，已经造成亟须清理的历史与观念的混乱。如历史学的五朵金花论，中国古代史分期问题早就走到了聚讼不下的窘境，中国封建土地所有制形式究竟是公社制还是私有制也无法决疑，中国封建社会农民战争究竟是历史发展的动力还是治乱循环的机制也无以确定，中国资本主义萌芽问题就更是无法确定明清之际还是先秦就已出现的难题，汉民族形成问题也陷入何时和何种状态成型的长期争执。① 尽管这些争论属于正常的学术分歧，但套用西方（马克思主义）概念分析中国社会时的生搬硬套，也是争端久决不下的重要原因。而其中古代史意识形态的消极作用，也必须承认。

四、意识形态羁绊与儒学史重写之路

古代史意识形态对儒学史重写模式的影响与制约，长达一个世纪。尽管这中间容有古代史意识形态仅仅只是思想学术之争和借重国家权力支持而独占鳌头的两种不同状态。但从总的状态上讲，古代史意识形态对儒学史重写的影响或制约，体现在几个方面：一是对儒学做粗率的封建主义意识形态定位，将其作为奴隶主阶级（早期儒学）与封建地主阶级（战国以后儒学）的主张加以批判。并将之作为固定化了的古代思想观念对待，拒绝承认它的当下活力，以及超越时代限制之外的普适意涵。二是不再将儒学作为中国古代史阶段的主流意识形态对待，将之降低为诸子百家中的一家。一般而言，

① 参见蒋海升：《“西方话语”与“中国历史”之间的张力——以“五朵金花”为重心的探讨》，山东大学出版社2009年版。

中国思想通史和专门史都大致遵循这样的撰写进路。这就无法有力解释“罢黜百家、独尊儒术”后的中国思想史。三是将支持古代史意识形态论说的马克思主义，作为裁剪儒学观念的基本理论框架，进而形成了一种相对固定的思维模式，并将之作为衡量和重新书写儒学史的方法基调。儒学史不同书写进路上的差异，大致呈现为国家权力直接还是间接支持两种情况。1949 年以前，古代史意识形态对儒学史重写的影响，基本属于后一种情况；1949 年后的一段时间内，古代史意识形态长期获得国家权力的全力支持，成为绝对制约儒学史重写的进路。这种书写进路，不能说没有收获。相反，在古代史意识形态制约下的儒学史书写，对儒学史获得其现代知识形态，发挥了极大的推动作用。尽管这样的知识定位相当程度上是错位的，即离儒家应当获得的现代知识定位有着不小的距离。但也不能不承认，非经这样的尝试，以及对这种尝试所做的知识矫正，儒学史的现代书写就很难富有成果。不过，这种政治化的书写模式，一定会激发非政治化的书写模式，进而激发仿政治化的书写进路。这是力图挣脱古代史意识形态束缚的儒学史书写努力。

重写儒学史，已经走过了为时不短的挣脱古代史意识形态制约的艰难过程。如果说在改革开放前古代史意识形态绝对制约儒学史书写的情况下，还存在侯外庐那种尽力不将马克思主义的古代史论说教条化的书写儒学的举动的话，到了改革开放时期，那些极力将马克思主义的理论论述处理为方法指引而不是政治戒条的尝试，便成为挣脱儒学史书写的古代史意识形态的第二阶段的著述。这一阶段的著述成果，最具代表性的便是李泽厚依照历史唯物主义、庞朴依照辩证法的方法意识，对儒学史的重写。到了改革开放的晚近阶段，不少大部头的儒学史，都不再依傍哪种明确的意识形态论说，而力图依照儒学的自身演进状态重写儒学。代表作似乎可以确认为汤一介主编的九卷本《中国儒学史》。① 这可算是重写儒学史努力挣脱古代史意识形态制约的第三阶段。

不过需要强调指出的是，重写儒学史，并不是那么容易挣脱意识形态羁绊的。如果说古代史意识形态对儒学的重写发挥过强大影响力，呈现出重

① 汤一介主编：《中国儒学史》（先秦卷、两汉卷、魏晋南北朝卷、隋唐卷、宋元卷、明代卷、清代卷、近代卷及现代卷），北京大学出版社 2011 年版。

写儒学史的前述情形的话，那么还存在另一个受意识形态驱使的重写儒学面相。这一面相，就是为中国现代新儒家展现的面相。断言他们的儒学史书写属于另一种意识形态驱使的书写方式，可能会引起争论。持不同看法的论者也许会指出，这一书写方式恰恰是对古代史意识形态支配下的儒学史重写方式的自觉校正。一种力图校正古代史意识形态书写出来的，因此显得局部（政治正常状态下的相关书写）或全部扭曲（“文化大革命”时期的相关书写）的儒学史重写努力，怎么可能仍然是意识形态驱使下的儒学史书写呢？显然，断言现代新儒家的儒学史书写仍然是一种意识形态的书写方式，是一个需要分析、澄清的说法。一般而言，现代新儒学的儒学史书写，意识形态并不是那么强烈和自觉。1949 年以前在中国大陆活跃的新儒学，基本上是一种学术思潮，并没有与中国国民党或中国共产党的权力体系直接挂钩。如果说此时的新儒学还仅仅是潜存着一种重回权力现场的理想观念陈述的话，那么它的乌托邦性质明显强于它的意识形态色彩。20 世纪 80 年代，转移到港台海外活动的现代新儒家进入大陆的思想场域，一方面，它对催生李泽厚这样的学者重写儒学史，发挥了直接的推动作用。但也让新儒家的儒学史书写，染上马克思主义意识形态的复杂色彩。另一方面，港台海外新儒家的非意识形态化儒学史书写，其行走在现代人文社会科学知识的道路上的儒学重述，激发了两种不同的大陆反应机制：一是李泽厚那样的、进一步降低儒学史意识形态书写浓度的努力；二是逆转非意识形态的知识化儒学史书写方式，促使儒学史以自身面目，而非西式面目，重拾意识形态权威性的书写方式。这恰恰可以称之为仿意识形态重写儒学史的进路。后者萌生于 20 世纪 80 年代后期，在 21 世纪初期，正式以大陆新儒家的面目登上思想文化舞台，让人们意识到儒学史的意识形态化书写的另一面相。

在今天的儒学史书写中，港台海外新儒家与大陆新儒家，已经形成论述旨趣上判然有别的两个言说群体。从言说的直接侧重上看，前者的重点落在思孟陆王一系的心性儒学上，努力尝试重建现代中国人的心灵世界，其与权力的疏远有目共睹。后者的重点落在荀董到康有为的政治儒学上，努力开辟自有传统的儒家式中国政治之路，其谋求权力支持，或与权力合谋，甚至直接掌控权力的意识形态取向，令人瞩目。尤其是近期，中国的政党、国家领导人对儒家表示某种亲和以后，其中部分人士对儒家重回中国权力中心，表达了满怀的期望。但审慎者如蒋庆，所持的立场是一种相对于前述的意识形态的替代性立场。其所述的儒教三院制，明显是一种将儒家理念与国家权力直接勾连的意识形态论说。① 通儒院、国体院与庶民院的国家权力体系设计，直接用儒学的意识形态地位替代了实行于当下中国的官方意识形态地位。这是儒学史重写中直接表述的强硬意识形态观念。这一观念对存在于当今中国思想场域的所有其他政治主张，采取了一种干净利落的排斥态度，儒学重建一元化权威的意图是非常明显的。流风所及，以经学的态度重申儒学，成为大陆新儒家重写儒学史的主流取向。而经学正正是古典儒学与国家权力直接勾连的学术形态。重写儒学史，似乎正在展现另一种意识形态的面貌。

由此看来，重写儒学史要想真正作别意识形态的羁绊，还是一项难以完成的任务。设定现代条件下国家的中立化乃是现代国家告别意识形态狂热的前提，那么，国家权力便不应当与任何一种乌托邦，或完备的宗教哲学道德学说直接结合。② 就此而言，重写儒学史的经学态度，实际上是一种反现代的取向。它之谋求直接掌控国家权力的尝试，是一种道德教化与国家权力的合一尝试。这对秉持与儒家价值立场不同的其他宗教、哲学与道德主张的人来说，意味着一种自置低位，甚至放弃立场的可怕前景。这种意识形态化的取向，显然不宜鼓励。它对中国建构合宜政体的作用是值得检讨的。

需要强调指出，重写儒学史，不是以告别一种意识形态化的写法，进入另一种意识形态化的写法为目的的。由于当代中国大陆新儒学的重写尝试，不是儒学史的合理重撰方式，而有一种意识形态化的取向，因此，有必要再确证更为合宜的儒学史重写方案。这里所谓重写儒学史的合宜方案，并不是指具体涉及儒学人物、思想历史演进的操作方案，而是指重写儒学史需要确立的一些现代基本原则。假如书写者将“现代”视为是文化必须拒斥的西方专属物，那么就失去了确定重写儒学史方案的社会背景条件。假如承认这一背景条件，即承认中国不再是农业社会、小规模社会、熟人社会，因此必须应对广泛流动的大型社会之多元的挑战，那么，儒学史的书写，就必须

① 参见蒋庆：《政治合法性问题与议会三院制》，《再论政治儒学》，华东师范大学出版社 2011 年版，第 102—120 页。在这里，对大陆新儒家主张的评述，没有任何是非好坏的价值评价，仅仅是对其取向的一种重述。

② 参见任剑涛：《国家转型、中立性国家与社会稳定》，《社会科学》2014 年第 11 期。

首先放弃与国家权力合谋的主观意图。这就意味着，重写儒学史应当拒斥儒家掌管国家权力的路向，保持一种开放的、致力规范国家权力的价值立场。这对儒学的现代转型，是非常重要的决断。与国家权力保持一定距离，并不等于儒家放弃了督导国家权力的责任。只是需要强调的是，在多元社会中，试图督导国家权力的思想学说，绝对不止一家一派。假如每一家、每一派都只在意争夺国家权力的独占性指导思想地位，那么，恶性的竞争就完全无法规范国家权力；而国家权力也就只是在一时一地利用某家某派的学说，作为自己颐指气使地运用粗暴权力的合法化说辞而已。这样的意识形态，便只有遮羞布的效用，绝无规范权力的能量。儒家必须对此抱有起码的警惕性。否则，儒家的现代论说就总是处在令人质疑的权力依附地位。那种重光“罢黜百家、独尊儒术”的书写意图，是必须尽力克制的书写意念。

另外，重写儒学史的竞争性局面，必须予以确定。重写儒学史，自然会浮现在其思想价值主张强力延续的角度浮现的价值绵延性写法。这是儒家学说之价值传承的书写方式所必需的。否则儒家就成为一具知识僵尸。但仅仅从知识结构与功能的角度书写儒家历史，是不是也具有其正当性呢？答案是肯定的。因为免除价值偏好的儒学史书写，对一般关心中国思想主流历史演进的人来说，自具功用。这样以儒学为关注对象的儒学史书写，也就势必是不同价值立场、知识取向与书写方式的多元竞争过程。从更为广阔的视角来看，支持不同宗教、哲学与道德完备学说的人士，都可以从自己特定的价值立场、关注焦点和理论兴趣，来书写儒学史。这样的书写，可能是基于比较的需要，也可能是基于寻求楷模的理由，更可能是基于自我抬高的意欲。不管其写作的主观意图如何，都成为书写儒学史的一种自有其理的进路。其合理性程度的高低、得到承认的多寡，都只有在思想市场的竞争中呈现，而不能由国家权力裁决，也不能由小圈子判断。这是今后儒学史书写将会愈来愈凸显的基本状态。对此，基于儒家强势价值立场的儒学史书写者，需要做好心理准备。藉此，在多元的儒学史重写中，承诺儒家价值史、观念史、知识史诸写作进路的合宜性，进而确立起具有知识公度性的写作范式，才能凸显重写儒学史的现代典范。

（作者单位：中国人民大学）

中华帝国晚期儒学现代化的历史脉络

——围绕“儒学现代化版本”问题的思考

刘　宏

儒学的现代化问题关乎全球化背景下中国文化的重新定位。实现儒学的现代化转换成为当代儒者的共同使命和致力方向。这样的问题意识，至少要追溯到鸦片战争以来中西文化的激烈碰撞。诚然，面向全球化的儒学现代化问题的确是源自西方文化的刺激。但儒学的现代化并不意味着通过“全盘西化”，以西方的现代性价值来彻底改造儒学。也不意味着证明儒学自身蕴涵着“科学”、“民主”等的西方现代性因素，从而能够“返本开新”。这样说，也不意味着儒学能够无视世界范围内各种学术理论的存在，回到某种既定的儒学形态就能自然而然地走上现代化的正轨。因为从儒学发展的大势来看，儒学从来都是常变常新的。

儒学能够实现现代化或者说儒学有助于现代化，似乎已被日本、亚洲四小龙的崛起所证实。当我们津津乐道于儒学具有现代价值，当我们发现了有别于“西方现代性”的“儒学现代性”，甚至自以为可以努力打造一种独特的“中国现代性”时，殊不知又陷入了儒学的普适性与特殊性的争执困境。简而言之，如何实现儒学的现代化，又如何保证现代化之后依然不失儒学的传统呢？儒学的现代化道路该何去何从，还有待于回到已然发生的儒学现代化脉络中，对其加以梳理和认识。

一、儒学现代化的溯源

如前所言，由于儒学现代化的问题意识受到西方的刺激，我们考察儒学现代化的开端往往易于追溯到清末民初或是鸦片战争时期。之所以出现这样的分歧，缘于国人对现代化的认识有所偏向和理解深度的不同。若是认为现代化即是表现为器物层面的轮船、大炮的发明，那么儒学现代化从鸦片战争就已开始；若是认为现代化的核心在于制度文化层面的创新，那么儒学在“维新运动”和“五四新文化运动”的清末民初才真正起步。但只要如此来定位儒学现代化的起源，我们的目光就尚未达到民国学者的认识高度，甚至没有达到“洋务派”的水平。因为，执定于西方刺激下的鸦片战争或是明末清初，都已经将儒学的大传统付之阙如了。而民国前后的诸学者在西方文化的冲击下，不论其对待西学或是倾心或是抵制或是摇摆不定，都力图在儒学传统中寻找中西文化的接榫处。虽然，他们寻找的支点各自不同，或是宋明理学，或是清代学术，或是明清之际，或是儒学化的中国佛学等等。总之，我们不能舍弃儒学的传统维度，来考察儒学的现代化问题。那么，我们如何定位儒学现代化的起源才是恰当的呢?

无疑，这首先要求我们来重新审视“现代化”（modernize）这一议题。实质上，儒学的现代化问题背后，是儒学是否具有“现代性”（modernity）的问题。众所周知，“现代性”首先是一个西方学术话语。当我们问“儒学的现代性”，是否又回到了一种让人心有余悸的“西方中心主义”（western centralism）呢？其实大可不必。既然“现代性”已经成为当前学界的公共话语，我们就有必要放弃对之怀有的“鸡肋”心态。只是，这里需要考察一下“现代性”的这一内涵能否用之于儒学，儒学接受现代性这一审视维度后，又将给自身开显出何种的视域。

对于“现代性”一词的理解，众说纷纭。我们也无意重写出一种崭新的现代性解释模式。就此词语的本义和使用来考察，现代性“把自己理解为新旧交替的成果”①。“现代”（modernus）一词最早在公元5世纪出现时，意

---

① 哈贝马斯：《现代性：未完成的工程》，见汪民安等主编：《现代性基本读本》，河南大学出版社2005年版，第108页。

味着基督教与异教徒的罗马社会之间的断裂。而现在西方通常所说的和中国人所理解的“现代”，指称的又是“文艺复兴”以来针对西方中世纪宗教的断裂。所以，一种现代性观念的觉醒，要求与传统的断裂，进而承认自身乃是一种新时代的起点并将永远进步下去。在此，我们正是取“现代”一词所昭示出的断裂性意义。那么，在孔子创立儒学之后，是否存在着这样急迫的断裂需求呢？我们的回答是：存在。而且这种现代性的观念产生于晚明时期。

何以保证我们的断言是符合儒学发展的实情，而不是一厢情愿的臆测呢？以已经率先步入现代化的西方为参照，将使得这一认识得以澄清。西方现代性萌芽于“文艺复兴”和“宗教改革”，正是在这一阶段，开始了“人的发现”的历程。“人”逐渐摆脱了宗教的束缚，世俗生活开始获得了肯定。人在处理与上帝和自然的关系时，已不再诉诸上帝旨意的天启，而是学会了运用人自身所蕴涵的理智。用韦伯的话来说，“只要人们想知道，他任何时候都能知道；从原则上说，再也没有神秘莫测、无法计算的力量在起作用，人们可以通过计算掌握一切。而这就意味着为世界除魅”①。由理智带来的世界的世俗化导致了终极价值实体的转换。从西方现代性的进程来看，价值的终极来源由上帝被置换为人自身，人们生活的重心由上帝之城转向世俗之城。同样，从晚明社会开始，作为终极价值的先验天理受到质疑，“天理”为“人心”所取代。只不过，在西方，世俗化是针对宗教性的“上帝”而言；而在中国，世俗化是针对宋明理学的“天理”而言。或者说，是回到原始儒学所倡导的“百姓日用”这一层面。就此而言，儒学相对于道家和佛教的离世化，是最具现代性的。

此外，我们将儒学现代化的开端定位于晚明社会，还存在着另外一层缘由。与韦伯将现代性定位于观念的变革不同，马克思诉诸生产力的发展。而我国的资本主义萌芽正是产生于晚明社会，这在史学界已达成共识。确切说来，在嘉靖、万历年间，长江下游的江南地区的商品经济空前发达。②围绕这些经济中心开始形成大范围的市民社会，世俗化的市民生活观念逐渐流

---

① 韦伯：《学术与政治》，冯克利译，生活·读书·新知三联书店1998年版，第29页。

② 李伯重：《江南早期的工业化（1550—1850）》，中国人民大学出版社2010年版。

行开来，从而逼迫着儒学现代化进程的开始。

儒学的现代化进程在中华帝国的晚期进行了一系列的曲折和自我批判。下面就来梳理一下此段时期儒学发展的历史脉络。

二、晚明时期的“尊情反理”思潮

晚明社会的学术主流是阳明学。王阳明面对程朱理学所宣扬的超越天理与人的生存秩序的紧张，通过“心即理”的观念，力图将道德本体置放到人心内在的“良知”之上。虽然“良知”与“天理”同样属于先验本体，但价值的源头已经不再诉诸外在的终极实体，而是归属到人人内在的本性自足中。其间，人的主体性得到张扬。王阳明晚年的四句教“无善无恶是心之体，有善有恶是意之动，知善知恶的是良知，为善去恶是格物”①，更是取消了心体善恶的价值判断，从而成为晚明“异端”的源头。

在后王阳明时代，阳明学由泰州学派而风行天下。② 泰州学派创始人的王艮乃是盐户出身，在其周围聚集了一大批灶丁、樵夫等中下层小市民。王艮的讲学之宗旨在于“百姓日用即道”，所谓“道”不再是高远难求的不变之天理，而只是流行于世俗的百姓日用生活之中。王艮将师门的“致良知”做了一个翻转，即“良知致”。③ 王艮说：“明哲者，良知也。明哲保身者，良知良能也。所谓不学而知，不学而能者也，人皆有之，圣人与我同也。知保身者，则必爱身如宝。能爱身，则不敢不爱人；能爱人，则人必爱我；人爱我，则吾身保矣。”④ 这里，良知被赋予了知得一己之身的私利的能动效用。《大学》中作为家、国、天下起点之“身”，从一个德性修养的伦理本位转化为需要保护珍爱的生命对象。由此，作为先验道德本体的良知被加进了经验的利己之心。

沿着这一路向，泰州学派经过颜山农、何心隐诸人再传至李贽已然不

---

① 王守仁：《传习录下》，《王阳明全集》，上海古籍出版社 2011 年版，第 133 页。

② 参见黄宗羲：《明儒学案·泰州学案》，《黄宗羲全集》第 7 册，浙江古籍出版社 2005 年版，第 820 页。

③ 王艮：《明儒王心斋先生遗集·年谱》，《王心斋全集》，江苏教育出版社 2001 年版，第 73 页。

④ 王艮：《明儒王心斋先生遗集·明哲保身论》，江苏教育出版社 2001 年版，第 29 页。

再执著于良知之学的话语体系了。作为“异端之尤”的李贽，其思想核心在于“童心”二字：“夫童心者，真心也。若以童心为不可，是以真心为不可也。夫童心者，绝假纯真，最初一念之本心也。若失却童心，便失却真心；失却真心，便失却真人。人而非真，全不复有初矣。童子者，人之初也；童心者，心之初也。”① 在李贽的“童心说”中，心学理论的重心由先验本体之心直接转到了后天经验之心的真假问题上。这样的问题转换，意味着“心”的观念之中去除了羞答答的本体之义，而直接下降到了现实生活中知冷知热的肉团心。相较而言，“良知”作为未发之心体是无时不在的，元不会丧失；“童心”作为随意念而发的初心，则很有可能被社会生活中遭遇的闻见道理所左右，以致丧失。依据现实的生活经验，不管“真心”是作为童子之心，还是作为最初的一念之心，其最直接的表现就是饱食暖衣等生存所需，而不会受到外在伦理规范的影响和制约。因而，“童心说”将与孟子所说的四端之心相对的自私自利的一面展现了出来。甚至在李贽看来，人心就直接等同于私心。李贽倡言：“夫私者，人之心也。人必有私，而后其心乃见。若无私则无心矣。”② 在此，与“天理之公”价值相对的“人欲之私”开始进入儒学的正面话语之中。

在为“童心说”所解构的先验本体之后，程朱理学“性体情用”的观念开始出现反转，一系列表达情欲观念的小说文体充斥市民社会。在受李贽影响的冯梦龙看来，“天下之文心少而里耳多，则小说之资于选言者少，而资于通俗者多。试令说话人当场描写，可喜可愕，可悲可涕，可歌可舞；再欲捉刀，再欲下拜，再欲决脰，再欲捐金。怯者勇，淫者贞，薄者敦，顽钝者汗下。虽小诵《孝经》、《论语》，其感人者未必如是之捷且深也。噫，不通俗而能之乎？”③ 在此，通俗的小说大有取代儒学经典之势，而成为规范人伦秩序的文本载体。甚至，“六经皆以情教也”④，相反，“世儒但知理为情之范，孰知情为理之维乎？”⑤

① 李贽：《焚书·童心说》，中华书局1975年版，第98页。

② 李贽：《藏书·德业儒臣后论》，中华书局1959年版，第544页。

③ 冯梦龙：《古今小说序》，《冯梦龙诗文初编》，橘君辑注，海峡文艺出版社1985年版，第37页。

④ 冯梦龙：《情史·情贞类》卷末评语，海峡文艺出版社1985年版，第87页。

⑤ 冯梦龙：《情史叙》，海峡文艺出版社1985年版，第86页。

儒学现代化首先表现为一种情欲观念，似乎是与西方现代性所主张的理性主义是相违背的。而“理性”从表面上看来，恰恰应该归属于程朱理学。这里我们应当认识到，西方以笛卡尔为代表的理性传统，乃是奠基于“我思”（cogito）这一主体基点之上。相反，程朱理学之理性，乃是诉诸于外在于人本身的天命下贯。作为一种主体性哲学，王阳明之“良知”与笛卡尔之“我思”，倒是有很大程度的同构性。此外，处于西方现代性开端处的文艺复兴，最初也是以感性生命的觉醒为标志。因为，现代性的任务首先在于对传统权威的解构，而在未形成一整套新的价值规范的前提下，担任此一任务的非各种异端观念莫属。

三、明清之际的“经世致用”取向

明清之际，是一个天崩地解的时代。一方面，正统儒者深感各种异端观念的出现危害到了既定的伦理规范；另一方面，明清鼎革在传统士大夫心目中的创伤是无比巨大的。面对王学末流的空谈学风和儒学的无补于世，一大批以明遗民自居的儒者开始重新思考儒学的学统和政统问题，“经世致用”成了他们共同的呼声。由于学术的惯性，这些人表面上批判晚明思潮，走上了或是修正心学，或是回归程朱，或是接续气本论传统的路子。他们在理论的架构上，也难免带有宋明儒学的痕迹，但晚明所开创的新观念却得到了继承。

（一）儒学政治理念的现代转型

“经世致用”意味着放弃宋明儒学传统的心性空谈，转而从事诸如地理、兵革、财赋、典制等有关当世之务的实学，而最大的“经世”莫过于参与政体的改革。在从事一系列的抗清斗争失败之后，儒者们开始沉静下来反思明亡背后的政体架构。原来，自秦汉以来一直实行的都是“家天下”的君主专制。君权的高度集中不仅造成了社会治理的运作效率缓慢，而且已严重阻碍了新兴的工商业发展。此一时期，政治批判的方向集中于君权的合法性来源问题。

面对明亡的事实，顾炎武首先区分了“天下”与“国”的观念：“有亡国，有亡天下。亡国与亡天下奚辨？曰：易姓改号谓之亡国；仁义充塞，而至于率兽食人，人将相食，谓之亡天下。”①“国”不过是一个以君权为顶点的政治权力体系，而“天下”才是文化意义上的一整套制度规范的价值根源。君主专制下，“国”作为“一家之私”始终凌驾于“天下之公”之上。明亡于清，不过是改朝换代的君权转移而已，而要建构合法的政治体制就必须回到儒学“天下为公”的为政理念。“天下为公”是要将权力的合法性来源建立在“民意”的基础上，而“君权至上”却颠倒了“君”与“民”的正当关系。正如黄宗羲所批判：“古者以天下为主，君为客，凡君之所毕世而经营者，为天下也；今也君为主，天下为客，凡天下之无地而得安宁者，为君也。”②

“民贵君轻”一直是自孟子以来儒家批判现实政治的理论武器。但是，在帝国时期，君—臣—民是一个自上而下的等级秩序，“民”只是政治权力的统治对象，而非政治权力建构的参与者。直到明清之际，黄宗羲提出“君与臣，共曳木之人也”③，君与臣的内涵已经发生了变化，他们共处于国家治理的平行体系之中，其所不同者仅是职分有别而已。此外，要求“公天下之是非”于学校，以发挥其权力监督作用，“民”在此正式成为权力体系建构中的一员。正是因为黄宗羲在《明夷待访录》中建构了一套颇具现代性的民主理念，后来梁启超等人才将其称为“中国的卢梭”。

明清之际的儒者还将这一新型的政治理念追溯到人性的根基之上。如黄宗羲认为：“有生之初，人各自私也，人各自利也，天下有公利而莫或兴之，有公害而莫或除之。有人者出，不以一己之利为利，而使天下受其利；不以一己之害为害，而使天下释其害。此其人必千万于天下之人。”④与黄氏持相同言论的是顾炎武，顾氏认为：“天下之人，各怀其家，各私其子，其常情也。为天子为百姓之心，必不如其自为，此在三代以上已然矣。圣人者

① 顾炎武：《日知录·正始》，《日知录集释》，黄汝成集释，上海古籍出版社2006年版，第756页。

② 黄宗羲：《明夷待访录·原君》，《黄宗羲全集》第1册，浙江古籍出版社2005年版，第2页。

③ 黄宗羲：《明夷待访录·原臣》，浙江古籍出版社2005年版，第4页。

④ 黄宗羲：《明夷待访录·原君》，浙江古籍出版社2005年版，第2页。

因而用之，用天下之私以成一人之公而天下治。”① 人性之私的观点在晚明的李贽那里就得到了认可，在当时却被认作异端思想。但到了明清之际，像黄、顾这样被一致公认的大儒这里，已然成为儒学民权政治建构的理论根源。本来被程朱理学描绘的三代本是天理流行无一毫人欲之私的理想世界，在明清之际大儒的眼中也不过是建立在“人之有私”的基础上而已。或者说，正是三代之圣王满足了人性之私，才成就了三代的理想社会。

正是明清之际的儒者对人性之私的肯定与程朱理学“性即理”观念的背离，才使得儒学的人性观在这一时期发生了转折。王夫之完成了对先验性体的解构，他认为：“形日以养，气日以滋，理日以成。方生而受之，一日生而一日受之。受之者有所自授，岂非天哉？故天日命于人，而人日受于天。性者生也，日生而日成之也。”②

（二）儒学经典权威的重新树立

作为明代遗民的黄、顾、王等人往往拒绝参与清代政权，这本身就阻碍了他们的现代性政治理念能在清朝政权中发挥效用。另一方面，作为刚刚取得政权的满人，唯恐其统治不能稳固，自然很难接受这一新型的儒学理念对自身君权合法性的否定。在重建政统的现实道路不可取的时代，退而回归经学以待访无疑是更为可行的选择。

去除宋明儒附加在儒学经典之上的各种观念，首要的工作在于重新解释这些文本。而“通经”的最终目的正是在于“经世”，从而明清之际的儒者明确了“经术所以经世”③ 的治学方向。伴随着对儒学经典的研究，儒者们逐渐从依附宋明儒学而走上了回归《六经》、孔孟之旨的学术道路。其间，对程朱理学批判最为强烈的莫过于颜元。颜元认为：“去一分程、朱，方见一分孔、孟”，甚至“程、朱之道不熄，周、孔之道不著。”④ 颜元不仅反对宋明儒学的空谈心性，更是痛斥汉唐注疏的空疏无用，其气魄之大绝无仅

---

① 顾炎武：《郡县论五》，《顾亭林诗文集 · 亭林文集》，中华书局 1983 年版，第 14 页。

② 王夫之：《尚书引义 · 太甲二》，中华书局 1962 年版，第 55 页。

③ 全祖望：《梨州先生神道碑文》，见黄云眉：《鲒埼亭文集选注》，齐鲁书社 1982 年版，第 105 页。

④ 颜元：《未坠集序》，《颜元集》，中华书局 1987 年版，第 398 页。

有。正如梁启超所说："有清一代学术，初期为程朱陆王之争，次期为汉宋之争，末期为新旧之争，其间有人焉，举朱陆汉宋诸派所凭借者一切摧陷廓清之，对二千年来思想界，为极猛烈极诚挚的大革命运动，其所树的旗号曰：'复古'，而其精神纯为'现代的'，其人为谁？曰颜习斋及其门人李恕谷。"①

但在颜元唯重实行、不重读书的激进言论中，却同时将重建儒家学统的文本根基抽去。要在理论上破除程朱理学的观念，必须有赖于一种新的学术范型的建立，而起到这一转向作用的当属顾炎武。顾炎武之所以被推为清学开山，不仅因为其大著《日知录》、《音学五书》成为后世效仿的对象，更在于其提出了纲领性的口号——"经学即理学"。顾炎武认为："愚独以为理学之名，自宋人始有之。古之所谓理学，经学也，非数十年而能通也。故曰：'君子之于《春秋》，没身而已矣。'今之所谓理学，禅学也，不取之五经而但资之语录，校诸贴括之文而尤易也。又曰：'《论语》，圣人之语录也。'舍圣人之语录而从事于后儒，此之谓不知本也。"② 新学风下的学术对象不再是超脱于经典之上的心性之学，而是实实在在的《六经》文本。伴随着回归《六经》成为经世致用的必然趋势，经典的权威被重新认可。那么回归原始儒学的方向与现代性要求进步的观念是否是相违的呢？其实，现代性要求与传统之间的断裂，并不意味着就是打破一切权威。而现代性的成立倒是要以自身建立的权威去替代有违时代进步的权威，只是在表面上表现为一种复古的倾向。具体来说，在西方表现为一种"西方文艺"的复兴，而在中国必须首先经过"儒学经典"的复兴。在复兴的背后，始终都是一种当代性的思想原创。

四、乾嘉学术的新义理观

继儒学经典的权威地位被重新认可之后，乾嘉学者开始致力于以经学为核心的客观考证。这种朴实无华的学问，常被诟病为儒学经世精神的丧失

① 梁启超：《中国近三百年学术史》，山西古籍出版社 2001 年版，第 107 页。

② 顾炎武：《与施愚山书》，《顾亭林诗文集 · 亭林文集》，中华书局 1983 年版，第 58 页。

和义理思想的缺乏。但从历史发展的实情来看，经过清初战乱的平息和经济的复苏，出现了中华帝国时代最后的“康乾盛世”。在文学领域，不仅有《儒林外史》对科举制度的讽刺批判，更有曹雪芹、袁枚等人对晚明“尊情”思潮的进一步阐扬，考证学出身的李汝珍在《镜花缘》中描绘了一个反叛男权的女性主导社会。以上诸人与乾嘉学者共处同一个文化圈，且互有交流。难道钻故纸堆的乾嘉学术与这些现代性的诉求之间是完全背离的吗？这样的论断自然是不符合历史的实情的。乾嘉时期，一方面程朱理学依然作为官方哲学，另一方面清朝实施的文字狱政策，使得学者对于政治问题噤若寒蝉。此外，宋明儒学空谈心性的弊病殷鉴不远，使得学者必须走由考证而义理的治学之路。只是，在考证的过程中，作为工具的考证方法逐渐从经学中独立出来，使得大多数学者的精神只能停留于“为学术而学术”的领域。但这种客观性的考证方法为重新阐释儒学经典大大扫清了文本障碍，由此才能构建一套有别于宋明理学的新义理观。这种新义理观的出现，正是一种现代性的时代精神的体现。

（一）戴震学的新视域

作为乾嘉学术集大成的戴震，其考证学成就独步一时，但却自认为自己最大著述乃是《孟子字义疏证》这样的义理学著作。该书自比于孟子拒杨墨，明确自己的时代任务在于破除程朱理学附加在孔孟之道之上的“天理”观念。针对程朱理学这一核心观念，戴震借助考证方法完成了自己的新“理”说。在戴震看来，程朱“得于天而具于心”之天理乃是转手于佛老的“真宰”、“真空”观念。由于其舍弃人伦，必将导致“以理杀人”的结局。而戴震认为：“理者，察之而几微必曲以别之名也，是故谓之分理。在物之质，曰肌理、曰腠理、曰文理；（亦曰文缕。理、缕，语之转耳。）得其分则有条而不紊，谓之条理。”（《孟子字义疏证·理》）[①] 在此，“理”不再是超越具体存在物之上的另一“如有物焉藏于心”，而是能够被人心之精明所认识的“物则”。戴震通过“思者，心之能也”（《孟子字义疏证·理》）还原了人心的认知功能，进而构建了一套新的认识论系统：物——心（思）——物

① 戴震：《孟子字义疏证》，中华书局1961年版。以下同此书者，只注篇名。

则。由此出发，在伦理学问题上，重新校正了情欲与理之间的依存关系。他认为："天理云者，言乎自然之分理也；自然之分理，以我之情絜人之情，而无不得其平是也。"（《孟子字义疏证·理》）反之，"苟舍情求理，其所谓理，无非意见也，未有任其意见而不祸斯民者。"（《孟子字义疏证·理》）与程朱理学"存天理，灭人欲"的伦理价值诉诸于先验的尊德性不同，戴震直言："舍夫'道问学'，则恶可命之'尊德性'乎？"①

戴震之所以如此不遗余力地阐发认知和情欲的观念，源自其自己一套新的人性观。自从心、性的先验本体被晚明的李贽和明清之际的王夫之解构之后，儒学不再纠缠于人性的善恶，而转向了人性的构成问题。即不再追问人性是什么，而是考察人性有什么、能做什么。戴震认为："人生而后有欲，有情，有知，三者，血气心知之自然也。……惟有欲有情而又有知，然后欲得遂，情得达也。天下之事，使欲之得遂，情之得达，斯已矣。"（《孟子字义疏证·才》）戴震以人性之中的情欲和认知为出发点，从而为构建一套新的知识论和伦理学提供了可能。

不仅如此，戴震通过对《易传》"形而上者谓之道，形而下者谓之器"中"之谓"与"谓之"的字义疏证，打破了程朱理学形而上与形而下的思维方式。其言曰：

古人言辞，"之谓"、"谓之"有异：凡曰"之谓"，以上所称解下，如《中庸》"天命之谓性，率性之谓道，修道之谓教"，此为性、道、教言之。若曰，性也者，天命之谓也，道也者率性之谓也，教也者修道之谓也。《易》"一阴一阳之谓道"，则为天道言之，若曰，道也者一阴一阳之谓也。凡曰"谓之"者，以下所称之名辨上之实，如《中庸》"自诚明谓之性，自明诚谓之教"，此非为性、教言之，以性、教区别"自诚明"、"自明诚"二者耳。《易》"形而上者谓之道，形而下者谓之器"，本非为道、器言之，以道、器区别其形而上、形而下耳。形，谓已成形质，形而上犹曰形以前，形而下犹曰形以后。如言"千载而上，千载而下"。《诗》："下武维周。"《郑笺》云："下，犹后也。"阴阳之未

① 戴震：《与是仲明论学书》，《戴震文集》，中华书局1980年版，第141页。

成形质，是谓形而上者也，非形而下明矣。器，言乎一成而不变。道，言乎体物而不可遗。(《孟子字义疏证·天道》)

由此，“形而上”与“形而下”就非是一种体用架构，而是处于气化流行的一体之中。这不再是形而上学的本体论思维方式，而是一种存在论的本源思考。海德格尔曾如此来定位形而上学：“形而上学……思考存在者整体——世界、人类、上帝。形而上学以论证性表象的思维方式来思考存在者之为存在者。”① 海德格尔批评自笛卡尔以来的主体性形而上学遗忘了本源性的存在视域，进而导致了西方现代性走向了科学技术对人的统治。尽管中西形而上学所设定的最终存在者有所区别，但思维方式则是同构的。而这在程朱理学中就主要表现为“天理”与“人欲”的对立观念。在戴震看来，“天理”遮蔽了人道的自然秩序，要破除这样的形而上学意见就必须回到更本源的思想视域——“人伦日用”。戴震说道：

人道，人伦日用身之所行者皆是也。

语道于人，人伦日用，咸道之实事。

古贤圣之所谓道，人伦日用而已矣。

就人伦日用，举凡出于身者求其不易之则，斯仁至义尽而合于天。(以上皆见《孟子字义疏证·道》)

人伦日用，圣人以通天下之情，遂天下之欲，权之而分理不爽，是谓“理”。(《孟子字义疏证·权》)

（二）凌廷堪的“复礼说”和阮元的“仁说”

继戴震将“情”与“理”放到人伦日用的本源层面考察之后，凌廷堪和阮元则直接采用原始儒学中“礼”与“仁”的理论来重建伦理规范。

与戴震对人性之中情感的阐发相一致，凌廷堪认为：“夫性具于生初，而情则缘性而有者也。”(《复礼上》)② 并且，在凌廷堪看来，“然则性者，好

① 海德格尔：《哲学的终结和思的任务》，《面向思的事情》，陈小文、孙周兴译，商务印书馆1999年版，第68—69页。

② 凌廷堪：《校礼堂文集》，中华书局1998年版。以下同此书者，只注篇名。

恶二端而已矣。”（《好恶说上》）好与恶这样的情感并不属于道德上的善恶判断，只存在过与不及的适度问题。而为了保证情感的适中，就必须学礼。由此，道德的修养就转变为学礼的实践问题：“若舍礼而别求所谓道者，则杳渺而不可凭矣。……若舍礼而别求所谓德者，则虚悬而无所薄矣。盖道无迹也，必缘礼而著见，而制礼者以之；德无象也，必借礼为依归，而行礼者以之。”（《复礼中》）但学礼并不意味着对一切既定的礼仪规范的遵守，制礼的根据也不是一己之私见。之所以要复礼，因为“好恶者，先王制礼之大原也”（《好恶说上》）。可见，在凌廷堪复礼说的背后始终存在着对人情的重视。正是在此意义上，“礼之外，别无所谓学也。”（《复礼上》）

在戴震和凌廷堪的基础上，阮元进一步将原始儒学的情感观点阐发为人与人之间的“仁爱”。阮元认为：“春秋时，孔门所谓仁也者，以此一人与彼一人相人偶而尽其敬礼忠恕等事之谓也。相人偶者，谓人之偶之也。凡仁，必于身所行者验之而始见，若一人闭户斋居，瞑目静坐，虽有德理在心，终不得指为圣门所谓之仁矣。”① 在此，作为个人内在的德性之“仁”，并不足以保证德行的完成。所谓“仁”不再是既定的存在事实，而是有待于实现的生成过程。由此，阮元进一步阐释了孟子的“人心说”：“孟子虽以恻隐为仁，然所谓恻隐之心，乃仁之端，非谓仁之实事也。……孟子论良能、良知，良知即心端也，良能实事也。舍事实而专言心，非孟子本指也。”② 可见，在伦理规范的来源问题上，阮元有别于程朱诉诸外在的天理，也有别于陆王诉诸内在的良知，而归属到人与人之间的行事活动中。

总之，乾嘉学术并非仅是钻故纸堆的文献考证。在考证成果的背后，重新诠释了原始儒学关于“性”、“情”、“礼”、“仁”等一套新的义理观念。这一套新观念，在理论上是针对程朱理学的形而上学而发，在现实上是一种对正在步入现代化社会转型的观念反映。

中华帝国的晚期，儒学在自身内部孕育了一套现代性的观念。虽然在学术上存在着一条解构宋明儒学的主线，但程朱理学所维持的君主专制却始终占据着统治意识形态。此两者之间的紧张，引发了政体改革的呼声在乾嘉

① 阮元：《论语论仁论》，《研经室集》，中华书局 1993 年版，第 176 页。
② 阮元：《孟子论仁论》，《研经室集》，中华书局 1993 年版，第 195—196 页。

之后越来越强烈。恰逢此时，中国在对外战争中节节失利将君主制政体的弊端暴露无遗。从而，最终导致了帝国时代的结束。

鸦片战争以来，在西方话语独领风骚的时代中，中国学术走过了一条反传统的道路。而随着打造中国现代化的新时代的到来，认真理解我们所处身的传统成为了我们的必由之路。其实，我们正处于晚明社会以来的第二次社会大转型之中。在此新形势下，如何反思已经产生的现代性观念无疑是我们应当接续的任务。

（作者单位：山东大学儒学高等研究院）

儒学史应当如何重写

孙铁骑

重写儒学史的逻辑起点是对既有儒学史的问题反思，解决儒学史中存在的问题应是重写儒学史的核心目的与现实意义所在。按照历史与逻辑相统一的原则，现实的儒学发展史已经是既定的历史事实，不可人为篡改，作为文本的儒学史书写就要努力忠实于儒学发展史的真实，还原儒学在其具体历史发展中的现实逻辑，从而将儒学宗旨与其历史发展的轨迹清晰呈现于儒学史的文本书写之中，并分析与辨别这一现实与文本发展的逻辑统一性及其中的得与失，以期为儒学的当下及未来发展指明道路。而当下提出重写儒学史的必要性，则必然承诺着既有的儒学史反思没有实现历史与逻辑的统一，存在着对真实儒学历史的误解、曲解甚至篡改，因而当代重写儒学史必须要回答以下三个问题：一是孔子开创的儒学宗旨到底是什么；二是孔子开创的儒学经历了怎样一个发展历程，其间出现了怎样的问题，以至于最后使儒学退出了历史舞台；三是孔子开创的儒学在当代还有何意义，是否需要复兴儒学，怎样复兴儒学，以及复兴什么样的儒学。基于以上问题意识，本文认为重写儒学史必须从以下三个方面着手。

一、回归孔子儒学的性命宗旨

千载以来，孔子的仁义之道被后儒确认为儒学宗旨，使整部儒学史充满了道德伦理学意味，似乎孔子真的没有“性与天道”之学，只有伦理说教，从而使儒学在近现代历史上饱受“封建理教”的骂名，使鲁迅只能看到

“吃人”二字。如此“可怕”的儒学史自然失去了存在的合法性，又何来复兴的可能呢？故当下重写儒学史必须首先重新判定孔子儒学的思想宗旨是什么，以之为根据对儒学的历史地位给出重新的评判与价值取舍，还儒学本来真面目。

儒学作为儒家学派的思想学说开创于孔子，儒学的宗旨就应当到孔子的思想中去寻找。这不仅是因为孔子是儒家学派的创始人，亦不仅是因为孔子是历史公认的儒家圣人，更主要是因为孔子一生“述而不作”，“信而好古”，“祖述尧舜，宪章文武”，终生以直承三代文脉为己任，其思想代表着中华文化的道统。如此言说的根据可以从孔子的思想理论与生命实践进行历史与逻辑相统一的考查。孔子“述而不作”的证明是其没有私人著述，晚年才编撰“六经”系统，除《春秋》经为孔子根据鲁国史实编订以外，其余“五经”皆为古已有之，孔子只是对之进行“吾道一以贯之”的重新编订。而其“述而不作”的思想根源是“信而好古”，其内在的思想逻辑即为（孔子之前的）古人思想已得天道之大本，不须后人再另行论述。而《庄子·天下篇》已经辅证，孔子之时已经是“道术将为天下裂”的时代，后来的百家之学皆已经渐次萌芽，但还未到彻底分裂之地步，故孔子可以其“信而好古”的精神，及“学而不厌”与“天纵之将圣”的个人素养直追尧、舜、禹、汤、文、武、周公以来的中国文化道统，从而自觉承担，且有能力承担起继承“古之斯文”的文化重任。基于如此历史与文化原因，孔子才成为中国文化史中一位继往开来，中流而立的关键人物，后世才有理由说“天不生仲尼，万古如长夜”。正是因为孔子在中国文化史中具有如此关键地位，才使其所开创的儒家文化成为中华文化之主体，而孔子的思想宗旨亦即为儒学思想宗旨。故在当代对儒学史的溯源之中，欲追寻儒学的思想宗旨，就必须以孔子的思想宗旨为终极依归。

反思至此，对儒学宗旨的反思就找到了其现实的历史起点，那就是孔子的思想。而孔子思想的意义并不只在于儒家学派的创立，更在于对中华远古文化“一以贯之”的道统传承。正因为孔子“述而不作”，才证明其思想不是一家之言，而是言之有据；正因为孔子“信而好古”，才证明其思想承自中华文化之正统；正因为孔子“知其不可而为之”，才证明其以身行道，实现道统担当。故孔子虽然没有直接表达自己思想的著述，但其思想却是有迹可寻的。孔子的思想在其现实性上存在于孔子的生命实践之中，在文本记载上则存在于“六经”之中。孔子之前的尧、舜、禹、汤、文、武、周公之道，由于文献缺失，皆可存而不论，而孔子则中流而立，上承三代道统，下启二千年儒学源流，只要解得孔子思想宗旨，儒学宗旨即明，中华文化之宗旨亦明。

如此，问题的关键就转变为孔子的思想宗旨是什么？反思可知，中国上古思想的传播实有赖于“以人载道”，或称“人以载道”的形式，以尧、舜、禹、汤、文、武、周公的历圣相传为代表，韩愈的《原道》篇实以这种“人以载道”的方式言说儒家文化的道统，而没有直接用文字表达出中华文化之道统是什么。而这种道统传承方式存在着人亡道熄的危险，不如立为言说，化为文本，可以久传。但生命之道一当立为文字，亦存在着由于个体生命体验、生命修为与学养能力不同等原因造成的人异言殊的可能，从而可能会发生庄子所言的“道术将为天下裂”的思想史逻辑。而孔子正是生逢这一中国文化史由“人以载道”到“文以载道”的转折时期，考查孔子一生治学，其“学而不厌，诲人不倦”（《论语·述而》）的人生轨迹亦发生了由早年的“人以载道”到晚年的“文以载道”的转变。这一转变就发生在孔子晚年知道不可行而返鲁，编订“六经”系统这一标志性的历史文化事件之中。因为在孔子之时，尚无印刷书籍，文献书于竹简丝帛之上，其数量之少，可想而知。故孔子一生无常师，“敏而好学，不耻下问”（《论语·公冶长》），“三人行，必有我师焉”（《论语·述而》），其学问主要是问学而来，而不是从书本文献中得来。孔子自身周游列国，游说诸侯的目的就是实现其“人以载道”，以身行道的使命，故要“知其不可而为之”。而孔子一生的主要精力用于教育弟子，其目的仍然是“人以载道”，以人弘道，以人传道，但唯一可以理解孔子思想的弟子颜渊早死，使孔子痛呼“天丧予，天丧予”，其意即为其道已经无人可传。故孔子晚年编撰“六经”的深意就是既然大道在现实之中已经不可行，弟子之中亦无人能够传承自己的“性与天道”之学，那就不得不用“文以载道”的方式，以“六经”载道，虽圣人不可得见，但圣人之文章可以传之于世，以之承续古之斯文，让后世慕圣之人有所理据。而后世儒学就主要延续了这条“文以载道”的发展路径，以“我注六经”或“六经注我”的方式形成了后世儒学的发展样态。但在这样一种注经、解经的过程中，由于去孔子已去，离古愈远，文本已然缺失，后儒更缺少可与孔子比肩的生命修为，因而必然产生对经典文本的理解偏差，误解孔子的儒学宗旨。

故孔子之道就在“六经”之中，要得孔子思想宗旨，只有回到“六经”之中，再验之以孔子的生命修为，知行合一，言行一致而得孔子思想真意。而“六经”之首为《易经》，在“六经”之中亦只有《易经》才是儒家哲学的直接表达，因而孔子思想宗旨自然蕴含在《易经》之中。故回归孔子儒学宗旨的关键就是要回到孔子“以易为宗”的思想进路之中，重新将《易经》作为孔子儒学的核心经典进行解读，孔子儒学的核心宗旨必然直接表达在其易学宗旨之中。也就是说，在述而不作的意义上，孔子是将自己的儒学宗旨“述”于易学解读之中。那么孔子的易学宗旨又是什么呢?《说卦传》已经指明“昔者圣人之作易也，幽赞于神明而生蓍，参天两地而倚数。观变于阴阳而立卦；发挥于刚柔而生爻；和顺于道德而理於义；穷理尽性以至於命。”性、命二字成为孔子儒学的核心话语，“穷理尽性以至于命”即为孔子研《易》所给出的价值论承诺，同时这也就是儒学的终极价值追求，亦是孔子儒学的立学宗旨。而孔子作传解经之后的《周易》经、传系统就是如何实现“穷理尽性以至于命”的修身哲学体系，其“穷理尽性以至于命”的生命安顿之道贯通整部“六经”系统及其他儒学经典之中，如此才可以将儒家经典解读为一以贯之的理论整体。

故当代重写儒学史在文本上必须回归孔子“以易为宗”的儒学宗旨，在儒学复兴的实践上则必须回归孔子儒学“穷理尽性以至于命”的修身宗旨。孔子作传解经之后的《周易》哲学以综合“象、数、理、义”于一体的卦爻系统揭示生命运行的“生生”之道，指引现实人生如何实现“穷理尽性以至于命”。“生生之谓易”，在哲学存在论上，《易》以生生为本体，由“生生”本体给出整部《周易》哲学的价值论与认识论等修身哲学体系。故《周易》哲学给出的“理、性、命”的价值论承诺以“生生”本体为支撑，“穷理”是穷“生生”之理，“尽性”是尽“生生”之性，“至命”是至“生生”之命。此“生生”之“理、性、命”是人生存在的终极根据，亦是人生所追求之“穷、尽、至”的终极目的。如此的人生就找到了安顿身心性命之所，不必乞灵于上帝或某种外在的存在。“理、性、命”皆在于我心之“觉解”

（借用冯友兰语），此觉解又在于“生生”于我心之流行，故“生生”本体就在我之生命中，“性命”之“理”即“生生”，“生命”即由“生生”所“命”而来，故为“生命”。如此之生命就是与“生生”之道一体贯通的存在，就是心有归依，身有所安的存在。孔子讲“志于道，据于德，依于仁，游于艺”（《论语·述而》），显然“道”为孔子所“志”，为其最高追求，亦为孔子生命的终极安顿之处。故孔子又讲“君子不器”（《论语·为政》），即君子求道而非器，历代学者皆以“仁”为孔子儒学的思想核心，实已丧失儒学根本。

二、对孔子之后的儒学进行历史与逻辑相统一的学理批判

在既有的儒学史书写之中，只是以一般性陈述方式介绍儒学史中的各家思想，却没有以孔子儒学的性命宗旨为标准考查儒学史，没有以孔子儒学“一以贯之”的思想精神对儒学史的发展历程进行批判式反思，更没有对儒学史中存在的问题进行正本清源式的纠正与解决。而要清理儒学史的发展轨迹，就要将儒学史的思想发展逻辑与具体历史的现实逻辑统一起来进行考查，揭示儒学史何以展开如其所是的发展逻辑，才能理解儒学史何以会出现如其所是的问题，又如何给出符合孔子儒学宗旨的根本解决之道。

孔子的儒学进路是以“六经”载道，尤其以《易经》承载自己的性与天道之学，但孔子是以“天纵之圣”编撰“六经”，“六经”奥旨，非常人可解，故孔子慨叹“中人以上可以语上也，中人以下不可以语上也”（《论语·雍也》），亦知后人可能误解六经，无法理解自己的儒学宗旨，故有“知我者，其唯春秋乎！罪我者，其唯春秋乎！”（《孟子·滕文公下》）及“后世之士疑丘者，或以易乎！”（《帛书要》）之叹。故孔子身后无人真正解得“六经”宗旨，也就无人真正理解孔子，使后儒都是离经而言道，未得儒学宗旨之正。

从《论语》可知，孔子生时其门下弟子除颜渊外皆不能真得孔子之道，故子贡言“夫子之文章可得而闻也，夫子之言性与天道不可得而闻也”（《论语·公冶长》），而颜渊早死，使孔子痛呼“天丧予，天丧予！”（《论语·先进》）即无人再能亲传孔子之道，故孔子不得不编撰六经，以六经载道。而

后儒又不解六经宗旨，故孔子身后才会有“儒分为八”（《韩非子·显学》），以至于孟子之时“天下之言，不归杨，则归墨”（《孟子·滕文公下》），孟子以“圣人之徒”自居，起而辟杨墨。

秦始皇统一六国，用法而不用儒，“焚书坑儒”更是使儒学遭受重创，“六经”原典几近断亡，值得庆幸的是秦历二世而亡，使西汉可以重拾国故，拯救经典，在这一文化抢救过程中形成了汉代经学，但汉学已经是孔子所创儒家文化断裂之后的弥补，已经失去了孔子儒学以《易》为宗的“穷理尽性以至于命”的思想宗旨，在学术理路上迷失了孔子儒学安顿世人身心性命的致思取向。

而汉初治国则是用“黄老之学”，直到汉武帝“罢黜百家，独尊儒术”才使儒学进入政统，这正证明儒学的生命力不依赖于政统的支持，而政统却依赖于儒学的支持。如果儒学不是以生命与修身为核心，其在民间就不会有如此生命力。但汉代独尊的儒学只是以《春秋》为本的政治儒学，而不是以《易》为宗的修身儒学，故汉儒无法真正解决世人的生命安顿问题，所以才会有后来魏晋玄学的兴起及隋唐佛学的进入。而玄学本是中华文化的构成部分，其自然无为思想亦不出《周易》哲学所内含的“性与天道”之外，但佛学作为外来思想则本非中华文化，其直指生命与心性的价值追求及系统翔实的哲学体系使之在一时之间成为比儒学思想更具有理论征服力的学说体系。但其对社会、人伦、事功的厌弃又决定了其终非在人类大群之中可行可久之道，故韩愈起而辟佛，到宋儒建立起体系完备的儒家形而上学体系，终使儒学占据中华文化正统地位。

宋明理学继承韩愈首倡的道统说而自觉承担起辟佛老的文化使命，朱熹明确提出《古文尚书》中的“道心惟微，人心惟危，惟精惟一，允执厥中”为自尧、舜、禹、汤、文、武、周公、孔子而来的道统心传。从此，道心、人心之争，天理、人欲之辨就成为宋明理学以至其后世儒学史争执不断的主题。且不言《古文尚书》存在的真伪之争，仅就孔子儒学的“六经”系统而言，《尚书》经并不具有核心地位，具有哲理性的《易经》方为公认的群经之首。既然《易经》为群经之首，易理就当贯通于“六经”系统之中，易道就应当是孔子儒学的道统。而就“六经”系统的学理结构而言，只有《易经》才具有真正的哲理性，《易经》就是孔子儒学的哲学思想体系，孔子对“性与天道”的形上学理解就应当承载于《易经》之中。而《古文尚书》给出的十六字心传，无论其真伪性如何，只要其属于儒学范畴，就只能涵摄于易道之中，并由易道给出。而从周敦颐的《太极图说》到程颐的《伊川易传》也都是本着以《易》为宗的儒学进路而展开的思想表达，尽管他们对易理的解读并非完全合于孔子宗旨，但仍不失孔子儒学以易为宗的学理进路。而朱熹则认为“易只是为卜筮而作”①，自言“易非学者急务也，某平生也费了些精神理会易与诗，然得力则未若语、孟之多也。易与诗中，所得似鸡肋焉”②。《易经》在朱熹的思想中只是可有可无的“鸡肋”，而完全在“六经”之外的《论语》、《孟子》反倒在《易经》之上，以至于朱熹最终将《礼记》之中的《大学》、《中庸》与《论语》、《孟子》并列为“四书”，奉为儒学绝对经典，终生宣扬，使“四书”成为高于“五经”原典之上的儒学经典，使儒学走上以“四书”为宗的思想进路，从而偏离了孔子儒学以《易》为宗的儒学进路。而其将《古文尚书》中的“道心惟微，人心惟危，惟精惟一，允执厥中”十六字作为儒家道统更是越俎代庖，使承载儒学道统的易道暗而不彰。

在宋儒实现儒学中兴之后，元政权的建立是对儒家文化的又一次重大威胁。元代作为蒙古族统治的历史时期，虽然实行了一定的汉化政策，并独尊程朱理学以助于对汉人的统治，但蒙古族在入主中原之前，早已接受或吸收了印藏、大食、欧洲等地的文化，虽入主中原并以汉地为其政治中心，但其对汉文化并非独尊，“当时全国规定使用三种语言文字，即蒙古文、汉文、波斯文。蒙古语是‘国语’，朝廷用蒙语议事，公文使用两种文字，即蒙古文和公牍文。所谓公牍文是从蒙语原文机械地翻译过来的硬体译文，即用蒙古语词法和句法用汉字作记录的文字，词语奇特，句法乖戾，用汉语常规不能读通。元代决策性的文件如宫廷议事记录、圣旨、令旨碑文、各省文件多半采用这种文体”③。且“元诸帝多不习汉文”④，可见元代对汉文化之重视不够，汉文化只是其多元文化之一极。而元代对程朱理学的表彰只是为维护其

① 黎靖德编:《朱子语类》卷第一百五，中华书局 1986 年版，第 2625 页。
② 黎靖德编:《朱子语类》卷第一百四，中华书局 1986 年版，第 2614 页。
③ 鄞江:《元代官方使用的语言文字》,《内蒙古社会科学》(汉文版) 1982 年第 4 期。
④ 王树民:《廿二史劄记校证》，中华书局 1984 年版，第 686 页。

对汉人的政治统治而勉强为之，并非以之作为立国之文化根基，故元代统治的百年之中没有出现能够影响后世的名家大儒。而且，程朱理学在被元代政治化利用之中发生了变异，理学被教条化、僵死化，异化为维护封建礼教的行为规范，失去了理学自新的理论生机。因为元代对理学之运用，只是为了实现其政治统治，理学已经不是传统中人文化成意义上的义理之学，后世理学的“以理杀人”就兆端于元代对理学的政治化运用。故就理学自身的发展史而言，元代理学发展实无可以表彰之处，这就是“宋明理学”舍去处于二者中间的元代而不言的根本原因。

因为元代是由蒙古族建立的世界性大帝国，蒙古族在其征服世界的过程中吸收了东西方各民族的多元文化，宋代兴起的理学不过是其多元文化整合中的一支，虽然在文化交流与融合的意义上，这是具有积极意义的历史事件，但在维护民族文化主体性的意义上，这种世界性的多元文化冲击则是对理学的威胁甚至破坏。故继元而起的明代诸儒在其问题意识中不能不有一种对民族文化的忧患，对复兴民族文化具有一种自觉的担当精神。宋代诸儒的文化担当精神是对周孔文化的担当，故以“我注六经”或“六经注我”的精神建立自己的理学思想体系，实现了儒学发展的一次全面振兴。但在元代，理学无以发展，以致继元而起的明代诸儒只是以复兴宋代理学为己任，在无意间遗忘了宋儒直承周孔之道的独立精神与文化自觉，从而在学术理路上只是延续着宋代理学的思想进路展开。相对于元代的蒙古族统治而言，明代理学对宋代理学的继承已经是一种民族文化的担当精神，符合儒学“夷夏之辨”与“家、国、天下”的宗旨，但对于孔子儒学建立的“六经”原典而言，明代诸儒则失去了宋儒“我注六经”与“六经注我”的独立精神，成为依附于宋代理学思想之下的文化附庸。故明代以后诸儒皆以朱熹注释的“四书五经”为儒家经典文本，虽有以王阳明为代表的心学一派影响深远，但其心学并非是对理学的否定或歧出，只是在作为理学修身实践的工夫论上表现出与理学不同的方法与路径，阳明心学与程朱理学争论的理论根据都是以朱熹表彰的《大学》之道的“三纲领、八条目”为主旨，只是二者从不同的工夫论进路出发对之进行了不同解读。

在此需要指出，思想史中通常都认为王阳明的心学进路是继陆九渊而来，故合称为“陆王心学”。但就王阳明与陆九渊的思想进路与学理依据而言，二者实无思想继承关系。陆九渊明言自己的思想得之于孟子，其心学进路从孟子的“本心”与“我善养吾浩然之气”而来，故陆九渊的心学体系在其学理依据上具有与朱熹不同的思想进路，在学理上可以成为与程朱理学相对而立的思想体系。而王阳明的心学则直接由程朱理学的“格物致知”进路转出，王阳明曾因为格门前竹子而致病，最终自得于“致良知”，而立“无善无恶心之体，有善有恶意之动，知善知恶是良知，为善去恶是格物”四句教。故阳明心学完全是在程朱理学进路中转进而来，没有超越朱熹理学之外的思维进路，只是王阳明在“格物致知”的修身实践上代表了由“顿悟”而入的修身方式，而朱熹代表了由“渐修”而入的修身方式，使二者之间表现出明显的差别。故阳明心学与陆九渊的心学本属不同的思想系统，虽然二者都强调心的作用，但其具体进路则不同。

元统治带给明代理学发展的另一历史影响就是，“明初立国，重新建立了专制主义中央集权，朱元璋对思想的钳制极为严厉，以程朱理学作为官方的哲学，一扫元末以来诸子争鸣的学术风气，思想文化重新归于一统，呈现为一种保守的文化特征”①。按照历史发展的逻辑，历代开国之君都会在思想上较为开明，大力发展思想文化，而朱元璋在立国之初何以要钳制思想文化而大兴“文字狱”呢？历史的问题不能仅仅从历史人物的个人品性与好恶去评判，还必须要还原到历史现实之中去寻找原因。元代以前的中国历代王朝的建立都是“分久必合，合久必分”意义上的中华民族内部的政权更迭，而蒙古族在建立元朝之前尚未融入中华民族的大家庭，故在文化性质上完全是一种外族的入侵与异族的统治。虽元代也实行一定的汉化政策，接受儒家文化，但如前文所述，有元一代终以多元文化并用为主，儒家文化只是维持其中原统治的文化工具。而就文化的民族性来说，许多汉人已经接受了少数民族统治的事实，在文化上接受了多元文化的影响，在政治理想与思想文化上都已淡化了中华民族文化主体性的自觉意识，淡化了民族文化的独立意识，从而在客观上消解或破坏了中国传统历史文化的统一性与延续性，以至于“明太祖朱元璋在南京登极称帝，建立大明帝国的时候，就在距南京并不很

① 陈宝良：《悄悄散去的幕纱——明代文化历程新说》，陕西人民教育出版社1988年版，第25页。

远的松江府，一位名叫杨维桢的元朝遗逸与当代文坛的名流们正在醉生梦死中享受着依然旧日的生活”①。故朱元璋建国之后必然要清除元代统治留下的在政治与文化方面的多元化影响，用统一的大一统精神注入政治统治之中，用统一的思想文化加强民族文化主体性的自觉意识，从而就在政治实践上走向加强中央集权的政治控制，在思想统一性上以程朱理学为独尊，走向极端就是“文字狱”的兴起。故明初的中央集权与“文字狱”不能离开元代统治遗留的历史内因，而这种中央集权的加强与“文字狱”的兴起不能不对思想文化的发展产生钳制作用，从而限制了明代思想的发展，使明代的理学没有超越宋代理学思想的轨迹之外，此种情况延至清代，理学都没有获得新的发展，最终在近代之后退出历史舞台。

继明而起的清代统治是对儒家文化的又一次冲击，虽然清代统治在形式上接受了儒家文化，但其对儒家文化的运用仍然是以政治儒学为核心，而不是以修身儒学为核心，故有清一代的儒学发展并不是儒学之道的昌明时代，而是儒学的异化与僵化时期。由其时学术的考据之风可知，清代儒学已经没有源自生命的独立思想与生长空间，实已偏离了儒学宗旨。但儒学自在的生命力即使在异化与僵化的体制之下仍然成长着，从而支撑了清代三百年的统治，而近代以来儒学退出历史舞台，只能看作被清代统治者利用的政治儒学的失败，而不是以生命安顿为宗旨的儒学正统的失败，今日儒学复兴的趋势已经证明儒学的生命宗旨仍然是人性的渴望，儒学的生命力仍然自在于中国社会文化之中，当这种对生命本质的追寻与生命的安顿成为文化自觉，儒学的复兴运动就成为历史的必然。

反观当代中国，西方文化从来没有如此全面地影响着中国人的现实生命和生活世界。西方文化的全面进入已经在客观上对作为意识形态的马克思主义文化构成了极大威胁。我们曾经警惕过的“和平演变”正在文化领域发生，这可以说是一种“温柔的战争”，中国人在不知不觉之中已经被征服，不知不觉中变成了西方人。在唐朝就已进入中国，却从未在中国大地上生根开花的基督教，已由中国的城市发展至乡村，而马克思的唯物论正是针对基督教的有神论提出的，在倡导唯物主义的中国却接受了基督教的上帝，可见

① 商传：《明代文化史》，东方出版中心 2007 年版，第 4 页。

当代中国文化的迷失。究其原因，就是当代中国文化抛弃了儒学，也就远离了生命的本质，从而无法安顿当代人的生命，从而为基督教的传播提供了土壤。但基督教在本质上不能解决生命问题，所以尼采说“上帝死了”，马克思说“宗教是人民的鸦片”①，所以要解决生命的问题仍然需要儒学的复兴，这是当代儒学复兴的根本原因与核心动力。

三、纳入中西对比的维度

中国传统儒学的发展史在事实上就是“注经”、“解经”的历史，历史上的儒家更重视经典的解读，而不重视对儒学发展的历史性解读。而当代对儒学史的反思则完全是由近代以来儒学被迫退出历史舞台这一历史实事逼问出来的学术使命，当代儒者要实现儒学复兴就要给儒学兴衰的历史原由一个完整的解释，以此为据才能给出儒学必然复兴的历史与现实根据，及其如何发展的可能进路。而儒学退出历史舞台的直接原因就是西方文化的进入，正是在中西对比的前提下，以五四新文化运动为代表的西化论者才彻底否定传统文化，并以西方文化取代传统文化，并最终发展成为对传统文化的彻底绞杀。故当代的儒学史书写就应当直接纳入中西对比的维度，在儒学史的整个书写过程中，将西方哲学直接作为进行对比的理论背景，将不同儒学发展阶段的儒学义理与内涵对比于西方哲学的相关原理及经典哲人的思想观念，使中西文化的哲学理论发生历史性的碰撞与比较，直接分辨出两种文化特质之间的异同甚至高低，让儒学区别于西方文化的生命之道在历史的维度中直接呈现出来，并对儒学相对于西方文化的历史兴衰给出复合儒学本性的合理解释，以纠正长久以来西化论者对儒学发展史的误解、歪曲，甚至污蔑。

但既有儒学史的书写者显然没有直接带入中西对比的理论维度，没有在儒学史书写之中直接面对和回答西方哲学的质问与质疑，是在回避与西方哲学对话的前提下仅仅书写儒学自己的历史。但这种对儒学自己的历史书写在事实上却运用了西方哲学的思维方式与话语方式，从而是以西方哲学为标准在衡量儒学自身的发展史。这种以西方哲学为先行标准来评判中国哲学的

① 《马克思恩格斯选集》第1卷，人民出版社1995年版，第2页。

儒学史书写方式最多只能为中国哲学争得与西方哲学对等的存在合法性，却无法彰显出中国哲学相对于西方哲学而具有的独特优越性，亦不能揭示出中国哲学如何可以解决西方哲学所无法解决的生命问题，更不能在人类性的哲学视野之中揭示出中国哲学是西方哲学的未来和希望，从而挺立起中国哲学的主体性与道义的担当精神。而且这种儒学史的书写方式还产生了一个关键性恶果，那就是对中国传统哲学理念的误读和误解。因为以西方哲学的话语方式与哲学理念为根据去直接解读中国哲学的传统话语与观念表达，就会直接将中国哲学完全不同于西方哲学的观念体系与话语表达直接等同于，或者对应于西方哲学的相关理念与表达方式，其结果必然是张冠李戴、曲解误判，迷失儒学真正宗旨。故需要在中西对比的基础上先行将中国哲学的义理表达转化为可以为现代人的哲学理性思维所能理解的话语逻辑与表达方式，才会突破现代人已经习惯的西方哲学思维方式的视域局限，真正揭示出中国哲学的独特特质与优越之处。

通过对儒学史文本的考查可以发现，既有儒学史的书写方式都是在“以西范中”的模式下展开的，但在其直接的理论阐释上却又都回避了中西思想对比的问题。就一种理想化的儒学史书写逻辑而言，应当是在儒学史的范围之内书写儒学史，应当完全抛开西方哲学等一切外来思想的干扰，以保证儒家思想发展史的血统纯正性。这就需要儒学史的书写要完全以儒学的思维方式，以儒学的话语方式，以儒学的基本理念，以儒学的理论进路，完全在中国文化的历史背景中展开。而这样一种理想化的儒学史书写在事实上已经不可能，因为前文已经论述，按照儒学自在的发展进路，其并不需要书写自己的历史，只需要注经、解经就可以阐明儒学的义理，而不需要通过研讨自身的历史去解决儒学问题。故儒学史书写问题的提出天然就具有一个中西对话与对比的问题，儒学史的书写完全是被西方文化逼迫出来的问题。儒学在西方文化的侵略之下退出历史舞台，而今又要重返历史舞台，从而不得不对自己的历史进行反思，才会产生“儒学史”的问题。这种儒学史的书写不仅是一种对儒学自身历史的反思，以明了儒学自身的得失与变易，而且是对西方哲学与文化的一系列挑战与质疑给出具体的回应与解答，是面对西方哲学与文化的侵略而为自身的存在与复兴的合法性正名，并在与西方哲学与文化的对比之中彰显自身的优越性。在更深层的意义上，儒学史的反思不只要挺立自己的主体性，而且要担当起引领人类文明未来走向的文化使命，此即为儒家文以载道，化成天下的道义担当。

而就当代儒学的解释与传播而言，当代中国人的理论思维已经是一种完全西化的理性思维，当代中国人已经无法用传统的思维方式回归到传统哲学的话语表达方式之中，当代中国人只能以西方化的哲学理性思维对传统哲学理念进行时代性的解读。故需要对中国哲学的经典话语与哲学理念进行理性化的哲学解读，以符合现代哲学理性思维的话语表达方式对传统哲学进行当代转化，使当代人的哲学理性可以走进中国哲学的义理世界，并真正理解中国哲学相对于西方哲学的独立特质与优越之处。而在这种转化之中必然要带入与西方哲学对比的理论维度，才能使中国哲学的特质得到充分展现，证明中国哲学在当代复兴的合法性与可能性。而既有的儒学史书写在表现形式上都是就儒学史而写儒学史，似乎确保了儒学史的纯正性，但其对儒学史的解读与具体的理论表达及理念阐释又无不是以西方哲学为参照，以胡适的《中国哲学史大纲》及冯友兰的《中国哲学史》为代表，西方哲学的基本范式在事实上规范着中国哲学史的表达方式。这已经是一个无法回避的问题，如果仅仅以西方哲学为范式书写儒学自己的历史，却不直接引入中西对比的维度，就会使儒学史的书写受限于西方哲学固有的视域局限之中，使许多西方哲学固有的问题以潜在的方式积存在儒学史的书写之中，使许多本来是西方哲学的问题转嫁为儒学史自身固有的问题。而事实上，西方哲学无法解决的诸多问题在孔子儒学之中早已自在解决，比如西方哲学悬而未绝的本体论问题、价值论问题、认识论问题，等等，在儒学中都超越于西方哲学之上的解决之道，只是没有被现代哲学理性化地揭示出来。故当代的儒学史书写应当直面西方哲学（史）的问题，给出儒学对这些问题的解答。既然西方哲学已经无法避免地成为儒学史书写的参照系，那就应当将之拉到阳光之下直接进行对话，在中西对比的维度之下更加详尽地解读出中国哲学的理论特质与根本理念。这既是对儒学的当代化解读，亦是儒学的重生，更是儒学对西方哲学与文化的救赎。

故当代的儒学史书写应当直接纳入中西对比的维度，在儒学史发展每一阶段的义理阐释之中都自觉进行中西哲学思想之间的对比，揭示出二者之间的异同与得失，及其理论思维与思想观念如何得以发生的历史与思维逻辑的统一性原理，从而让儒学宗旨在思想史中由明到暗，由暗到失地发展轨迹清晰地呈现出来，从而可以让当代学人返本归根，重拾儒学宗旨，让儒学宗旨再次昌明，让儒家思想复兴于当下。

（作者单位：山东大学儒学高等研究院；白城师范学院政法学院）

维新儒学：儒学的一个现代性版本

李海超

自儒学诞生以来，随着中国社会、历史的变迁，儒学也在不断地进行自我更新，先秦儒学、汉唐儒学、宋明理学、乾嘉汉学，这些都是儒学自我更新的成果，它们展示了儒学强大的生命活力。近代以来，很多人认为儒学的生命必将随着中国古代社会的终结而结束，但现代新儒学和新世纪以来大陆新儒学的出现，证明这种观点是错误的。现代新儒学和大陆新儒学两者都认同现代社会的基本价值，因此它们可以看作是现代性的儒学版本。它们的出现表明，儒学一直在努力实现自身的现代转化。事实上，除了现代新儒学和大陆新儒学，在中国近现代历史上还存在着其他的现代性儒学版本，例如洋务儒学、维新儒学，甚至还可以追溯到明末清初的儒学。这些儒学形态在儒学的现代转型过程中发挥了重要的作用，但在目前的儒学史、哲学史研究中，它们在这方面的贡献并没有被认真地梳理。因此本文尝试以现代性的视角梳理维新派的新儒学建构，从而彰显其现代性特征及其历史意义。

在当前的儒学史、哲学史研究中，学者们对维新时期康有为、谭嗣同、严复等人的思想都进行了深入的研究，但是很少有人将他们的思想归结为某种儒学形态，好像他们的思想并没有共同的归旨。但事实上，康有为、谭嗣同、严复、梁启超，以及维新派的其他人物，如容闳、何启、胡礼垣、王韬、薛福成、文廷式、郑观应、麦孟华、唐才常等，他们的思想都是以儒家为根本、以“变法”为中心建构起来的，因此他们的思想可以统称为维新儒学。维新儒学有三个特点：第一，维新儒学是为现实的制度变革提供支撑的理论，因此它反对玄虚和保守，以求实求变为思想特征；第二，维新变法主要关心的是政治制度的变革，所以维新儒学探讨的核心问题是现代性的政道和治道问题，因而它以改政改制为理论中心；第三，维新派制度变革的目标是建设一现代性的新中国，而制度变革本身需要具有现代价值观念、伦理观念之国民的参与，所以培育具有新观念的国民也就成了维新儒学的重要任务，因此它又以新德新民为变法辅助。维新儒学的每一个思想侧面都具有丰富的现代性内涵，正因为此，我们才说维新儒学是儒学的一种现代化版本。下面对此详细阐述。

一、求实求变的维新儒学

（一）重实用的学术观

维新运动的目标首先是救亡，其次是自强，其实现方式是变法。这就要求维新儒学注重经世致用的学术，摒除玄虚的和不切实际的学术。

在康有为看来，中国古代的学术中，只有公羊学注重现实制度的改革，是能够用来救亡的。为了昌明公羊学，他对中国古代的汉学（包括古文经学和乾嘉汉学）、宋学都做了批评。对于汉学，他指出，从汉代古文经学开始，中国两千余年来所尊奉的经典大都是伪经。[①] 对于宋学，他虽然承认宋学是孔子之“真教”，但他认为宋学不合时代之所需，不能用来救世。那么，公羊学就能用来救当时之亟吗？康有为认为，公羊学真正继承了孔子《春秋》的思想，而《春秋》的主旨乃是“绌君威而申人权，夷贵族而尚平等，去内竞而归统一，革习惯而遵法制”[②]。可见，康有为将人权、平等、法制等现代性的观念融入他对《春秋》之微言大义的诠释之中，因此他所理解和阐释的公羊学，也就充满了现代性气息，而与维新变法的理想相符合了。

在维新人士中，另一位倡导有实有用的学术，并产生很大影响的是严复。对于严复是否是一个儒者，他的思想能否被判定为儒学，目前学界依然有很大的争论。但本文认为，严复虽然对传统儒学有很多批评，而他本人始终是一个儒者，他从未对儒学做根本的否定，并在很多地方强调原初儒学的

---

① 参见康有为：《新学伪经考》，章锡琛点校，上海古籍出版社 1956 年版，第 2 页。

② 梁启超：《论中国学术思想变迁之大势》，《梁启超全集》，北京出版社 1999 年版，第 616 页。

普适性，他的学术理想是要“统新故而视其通，苞中外而计其全”①，因此，严复的思想依然是以儒学为本的，可以被称为维新儒学。

在学术观上，严复和康有为一样，反对无实无用的学术，倡导有实有用的学术。严复对中国古代的辞章、考据、义理等学术都作出了批评，认为它们无实、无用。②但严复不同于康有为之处在于，他所找到的对救亡有实有用的学术不是公羊学，而是西学。他说：“西学格致，非迂途也，一言救亡，则将舍是而不可。”③他认为西学之所以有实、有用，这是由西学的为学方法决定的。他说，西学的为学方法包括两个方面，即“内籀”和“外籀”。“内籀”也就是归纳法，即“外籀”也就是演绎法。严复视这两种方法为格物穷理最重要的方法。不过，在两种方法中，他认为归纳法更为重要，因为归纳依靠的是现实的经验，经验保证了知识的有实、有用，避免了谈空谈玄。

（二）尚变易的本体观

在维新儒学体系中，本体论居于基础性地位，受到重实用的学术观的影响，维新人士建构的本体论并不注重形而上的玄思，而是大量吸收西方自然科学的观念，所以他们的本体论显得十分质朴。当然，为了响应“变法”的需求，维新学者们的本体论建构都具有重变的特征。

在康有为的儒学中，“元”是世界万物的本体，他说：“元为万物之本，人与天同本于元，犹波涛与沤同起于海。”④他指出，“元”本身是一种“气”，“元者，气也”⑤，“元气”本身不是不动的，而是在不断地聚集、分散、激荡、摩擦，正因为此，世上才会出现天、地、日、月等事物。所以康有为说，事物要想长久就要不断的自我改变，改变才能保持鲜活，不变就会慢慢枯死。因此他呼吁中国一定要变，“能变则全，不变则亡；全变则强，小变仍亡”⑥。

---

① 严复：《与〈外交报〉主人书》，《严复集》，中华书局1986年版，第560页。

② 严复：《救亡绝伦》，《严复集》，中华书局1986年版，第44页。

③ 严复：《救亡绝伦》，《严复集》，中华书局1986年版，第46页。

④ 康有为：《春秋董氏学》，中华书局1990年版，第126页。

⑤ 康有为：《春秋董氏学》，中华书局1990年版，第124页。

⑥ 康有为：《上清帝第六书》，《康有为政论集》，中华书局1981年版，第211页。

谭嗣同和康有为一样，建构了一个充满自然科学色彩的本体论。谭嗣同将“以太”作为世界的本体。但他又说，“以太”也就是儒家所讲的“仁”或“仁体”，而“仁为天地万物之源”①。这样看来，“以太”和“仁”是从不同的角度对本体的言说。谭嗣同认为，作为本体的“以太”是不断运动、日新不已的，“以太不新，三界万法皆灭矣”②。因此“以太”的运动是世界万物变化更新的根本，只要“以太”一动，世界就会革故鼎新，出现欣欣向荣的气象。

严复虽然没有明确建构一个重变的本体论，但是在他翻译的《天演论》中还是隐含着本体思想。皮后锋认为，“严复通过格义会通的方法，以《周易》中的‘易道’诠释斯宾塞的天演界说”，因此“天演”在严复的思想中也就变成了“道”、“太极”、“真宰”的表现形式。这样一来，严复就建构了一个不断变化的天演之体。在此天演之体发生变化的机制上，严复也用《易传·系辞上》中的乾、坤关系来比拟斯宾塞所说的“质”、“力”关系。在《易传·系辞上》中，易体变化的机制是乾、坤（或阴阳、刚柔）的相互作用，在严复看来“质”相当于乾，“力”相当于坤，“质”、“力”相推而成就“天演”③。既然本体在不停地变化，那么由体生成的万物自然会不断地变化。

（三）崇进化的历史观

中国固然需要变，但不应盲目地变，一定要了解人类社会发展的趋势，认清中国在人类历史发展轨道上的位置，才能确切地知道应该如何变，朝哪里变。如果说维新儒学的本体观解决了中国要不要变的问题，维新儒学的历史观则解决了朝哪个方向变的问题。从总体上看，维新儒学的历史观具有明显的进化论特征。

最早将进化论思想引入中国的人是严复，他翻译了赫胥黎的《天演论》，在《天演论》中，严复对达尔文和斯宾塞的思想也作了很多介绍。严复赞同斯宾塞和赫胥黎的观点，认为不仅自然界有进化，社会领域也有

---

① 谭嗣同:《仁学》,《谭嗣同集》，岳麓书社2012年版，第313页。

② 谭嗣同:《仁学》,《谭嗣同集》，岳麓书社2012年版，第339页。

③ 皮后锋:《严复评传》，南京大学出版社2006年版，第340—343页。

进化。他说："是故天演之事，不独见于动植二品中也。实则一切民物之事……乃无一焉非天之所演也。"① 由此，他反对中国古代的历史循环观，认为历史是不断向前发展的，未来的社会一定会超越过去和现在。

不过，在维新人士中最早提倡社会进化思想的人并不是严复，而是康有为。② 康有为用进化的思想诠释公羊学的"三世"说，构建了"三世进化"的历史观。所谓"三世"，即"据乱世"、"升平世"、"太平世"，这三世体现了人类文明发展的不同状态，"乱世者，文教未明也；升平者，渐有文教，小康也；太平者，大同之世，远近大小若一，文教全备也"③。康有为指出，人类社会的发展就是由不文明的乱世到极度文明的大同社会的进化历程。

梁启超主张建立一种新的史学，他在《新史学》一文中阐明了这种新史学的研究内容："历史者，叙述进化之现象也"；"历史者，叙述人群进化之现象也"；"历史者，叙述人群进化之现象而求得其公理公例者也"④。可见，梁启超的历史观就是进化的历史观，他认为历史学所要研究的就是人类进化的规律。他还认为，人群的进化本质上是自由精神的进化：在野蛮自由时代，人们并没有真正的自由，一切行为都是自发的；在贵族和帝制时代，只有统治阶层才拥有自由，普通百姓并无真正的自由；而到了文明自由的时代，人人都会享有自由。因此追求自由，让人们平等地享有自由，这就是人群进化的"公理公例"⑤。

维新儒学重实用的学术观对宋代以来空谈心性的儒学做了深刻的批评，并使儒学的关注点从人的内在修养转到现实的政治、社会中来，这种学术观的转变，为儒学吸纳、融汇各种现代价值奠定了基础。维新儒学尚变易的本体观，是其形而下的具体变法理论的根基，同时，其本体论中掺杂着的大量自然科学观念，使得维新儒学所展示的世界观少了很多形而上学的色彩，这

① 严复：《天演论》，《严复集》，中华书局 1986 年版，第 1326—1327 页。

② 梁启超说："三世之立义，则以进化之理释经世之志……南海之倡此，在达尔文主义未输入中国以前，不可谓非一大发明也。"（梁启超：《论中国学术思想变迁之大势》，《饮冰室合集·文集》7，中华书局 1989 年版，第 99 页）

③ 康有为：《春秋董氏学》，中华书局 1990 年版，第 28—29 页。

④ 梁启超：《新史学》，《饮冰室合集·文集》9，中华书局 1989 年版，第 7—10 页。

⑤ 蒋广学、何卫东：《梁启超评传》，南京大学出版社 2005 年版，第 111—112 页。

对中国传统儒学、佛学、道学的世界观都造成了很大的冲击，但却为人们接受现代自然科学世界观开启了大门。维新儒学崇进化的历史观给当时的中国人描绘了一个美好的未来王国，无论这个未来王国是现实的还是幻想的，这种对美好未来的许诺，使人们在国家破败、民生凋敝的处境中看到了希望，也为人们变革现实鼓足了勇气。

二、改政改制的维新儒学

（一）“民族国家”的国家观

维新派的学术观、本体观、历史观都是为其具体变法理论的建构服务的，这也就是说，维新儒学的中心议题应是提出政治制度变革的具体设想。前文讲过，维新派的目标是通过政治制度的变革将中国变成一自主、富强的现代国家，那个他们首先应该回答，他们所要建设的新国家和旧国家在“国家之为国家”的观念上，有什么不同?

梁启超在《新民说》一书中单列一节讲述国家思想，他认为中国几千年来并没有国家思想，他说中国人只知有天下而不知有国家。由此可见，维新派所要建设的现代国家观是与中国传统的“天下”观十分不同的。今天看来，现代国家的基本形态是民族国家，民族国家是世界国家体系的最基本单元，民族国家的本质特征主要有三点：“民族国家是主权国家”；“民族国家是人民的国家”；“民族国家是民族认同与国家认同相统一的国家”①。事实上，维新儒学所建构的新国家观本质上就是民族国家，下面详细论述。

第一，就国家主权观念而言，到了维新时期，人们开始集中讨论主权对一个国家的意义以及主权所涉及的范围。维新人士痛惜鸦片战争以来中国对内、对外主权的丧失，坚决反对帝国主义国家通过不平等条约获得的司法、关税、外交等特权。他们指出，主权的丧失将会给中国带来各种各样的危害。如黄遵宪认为，“治外法权”使外国人和中国人在刑罚上有不公平的待遇，这导致了外国人在中国的嚣张跋扈和中国百姓对朝廷的怨恨。维新人士还认识到，只有拥有国家主权才能与其他国家处于平等的地位，进行平等

① 周平：《对民族国家的再认识》，《政治学研究》2009年第4期。

的交往。这正如唐才常所说的："凡国但有民权国权，能管理界内一切人民物产，即能与他国议战议和。"①

第二，维新儒学对国家主权的归属问题也做了深刻的探讨。康有为认为，自从秦始皇统一六国，中国政权的性质就发生了变化，天下成了某家某姓私有的天下。汉以后各朝各代的统治者虽然都反对暴秦，但他们私底下都继承了秦的"自私之道"，把天下看作己姓之私有，时间长了，人们都以为这是正当的了。② 维新派反对这种主权私有的观念，他们认为主权应是国民所共有的。郑观应引用《六韬》中的名言——"天下非一人之天下，乃天下之天下也"——向人们大声疾呼，希望能够改变君主私有天下的局面。③ 严复也说："国者，斯民之公产也，王侯将相者，通国之公仆隶也。"④ 也就是说，国家是国民所共有的，君主和官员不过是为国民服务的人而已。

第三，维新儒学积极倡导中国境内各族群的共同民族认同和国家认同。维新人士对建设一个各族群共同认同的"大民族"非常重视，他们为此做了很多努力。其中，梁启超明确地倡导建设一涵盖中国境内各族群的"大民族"。他说："吾中国言民族者，当于小民族主义之外，更提倡大民族主义。小民族主义者何？汉民族对于国内他族是也。大民族主义者何？合国内本部属部以对于国外之诸侯是也。……合汉合满合蒙合回合苗合藏，组成一大民族。"⑤ 此外，梁启超还创造了"中华民族"一词，他说："中华民族自始本非一族，实由多民族混合而成。"⑥ 很明显，梁启超所说的"中华民族"就是统合诸多小民族的"大民族"。事实上，在现代国家中，各小民族只有拥有共同的"大民族"认同，才可能有稳固、团结的国家认同。

---

① 唐才常：《交涉学第四》，见汪标编：《湘学报》，湖南师范大学出版社 2010 年版，第 2586 页。

② 参见康有为：《民功篇》，《康有为全集》，上海古籍出版社 1987 年版，第 68 页。

③ 郑观应：《郑观应集》，上海人民出版社 1982 年版，第 332 页。

④ 严复：《辟韩》，《严复集》，中华书局 1986 年版，第 36 页。

⑤ 梁启超：《政治学大家伯伦知理之学说》，《饮冰室合集·文集》13，中华书局 1989 年版，第 75—76 页。

⑥ 梁启超：《历史上中国民族之观察》，《饮冰室合集·文集》41，中华书局 1989 年版，第 4 页。

综上，维新儒学对国家观念的阐释符合民族国家的基本要义，维新派所要建设的新国家本质上就是民族国家。

（二）“君主立宪”的政体观

国家主权在行使的过程中会转变为国家权力，而国家权力如何安置，这就涉及了政体问题。维新人士想要建设一个“主权在民”的现代国家，但在现实上，国家权力不能平均分配给每一个人，这就要求维新人士选择一种合理的制度安排，使它既能体现主权在民的原则，又能保证权力行使的效率，同时也适合中国的国情。

正是出于对君主私有天下观念及君主专制制度的不满，维新人士才想要建设“主权在民”的国家，在这种情况下，维新派一定不会再选择一种专制政体。因为身处两千余年专制帝国统治之下的中国，维新人士对君主专制制度的弊端有着深刻的认识。为了保证国家权力在根本上掌握在国民手中，鼓励国民共同参与国家治理，维新人士最终选择了“立宪”政体。严复认为，立宪政体是人类政治进化的必然趋势，“夫政治之界，既专制先有，立宪后成，则可知立宪乃天演大进之世局”①。所以他说，英、美、德、法等国家之所以强大，就是因为他们适应了历史进化的趋势，中国要想在国家林立的世界中生存，一定要顺应潮流，建立立宪政体。立宪政体有不同的类型，比如有君主立宪制，有共和立宪制，维新儒学所主张的立宪是指君主立宪，康有为、严复、梁启超等维新人士都反对在中国实行共和制。虽然根据他们的进化观，君主立宪最终会被共和立宪所替代，但是进化不能躐等，依据当时中国的国情，他们认为中国只能实行君主立宪制。梁启超甚至认为在实行君主立宪制之前，中国更适合先实行一段开明君主制，但无论如何，中国不能实行共和制。

维新儒学不只提出了君主立宪的主张，在具体的制度设计上，如制宪法、设议院、分国权、建政党等，他们也有详细的论述。这里不再一一介绍。

---

① 严复:《论国家于未立宪以前有可以行必宜行之要政》,《〈严复集〉补编》，福建人民出版社 2008 年版，第 42 页。

（三）“地方自治”的治理观

维新人士除了注重国家基本政治制度的变革外，对地方治理方式的变革也十分关心，他们所向往的地方治理方式是“自治”。康有为、严复、梁启超都明确提出了地方自治的主张。

康有为的地方自治思想集中体现在《公民自治篇》一文中。对于如何实行地方自治，康有为提出建立各省、府、州、县、乡、村的议会，各级行政和司法人员由公民代表组成的议会选出，凡政制、赋税等大事要由议会裁决。在各级自治单位中，康有为认为乡治最为重要，“民者国之本，乡者治之本，本固则国立”，因此他将乡的自治作为地方自治的基础，并制定了详细的体制规划。当然，康有为也指出，地方自治要依照国家制定的法律进行。①

在梁启超的《新民说》中有“论自治”一节，他在这里讨论了地方自治问题。梁启超认为，社会组织如公司、学校等也应该实行自治，因为无论政治组织还是社会组织，都“不过国家之缩图”，国家则是这些组织的“放大影片”。人们如果“于其小焉者能自治，则其大焉者举而措之矣”。可见梁启超也将地方自治看作治理国家的基础。但梁启超进一步指出，国民个人的自治是地方自治的基础，只有在这个基础上才能真正建设现代国家。②

严复认为“地方自治之制，为中国从古之所无”③，古代的三老等乡官都是朝廷委任的，不是人民选举出来的，而实行地方自治一定要以民权为基础，他说：“吾国居今而言地方自治……笃而论之，亦只是参用民权而已。”④对于实行地方自治的方法，严复的观点与康有为、梁启超大体相同，都主张仿效国家议会建立地方议会，他说：“地方之有乡约工局，犹国家之有议院内阁。”⑤从这里可以看出，地方自治也是“主权在民”原则的体现。

民族国家是维新儒学的政治改革理想，君主立宪、地方自治是维新儒

---

① 参见马小泉：《公民自治：一个百年未尽的话题》，《学术研究》2003年第10期。

② 梁启超：《新民说》，《梁启超全集》，北京出版社1999年版，第681—683页。

③ 甄克思：《社会通诠》，严复译，商务印书馆1981年版，第149页。

④ 严复：《政治讲义》，《严复集》，中华书局1986年版，第1276页。

⑤ 严复：《政治讲义》，《严复集》，中华书局1986年版，第1276页。

学实现此国家理想的政治架构，围绕这几个方面，维新儒学还对很多具体的国家、社会制度建构进行了深入的探讨，比如财政制度、司法制度、经济制度、国防制度等，限于篇幅，这里不再赘述。维新儒学的政治改革构想可以看作是儒家外王学的现代性开展，不过，维新儒学的外王学是为现代性的民族国家建设提供理论支撑的外王学，这种新的外王学对新世纪以来大陆新儒学的发展有着重要的影响。此外，维新人士的政治改革理想和实践极大地推动了中国的现代化进程。尽管维新变法失败了，但是维新儒学所倡导的现代政治观念却深入人心，并对后来的民主革命运动起了重要的思想启蒙作用，甚至许多维新人士在变法失败后直接投身革命运动当中。所以维新儒学对中国社会的现代转型所做的贡献是不可磨灭的。

三、新德新民的维新儒学

正所谓“贫民无富国，弱民无强国，乱民无治国”①，有什么样的国民就会有什么样的国家。维新派要想实现其建设宪政国家的理想，就一定要对国家的基础——国民进行改造。对于如何进行国民改造，严复“鼓民力”、“开民智”、“新民德”的主张可以视为维新派培育新民的宗旨。不过，对维新派所要进行的政治改革而言，“新民德”在三个方面中尤为关键。维新儒学所谓的“新民德”绝不是简单地对国民进行“德行仁义”的教化，而是要对国民进行现代价值观念、伦理观念的启蒙。维新儒学对国民所应具备的很多现代价值观念、伦理观念都有细致的论述，其中比较重要的有以下几个方面。

（一）保尊严、勇抗争的权利观

权利思想一方面与国家制度建设有关，另一方面与个人的利益有关。维新儒学对民权与国家制度建设关系的认识，上文已经作了详细的论述，这里重点讨论维新儒学对权利与个人关系的思考。首先，维新人士大都赞同西方“天赋人权”的观念，比如何启、胡礼垣说：“权者乃天之所为，非人

① 严复：《原强修订稿》，《严复集》，中华书局1986年版，第25页。

之所立也。天既赋人以性命，则必畀以顾此性命之权。”① 严复说：“西人之言曰：唯天生民，各具赋畀，得自由者为全受。”② 其次，维新人士认为，权利不只关乎人的生命和物质利益，它还关乎人的尊严。梁启超指出，权利意识是人之为人的尊严所在，奴隶任主人摆布，没有何权利意识，因此奴隶和禽兽并没有实质的分别。③ 最后，维新人士对权利和义务的关系也有很多论述。严复说：“义务者，与权利相对待而有之词也，故民有可据之权利，而后应尽之义务生焉。无权利，而责民义务者，非义务也，直奴分耳。”④ 也就是说，义务是相对权利而言的，没有权利也就无所谓义务，但权利是义务的基础，国民应该在拥有相应权利的基础上履行义务。

（二）本个人、先国群的自由观

自由是现代社会中特别重要的价值，现代政治生活、经济生活、伦理生活都是以自由价值为基础建立的。维新士人要想培育新国民，首先要让国民了解现代性的自由观念。康有为认为，儒家本有自由传统，这一传统的祖师是子贡。他说：“近者世近升平，自由之义渐明，实子贡为之祖，而皆孔学之一支一体也。”⑤ 他认为子贡的自由思想包括三个方面：第一，人的自由来源于天，自由乃是“天定之公理”；第二，个人的自由之所以不能被侵犯，是因为每个人在“天”的面前都是平等的、自主之个体，因此没有人有侵犯他人自由的权利；第三，正因为没有人可以侵犯他人的自由，因此每个个体的自由都不是无度的，而是有界的，其界限就是不能侵犯他人的自由。⑥ 可见，康有为这里已经具备了现代自由观念的基本内涵。不过，在维新时期，向中国大力推介西方自由思想成就和影响最大的是严复。严复虽然倡导自由观念，但在国群自由与个人自由的关系上，严复更强调国群自由的优先性。他说：“特观吾国今处之形，则小己自由尚非所急，而所以祛异族之侵横，求有立于天地之间，斯真刻不容缓之事。故所急者乃国群之自由，非小

① 何启、胡礼垣：《新政真诠》，辽宁人民出版社 1994 年版，第 397 页。
② 严复：《论世变之亟》，《严复集》，中华书局 1986 年版，第 3 页。
③ 梁启超：《新民说》，《梁启超全集》，北京出版社 1999 年版，第 671 页。
④ 孟德斯鸠：《法意》下册，严复译，商务印书馆 1981 年版，第 535 页。
⑤ 康有为：《论语注》，中华书局 1984 年版，第 61 页。
⑥ 参见康有为：《论语注》，中华书局 1984 年版，第 61 页。

己之自由也。”① 同严复一样，梁启超也对中国个人自由的倡导表示担忧，他认为中国如今人人都知道要自由，但却不知道他们需要的是哪种自由，如果人人都追求那种“野蛮时代”的自由，那么“‘自由’二字，不徒为专制党之口实，而实为中国前途之公敌也。”② 优先争取国群自由，这是维新人士的共识，由此可以想见当时中国救亡危机的严峻性。

（三）黜尊卑、扬自主的平等观

维新人士对中国社会中的各种不平等的现象进行了猛烈的批判，向人们大力倡导平等思想，其中谭嗣同影响最大，因此这里以谭嗣同为代表介绍维新儒学的平等思想。首先，在谭嗣同这里，现实中的平等观念有其形而上学的基础。前文讲到，谭嗣同以“仁”为世界万物的本体，“仁以通为第一义”，而“通之象为平等”，因此整个世界应该处处显现平等之象。谭嗣同认为，由于人们不知道这世界本是“通”的，于是就产生了各种各样的对待，“参伍错综其对待，故迷而不知平等。”而要想求得平等，就要打破一切对待，实现万物之间的“通”。③ 其次，谭嗣同指出，中国之所以没有人与人的平等、男与女的平等、上与下的平等，是因为中国古代的纲常伦理扼杀了国民的天性。他说，“三纲”伦理本质上是一种尊卑伦理，人与人之间一旦有了孰尊孰卑的名分，在现实生活中就会产生各种不平等，于是他对“三纲”伦理进行了猛烈的批判。最后，谭嗣同认为，中国古代的人伦关系中，只有朋友一伦值得提倡，他说：“五伦中于人生最无蔽而有益，无纤毫之苦，有淡水之乐，其唯朋友乎。顾择交何如耳，所以者何？一曰：‘平等’；二曰：‘自由’，三曰：‘节宣惟意’。总括其义，曰不失自主之权而已矣。”④ 也就是说，只有朋友一伦才能保证人与人之间交往的平等、自主，于是谭嗣同主张用朋友一伦取代其他四伦。或许其他维新人士并不赞同废除其他四伦的观点，但是将社会中的人伦关系建立在人人平等、自主的基础上，应该是维新人士的共识。

---

① 孟德斯鸠：《法意》上册，严复译，商务印书馆 1981 年版，第 360 页。
② 梁启超：《新民说》，《梁启超全集》，北京出版社 1999 年版，第 678 页。
③ 参见谭嗣同：《仁学》，《谭嗣同集》，岳麓书社 2012 年版，第 313 页。
④ 谭嗣同：《仁学》，《谭嗣同集》，岳麓书社 2012 年版，第 371 页。

（四）倡自爱、贵公德的公私观

中国传统社会本质上是宗法社会，整个国家是家族的放大，因此维系整个国家的伦理也是家族伦理的外推。而现代社会不是建立在血缘基础上的，社会、国家是由平等、独立的个人组成的，个人与社会、国家的关系既相互依赖又相互制约。因此要建设新社会、新国家，就需要建设处理公私关系的新伦理。在维新人士中，梁启超对新公私观念的阐释最为详细。首先，梁启超十分强调利己的意义，他认为自利是道德、法律建立的基础，是个人独立、国家繁荣的基础。他说，自利与利他并不违背，利己之心与利他之心本不为二，利他不过是利己之心的“变相”，自爱与爱他“异名同源”，相反相成，因此，不必以“兼爱”为名高，以自爱为忌讳。① 其次，在私德和公德方面，梁启超指出：“我中国道德之发达，不可谓不早。虽然，偏于私德，而公德殆阙如。”他说，中国古代太重私德，太过强调自我道德的提升，以至于“束身寡过”之善士太多，而不对国家尽义务又自觉有愧的人太少，这是中国之所以日渐衰落的一个重要原因，因此他认为在中国推行公德是十分紧要的。最后，梁启超虽然提倡公德，但他也并不否定私德，他认为私德是公德的基础，“公德者，私德之推也，知私德而不知公德，所缺者只在一推；蔑私德而谬托公德，则并所以推之具而不存也”。中国人不是一向都很注重私德吗？为什么中国没有在此基础上发展出公德呢？梁启超认为，这是由于中国人的私德已经堕落到极致了。不过，梁启超反对以智育代德育的主张。他说，这样做的结果只能是“以智育蠹德育”，或“以智育的德育障德育”，这将导致人们对智育和德育的双重诟病。②

（五）营功利、遵权界的义利观

中国古代儒家有很多关于义利关系的探讨，孔子曾讲：“君子喻于义，小人喻于利。”（《论语·里仁》）汉代大儒董仲舒也有一句名言：“正其谊不谋其利，明其道不计其功。”（《汉书·董仲舒传》）长久以来，人们将这些话作为道德教条，在生活中耻谈求利，即使正当的利益也不敢公开追求和谈

---

① 梁启超：《十种德性相反相成义》，《梁启超全集》，商务印书馆 1981 年版，第 431 页。

② 梁启超：《新民说》，《梁启超全集》，中华书局 1986 年版，第 714—725 页。

论。可是人们在生活中又总需要追求利，总在追求利，这就使社会形成了迂腐和虚伪的风气。这种迂腐和虚伪的风气势必影响中国的改良，因为中国改良的目标之一就是要追求功利——富强。于是维新人士积极倡导新的义利观，鼓励国民追求功利。严复首先对义利相悖的观点进行了批评，他说：第一，古代的观念都将功利和道义对立起来，而这不符合人的生存之道。个人要生存就一定要主动去追求功利，追求功利不应该受到批评。第二，随着民智的提高，人们会意识到追求功利必须遵守道义，只有遵守道义才能促进功利，严复把这种合乎“义”的求利称为“开明自营”，他指出：“开明自营，于道义必不背也。”① 康有为认为：“义者，利之和也。”② 也就是说，利和义之间的区别在于利益的获取是否侵犯了别人的权益，只要不损害别人的利益，对功利的追求就是义。梁启超认为国家的财富不是固定的，而是可以创造、增长的，他把创造财富的行为叫作“生利”，把获取社会已有财富的行为叫作“分利”。他指出，要想提高中国的国力，“不可不求一国中生利人多，分利人少”，因此要“广劝一国人使皆耻为分利者，复讲求政策，务安插前此之分利者，使有自新之道，以变为生利者。”③ 也就是说，只有绝大多数国民成为“生利者”，国家才有富强的希望。

从以上的论述可以看出，维新儒学所倡导的权利观、自由观、平等观、公私观、义利观已经与传统儒学的伦理道德思想有了很大的不同，这些观念更多地展现了现代社会的价值诉求和伦理诉求。我们知道，伦理道德是传统儒学的核心内容，维新儒学对传统儒学伦理道德观的批评和革新充分表明，维新儒学乃是一种现代性的儒学。

综合全文，维新人士的理论建构涉及经学、哲学、历史、政治、伦理等各个方面，但它们之间并不是零散的存在，而是有机统一在一起的。其统一性既表现为每一个维新人士的思想本身可以自成体系，而且也表现为各个维新人士的思想可以统归为一个学派，即维新儒学。维新儒学以儒家为根本、以求实求变为思想特征、以改政改制为理论中心、以新德新民变法辅助。此外，我们还可以明显看出，维新儒学的每一个具体侧面都蕴含着丰富

---

① 严复：《天演论·群治》案语，《严复集》，中华书局 1986 年版，第 1395 页。
② 康有为：《论语注》，中华书局 1984 年版，第 50 页。
③ 梁启超：《新民说》，《梁启超全集》，商务印书馆 1981 年版，第 702 页。

的现代性因素，因此维新儒学乃是儒学现代化的一次重要尝试。也许其具体建构是不成熟、不成功的，但作为儒学现代转型过程中的一个重要版本，它对后来的现代性儒学建构具有重要的借鉴意义。

（作者单位：山东大学儒学高等研究院）

儒学与现代性

李翔海

“儒学与现代性”的关系问题，是一个受到多方关注因而见仁见智的焦点问题。我们认为，儒学的现代开展包括了“外在冲击”、“内在转化”与“综合创造”三大阶段，在经历了三大阶段的发展后，儒学不仅将完成从“传统”向“现代”的转型，而且必将成就自身的“现代性”，以其既体现了时代精神而又寓涵了自身独异特质的存在形态成为人类多元现代文化中具有举足轻重之影响力的重要一元。

一、儒学现代开展的三大阶段

相对于儒学以往几千年的发展历程而言，可以认为，儒学的现代开展包括了“外在冲击”、“内在转化”与“综合创造”三大阶段。

（一）“外在冲击”是指作为人类现代文化之代表的西方文化对作为中国文化传统之主体的儒学产生全方位冲击的阶段，它构成了儒学现代转型的历史起点。

以儒学为主体的中国文化传统曾经创造过光辉灿烂的成就，并且在人类发展的“民族历史”时期曾长期处于世界范围内的领先地位，以至于一直到 17、18 世纪，不少西方启蒙思想家仍对古代中国文化的成就大为叹服。但从文艺复兴之后，伴随着西方文明的不断崛起，中国文化事实上就开始走上了衰微之路。从 14 世纪开始，西方社会与文化的发展逐渐走上了“快车道”。经过文艺复兴、启蒙运动、工业革命的不断变革，迄今为止对人类历史发生了最为深远之影响的现代化运动首先在西方出现。正是在这一过程中，作为西方现代化运动之精神积淀的，以科学理性精神、个人主义、进步的历史观等为核心内容的“现代性”逐渐形成，并成为体现了人类社会新阶段之内在要求的“时代精神”。在现代性的主导下，人不但不再甘于成为神的奴仆，而且亦要翻做自然的主人。由此，西方文化开始了在理性精神的指引下认识进而征服世界的历程，达致了科学、民主等现代文化成就，并逐渐产生了全球性的影响，一个按照西方现代文化改造非西方文化以促使其不得不走上向“现代”转型之路的时代浪潮在全球范围内开始形成。

以儒学为主体的中国文化传统正是在这一过程中被迫进入“世界历史”的进程之中的。此时的中国文化不仅在现实的层面是缺少科学理性精神、处在专制统治之下的，而且在精神理念的层面也是既没有挺立认知主体亦被封限在“人治”的观念框架之中的。正是存在于中西文化之间的这一“惊心动魄的历史差距”决定了被动走上现代化道路的儒学传统必然要遭受到来自西方文化的同样堪称是“惊心动魄”的冲击，这一冲击包括了从器物到制度以至精神理念的全幅层面。而“师夷之长技以制夷”、“统筹全局而全变之”和“伦理之最后的觉悟”的提出分别成为西方文化对以儒学为主体的中国文化的冲击深入到了器物、制度与精神理念层面的标志。

正如文化发展变迁的一般规律所显示的，作为外来因子的西方文化对以儒学为主体的中国文化的冲击是从器物层面开始的。正是在鸦片战争中，西方文化的强势透过坚船利炮直观而强有力地展示在国人面前，迫使此前依然沉迷于“天朝上国”美梦之中的中国人不得不“睁开眼睛看世界”，开始在中西文化比较的视野中思考中国文化的未来走向问题。作为当时先进的中国人的代表，魏源在第一次鸦片战争的炮声刚刚停歇之际，就明确提出了“师夷长技以制夷”的主张（魏源:《海国图志·叙》)。这在当时实在堪称是石破天惊之论。正如殷海光先生所指出的，由于中国文化传统在漫长的发展过程中与周边国家相比长期处于领先地位，因而逐渐酿成了“天朝模型的世界观”，表现出了较为强烈的“我族中心主义”的文化心态，不仅把中国文化看作是一个自足的系统，而且是一个优于其他文化系统的存在。①“师夷

① 殷海光:《中国文化的展望》，北京和平出版社 1988 年版，第 120—127 页。

长技以制夷”主张的提出，堪称是在“天朝模型的世界观”上历史性地打开了第一个缺口，构成了以儒学为主体的中国文化从传统走向现代的历史起点与逻辑起点。

从儒家传统的发展演进来看，魏源的有关主张虽然是难能可贵的，但就西方文化对儒家文化冲击之强度与广度而言，这一主张中所包含的变革力度却又远远不够。洋务运动后，随着甲午的惨败，中华民族的危机进一步加深。严峻的现实逼得人们不得不进行更为深入的文化反思。国人逐渐意识到：中西文化之间的差距不仅存在于器物层面，而且更为根本的是存在于社会制度层面。正是适应这一时代发展的要求，康有为、梁启超等发动了戊戌变法，力图对当时落后的社会政治制度“统筹全局而全变之”，以期步俄国与日本之后尘，收“变政而遂霸大地”之功效（康有为：《应诏统筹全局折》）。由此，西方现代文化对以儒学为主体的中国文化的冲击由器物而深入到了制度层面。

但是，仅仅局限于器物与制度层面的文化变革并没有能够带来人们所预期的改变民族危亡的困局并进而富国强兵的效果。不仅戊戌变法以流产告终，而且辛亥革命也并没有能够根本改变中国半殖民地、半封建的存在形态，即使是作为“战胜国”，也依然难免陷于国土被西方列强侵占的困境。由此，人们把批判以儒学为主体的中国文化传统的思想锋芒进而指向了更为深入的层面——精神理念层面。对 20 世纪中国文化的发展变迁产生了重要影响的五四新文化运动就是这一进展最为显明的标志性事件。当时中国先进的知识分子在经过了半个多世纪的“欧风西雨”的洗礼后终于清楚地认识到，以儒学为主体的中国文化传统与西方现代文化之间最为根本亦最为深刻的差距既不在器物亦不在制度，而在于精神理念层面。同作为五四新文化运动的思想领袖，陈独秀把精神伦理的觉悟看作是吾人之“最后的觉悟”①，胡适则进一步指出：“我们必须承认我们自己百事不如人，不但物质上不如人，不但机械上不如人，并且政治社会道德都不如人。”② 尽管“百事不如人”作为 19 世纪中叶以来学界对比反省中西文化的结论实在是凄凉的，而且其背

① 参见陈独秀：《吾人最后之觉悟》，《独秀文存》，安徽人民出版社 1987 年版，第 41 页。

② 胡适：《请大家来照镜子》，《胡适文存》第 3 集第 1 卷，亚东图书馆 1930 年版，第 47 页。

后所隐含的“全盘西化”的价值偏向也是相当明显的，但无论如何，它都可以视为当时的中国知识分子已清楚地意识到了西方现代文化对以儒学为主体的中国文化传统冲击之全幅性的一个明显标志。

由于像所有的非西方文化一样，现代化对以儒学为主体的中国文化而言既是外源的亦是后发的，因而对儒学现代发展的整体历程来说，“外在冲击”堪称是一个不可或缺的阶段。一方面，西化浪潮对儒学之腐朽传统的揭露、批判，为儒学现代化价值系统的重建廓清了内涵空间。对后起的现代化文化系统而言，没有这种外在化的冲击作为解构的力量，要想进行真正意义上的现代建构亦是不可能的。另一方面，正是这种冲击为儒学的现代化确立了科学、民主等价值目标。尽管无论就价值目标本身还是实现价值目标的手段而言，西化浪潮都是站在一种外在于儒家文化的立场，但他们所标举的科学、民主大旗的确构成了以儒学为主体的中国文化现代化价值系统中不可或缺的重要组成部分。正是西方文化的外在冲击促使儒学在被动之中开始走上了现代化之途。当然，儒学的现代化历程并没有停留在被动接受外在冲击的阶段，而是在经历冲击的过程中，逐渐开启了通过将现代化内化为自身文化生命的基本价值目标，从而实现由“外在冲击”到“内在转化”之转折的历史过程。

（二）“内在转化”阶段是指在经过相当长时间的外在冲击后，“现代化”与作为现代化之精神结晶的“现代性”内化为儒学自身的理想目标。

“内在转化”是紧接“外在冲击”的发展阶段。作为一个具有深厚生命力的文化系统，以儒学为主体的中国文化传统不可能永远在西方文化的外在冲击中被动发展。当西方文化对儒学的外在冲击发展到一定阶段后，儒学内在的生命力必然要体现出自身的自主性。在现代性成为现代人类公共的“文化认同”的时代背景之下，儒学文化生命的这种自主性的一个重要表现，就是将现代性内化为自身的理想目标。由此，这一阶段与上一阶段的一个基本的不同就在于：就儒学的整体存在形态而言，“现代化”与“现代性”不再是其迫于外在形势而“不得不”顺应的结果，而是成为儒学自觉自愿的追求目标。它以五四新文化运动为起点，表现为一个主动自觉地按照西方现代文化改造自身的过程。

这一点最为集中的体现，就是对“现代性”的追求成为现代新儒学的思想主题。长期以来，由于儒学传统被看作是使得中国传统社会陷于落后挨打的罪魁祸首，是与现代化逆向的精神力量，而现代新儒学又在相当程度上具有“保守”的性格，因而在中国大陆尚未开展现代新儒学研究之前，新儒学一直被人们看作是与现代化逆向的“复古”流派。而站在今天的眼光来看，这样的认定显然是不符合中国现代思想史之实际的，因为它完全否定了新儒学作为近现代以来的中国文化保守主义之成熟形态的“现代”品格。作为中国现代文化保守主义的主流，现代新儒家认肯向西方学习之必要性的基本文化立场事实上是颇为鲜明的。作为其开山鼻祖，梁漱溟虽然以倡导西方文化在“最近的将来”必然要向中国文化复归而著称于世，但他同时也明确承认，中国文化必须“全盘承受”发端于西方文化之中的科学与民主精神，怎样在中国文化中引进这两种精神乃是中国文化的“当务之急”。梁漱溟之后，如何在中国文化之中容纳以科学、民主为代表的现代文化精神，更是成为现代新儒家几代人为之共同奋斗的时代课题。秉承儒家“内圣外王”的基本思想纲领，现代新儒学明确提出了“返本开新”或曰“内圣开出新外王”的理想目标。这里所谓“返本”就是重新显发儒家内圣心性之学的现代意义，所谓“开新”则是要在此基础上开显出科学、民主“新外王”。① 这里姑且不论内圣心性之本是否可以开显出现代科学与民主，“内圣开出新外王”之理想目标的提出鲜明地体现出了新儒家力图在儒家思想中接纳以科学、民主为代表的现代文化的热切愿望，则可以说是确定无疑的。

由此，对现代性的追求内化为现代儒学的一个重要的价值目标。在现代性的义涵中，“理性精神的突显”居于基础性地位。这不仅是由于理性精神构成了西方文化传统一以贯之的基本理论特质，更是由理性精神在现代化过程中的重要作用所决定的。在中世纪，人不仅自觉地变成了神的奴仆，而且面对自然也是十分弱小的。文艺复兴特别是启蒙运动后，人们发现，正是由于人作为万物之灵具有认识与改造世界的理性能力，人完全能够亦应当成为世界的主人。由此，人类就开始了在理性的主导下认识进而征服世界的历程，理性精神的突显成为现代社会区别于前现代社会的基本标志。进步历史

① 参见唐君毅、牟宗三、徐复观、张君劢:《为中国文化敬告世界人士宣言》，香港《民主评论》1958 年 1 月号。

观的出现与个人主义的兴起也是建立在认肯人之理性能力的基础上的。只有充分显发理性能力，人才能有效地认识、改造自然与社会，从而使人类社会的不断发展成为可能。同样，现代民主政治的兴起是以公民具有对自身作为独立政治主体的理性自觉为前提的。如果社会成员对自身所应享有的基本权利、义务与自由没有清醒的认识，个人主义显然就无从兴起。在这个意义上，科学与民主可以说都是理性精神的产物。因此，正是理性精神的突显构成了现代性的核心内容。与对现代性的追求成为现代儒学的基本主题相关联，与传统儒学相比，现代儒学的一个最显明的特点就在于：在儒学传统中并未得到突显的理性精神在现代儒学中逐渐得到显发，随着现代化进程的不断推进，素重“德性”的儒家思想正在逐渐演变为一个为“理性”所浸润的价值系统。① 这既是现代儒学自觉地按照西方式的“现代性”形塑自己的结果，也是现代性内化为儒学之价值目标的一个集中体现。

（三）“综合创造”阶段是指儒学通过“综合的创造”与“创造的综合”既实现由传统向现代的转化而又超胜于西方式的现代性。这是紧接“内在转化”的发展阶段，它是在自觉自愿地将“现代化”与“现代性”内化为自身的理想目标之后，儒学之内在生命力在更高层次上的进一步表现。由此，这一阶段的一个基本特点就在于：人们不再仅仅安于师法西方式的现代性，而是努力探讨儒学如何在充分吸纳西方现代文化之优长的基础上，通过充分突显儒学自身的精神特质，在实现儒学由传统向现代转化的同时，而又超胜于西方式的现代性，成就一个与“传统”相对应的，更为合理、合时、合宜的“现代性”。这之所以可能，主要是基于以下两方面的基本理由：一方面是儒学内在的生命力为其面向未来的进一步发展提供了可能性，另一方面也是由于当代人类的存在境遇使以儒学为主体的中国文化面向未来的“综合创造”成为必要。

如前所述，在其现代开展的过程中，儒学不仅遭遇了相当的坎坷，而且连其继续存在的可能性都曾一度遭到质疑。这种状况的出现，与“西方文化中心论”的时代背景有着莫大的关联。正是在西方中心论的主导下，西方文化与非西方文化之间的不同被完全归结为时代性的差异即“现代文化”与

---

① 参见李翔海：《中国文化现代化历程的哲学省思》，《中国社会科学》2002 年第 6 期。

“前现代文化”的差异，非西方文化的现代开展被规约为以丢弃自身的民族传统为前提而按照西方现代文化形塑“现代”形态的过程。在这样的理论视野下，作为非西方文化之一的儒学是否能够拥有未来的确是可堪忧虑的。但是，如果从人类文化发展更为悠长的历史镜头中透视这一问题，我们就不难从中读出不同于“现代化即西方化”的文化义蕴。根据德国思想家雅思贝斯等提出的“轴心时代”的观念，不仅人类社会发展的早期人类文化就是多元开展的，而且这些轴心文明在日后数千年的发展中，只要它在轴心时代“超越的突破”中所获得的展开自身的理论内涵空间尚有进一步拓展的余地，它就会在归根结底的意义上继续按照在“超越的突破”中所规定的基本精神方向做“惯性运动”。① 正是立足于这样的视角来关照人类文化的发展走势，人们发现，一方面是中、西、印等轴心文明大都经历了一个在漫长的历史进程中逐渐展示其完整的理论内涵空间、在充分体现出理论成就的同时亦将自身的困限暴露无遗的过程，另一方面则是各轴心文明在今天尽管具有不尽相同的存在形态，但却并未彻底消亡，而是各自不同程度地依然保持了对当代社会与人生的影响力。② 就儒学的现代开展而言，它不仅已走过了由衰微而困厄再到复苏的艰难历程，而且其自身所具有的独异的智慧精神亦展示出了鲜活的生命力。这就为其面向未来的“综合创造”提供了内在的可能性。

与此同时则是当代人类的存在境遇使以儒学为主体的中国文化面向未来的进一步开展成为必要。在一定意义上，“现代化即西方化”的理论范式是以下述判断为前提的：西方现代文化是“圆满俱足”的，仅仅依靠西方文化的指引，人类就能走上通向未来的坦途。但是，在今天，这一论断不能不被打上重重的问号。毫无疑义，西方现代文化所表现出来的巨大的生命活力、在西方文化的主导下现代人类社会相比传统社会而言所取得的巨大的历史性进步是不容否认的。但是，在这一过程中西方文化已经暴露出严重问题也是毋庸置疑的。正是在西方文化的主导下，人类社会在经过了几个世纪的

---

① 参见雅思贝斯在《历史的起源与目标》一书中的有关论述，魏楚雄译，华夏出版社1989年版。

② 参见杜维明：《儒家传统的现代转化》，中国广播电视出版社1992年版，第264—267页。

发展、取得了巨大的物质性成就的同时，也出现了人生意义的迷失、人性的异化、资源枯竭、环境污染、生态危机、贫富与地区差别悬殊、核武器威胁等严重的问题乃至危机，人类社会在某种程度上甚至到了走向毁灭的边缘。对此，西方不少有识之士也已有了明确的认识。被看作是“建设性后现代主义”之主要代表的格里芬就曾经明确指出：“我们可以，而且应该抛弃现代性，事实上，我们必须这样做，否则，我们及地球上的大多数生命都将难以逃脱毁灭的命运。”① 由此，如何集中多民族文化共同体的智慧以解决当代人类所面临的共同问题而非单向度地以西方现代文化为典范来塑造非西方文化，就成为时代发展的内在要求。

因此，儒学在经历了“外在冲击”与“内在转化”阶段之后的“综合创造”，不仅是儒学进一步开展的内在要求，而且亦适切了时代的需要。

二、儒家价值系统中时代性与民族性的互融互汇与中国式“现代性”的逐渐生成

与这样的时代潮流相适应，儒学的现代重建跨越了现代性（时代性）民族性简单对立的历史时期，而走向了现代性与民族性互诠互释、互融互汇的新阶段。这一新阶段的一个基本趋势在于：一方面，是儒学仍处在由传统向现代转变的过程中，因而现代化的价值目标继续成为塑造现代儒学的标准；另一方面，则是儒学作为人类文化的重要传统之一，其某些民族特质更为充分地体现出了与现代人类之生存形态的相关性，从而具有了融入现代性、为既有的现代性补偏救弊的现实可能性。这既是由于以西方文化为代表的“现代性”至今尚是一个开放而非封闭的价值系统，同时也是由于儒学的独异特质为它为人类更为健全的现代性作出自己的贡献提供了可能。举其大端，以儒学为主体的中国文化的民族性与现代性互融互汇的当代走向在以下四个方面表现得尤为明显。

① 参见大卫·格里芬：《后现代科学》“英文版序言”，马季方译，中央编译出版社 1995 年版。

（一）儒家思想中丰富的关于价值理性的思想资源，可以与以工具理性为主导的现代性形成互补。尽管寻求价值理性与工具理性的统一曾经是西方启蒙时代的理想，但是，在以工业化为主导的西方现代化进程中，工具理性很快就取得了绝对的优势。因为过于注重工具理性而使手段掩盖了目的，以至于迷失了人生的意义，从而也使工具理性所带来的成就失去了终极意义。另一方面，儒家思想则更为注重人生价值的安顿问题，如何在与天地、社会、他人的对待关系之中完成自我生命的义务与责任，寻求自我生命的价值与意义，成为儒学传统的中心问题之一。与西方文化特别是西方现代文化相比，儒家思想在注重价值理性方面堪称具有十分丰富的传统资源，形成了一套立足于吾人之自我、在人性自足而不需要上帝眷顾的前提下充分凸显人生之终极价值与意义的理论系统。也正是与过于注重价值理性相关联，儒学传统中的工具理性不仅没有得到充分的发展，而且甚至缺乏基本的发展。民族性与现代性的良性互动，既有助于儒家思想吸纳西方文化中工具理性发达之优长，也有助于儒家思想所富涵的注重生命价值之安顿的思想资源为西方文化采取更为健全的现代形态提供借鉴。

（二）儒家思想重合的思维传统可以与以重分为主导的现代思维方式形成互补。重合的思维传统在成就了以儒学为主体的中国文化传统之博大精深的同时，也给中国文化带来了不少负面影响。中国文化传统之中未出现科学与民主，就与这种片面重合以至知合而不知分的思维取向有着相当程度的内在关联。以注重分析见长的现代思维方式与工具理性的并用，为人类现代文化成就的取得作出了重要贡献。但是，与西方文化的民族特质相关联，这一思维取向也存在着知分而不知合的缺陷。这一缺陷在西方文化的最新发展——后现代文化中得到了更为充分的表现。在那里，一切总体性、普遍性、基础性的文化观念都属于被打碎之列，人类的生存状态也由此而走向平面化、碎片化，以至于陷入虚无主义的泥淖而难以自拔。民族性与现代性的互动，既有利于儒家思想更为充分地吸收能分的文化精神，以使过度整合的儒学在适度的分化中形成现代性的文化架构，也有利于把儒学注重整合的智慧与深度理想的文化精神贡献于当代人类的文化建设。

（三）儒家思想以整体为本位的伦理传统与以个人为本位的现代伦理规范可以形成互补。长期以来成为全球性现代化价值主导的伦理规范，是产生于西方的、以个人为本位、以注重自我权利为基本特征的权利型伦理价值观。与此不同，以儒家为主体的中国文化则发展出了一套以注重相互之间的对待关系为基本特征的义务型伦理。正是这种注重相互之间的对待关系特别是强调双方为对方互尽义务的伦理链条将整个社会联为一体，从而导致了注重整体而非个体的价值系统的出现。这一点在今天工业东亚受到西方人士极大关注的“社会、国家比个人更重要”的基本价值取向中，继续得到了体现。自马克斯·韦伯以来，这种以整体为本位的伦理规范一直被看作是与现代性的要求背道而驰的。但是，在今天与中国文化中个体权利意识依然缺乏充分发展相映成趣的是，西方价值观所遭遇到的最大的问题，则是极端个人主义的盛行。因此，正像儒家思想可以在为个人权利定位的问题上向以个人为本位的现代伦理规范寻求借鉴一样，儒学所注重的伦理规范的整体性取向也应当可以给现代伦理价值观克服自身的弊端以启发。

（四）儒家思想对普遍和谐的追求可以与在征服中超克争胜的现代精神构成互补。儒家思想的超越理想是在人之身心、个人与他人、个人与社会、个人与天地宇宙之间达成普遍的和谐。在这种价值取向的主导下，儒家思想显然不可能在主体与客体之间保持高度的紧张关系，这正是马克斯·韦伯断定中国文化中不可能出现资本主义的重要原因。西方文化在征服中不断争胜、超克的传统的确体现了一种一往无前的精神，表征了西方文化所具有的强劲的活力。但是在今天，正是这种强劲的活力使西方文化面临着神人对立、文明冲突以及极端个人主义盛行的窘境。正是在这种背景之下，不少西方有识之士把眼光投向了以儒学为主体的中国文化，希望能在其追求普遍和谐的价值系统中找到脱出窘境的启迪。如何在现代性与民族性的互动中既使儒家思想更具活力，又在人类的现代价值系统中吸收儒家思想注重和谐的智慧，减缓人与神、人与自然、个人与他人之间的紧张与对立，这显然可以看作是一个对于当代人类而言富有挑战性的课题。

文化之时代性与民族性之间相反相成、相摩相荡的现实运动，正是要指向儒家思想现代开展的理想目标——时代性与民族性的有机统一。作为人类文化的主流传统之一，以儒学为主体的中国文化不仅必将完成自身价值系统由传统向现代的转化，而且也有责任为人类文化成就更为丰满的现代性作出自己独异的贡献。由此，儒学不仅将完成从“传统”向“现代”的转型，而且必将成就自身的“现代性”，以其既体现了时代精神而又寓涵了自身独异特质的存在形态成为人类多元现代文化中具有举足轻重之影响力的重要一元。

三、以中国文化精神为本位的大综合：面向未来的儒学存在形态思考点滴

经过综合创造之后的儒学将具有怎样的存在形态？这归根结底是一个需要足够的时间来加以回答的问题。在这里，本文只是从三个方面作出形式性的勾勒。

（一）儒学将面向西方现代文化，谋求新的、更大的综合。在历史上，以儒学为主体的中国文化曾经过对源起于印度的佛学几百年的消化、吸收，成功地将东方的两大“轴心文明”加以会通、融合，结出了人类文化史上的奇葩。在今天，为了真正消化西方现代文明，儒学将以中华文化精神为本位，继续体现“注重综合”的思维形态，以寻求新的、更大的综合。在学理形态上，“即哲学即宗教”的儒家思想将会力图将在西方现代文化中得到盛大发扬的科学精神融摄于自身。在思维方式上，儒学将谋求东方“圆而神”精神与西方“方以智”精神的有机结合，既体现“方以智”的充分张力，又保有“圆而神”的灵通与统贯。在伦常规范上，则是寻求德性伦理与权利伦理的融通。

（二）通过新的综合与新的创造，儒学将获得更为丰满的存在形态。一方面是有所克服。致力于内在世界的开拓但却对外在世界注重和关注不够，强调用人的内在精神去转化、提升外在世界，但对于外在世界对人的内在精神世界的制约乃至决定作用缺乏足够的认识，是儒家传统的一个明显的不足之处。儒学的现代开展，将有助于其克服这一弱点。一方面是有所调适，儒家的理想追求将不会再为中国传统的特定社会形态所框限，在儒学传统中暗而不明的认知理性将得到充分的加强。一方面是有所增益。不仅最早产生于西方的现代化的社会经济、政治架构及其精神结晶——以理性精神、个人主义及进步的历史观为核心的“现代性”将以“中国化”的方式在儒家思想中得到反映和表现，而且立足于中华民族现代复兴的实践，儒家思想必将能够

在制度与精神理念层面为现代人类增添新的智慧精神。由此，儒学将获得更为丰满的存在形态。

（三）在基本的理论关节点上，儒学仍将保持自身的根本理论特质。尽管现代儒学从存在形态到内容及形式均发生了某种程度的变化，但是，在某些基本的理论关节点上，儒学仍将保持其之所以为儒学的根本理论特质。与现代社会作为理性主义生活实体相联系，“智”在儒家价值系统中的重要性将得到一定程度的突显，并且将不再主要局限在道德活动的范围内，但儒家归根结底将依然保持德性优位性，依然是一种立德成人之道。生命意义的安顿问题将一如既往依然会是儒学的思想主题。儒学所成立的立足于现实世界自身，以吾性自足、自我做主为基本特征的安身立命之道，将在与基督教所代表的西方式的追求超越世界，以将自我生命的终极意义归根结底托付于外在人格神为基本特征的终极关怀系统的比照中，透显出更为广泛的现代意义。同样，“生生和谐”也依然是儒家所追求的价值理想。进入近代以来，追求“普遍和谐”的儒学遭遇到了普遍的不和谐，更为强调对立面之冲突的西方现代文化更是成为现代人类文化的主流。面向未来，如何充分展现“和而不同”的智慧精神，把“广大和谐”之道推展到更高的层面，是考验儒学是否真正具有生机与活力的一个重要方面。

（作者单位：北京大学中国文化发展研究中心）

从孔孟到《易》、《庸》

——钱穆论先秦哲学衍化及其当代启示

杨生照

作为中国哲学的原创和奠基阶段（中国的“轴心时期”），先秦哲学形成并奠定了中国哲学的根本精神和思想特质，是重建当代中国哲学必须回溯并汲取的思想资源，故一直是中国哲学史研究的核心之域。现代著名历史学家钱穆先生，一生以研究和复兴中国文化为职志，亦曾通过对先秦哲学衍化的考察，提出了一个与传统旧说迥异的钱氏先秦学术谱系，并对中国文化如何应对吸纳西方文化从而实现当代复兴作了一种有意义的思想探索。本文便试对钱穆先生的这一考索工作展开相关讨论。

一、总论先秦哲学衍化

钱穆在《中国思想史》一书中对先秦哲学的衍化过程有过一总的论述：

（天人之际）问题，本是世界人类思想所必然要遭遇到的唯一最大主要的问题。春秋时代人的思想，颇想把宇宙暂时撇开，本专一解决人生界诸问题，如子产便是其代表。孔子思想，虽说承接春秋，但是其思想之内在深处，实有一个极深邃的天人合一观之倾向，然只是引而不发。孟子的性善论，可说已在天、人交界处明显地安上一接榫，但亦还只是从天过渡到人，依然偏重在人的一边。庄子要把人重回归到天，然又用力过重，故荀子说其“知有天而不知有人”。但荀子又把天与人斩截划分得太分明了。这一态度，并不与孔子一致。老子提出了“人法地，地法天，天法道，道法自然”之明确口号，而在修身、齐家、治国、平天下一切人生界实际事为上，都有一套精密的想法，较之孟子是恢宏了，较之庄子是落实了，但较之孔子，则仍嫌其精明有余，厚德不足。而且又偏重在自然，而放轻了人文之比重。《易传》与《中庸》，则要弥补此缺憾。①

短短数百言，钱穆不仅点明了人类哲学沉思的根本问题，即天人之际，而且端出了一个钱氏自己的先秦学术谱系：子产→孔子（→杨朱、墨子）→孟子→庄子→荀子→老子→作《易传》、《中庸》的新儒家。不难看到，此谱系与传统旧说有着诸多相异之处。如：旧说一般以《易传》为孔子所作，《中庸》为孔子之孙子思所作，而孟子曾受业于子思门人，故《易》、《庸》应在孟子之前，但钱穆认为《易传》并非孔子所作，《中庸》亦非子思所作，二者皆是战国晚期至秦汉间的“新儒家”② 在融会以孔孟儒家和庄老道家为代表的先秦诸子思想之基础上创构而成，是先秦哲学发展的最高峰。又如：旧说一般以为老子在庄子之前，而钱穆则相反认为《庄子》应在《老子》之前，且庄子可能是孔子之后“儒分为八”中的“颜氏之儒”一支。③

本文将选取其中的孔孟、庄老、荀子及《易》、《庸》等对后世中国哲学发展有过实质性意义的诸家进行讨论，来展现钱氏眼中的先秦哲学发展历程及其对中西哲学会通的某种启示，而如杨、墨等尽管在先秦时期曾影响广泛，但在后来皆沦为绝学，故略去不论。此外，尽管钱穆将荀子置于庄老之间，但虑及庄老两家思想的相近性，故本文将先采取庄老连述，之后再单论

① 钱穆：《中国思想史》，《钱宾四先生全集》（文中简称“全集”）第 24 卷，台湾联经出版事业公司 1998 年版，第 82 页。

② 钱穆称《易》、《庸》作者为“新儒家”是要与孔孟等“旧儒家”相区别。在他看来，孟子思想更近于《论语》而远于《中庸》，而《易传》思想则类于《中庸》，且二者又皆“远于《论语》而近于庄老”。（参见钱穆：《中国学术思想史论丛》（一），《钱宾四先生全集》第 18 卷，台湾联经出版事业公司 1998 年版，第 269 页）

③ 钱穆：《庄老通辨》，生活·读书·新知三联书店 2005 年版，第 148—149 页。

荀子。

二、从皇古的素朴宇宙论到孔孟的德性人生观

哲学沉思以天人之际，即人与宇宙或世界的关系为基本问题，其内含着对宇宙和人生两个方面的终极思索。钱穆认为，在中西文明和哲学发源的初期，往往都是对宇宙的思考先于对人生的思考，即“宇宙论之起源，乃远在皇古以来”，且由于“其时民智犹僿”，故“对于天地原始，种物终极”之种种“拟议”，“言其大体，不外以宇宙为天帝百神所创造与主持。人生短促，死而为鬼，则返于天帝百神之所”。钱穆称之为“素朴的宇宙论”①，其实质上就是一种原始的有神论的宗教观念。紧接着：

> 迨于群制日昌，人事日繁，而民智亦日启。斯时也，则始有人生哲学，往往欲摆脱荒古相传习俗相沿的素朴宇宙论之束缚，而自辟藩囿。但亦终不能净尽摆脱，则仍不免依违出入于古人传说信仰之牢笼中，特不如古人之笃信而坚守。此亦中外民族思想曙光初启之世所同有的景象。其在中国，儒家思想，厥为卓然有人生哲学之新建。②

这是说，随着社会生产的发展，人群数量的增多，人们要应对的问题不再仅是人和宇宙自然界的关系问题（即“天人之辨”），而且还有人与人之间的关系问题（即“群己之辨”），这就要求人们开始对人类自身的本质及其存在意义作出思考，从而产生了人类早期的人生哲学，其在中国文化中便是以孔孟儒家思想为代表。③

就宇宙观方面来说，钱穆指出：“《论语》里的‘天’字，是有意志，有

① 钱穆：《中国学术思想史论丛》（二），《钱宾四先生全集》第 18 卷，台湾联经出版事业公司 1998 年版，第 25—26 页。

② 钱穆：《中国学术思想史论丛》（二），《钱宾四先生全集》第 18 卷，台湾联经出版事业公司 1998 年版，第 26 页。

③ 若补全些说，那么，在孔子之前则已有子产开启人文转向之端，在孔子当时及稍后则有杨朱和墨子之起，他们也都从不同视域和角度上表现出对人生问题的关注。而孟子继起，正是要“距杨墨，放淫辞”以复孔子儒家之道。

人格的。……《论语》里的鬼神，也是有意志，有人格的”①，这说明“孔子于古代素朴的天神观，为皇古相传宇宙论之主要骨干者，固未绝然摆弃”②；至于孟子，由于当时“道家气化的新宇宙观方在创始，孟子未受其影响，故孟子胸中之宇宙观，大体犹是上世素朴的传统”③。质言之，孔孟的宇宙观仍属于上古素朴宇宙论，即原始的有神论宗教观的延续。受此有神论宗教观影响，钱穆认为，孔孟儒家所论之人生，亦是“近于畸神、畸性的，偏倾于人文的人类心灵之同然，而异于专主自然者”④。也就是说，在对人的本质及其存在意义的思考上，孔孟儒家更强调作为人之所以为人的理性的道德意识，即所谓“仁”、“仁义”或“良知”等，而非人之“食色”本能意义上的感性的自然生命。这种理性的道德意识，不仅上接形上宇宙天道（天），而且下导形下社会规范（礼）。孔子讲“克己复礼为仁”（《论语·颜渊》）⑤，孟子讲“居仁由义”、“尽心知性知天”（《孟子·尽心上》）⑥，都是在强调人应当在现实的社会生活中通过不断地践行礼制规范以存其仁义之德性，从而最终体贴“性与天道”（《论语·公冶长》），实现与天地万物为一体。此亦即孔孟“思想之内在深处”所蕴含的“一个极深邃的天人合一观之倾向”⑦。要而言之，孔孟儒家以重人事、尊德性为其学问之主要特征和趋向。

此外，钱穆还指出，与其有神论的素朴宇宙观相联系，尽管孔孟儒家对现实的伦理政治实践活动总是能持有一种积极向上的进取态度，但是当面对整个无限的世界或宇宙之时，他们又往往流露出某种无可奈何或无能为力，从而使其思想亦常呈现出一种“尽人事，听天命”或曰“谋事在人，成

① 钱穆:《中国学术思想史论丛》(一),《钱宾四先生全集》第18卷，台湾联经出版事业公司1998年版，第266—267页。

② 钱穆:《中国学术思想史论丛》(二),《钱宾四先生全集》第18卷，台湾联经出版事业公司1998年版，第26页。

③ 钱穆:《中国学术思想史论丛》(二),《钱宾四先生全集》第18卷，台湾联经出版事业公司1998年版，第56页。

④ 钱穆:《中国学术思想史论丛》(二),《钱宾四先生全集》第18卷，台湾联经出版事业公司1998年版，第31页。

⑤ 《论语》:《十三经注疏》本，中华书局1980年影印版。

⑥ 《论语》:《十三经注疏》本，中华书局1980年影印版。

⑦ 钱穆:《中国思想史》,《钱宾四先生全集》第24卷，台湾联经出版事业公司1998年版，第82页。

事在天”的意味，其在认识论上表达为一种不可知论的观点。①

三、庄老道家的气化宇宙论与自然人生观

孔孟儒家之后，庄老道家继起。钱穆认为，庄老道家哲学的主要功绩是“对于……古代素朴的宇宙论，尽情破坏，掊击无遗”：

> 盖中国自有庄老道家，而皇古相传天帝百神之观念始彻底廓清，不能再为吾人宇宙观念之主干。故论中国古代思想之有新宇宙观，断自庄老道家始。②

与古代素朴宇宙论将宇宙万物之存在看作“天帝百神”之“创造与主持”不同，庄老道家认为“宇宙万物皆不过为一气之转化也”③，无始亦无终。包括古代素朴宇宙观中作为最高主宰的“天”，在庄老道家思想中亦多是与“地”连称并举：“地有体，属形而下，……天地为同类，天亦近于形而下。”④ 天地作为形而下者，亦皆为一气之所化而成。盈天地间，唯有此一气之化。此“一气之化”正是庄老道家所讲的宇宙本体之“道”。钱穆称此宇宙观为“气化的宇宙观”，并指出它不仅“破帝蔑神”，且具有“归极于自然，偏倾于唯物”⑤ 的特点。与此气化宇宙观相应，并与孔孟儒家之积极的德性人生论不同，庄老道家采取了一种轻德贵道，崇尚自然无为的消极人生观。

不过，除了表明庄老道家之与古代素朴宇宙论的决裂及其与孔孟儒家德性人生观之不同外，钱穆更突出强调了庄老二者在关于气化之道之具体内

---

① 钱穆:《庄老通辨》，生活·读书·新知三联书店2005年版，第149页。

② 钱穆:《中国学术思想史论丛》(二)，《钱宾四先生全集》第18卷，台湾联经出版事业公司1998年版，第26页。

③ 钱穆:《中国学术思想史论丛》(二)，《钱宾四先生全集》第18卷，台湾联经出版事业公司1998年版，第33页。

④ 钱穆:《庄老通辨》，生活·读书·新知三联书店2005年版，第158页。

⑤ 钱穆:《中国学术思想史论丛》(二)，《钱宾四先生全集》第18卷，台湾联经出版事业公司1998年版，第28页。

容和态度（即认识论观点）上的重要差异，后者又进一步影响了其各自的人生观。

就对古代素朴宇宙论进行彻底批判从而提出新的气化宇宙论的工作来说，钱穆认为以庄子首当其功：为了凸显与旧宇宙观之真正决裂，庄子不仅从观念上对“天”、“帝”、“神”的存在予以否定，且更从语词上破旧立新，即提出了“造物者”、“造化者”的概念，后者并非任何有人格意志的天或帝或神，而只是一气之聚散转化。然而，对于气化之道的具体内容，即宇宙运行变化的规律，庄子则认为是不可知的，因为他从根本上以为宇宙大化是无常（即无规律）的。故钱穆说道：“在庄周，因于认为道化之无常而不可知，乃仅求个人之随物乘化以葆光而全真。……故庄周始终对宇宙实际事务抱消极之意态。”① 就是说，庄子以为，在大道之化中，人物无高低贵贱之分，惟有乘此大道之化，各随其性以臻逍遥（自然）之境，此外别无他事。庄子的这种不可知论，钱穆认为可能上乘孔门儒家。②

继庄子之后，老子一方面继承庄子的气化宇宙观，另一方面又一反庄子的不可知论而认为：“道之运行…有其一定所遵循之规律，而决然为可知者。……庄子仅言道化无常，而老子则曰道必逝，逝必远，远必反，此为大道运行之一种必然规律也。”③ 与庄子以宇宙大化为无常而不可知不同，老子不仅认为宇宙气化运行是有常的（即有规律），且此“常道”可以为人所识知。《老子》五千言之思想功绩正在于言明此宇宙气化之常道的具体内容，并可一言以蔽之，曰“反者道之动”（《老子》第40章）④。“反”即是返，即复归之意。复归于何处？老子说：“复归其根”、“复归于婴儿”、“复归于朴”、“复归于无极”等等（《老子》第16、28章）。此所谓“根”、“婴儿”、“朴”、“无极”，都是指宇宙万物产生的终极根源（即“自然”之“道”），亦即是无：“天下万物生于有，有生于无。”（《老子》第40章）质言之，万物既源生于无，亦复归于无。故欲知大道，必以“观复”（《老子》第16章）。进而言之，此“复归”之“道”能够为人所识知，则是因为“道”常显为“象”。

① 钱穆：《庄老通辨》，生活·读书·新知三联书店2005年版，第175页。
② 钱穆：《庄老通辨》，生活·读书·新知三联书店2005年版，第163—164页。
③ 参见钱穆：《庄老通辨》，生活·读书·新知三联书店2005年版，第167—168页。
④ 陈鼓应：《老子今注今译》，商务印书馆2003年版。

《老子》云："道之为物，惟恍惟惚。惚兮恍兮，其中有象；恍兮惚兮，其中有物。"（《老子》第21章）钱穆解释说：

> 老子意，大道化成万物，其间必先经过成象之一阶段。物有形而象非形。形者，具体可指。象非具体，因亦不可确指。……然象虽无形，究已在惚恍之中而有象。既有象，便可名。象有常，斯名亦有常。……道之可名，即在名其象。道之可知亦由知其象。①

道虽无形，然其在化生万物的过程中却有象可见。此象不仅是从无形之道到有形之物之创化过程的过渡，且亦是我们由物以达道的中介，即我们可以通过对物象及其相互间的内在动态联系的观察和把握来通达对宇宙变化之大道的领会。② 与其认宇宙气化为有常且可知相应，钱穆认为老子对宇宙内的实际事务（即人生观）已不似庄子那样消极，而亦始转为一种"相对"积极的态度。这从《老子》中所讲的各种人生处世之方及理想社会构想等都不难体会。然而，强调其为"相对"积极是因为尽管老子认为人在宇宙中可以有所作为，但由于他将人类一切礼乐典章、道德教化的文明创造都看作是一种退化，是对"自然"之"道"的离却，故要想真正实现达道保身，就必须摈弃一切礼乐道德从而回归自然无为的状态方可无所不为。所以钱穆说："老子思想之于世事人为，虽若较庄周为积极，而其道德观，文化观，其历史演进观，则实较庄周尤为消极。"③

总体来看，无论是在宇宙观上，还是在人生观上，庄老道家相对于孔孟儒家都表现出一种相当的反叛；但是由孔孟儒家所奠定的"天人合一"，即人与宇宙相统一的思想精神却依然得到了延续。

---

① 钱穆：《庄老通辨》，生活·读书·新知三联书店2005年版，第172—173页。

② 值得一提的是，《老子》的这种"复归"思想和"象"的观念，很可能源自《周易》，即：一方面《周易》正是通过八卦和六十四卦的卦象变化来象征宇宙万物的运行变化，另一方面在卦象变化中亦具有一种循环往复的特点。故依笔者之见，《老子》一书很可能亦是一本战国时期的道家解易之作。台湾学者高怀民亦有此说。（参见高怀民：《先秦易学史》第六章"道家易"，广西师范大学出版社2007年版）

③ 钱穆：《庄老通辨》，生活·读书·新知三联书店2005年版，第185—186页。

四、荀子的“化性起伪”与“明于天人之分”

在钱穆的先秦学术谱系中，在庄老之间还有一位重要的儒家人物，即荀子。钱穆认为，就思想贡献来说，荀子“驳击诸家，重回孔子。……其有功儒家，不在孟子下”，但在思想内容上，孟子道性善，荀子主性恶，人性论上的相反使他们的整个思想体系呈现出极大的差异，从而导致了他们在后世中国哲学史上截然不同的地位。①

庄子“破帝灭神”之后，中国哲学家基本都告别了原始的有神论的素朴宇宙观，转而为一种唯物气化的宇宙观，荀子亦不例外。故荀子之“性”主要是就人有血肉之躯而言，此血肉之躯与自然界其他事物一样，都是由一气之聚散转化而成，属于自然界的一部分。人类为了维持其自然的血肉之躯的生存，势必会向外界有所求，求而不能得便有所争，争则必导致乱，荀子由此得出人之性恶。(《荀子·礼论》)② 为平息纷争或避免混乱，圣人制定礼法以供常人遵守，从而使社会趋于和谐稳定，而人之循礼而行便是为善。与人之性恶相对，人之为善绝非出于自然，而是纯属人为，亦即所谓“伪”，它是对自然的恶之本性的否定。此即荀子的“化性起伪”说。钱穆认为，荀子指出人性中有为恶之可能，这是无法否认且有其所见的，但其认为人的本性中只有恶而无善，人之为善纯属人为，则显得“见识太狭窄”③。

进一步来说，在荀子的性恶论和“化性起伪”说的深处其实蕴含着一种人与自然相分离和对立的观念，即“明于天人之分”。(《荀子·天论》）对作为自然界的天，荀子认为其运行变化不仅“有自身的法则”(“天行有常，不为尧存，不为桀亡”)，而且“是一个没有意志渗入的过程”(“不为而成，不求而得”)。杨国荣先生指出：“对天的这一理解，侧重的是其自然之维，它在某种意义上与道家关于自然的看法有相通之处。”但在天与人、自然（无为）与人为之间，“与道家之侧重于无为有所不同，荀子在肯定天道自然

---

① 钱穆：《中国思想史》，《钱宾四先生全集》第 24 卷，台湾联经出版事业公司 1998 年版，第 54 页。

② 王先谦：《荀子集解》，中华书局 1988 年版。

③ 王先谦：《荀子集解》，中华书局 1988 年版，第 55 页。

的同时，又确认了人经纬自然的能力，强调其职能在于‘治’天地”，即通过把握自然界的法则来“作用于自然”，从而使自然界“由自在的对象为人所用”，此即荀子所谓“制天命而用之”。① 由此不难看出荀子力图扭转庄子“蔽于天而不知人”，进而重新回归孔门儒家注重人生之思想传统的诉求。

然而，钱穆对荀子这一“扭转乾坤”的工作似乎并不是很看重。他认为，与庄子之只“知有天而不知有人”一样，荀子的“扭转乾坤”的工作亦有些“用力过猛”，即他从“明于天人之分”到“制天命而用之”的思想在相当程度上已经疏离了由孔孟儒家所奠定的“天人合一”的精神传统。② 荀子对于儒家思想的贡献并不在于其“化性起伪”说及“明于天人之分”等思想，而只是在于他对之前及当时各种反对儒家的思想（如道、墨、名家等）的驳击及对思孟学派的批判，以期重新回归孔子关注人生，隆礼重德的思想。③ 所以，在钱穆看来，荀子实为中国文化衍化发展过程中的一次“歧出”。荀子之后的《老子》再次回归“天人合一”这一精神传统，但又依然偏于自然无为，而轻视人文德性，故真正实现先秦哲学天人观建构之“完成”的任务便落在了创作《易传》、《中庸》的新儒家身上。

五、《易传》、《中庸》的德性天人观

从孔孟儒家到庄老道家，尽管在其各自思想内部，其宇宙观和人生观在相当程度上是融合统一的；但从纵向的历史发展来看，在宇宙观上，庄老道家比之于孔孟儒家实是一大进步，而在人生观上，庄老道家比之于孔孟儒家又更呈消极意态。故一方面剔除孔孟儒家思想中古代素朴宇宙观之残余，另一方面力挽庄老道家之“蔽于天而不知人”的危趋，并“熔铸庄老激烈破坏之宇宙论以与孔孟中和建设之人生论凝合无间而成为一体”，从而创构一新的气化—德性的天人观，便构成了此后中国哲学家的主要思想议题。钱穆

① 参见杨国荣主编：《中国哲学史·荀子的哲学思想》，中国人民大学出版社 2012 年版，第 85—86 页。

② 钱穆：《中国思想史》，《钱宾四先生全集》第 24 卷，台湾联经出版事业公司 1998 年版，第 60 页。

③ 钱穆：《中国思想史》，《钱宾四先生全集》第 24 卷，台湾联经出版事业公司 1998 年版，第 55 页。

认为，这一任务最终有“战国晚世以迄秦皇、汉武间”之新儒家所完成，其成果主要体现就在《易传》和《小戴礼记》中，后者尤其以《中庸》篇为代表。① 那么，《易》、《庸》新儒家究竟如何完成这一熔铸和创构的呢？

钱穆认为，《易》、《庸》新儒家乃是一方面“采用道家特有之观点”，即以宇宙万物皆为一气之所化，另一方面“又自加以一番之修饰与改变，求以附合儒家人生哲学之需要”，从而创构出一新的德性的宇宙观。② 此德性宇宙观与孔孟儒家原有之德性人生论融合为一新的气化—德性的天人观。钱穆将《易》、《庸》新儒家对庄老道家宇宙论的修饰改进之内容概括为三个方面：

第一，庄老道家以宇宙万物皆为一气之聚散转化而成，《易》、《庸》新儒家继承此说，“又别有进者，即就此一气之转化，而更指出其‘不息’与‘永久’之一特征”，并以此为宇宙自然之运行变化的意义和价值。③ 万物之所以能够在此气化过程中成就自身，且在其“已成”之后复能使其存在得以“粲然著明，以为法于天下，可传于后世”，正是赖于此过程之不息不已与永久。因为如若此过程“忽焉而即已，倏焉而不久”，则万物要么根本无以生成，要么“虽成而即毁，终将昧昧晦晦，虽成犹无成”，无以澄明于天下。④

第二，对此宇宙气化过程，庄老道家“常疑大化之若毗于为虚无”，即更多将此过程看作是虚无的，而《易》、《庸》新儒家则是“常主大化之为实有”，即将此气化过程看作是一个实实在在、真实无妄的过程。⑤ 以其真实无妄，《中庸》名之曰“诚”，《易传》名之曰“易”。此“易”亦即“乾坤（成列）”、“阖辟（成变）”。与庄老道家仅言宇宙为一气之化不同，《易传》作者又从《周易》古经中提炼出乾坤阖辟之道作为宇宙气化过程之发生的根源和动力及其不息且永久的原因：乾有至健之性，坤为至顺之物，乾坤阖辟

---

① 钱穆：《中国学术思想史论丛》（二），《钱宾四先生全集》第 18 卷，台湾联经出版事业公司 1998 年版，第 27 页。

② 钱穆：《中国学术思想史论丛》（二），《钱宾四先生全集》第 18 卷，台湾联经出版事业公司 1998 年版，第 33 页。

③ 钱穆：《中国学术思想史论丛》（二），《钱宾四先生全集》第 18 卷，台湾联经出版事业公司 1998 年版，第 33—34 页。

④ 钱穆：《中国学术思想史论丛》（二），《钱宾四先生全集》第 18 卷，台湾联经出版事业公司 1998 年版，第 34 页。

⑤ 钱穆：《中国学术思想史论丛》（二），《钱宾四先生全集》第 18 卷，台湾联经出版事业公司 1998 年版，第 36 页。

即是至健者与至顺者的相互作用以化生万物。①

第三，庄老道家言宇宙气化“皆倏忽而驰骤，虚无而假合”，自然无为，故其于万物之存在实无甚德性与功业可言，《易》、《庸》新儒家则一转此气化自然宇宙观之偏，指明此宇宙大化流行的德性和功业，即“生生”，或曰“生”、“育”、“开”、“成”，②亦即《易传》所谓“天地之大德曰生”，“生生之谓易”。以生生不息之德、生育开成之功观宇宙之化，天地万物既非人格性的天帝百神所创，亦非纯自然无为的一气之聚散转化，而是兼具自然与德性为一体的。故钱穆说：

> 天地一大自然也。天地既不赋有神性，亦不具有人格，然天地实有德性。万物亦然。万物皆自然也，而万物亦各具德性，即各具其必有之功能。言自然，不显其有德性。言德性，不害其为自然。自然之德性奈何？曰不息不已之久，曰至健至顺之诚，曰生成化育之功。此皆自然之德性也。以德性观自然，此为《易传》、《戴记》新宇宙论之特色。③

在德性宇宙论的观照下，人生亦不再是如道家所言的无所作为的、无意义无价值的自然过程，而应是一种积极有为、崇德广业的德性人生。《系辞传》载：“子曰：‘易，其至矣乎！夫易，圣人所以崇德而广业也。知崇礼卑，崇效天，卑法地，天地设位，而易行乎其中矣。成性存存，道义之门。’”“夫子”盛赞易道之至深至神，正是强调人应当依据生生不已之易道，崇德广业，存其仁义之性，以法天地之德，以通道义之门，最终与天地万物为一体。一言以蔽之：天德曰生，人道曰仁。《中庸》亦云：“诚者，天之道也。诚之者，人之道也。”此亦是说天道生生不息化育万物是真实无妄的，绝非虚无假合，故人亦当本此至诚之性，修其至诚之德，从而达致与天地合德。此亦可概括为：天道唯诚，人道思诚。此即是《易》、《庸》新儒家的德

---

① 钱穆：《中国学术思想史论丛》（二），《钱宾四先生全集》第18卷，台湾联经出版事业公司1998年版，第37页。

② 钱穆：《中国学术思想史论丛》（二），《钱宾四先生全集》第18卷，台湾联经出版事业公司1998年版，第41页。

③ 钱穆：《中国学术思想史论丛》（二），《钱宾四先生全集》第18卷，台湾联经出版事业公司1998年版，第43页。

性天人观，钱穆认为，它不仅是先秦哲学衍化的顶峰，而且奠定了后世中国哲学与中国文化之“天人合一”的思想基调与“崇德广业”的实践精神。

六、先秦哲学衍化的当代启示

余英时曾指出，钱穆一生致力于中国传统学术思想史的研究，与其说是为了“维护传统”，毋宁说是要实现“传统的更新”，① 即中国文化的延续和复兴。近代以来，中国文化饱受西方科学与民主思想的冲击，这已是不争的事实。钱穆对先秦哲学衍化的考察，所指向的亦正是如何吸纳会通西方现代科学从而延续和复兴中国文化生命的问题。

不难看到，在钱穆对先秦哲学演进的讨论中，尤其是在孔孟儒家和《易》、《庸》新儒家之间，最终发生实质性变化的并非人生论，而是宇宙论，即：人生论依旧是儒家的德性人生论，而宇宙论却从“畸神”变成“畸物”的，且是有德性的，而非纯自然的。这种变化展现了中国文化尤其是儒家德性论思想所具有的开放性和稳定性，并为后世中国文化的自我更新与发展指明了方向，即以儒家的德性人生观为基底，不断吸纳和消化其他文化中的宇宙论，从而创构新的宇宙论，两宋理学之兴起便是证明。

继《易》、《庸》之后，宋代理学家一方面继承传统儒家的德性人生论，另一方面吸收佛道的宇宙论，从而建立了一个新的“畸于理”的“理性一元天人观”。钱穆认为，此理性天人观与《易》、《庸》德性天人观的主要区别就在宇宙论上，即一个是“畸于理”的，一个是“畸于神”的：前者被钱穆称之为“理性一元的宇宙论”，其集大成者便是朱子的理气论。至于人生论上，宋代理学依旧上承孔孟，无甚大变。② 由此可见儒家德性人生论的开放性和稳定性之一斑。故钱穆认为，“以《易》、《庸》思想与宋代理学来会通西方科学精神”③，在宇宙论方面有一更新的“创辟”，应是当代新儒家努力

---

① 余英时：《钱穆与新儒家》，《现代儒学论》，上海人民出版社 1998 年版，第 178 页。

② 钱穆：《中国学术思想史论丛》（二），《钱宾四先生全集》第 18 卷，台湾联经出版事业公司 1998 年版，第 65—66 页。

③ 钱穆：《中国学术思想史论丛》（二），《钱宾四先生全集》第 18 卷，台湾联经出版事业公司 1998 年版，第 74 页。

的方向，即：继续以儒家的德性人生观应对吸纳西方现代科学，以期实现中国文化的延续和复兴。因为：一方面，相比于道家的自然宇宙观和西方传统的宇宙论哲学（包括希腊哲学和中世纪基督教哲学）对宇宙所持的静观态度，《易》、《庸》思想和宋代理学所持的气化唯物且活动的宇宙观及通过“格物穷理”以达“豁然贯通”的探究方法与西方现代科学精神更为接近。① 另一方面，在天人关系问题上，《易》、《庸》思想和宋代理学所持的德性或理性的“天人合一”观，在相当程度上又可弥补或纠正西方哲学中人与世界的对峙分离所带来的各种问题，这也将是中国文化对世界文化发展所可能有的贡献。

（作者单位：中国海洋大学社会科学部）

① 钱穆：《中国学术思想史论丛》（二），《钱宾四先生全集》第 18 卷，台湾联经出版事业公司 1998 年版，第 68—70 页。

心性的牢笼

——儒家心性形上学根本传统的一种阐明

杨　虎

整个儒家心性学的变迁，始终有一个“一以贯之”的根本传统。我以为，这个根本传统在孟子那里已经成型，整个儒家心性学可以看作是它的展开。孟子的“尽其心者，知其性也。知其性，则知天矣”（《孟子·尽心上》），我们不妨称之为“孟子命题”①（Mencius Proposition），它蕴含着这样一个思想逻辑：由知性而知天，由尽心而知性，故而由尽心而知天。由知性而知天，引向关于“性体”的思考；由尽心而知性，引向关于“心体”的思考；故而由尽心而知天，走向心性天合一的完成。这恰好囊括了孟子之后自宋明理学到现代新儒家心性论的思想轨迹，自宋明理学展开了关于“性体”、“心体”的思考，最终在现代新儒家那里完成了心性天的合一。当这些可能性走完，当代儒学必须超越现有的思想格局，否则将不断地回返往复，永远跳不出心性的“牢笼”（Rounded Trap）。因此，问题的关键不在于重新解读心性，而在于重新发问：心性是何以可能的？

① 这个提法参见杨虎：《阳明心物说的存在论阐释》，山东大学硕士学位论文，2014 年，第 17 页。

一、孟子与儒家心性学的宏规

儒家心性学的宏规自孟子正式确立。象山说："夫子以仁发明斯道，其言浑无罅缝。孟子十字打开，更无隐遁。"① 象山说孔子浑仑地言仁，孟子则进一步撑开了"仁"学的思想架构。牟宗三先生进一步解释道："所谓'十字打开'，即是分解以立义者（分解是广义的分解）"②；"所谓'十字打开'者即是将此'成德之教'之弘规全部展开也"③。我倒不赞同牟先生把儒家心性学乃至整个儒学理解为"成德之教"；不过，其言"成德之教"的根本在于心性问题，这是我所认同的。儒家心性学的思想宏规集中体现于孟子的这段话：

> 尽其心者，知其性也。知其性，则知天矣。存其心，养其性，所以事天也。夭寿不二，修身以俟之，所以立命也。（《孟子·尽心上》）

借用中国哲学史研究的一般术语，这段话的三个层次分别是本体论、工夫论和境界论的表达。其一，"心性"本体论。这是由尽心知性而知天的进路。尽心者，赵岐、朱子等人均解作"极其心"。譬如赵岐注称："人能尽极其心，以思行善，则可谓知其性矣。"④ 朱子《孟子集注》称："极其心之全体而无不尽者。"⑤ 佐之孟子"扩而充之"（《孟子·公孙丑上》）的说法，此意可成立。通过充极其心而知性之粹然，性天不二，故由尽心知性而知天。由知性而知天，这里蕴含的思想逻辑是，粹然至善之性即天道本体，故能由知性而知天。由尽心而知性，这里蕴含的思想逻辑是，充极本心即粹然至善之性，故能由尽心而知性。究极地说，则本心、性体、天道本体通一不二。其二，"存养"工夫论。本体论上由本心、性体与天道不二，工夫论上则是

① 《陆九渊集·语录上》，中华书局1980年版，第398页。

② 牟宗三：《从陆象山到刘蕺山》，台湾联经出版事业公司2003年版，第2页。

③ 牟宗三：《心体与性体》（上），台湾联经出版事业公司2003年版，第9页。

④ 转引自焦循：《孟子正义》，中华书局1987年版，第877页。

⑤ 朱熹：《四书章句集注》，中华书局1983年版，第349页。

由存养心性不失不放而与天道不违。其三，“立命”境界论。通过工夫论的存养，达致主体与天道本体不二的境地，这就犹如孔子之谓“知天命”（《论语·为政》），故虽夭虽寿，其“天爵”（《孟子·告子上》）一如。

饶有趣味的是，这又构成了一个完整的思想逻辑结构：本体论的本心性体天道不二，保证了成就至善的必然性。粹然至善的心性不但是善的本体，也应是恶的本体。所以，现实生活中，人有“放心”的可能性，这就需要通过存养心性，“求其放心”（《孟子·告子上》）的工夫，以回复到粹然至善的境地，达致夭寿一如、天德流行的境界。顺便指出，后世儒学的所谓“复”、“反”的思想理路庶几根源于此，我曾把传统形而上学的这种思维模式概括为“因位模式”①。

其中，最根本的是“心性”本体论，它的思想逻辑具体展开于自宋明理学到现代新儒家心性形上学的思想轨迹中：

首先，知性则知天。这在宋明理学心性论的展开中处于首要的地位，由知性而知天，摄“天”于“性”，引向关于“性体”的思考。其次，尽心而知性。宋明理学进一步由尽心而知性，摄“性”于“心”，引向关于“心体”的思考。最后，尽心而知天。如果说由知性而知天，由尽心而知性，不难推出由尽心而知天，走向心性天的合一的完成，这在以牟宗三哲学为代表的现代新儒家心性形上学中得到完成。

二、知性→知天：关于“性体”的思考

宋明理学首先展开了由知性而知天的进路，即摄“天”于“性”，从心性论契接宇宙本体论的进路。对此，李泽厚先生认为：宋明理学，“它的基本特征是，将伦理提高为本体，以重建人的哲学”②。蒙培元先生亦说：“理学之称为‘新儒学’，正是通过‘形而上’学的论证，重建儒家关于人的思辨哲学。”③其实就是心性形而上学，就是关乎“心性”这样的“形而上者”的

① 参见杨虎：《阳明心物说的存在论阐释》，山东大学硕士学位论文，2014年，第8—9页。

② 李泽厚：《中国古代思想史论》，生活·读书·新知三联书店2008年版，第231页。

③ 蒙培元：《理学范畴系统》，人民出版社1989年版，第173页。

思考。

按照一般的理解，宋明理学的心性论是儒道释三教合一的产物；更有甚者，视其为佛教心性论的照搬。譬如其时的某位佛教界人士认为："伊川诸儒，虽号深明性理，发扬六经圣人之心学，然皆窃吾佛书者也。"① 当代学界中或明言或暗和此观点者亦不乏其人。关于这个问题，我更加倾向于牟宗三先生的理解："若谓因受佛教之刺激而豁醒可，若谓其所讲之内容乃阳儒阴释，或儒、释混杂，非先秦儒家经典所固有，则大诬枉。"② 我以为，从思想逻辑上看，宋明理学心性论正是儒家心性学宏规的具体展开。

先秦儒家论"天"、"天命"、"天道"，宋儒以"天理"统摄之。进一步，摄"天"于"性"，根据"性即理"，则对天理的"体贴"实质是对"性体"的体知。由于宋明理学的形上—形下两层架构的撑开，故而关于"性体"的思考是在于与情、气、心的对置中进行的。

宋儒以"天理"统摄天、天道、天命而言之。大程子说："吾学虽有所受，天理二字却是自家体贴出来。"③ 此言着实不虚。虽然"天理"二字早在《庄子》和《礼记》中即可看到，但自大程子始其本体层级的用法方为明朗。天理作为本体，它对人而言是超越的主宰，但"天人无间断"④，因为人禀天理之全以为性，故本性即天理——"性即理"：

> 理也，性也，命也，三者未尝有异。穷理则尽性，尽性则知天命矣。⑤
>
> 又问："性如何？"曰："性即理也，所谓理，性是也。天下之理，原其所自，未有不善。"⑥

小程子明确提出"性即理"说，此说为宋儒所广泛接受。"性即理"说蕴含了两层观念，一是，对天理本体的"体贴"实即对本性的体知；二是，

---

① 转引自黄宗羲：《宋元学案·屏山鸣道集说略》，中华书局 1986 年版，第 3319 页。

② 牟宗三：《心体与性体》（上），台湾联经出版事业公司 2003 年版，第 40 页。

③ 程颢、程颐：《二程集》，中华书局 1981 年版，第 424 页。

④ 程颢、程颐：《二程集》，中华书局 1981 年版，第 119 页。

⑤ 程颢、程颐：《二程集》，中华书局 1981 年版，第 274 页。

⑥ 程颢、程颐：《二程集》，中华书局 1981 年版，第 292 页。

天理即是人之本性——“性体”——宋儒所谓的“天地之性”而非“气质之性”。这是与理学的形上—形下两层架构相关联的，对此，大程子早已指出：“《系辞》曰：‘形而上者谓之道，形而下者谓之器’，……阴阳亦形而下者也。而曰道者，惟此语截得上下最分明。”① 由此“上下分明”的两层区分，宋明理学心性论的思想架构得以确立。从而，关于“性体”的思考总是在于与情、气、心的对置中进行的。

直接从形上—形下的角度论性情最典型的是小程子的说法：“爱自是情，仁自是性，岂可专以爱为仁?”② 小程子想要强调的是，性是形而上者，情是形而下者，二者是不同其层级的。这也可以从体用角度说，譬如王安石说：“性者，情之本；情者，性之用。故吾曰：性情一也。”③ 在王安石的理解中，性和情就是本和末、体和用的关系。也可以从未发和已发的角度来说：“性无不善。心所发为情，或有不善。”④ 朱子这里从未发和已发论性情，认为性是“未发”的至善本体，而“已发”之情则有善有不善。本来，《中庸》的所谓“未发已发”并不必然的是一种形上—形下架构，它也可以解释为情感、情绪的两种状态。当朱子用“未发已发”来区分性情时，便已经是在形上—形下架构下来运用了。总之，性情的对置正是一种形上—形下的思想架构。在此架构下，性是粹然至善的，而情则有善有不善。但既然“性”是万有的本体，就要求它既要保证善的来源，又要保证恶的来源。由此，宋明理学提出了“天地之性”与“气质之性”的区分。

亦即，天地之性与气质之性的对置。大程子说：“‘生之谓性’，性即气，气即性，……善固性也，然恶亦不可不谓之性也。”⑤ 大程子明确意识到性理作为一切的最终根据，它必然既是善的最终来源，也是恶的最终来源。在这个意义上说，“气”也应是一种“性”。但囿于形上—形下的区分，“性”、“气”终究是不同其层级的：

① 程颢、程颐：《二程集》，中华书局 1981 年版，第 118 页。

② 程颢、程颐：《二程集》，中华书局 1981 年版，第 182 页。

③ 转引自黄宗羲：《宋元学案》第四册，中华书局 1986 年版，第 3240 页。

④ 黎靖德编：《朱子语类》第一册，中华书局 1986 年版，第 92 页。

⑤ 程颢、程颐：《二程集》，中华书局 1981 年版，第 182 页。

性即是理，理则自尧舜至于途人，一也。才禀于气，气有清浊，……①

形而后有气质之性，善反之则天地之性存焉。故气质之性，君子有弗性者焉。②

性即理也。当然之理，无有不善者。故《孟子》之言性，指性之本而言。然必有所依而立，故气质之禀不能无浅深厚薄之别。孔子曰“性相近也”，兼气质而言。③

宋明理学认为，人禀天理之全故本性粹然至善，而受“气”有不同，故有善有不善。所以，宋明理学主张“变化气质”复返天地之性即天理之至善。然而，无心则已，有心必有情（恻隐）有气（灵觉）。故而，性情的对置、性气的对置在根本上是性心的对置。

性心的对置问题在朱子表现最为明显，譬如朱子解释孟子的所谓“四心”：“言四者之心人所固有，……前篇言是四者为仁义礼智之端，而此不言端者，彼欲其扩而充之，此直因用以着其本体，故言有不同耳。”④朱子之意乃是：当言四端的时候，表明它还只是个端绪，尚未极成，所以要经过扩充而极成一本体。而这里没有言“端”，只是从用显体。虽言有不同，但都表示四心是未极成的状态，不是本体。根据这个理路，朱子就必然地强调从心向性的转换，最后发展成为以性来主宰心。这即是说，性和心是不同层级的，不能“以心来说性”⑤。性与心的对置，在根本上仍然是形上与形下的对置。

要而言之，宋明理学首先摄“天”于“性”，由知性而知天；而其展开的关于“性体”的思考是在形上—形下这一思想架构下伴随着种种对置而进行的。

---

① 程颢、程颐：《二程集》，中华书局1981年版，第204页。

② 《张载集》，中华书局1978年版，第23页。

③ 黎靖德编：《朱子语类》第一册，中华书局1986年版，第68页。

④ 朱熹：《四书章句集注》，中华书局1983年版，第328—329页。

⑤ 黎靖德编：《朱子语类》第一册，中华书局1986年版，第64页。

三、尽心→知性：关于“心体”的思考

从思想的逻辑上说，觉知其性必由此心，即由尽心而知性。宋明理学进一步摄“性”于“心”，引向关于“心体”的思考。这在（狭义的）“心学”一系的思路中最为明朗，它更加强调性情的统一甚至有时以情言性，从而试图超越“天地之性”和“气质之性”的区分，主张性气合一统摄于“心体”。因为性情的不甚分别，又且性气的不甚区分，所以摄“性”于“心”更加能够打通形上与形下层面。

宋儒当中，象山即主张性情的不分：“伯敏云：‘如何是尽心？性、才、心、情如何分别？’先生云：‘如吾友此言，又是枝叶。虽然，此非吾友之过，盖举世之蔽。今之学者读书，只是解字，更不求血脉。且如情、性、心、才，都只是一般物事，言偶不同耳。’”① 象山的所谓“尽心”并不像朱子那样理解为“格物穷理”即体知本性（性理）而极成此心，因为象山不甚强调性情心气之分。这确乎是有其“血脉”的，《孟子·告子上》中论“牛山之木”一段即性情才并举不分，从情说性。所以象山紧接着说：“‘牛山之木’一段，血脉只在仁义上。‘以为未尝有才焉’，‘此岂山之性也哉？’‘此岂人之情也哉？’是偶然说及，初不须分别。”② 阳明也主张性情的统一：“七情顺其自然之流行，皆是良知之用，不可分别善恶，但不可有所着”③。虽然阳明这里仍然是从体用论性情，但他从此心、良知言性，比起朱子来自然更加强调性情的统一。阳明说：“盖良知只是一个天理，自然明觉发见处，只是一个真诚恻怛，便是他本体。故致此良知之真诚恻怛以事亲便是孝，致此良知真诚恻怛以从兄便是弟，致此良知之真诚恻怛以事君便是忠。只是一个良知，一个真诚恻怛。”④ 阳明所说的“良知”位同于“性体”，由良知即真诚恻怛之情、真诚恻怛之情即良知天理，故知性情对置的削弱。

---

① 《陆九渊集》，中华书局 1980 年版，第 444 页。

② 《陆九渊集》，中华书局 1980 年版，第 444 页。

③ 王守仁：《传习录下》，《王阳明全集：新编本》，浙江古籍出版社 2011 年版，第 121 页。

④ 王守仁：《传习录中·答聂文蔚》，《王阳明全集：新编本》，浙江古籍出版社 2011 年版，第 92 页。

由此，则天地之性和气质之性的区分亦被削弱。王阳明主张“气即是性，性即是气”，他不像朱子那样认为天地之性是绝对先在的的“理”。阳明《启问道通书》有云：

> “生之谓性”，“生”字即是“气”字，犹言“气即是性”也。气即是性，“人生而静以上不容说”，才说“气即是性”，即已落在一边，不是性之本原矣。孟子“性善”，是从本原上说。然性善之端须在气上始见得，若无气亦无可见矣。恻隐、羞恶、辞让、是非即是气，程子谓“论性不论气，不备；论气不论性，不明”亦是为学者各认一边，只得如此说。若如得自性明白时，气即是性，性即是气，原无性气之可分也。①

应当指出，阳明仍然区分“本原之性”和“气”，但这亦是“只得如此说”。阳明重提大程子所说的“性即是气”、“气即是性”，正是试图打破“天地之性”和“气质之性”的对置。与朱子不同，阳明不承认先在并且独立于情感、知觉等所谓的“气质之性”的“性理”。阳明认为孟子所说的至善之性就在情感、知觉等“气质之性”中，至善之性并不与情感、知觉相对，“性”就在“气”上见。说“性”（良知、本心）则情感（“恻隐”、“真诚恻怛”）、知觉（“灵觉”）亦包含在内，说“气”（“灵觉”）则“性”（良知、本心）自可见，故知“气即是性，性即是气”。

由性情不分，性气合一，则知心与性的不二：恻隐之心、灵觉之心即性。象山言心即理时如此，阳明亦是如此，由此就不难理解，阳明在讲“心即理”时突出了情感维度：“见孺子之入井，必有恻隐之理，是恻隐之理果在于孺子之身欤？抑在于吾心之良知欤？其或不可以从之于井欤？其或可以手而援之欤？是皆所谓理也，是果在于孺子之身欤？抑果出于吾心之良知欤？以是例之，万事万物之理，莫不皆然。”② 阳明这里直接以恻隐言理，故

① 王守仁：《传习录中·启问道通书》，《王阳明全集：新编本》，浙江古籍出版社 2011 年版，第 66 页。

② 王守仁：《传习录中·答顾东桥书》，《王阳明全集：新编本》，浙江古籍出版社 2011 年版，第 49 页。

知性情、性气不分而统摄于此心、良知。阳明的“四句教法”首句是：“无善无恶是心之体”①。善恶是形而下的、相对意义上的道德意识和道德评判，此心、良知则是绝对的、无善无恶的本体。心体的无善无恶恰恰能够一元论地解决善恶的最终来源问题。

要而言之，宋明理学进一步摄“性”于“心”，展开了由尽心而知性的进路，强调性情理气的合一而统摄于“心体”。

四、尽心→知天：心、性、天合一的完成

孟子由尽心知性而知天的思想宏规从一开始亦是心性天的合一，但其思想环节的具体展开则是从宋明理学直到现代新儒家的心性论，从而走完了一整圈。其间，大程子和阳明等人均有过心性天合一的表述：

> 只心便是天，尽之便知性，知性便知天，当下便认取，更不可外求。②
>
> 心即天，言心则天地万物皆举之矣，……③

但是，真正地走完这些思想环节，还是到现代新儒家。反过来说，现代新儒家关于心性天合一的思想正是对之前的整个儒家心性学的总结。譬如熊十力先生说：“本心即是性，但随义异名耳。以其主乎身，曰心。以其为吾人所以生之理，曰性。以其为万有之大原，曰天。故‘尽心则知性知天’，以三名所表，实是一事，但取义不一而名有三耳。”④唐君毅先生说：“天只是性之形上根原。此形上根原之为何物，只能由人依其性而有之自命自令为何物而知之……故孟子谓尽心则知性知天也”⑤。而更要提的是，牟宗三先生对儒家心性学的判教及其“道德的形上学”建构达到了现代新儒家心性学的极致。

其一，对儒家心性学的判教。

---

① 王守仁：《传习录下》，《王阳明全集：新编本》，浙江古籍出版社2011年版，第128页。

② 程颢、程颐：《二程集》，中华书局1981年版，第15页。

③ 王守仁：《文录三·答季明德》，《王阳明全集：新编本》，浙江古籍出版社2011年版，第228页。

④ 熊十力：《新唯识论》，中国人民大学出版社2006年版，第26页。

⑤ 唐君毅：《中国现代学术经典·唐君毅卷》，河北教育出版社1996年版，第693页。

首先，判孟子“尽心知性知天”章。牟先生说：“孟子从道德实践上只表示本心即性，只说尽心知性则知天，未说心性与天为一。然‘万物皆备于我矣，反身而诚，乐莫大焉’，则心即函一无限的伸展，即具一‘体物而不可遗’的绝对普遍性。是则心本可与天合一而为一也，……由尽心（充分实现其本心）而知性，即知的这个‘性’。同样，若知了性，则即可知‘天’。”① 牟先生认为孟子是由“一心之伸展”而证成心体的普遍性，故本心即性而又“体物不遗”，心即性即天可证成之。

其次，判宋明理学心性论。牟先生所判释的宋明理学之大宗是所谓“纵贯系统”：“客观地自‘於穆不已’之天命实体言性，其‘心’义首先是形而上的，自诚体、神体、寂感真几而表示。若更为形式地言之，此‘心’义即为‘活动’义（activity），是‘动而无动’之动。此实体、性体，本是‘即存有即活动’者，故能妙运万物而起宇宙生化与道德创造之大用。……而孟子之心性亦是‘即活动即存有’者。”② 牟先生认为儒学讲的道体、性体是“即存有即活动”者，即作为形上的实体能够真正起创造者（尤其是道德价值创造），而心体和仁体是“即活动即存有”者，即能够主观地彰显客观之道体、性体即所谓创造性之形上实体者。故道体、性体、心体不二：“客观地言之曰性，主观地言之曰心。自在其自己而言；曰性；自其通过对其自己之自觉而有真实而具体的彰显呈现而言则曰心。心而性，则尧、舜性之也。性而心，则汤、武反之也。心性为一而不二。”③

其二，“道德的形上学”建构。

可以说，牟先生的整个“道德的形上学”的基石就是“良知”、“心体”，而此心即性即天，心性天不二。牟先生认为西方哲学除了康德哲学例外，其他系统均不能涵摄“性体”观念，故不能与道德实践相契接，而成就道德的创造，以从道德进路契接形上学。所以，牟先生首先通过“性体”观念的凸显而摆明“道德的形上学”之进路：“儒者所说之‘性’即是能起道德创造之‘性能’；如视为体，即是一能起道德创造之‘创造实体’（creative reality）。……自其绝对普遍性而言，则与天命实体通而为一。故就统天地万

① 牟宗三：《心体与性体》（上），台湾联经出版事业公司 2003 年版，第 29 页。
② 牟宗三：《心体与性体》（上），台湾联经出版事业公司 2003 年版，第 45 页。
③ 牟宗三：《心体与性体》（上），台湾联经出版事业公司 2003 年版，第 45 页。

物而为其体言，曰形而上的实体（道体 metaphysical reality），此则是能起宇宙造化之‘创造实体’；就其具于个体之中而为其体言，则曰‘性体’，此则是能起道德创造之‘创造实体’……”① 显而易见，这是有本于心性天不二的宏规，天命实体即心性本体。但这还只是初阶的“道德的形上学”：存在界与道德界打通，道德法则即是宇宙法则。其完成形态则是“两层存有论”的建构：

（1）先有吾人的道德意识显露一自由的无限心，由此说智的直觉。自由的无限心既是道德的实体，由此开道德界，又是形而上的实体，由此开存在界。……我们由自由的无限心之开存在界成立一本体界的存有论，亦曰无执的存有论。②

（2）自由无限心既朗现，我们进而即由自由无限心开“知性”。……识心之执是一执执到底的：从其知性形态之执起，直执至感性而后止。我们由此成立一“现象界的存有论”，亦曰“执的存有论”。③

初阶的“道德的形上学”涵摄于“两层存有论”中。在根本上，牟先生凸显了“心体”的观念。由知体明觉这一“自由无限心”而证成“性体”即道德的创造实体，而这同时亦是存在界的创造实体。由知体明觉之本体的“在其自己”以及此明觉下的物的“在其自己”而证成“无执的存有论”。复由知体明觉的“‘自我坎陷’(self-negation)”④ 开显知性主体而成就“执的存有论”。总之，不管是“执的存有论”还是“无执的存有论”最终都奠基于“心体”，而此心即性即天，心、性、天不二。儒家心性形上学的这一根本传统，它的思想轨迹到牟宗三哲学正好走了一整圈。

儒家心性形上学的宏规“孟子命题”之展开，自宋明理学展开的关于“性体”、“心体”的思考，最终在现代新儒家那里完成了心性天的合一。即由知性而知天，摄天于性；由尽心而知性，摄性于心；从而由尽心而知天，

① 牟宗三：《心体与性体》（上），台湾联经出版事业公司 2003 年版，第 43 页。
② 牟宗三：《现象与物自身》，台湾联经出版事业公司 2003 年版，“序”第 8 页。
③ 牟宗三：《现象与物自身》，台湾联经出版事业公司 2003 年版，“序”第 8—9 页。
④ 牟宗三：《中国哲学十九讲》，台湾联经出版事业公司 2003 年版，第 300 页。

走向心性天合一的完成。而这同时却意味着，儒家传统心性形上学，它的可能性已经彻底完成。

从而，问题的关键在于：继儒家传统心性形上学完成之后，儒学将向何处去？当代儒学无可避免地面临这个问题：这样的先验心性本体是如何“立”①（construct）起来的？换句话说，心性是何以可能的？儒家思想想要继续敞开它的可能性就必须超越现有的思想格局，首先必须把它从形上学本体论的龙榻上拉下来，而重返“源泉”（《孟子·离娄下》），重新发问。

五、余　论

就当代儒学而言，生活儒学率先进行了这种发问②，它通过本源的仁爱情感为儒家传统心性论以及整个传统形而上学进行重新奠基。实际上，当我们回过头去看孟子的“恻隐”③进路时，便不难理解：本源的仁爱是主体性之家（仁是“人之安宅”）。生活儒学认为：“主体性是这样确立起来的：在生活本身的本源情境中，‘不忍之心’、‘恻隐之心’这样的生活情绪显现出来，这是‘火之始燃，泉之始达’，就是本源，就是主体性的‘端’亦即发端；对这样的本源性的情感进行‘扩而充之’，就能确立起主体性”④，作为大者的主体性正是在本源的情感上挺立起来的。这个话题也是当代哲学的基本主题，即“形而上学奠基”⑤问题。不过，这已经超出了本文的论题。

（作者单位：山东大学儒学高等研究院）

① 即孟子所说的“先立乎其大者”（《孟子·告子上》）之“立”。作为“大者”的心性本体是如何立起来的，这并非一个无须探究的问题。

② 在当代中国原创性哲学中，尚只有黄玉顺先生建构的“生活儒学”明确地进行了这种发问，并且系统建构了为传统形而上学奠基的哲学存在论思想体系。

③ 孟子有两套思路：一套是本文所阐明的心性论进路，一套是从孔子“仁学”出来并且由孟子进一步阐发的本源的恻隐、不忍的情感论进路。这两套思路并非同一层级上的平行关系，前者奠基于后者，后者是前者的本源。所以，在孟子那里这两套思路是自洽的，即心性这样的“大者”正是在本源的情感上“立”起来的。当然，对于孟子的这两套思路还有待进一步的考察和论证，这需要另文专论。

④ 黄玉顺：《爱与思——生活儒学的观念》，四川大学出版社2006年版，第122页。

⑤ 海德格尔：《康德与形而上学疑难》，王庆节译，上海译文出版社2011年版，第27页。

儒家情感论批判

沈顺福

情感是生活中最常见的心理现象。它为我们的日常生活增添了丰富的色彩。我们会因为欢喜而享受生活，也会因为痛苦而反省人生。既然情感是人类的日常生活中的基本要素之一，人们自然会关注它、思考它，并在一定的历史阶段形成自己的特定的情感学说。那么，儒家如何理解情感呢？和西方的情感理论相比，儒家的情感说又有哪些特色呢？这是本文关注的中心问题。

一、情由性定：儒家情感论第一原理

儒家情感理论大约经历了如下四个阶段。

第一个阶段是性情不分的早期阶段，其主要代表当属孔孟。

孔子曰："上好礼，则民莫敢不敬；上好义，则民莫敢不服；上好信，则民莫敢不用情。"（《论语·子路》）信、情对应。所谓的信，孟子曾曰："可欲之谓善。有诸己之谓信。充实之为美。充实而光辉之谓大。大而化之之谓圣。圣而不可知之之谓神。"（《孟子·尽心下》）这六句话的主题是性。因性而有信。故，孔子所称的"则民莫敢不用情"中的情和性基本一致：只有真情实性才能够表征自己，从而成为信任的符号（信）。情即性。

孟子开始从哲学的高度使用性。其情与性也没有本质区别。孟子曰："夫物之不齐，物之情也；或相倍蓰，或相什伯，或相千万。"（《孟子·滕文公上》）世上生物各异，原因在于物之情。此处的情显然指性，即万物因性不同而各异。比如人，“人见其禽兽也，而以为未尝有才焉者：是岂人之情也哉!”(《孟子·告子上》)人情别于禽兽，即人性异于禽兽。情即性。故，孟子曰：“乃若其情，则可以为善矣，乃所谓善也。若夫为不善，非才之罪也。”(《孟子·告子上》)因为情即性，贴近情也就是尽性而致善。故，戴东原解读道：“情，犹素也，实也。”① 情即素、实。所谓素、实，接近性。情即性。

第二个阶段的代表是荀子，其观点既可以说是性情一致，亦可以称性情有别。

从荀子自己的理论体系来看，他也持性情不分的立场，情即性：“性者、天之就也；情者、性之质也；欲者、情之应也。”(《荀子·正名》)性、情和欲是统一的。比如性与欲，荀子曰：“今人之性，生而有好利焉，顺是，故争夺生而辞让亡焉；生而有疾恶焉，顺是，故残贼生而忠信亡焉；生而有耳目之欲，有好声色焉，顺是，故淫乱生而礼义文理亡焉。”(《荀子·性恶》)性即天生的耳目之欲、生理之情。性情一致。

但是，假如我们将性界定为孟子之德性，那么，荀子之情便迥然区别于性了。

第三个阶段便是秦汉至隋唐时期。其主要观点是：性情既相一致，又有所区别。

首先，“情出自性”。《性自命出》曰：“性自命出，命自天降。道始于情，情生于性。始者近情，终者近义。知情［者能］出之，知义者能内之。”②“忠，信之方也。信，情之方也，情出于性。”③ 情出自性。这一命题，既坚持了儒家性情一致的传统，主张情出自于性，同时区别了情与性：情出自于性，但不等同于性。

其次，性情分为“一分阴阳”：“天地之所生，谓之性情，性情相与为一瞑，情亦性也，谓性已善，奈其情何？故圣人莫谓性善，累其名也。身之有性情也，若天之有阴阳也，言人之质而无其情，犹言天之阳而无其阴也，穷论者无时受也。”(《春秋繁露·深察名号》)性情一致，却又分为阳与阴。性是阳、情是阴。

① 《戴震全书》(六)，黄山书社1995年版，第197页。
② 《郭店楚简竹简》，文物出版社1998年版，第179页。
③ 《郭店楚简竹简》，文物出版社1998年版，第180页。

魏晋王弼坚持“性其情”，以为情出于性，并决定于性。王弼曰：“情动于中而外形于言，情正实，而后言之不作。”① 情居中，其内有中、实之性，其外有听、说之言，内在之中通过情表露于言。在这种关系中，性是依据。只要“性其情”、情从性，情便无妨：“不性其情，焉能久行其正？此是情之正也。若心好流荡失真，此是情之邪也。若以情近性，故云性其情。情近性者，何妨是有欲？若逐欲迁，故云远也。若欲而不迁，故曰近。”② 既然性是情的依据，那么，只要情感遵循了本性，即情近性，情欲之心又有何妨？

唐代儒家也认同情性之间的相依关系。李翱曰：“性与情不相无也。虽然，无性则情无所生矣。是情由性而生，情不自情，因性而情；性不自性，由情以明。”（《复性书》）性情不离。同时，李翱也区别了性与情：“性者，天之命也。圣人得之而不惑者也。情者，性之动也，百姓溺之而不能知其本者也。”（《复性书》）情本于性，是性之动、显现。

第四个阶段为宋明理学。它认为性情关系乃体用关系，从而将儒家的情感理论上升到思辨哲学的阶段。

程朱理学认为，情乃性之动。伊川曰：“性之本谓之命，性之自然者谓之天，自性之有形者谓之心，自性之有动者谓之情，凡此数者皆一也。”③ 性动为情。朱熹继承了二程的基本立场，以为“虚明不昧，便是心；此理具足于中，无少欠阙，便是性；感物而动，便是情。”④ 性感于物而自然生情。情是性之动、显现。朱熹借用了佛学的形而上学思维模式，提出：“性是体，情是用。”⑤ 性情关系是体用关系。性是体，情是用。王阳明虽然更喜欢言心，却也不反对朱熹的体用论，以为“性，心体也；情，心用也。”⑥ 性体情用。

从早期的孔孟性情不分，一直到宋明理学的性体情用，儒家的观点可以被概括为：性情一致、情由性定。即便是荀子之情离异于德性，却也被荀子自己解说为性情一致。故，“情由性定”可以说是古代儒家情感理论的第一原理。

---

① 楼宇烈：《王弼集校释》，中华书局 1980 年版，第 631 页。

② 楼宇烈：《王弼集校释》，中华书局 1980 年版，第 631—632 页。

③ 程颢、程颐：《二程集》，中华书局 2004 年版，第 318 页。

④ 黎靖德编：《朱子语类》，中华书局 1986 年版，第 94—95 页。

⑤ 黎靖德编：《朱子语类》，中华书局 1986 年版，第 91 页。

⑥ 《王阳明全集》，上海古籍出版社 1992 年版，第 146 页。

二、自发与自然：情感的生理机制

情由性定，即性决定情。性的存在状态或本体论特征决定了情的发生原理。性的存在状态便是率性，其本体论特征便是自然。自然而然是性的本体论特征。自然因此也成为儒家情感产生过程的基本特征。

早期的孟子性情不分，情即性。其四端之首便是“恻隐之心”。所谓的“恻隐之心”即是仁爱之情：“人皆有不忍人之心。先王有不忍人之心，斯有不忍人之政矣。以不忍人之心，行不忍人之政，治天下可运之掌上。所以谓人皆有不忍人之心者：今人乍见孺子将入于井，皆有怵惕恻隐之心。”（《孟子·公孙丑上》）人拥有“恻隐之心”等四端，“犹其有四体也。”（《孟子·公孙丑上》）成人、做人便是率性由情，即“凡有四端于我者，知皆扩而充之矣，若火之始然，泉之始达。苟能充之，足以保四海；苟不充之，不足以事父母。”（《孟子·公孙丑上》）呵护性情、顺其自然地成长便成为孟子的主旨。故，孟子主张：“舜明于庶物，察于人伦，由仁义行，非行仁义也。”（《孟子·离娄下》）“由仁义行”，即任由性情的自然发展，而不要添加什么主观的、故意的“行仁义”的动作。否则的话便是“揠苗助长”（《孟子·公孙丑上》）。

性情自发而自然的过程便是诚：“盖上世尝有不葬其亲者：其亲死，则举而委之于壑。他日过之，狐狸食之，蝇蚋姑嘬之。其颡有泚，睨而不视。夫泚也，非为人泚，中心达于面目。盖归，反虆梩而掩之。掩之诚是也，则孝子仁人之掩其亲，亦必有道矣。”（《孟子·滕文公上》）正是这种悲伤之情自发促使人们行厚葬之礼。这种自发之情便属天道自然。“回之乐”便是源自本性的自发情感：“颜子当乱世，居于陋巷，一箪食，一瓢饮；人不堪其忧，颜子不改乐。”（《孟子·离娄下》）颜回顺性自然生快乐之情。而“舜视弃天下，犹弃敝蹝也。窃负而逃，遵海滨而处，终身欣然，乐而忘天下。”（《孟子·尽心上》）舜的快乐之情也源自舜的本性，无关乎世俗利益的因素。

儒家推崇的快乐来自本性的自发与自然。故，孟子曰：“有天爵者，有人爵者。仁义忠信，乐善不倦：此天爵也。”（《孟子·告子上》）仁义之性能够给人们带来快乐。孟子曰：“万物皆备于我矣。反身而诚，乐莫大焉。”

(《孟子·尽心上》)尽心尽性能够产生快乐。这种快乐在于“乐其道”(《孟子·尽心上》),在于“尊德乐义”(《孟子·尽心上》),在于“乐天”(《孟子·梁惠王下》)。孟子认为:“仁之实,事亲是也。义之实,从兄是也。智之实,知斯二者弗去是也。礼之实,节文斯二者是也。乐斯二者,乐则生矣。”(《孟子·离娄上》)仁义礼智等能够给人们带来快乐。它是一种源自本性的、自然的、自发的情感。比如亲亲之情,孟子曰:“人之所不学而能者,其良能也;所不虑而知者,其良知也。孩提之童,无不知爱其亲者;及其长也,无不知敬其兄也。亲亲,仁也;敬长,义也。无他,达之天下也。”(《孟子·尽心上》)亲亲之情乃是天生自然、无须学习。

荀子之性区别于孟子之性。但是,他同样支持情由性定的立场,甚至将情与性不作区别,以性情合称。情源自性:“性之好、恶、喜、怒、哀、乐谓之情。”(《荀子·正名》)性的本体论特征也决定了情的自发性、自然性。荀子甚至将其视为一种近似生理本能的追求:“故人之情,口好味,而臭味莫美焉;耳好声,而声乐莫大焉;目好色,而文章致繁,妇女莫众焉;形体好佚,而安重闲静莫愉焉;心好利,而谷禄莫厚焉。合天下之所同愿兼而有之,睪牢天下而制之若制子孙,人苟不狂惑戆陋者,其谁能睹是而不乐也哉!”(《荀子·王霸》)人类对情欲的追求是一种自然的、自发的生理现象。荀子将这些现象称为情,并对其进行了分类。

那么,既然是自发的、自然的,为什么会有不同的情呢?荀子首次指出:“喜、怒、哀、乐、爱、恶、欲以心异”(《荀子·正名》)虽然情源自于性,是性之自发与自然,却也与人类的心有关。他首次将情与心联系起来,或者说,不仅仅以性解释情,而且尝试着以心说情。

无论是孟子的性情说,还是荀子的性情说,二者皆以性来界定情,并认为:情乃人性的自然现象,属于自发的。但是,由于二者对性的理解截然不同,也导致了二人对情的态度产生分歧。这一分歧也对后来的儒家情感论产生了重要影响。

汉代儒家显然融合了先秦孟子与荀子的情感理论。《礼记》曰:“凡音者,生人心者也。情动于中,故形于声。声成文,谓之音。”(《礼记·乐记》)“乐者,心之动也;声者,乐之象也。”(《礼记·乐记》)情是一种“动”:或者是性动,或者是心动。刘向进一步指出:“性,生而然者也,在于身而不发。情，接于物而然者也，出形于外。形外则谓之阳，不发者则谓之阴。”（《论衡·本性》）情是人在接触于外物时所产生的自然反应。由于这种反应是显然可见的，因此刘向称之为阳。性便是阴。这种自然反应，在董仲舒看来，“臣闻命者天之令也，性者生之质也，情者人之欲也。或夭或寿，或仁或鄙，陶冶而成之，不能粹美，有治乱之所生，故不齐也”（《汉书·董仲舒传》）。情可以为善，以可以为恶。因此，情需要操控。

在汉代儒家情感论的基础上，何晏提出“圣人无喜怒哀乐”之情。① 对此，王弼明确反对。他以为“圣人有情”：“以为圣人茂于人者神明也，同于人者五情也。神明茂，故能体冲和以通无；五情同，故不能无哀乐以应物。然则圣人之情，应物而不累于物者也。今以其无累，便谓不复应物，失之多矣。”② 圣人和百姓一样有情。这种情感是圣人应接万物的自然反应。

二程完全支持王弼的“圣人有情”论，以为圣人也有喜怒之情：“圣人之心本无怒也。譬如明镜，好物来时，便见是好，恶物来时，便见是恶，镜何尝有好恶也？世之人固有怒于室而色于市。且如怒一人，对那人说话，能无怒色否？有能怒一人而不怒别人者，能忍得如此，已是煞知义理。若圣人，因物而未尝有怒，此莫是甚难。君子役物，小人役于物。今人见有可喜可怒之事，自家着一分部奉他，此亦劳矣。圣人心如止水。”③ 圣人有情。圣人之情不是圣人有心为之。圣人无心：“圣人之心本无喜也。因是人有可怒则怒之，圣人之心本无怒也。譬诸明镜试悬，美物至则美，丑物至则丑。镜何有美丑哉？君子役物，小人役于物。”④ 圣人顺性自然有情。

王阳明也将良知之心比作镜：“良知之体皎如明镜，略无纤翳。妍媸之来，随物见形，而明镜曾无留染，所谓情顺万事而无情也。无所住而生其心，佛氏曾有是言，未为非也。明镜之应物，妍者妍，媸者媸，一照而皆真，即是生其心处。”⑤ “情顺万事”即顺其自然。王阳明曰：“喜怒哀惧爱恶欲，谓之七情。七者俱是人心合有的，但要认得良知明白。比如日光，亦不

① 楼宇烈：《王弼集校释》，中华书局 1980 年版，第 640 页。
② 楼宇烈：《王弼集校释》，中华书局 1980 年版，第 640 页。
③ 程颢、程颐：《二程集》，中华书局 2004 年版，第 210—211 页。
④ 程颢、程颐：《二程集》，中华书局 2004 年版，第 1271 页。
⑤ 《王阳明全集》，上海古籍出版社 1992 年版，第 70 页。

可指着方所；一隙通明，皆是日光所在，虽云雾四塞，太虚中色象可辨，亦是日光不灭处，不可以云能蔽日，教天不要生云。七情顺其自然之流行，皆是良知之用，不可分别善恶，但不可有所著。"① 情本自良知之性，顺其自然流行便是良知之用。

因此，无论是早期的孟子荀子，还是宋明的理学与心学，均以为情感的产生是自发的、自然的。自发性或自然性是儒家情感产生的基本特征。

三、生理性情感及其矫正：依靠外力

情感的自发性与自然性源于情感与血肉之躯之间的物理性联系。

笛卡尔将情感分为广义和狭义两类，狭义的情感是一种"肉体的反应"②。其反应原理是："情感主要由蕴涵于大脑空洞区的精灵所引起，并传向能够伸张或压缩心脏口的神经，或者以一种显着区别于其他身体部位的方式将血液压往心脏，或者以某些其他方式维持情感。由此看来，我们可以在情感的定义中包含这样的认识：它们产生于精灵的某种个别性运动。"③ 简而言之，情感产生于精灵的器官性反应。

依赖于感官、欲望的情感是一种自发的、生理性反应。对于人类来说，它显然不是人类的主动行为。相反，它是被动的。或者说，人类的情感反应是人类的一种被动行为，而非主动的选择。故，亚里士多德说："欲望与理性选择相对立，并且，欲望总是和快乐的、痛苦的事情相关，而理性选择则与这二者无关。"④ 假如我们将主体的主动行为建立在理性选择之上，那么对理性选择的排斥者即欲望显然会使人失去主体或自己。在欲望之下，人们是被动的。

决定于器质性、生理性的自发的、自然的情感，面临着两种走向：趋善

---

① 《王阳明全集》，上海古籍出版社 1992 年版，第 111 页。

② *Philosophical Writings of Descartes*，Vol. Ⅰ，translated by John Cottingham，Cambridge University Press，1985，p.338.

③ *Philosophical Writings of Descartes*，Vol. Ⅰ，translated by John Cottingham，Cambridge University Press，1985，p.342.

④ Aristotle，*The Nicomachean Ethics*，Translated by Roger Crisp，Cambridge University Press，2004，p.41.

或堕恶。堕恶的可能意味着情感的危险。故，孟子之后的儒家通常对情感持警惕的态度。汉代的《白虎通》曰："性情者，何谓也？性者，阳之施；情者，阴之化也。人禀阴阳气而生，故内怀五性六情。情者，静也，性者，生也，此人所禀六气以生者也。故《钩命决》曰：情生于阴，欲以时念也；性生于阳，以就理也。阳气者仁，阴气者贪，故情有利欲，性有仁也。"（《白虎通德论·性情》）情性如同阴阳，前者为贪，后者为仁。魏晋王弼也以为"若心好流荡失真，此是情之邪也。"[①] 情感能够走向邪路。这一思想在唐代被李翱等人发展为性善情妄论："之所以为圣人者，性也；人之所以惑其性者，情也。"（《复性书》）即便王阳明强调性情贯通，他还是认为情有过与不及："喜怒哀乐，性之情也；私欲客气，性之蔽也。质有清浊，故情有过不及，而蔽有浅深也。"[②] 性一旦被蒙蔽，便是私欲之情。这种私欲之情因此是不好的。

荀子则更是极端，以为情不美："人情甚不美，又何问焉！妻子具而孝衰于亲，嗜欲得而信衰于友，爵禄盈而忠衰于君。人之情乎！人之情乎！甚不美，又何问焉！唯贤者为不然。"（《荀子·性恶》）情不美。如果任由人的本能性情，于个人、于国家、于天下都将是某种灾难性后果："然则从人之性，顺人之情，必出于争夺，合于犯分乱理而归于暴。"（《荀子·性恶》）顺从性情会带来争夺与暴乱。故，在儒学思想史上，自荀子开始便意识到情欲的危害，并力主规避它。荀子因此提出教化论："人之性恶明矣，其善者伪也。"（《荀子·性恶》）儒家的礼法制度是制约、改造、治理人类的必要措施或手段。比如乐教便是一种重要的手段。

那么，儒家的礼法制度与一般行为人之间存在着怎样的关系呢？或者说，礼法制度等文明手段是人类自主的选择还是被动接受的呢？毫无疑问，答案是后者。

首先，礼法制度等外在于行为人："礼义者，圣人之所生也。"（《荀子·性恶》）礼法制度源自圣王。其次，一般行为人只能够通过学习而使"心知道"（《荀子·解蔽》）、"心之象道"（《荀子·正名》）。通过灌输儒家倡导的礼法

---

① 楼宇烈：《王弼集校释》，中华书局1980年版，第631页。

② 《王阳明全集》，上海古籍出版社1992年版，第68页。

制度，荀子认为，人性因此能够弃恶从善。在这个过程中，人始终是一个被动的角色：被教化、被改造、被成才。因此，“在荀子学说体系中，人是被动的”①。荀子的学习或教化的过程、控制情感的过程，既是改造自己的过程，更是失去自己的过程。假如我们将情感视为自己的重要内涵之一，那么，控制情感的结果便是无情。故，无情论在儒家思想体系中占据了重要地位。即便是所谓的有情论，事实上也是无情论。王弼的“圣人有情”论，以为“圣人之情，应物而不累于物者也”②。圣人之情全在外物，自己全无。二程以明镜为喻，以为“圣人之心本无怒也。譬如明镜，好物来时，便见是好，恶物来时，便见是恶，镜何尝有好恶也?”③ 圣人心如明镜。王阳明也将良知之心比作镜：“良知之体皎如明镜，略无纤翳。妍媸之来，随物见形，而明镜曾无留染。”④ 心如明镜：物美自美、物丑自丑。在此过程中，虽然有一个实体之物即心在那儿，却没有实际的功效：美丑自在，心灵何为？如果没有了自己的意见、自己的情绪，自己何在？因此，所谓“圣人有情”论，其实无我。既然无我，何来我情？“圣人有情”其实也是无情。

这便是儒家处置情感的方式：借助外力以控制自己的情感。在这个过程中，自己既无地位，亦无作为，至少理论上是如此。

四、精神性情感与意志：主体能够掌控情感

和儒家类似，西方人早就意识到依赖于生理性的欲望的情感不足为信。他们开发出一种“精神快乐”，即超感性的情感。这类情感包括“对荣誉的热爱和对学习的喜爱”⑤ 以及由“沉思所带来的快乐”⑥。与“感官快乐”不同

---

① 沈顺福：《荀子之“心”与自由意志——荀子心灵哲学研究》，《社会科学》2014 年第 3 期。

② 楼宇烈：《王弼集校释》，中华书局 1980 年版，第 640 页。

③ 程颢、程颐：《二程集》，中华书局 2004 年版，第 210—211 页。

④ 《王阳明全集》，上海古籍出版社 1992 年版，第 70 页。

⑤ Aristotle，*The Nicomachean Ethics*，Translated by Roger Crisp，Cambridge University Press，2004，p.55.

⑥ Aristotle，*The Nicomachean Ethics*，Translated by Roger Crisp，Cambridge University Press，2004，p.138.

的“精神快乐”，其产生的基础是“理智选择”①。

这种理智选择官能，后来被奥古斯丁称为意志。他则明确提出：“正确的意志是一种方向正确的爱，而错误的意志则是一种方向错误的爱。因此，爱，对热爱者的渴望是一种欲望。满足了这种欲求且享受它便是一种喜悦。”② 因为意志，我们产生爱。意志是爱、喜悦等情感的主体。

意志能够带来快乐等情感。康德在考察了修养与快乐的关系后指出：“‘有教养的思想必然能够产生快乐’这样的断言并非完全错误。”③ 这意味着“思想的道德虽然不能够直接至少间接地（即通过一位自然界的理性创造者）与产生快乐的原因相关联，这并非不可能。”④ 也就是说，尽管康德竭力区别道德与快乐，但是他并不否认抽象的理智的道德也可能成为快乐等情感产生的原因之一。康德说：“对能够决定欲望官能的意识总是对相关行为的满足的源泉。这种快乐，随自身的满意，不是行动的决定基础。相反，理性对于意志的直接决定才是快乐情感的源泉。这便是欲望官能的非感官性，而是纯粹实践的决定者。”⑤ 这种理性或意志也是情感的主体之一。它所产生的情感甚至高于欲望带来的情感。

布伦塔诺则直接将情感与意志关联，认为“日常语言已经揭示了快乐和痛苦指向某种在本质上接近于意志的对象”⑥。经过详细考察，布伦塔诺得出结论：“内在经验清楚地显示了情感的最基本类型与意志的统一。它向我们显示：在它们之间从来就没有什么显著的界限。”⑦ 布伦塔诺以日常语言表达为例：“我们称我们欣赏的东西为快乐，某种带给我们痛苦的东西为不快乐。但是，我们还称某物是我的‘快乐’或者说‘很高兴这样做’，其实这

---

① Aristotle, *The Nicomachean Ethics*, Translated by Roger Crisp, Cambridge University Press, 2004, p.131.

② Augustine, *The City of God*, Encyclopaedia Britanica, Inc. 1952, Book XIV. Chap.7.

③ Immanuel Kant, *Critik der Practischen Vernunft*, Routledge/Thoemmes Press, 1994, p.206.

④ Immanuel Kant, *Critik der Practischen Vernunft*, Routledge/Thoemmes Press, 1994, p.207.

⑤ Immanuel Kant, *Critik der Practischen Vernunft*, Routledge/Thoemmes Press, 1994, p.210.

⑥ Franz Brentano, *Psychology from an Empirical Standpoint*, Routledge, 1995, p.191.

⑦ Franz Brentano, *Psychology from an Empirical Standpoint*, p.192.

里指它符合自己的意志。……即便是‘高兴’一词自身，也是描述一种意志对待‘你愿意吗？’这一问题时的态度。”① 德语中的愤怒（Unwillen）、厌恶（Widerwillen）等描述情感的语词，其词根便是意志（Will）。所以，在布伦塔诺看来，意志与情感没有什么太大的差别。“当我们说‘我爱他’时，这显然指称一种意志现象。”② 故，阿斯孔姆称布伦塔诺愿意将“意志当作情感”③。

毫无疑问，理性选择、意志，在亚里士多德、奥古斯丁、布伦塔诺等看来，也是人类情感的重要主体。或者说，意志也能够引导情感的产生。那么，意志为什么也会引发情感呢？这主要是由于意志与欲望的关系。

欲望和意志密切相关，甚至融为一体。这表现在形式与内容两个方面。从内容来看，托马斯·阿奎那认为，意志是一种欲望：“我们如果要探讨自由意志的本质，就必须考察选择的性质。选择包括两项内容，其一是认知能力，其二是欲望能力。认知能力需要思考并因此而确定哪一个优先。而欲望能力则需要接受思考后的决断。……自由意志是一种欲望能力。”④ 意志是一种欲望。或者说，欲望构成了意志的重要内容。

从形式看，意志是一种合理的欲望。托马斯认为，欲望有两种，即自然欲望和理性欲望。其中，“理性欲望便是意志行为。……正如哲学家所言：‘意志在理性中’（De Anima iii，9）”⑤ 意志即理性欲望。所谓理性欲望，即知晓于普遍性的善，“另一个事物欲求于某些自己知晓其中用途的事物。这类便属于理智。通常情况下，这类欲望追求好的东西。……它们欲望普遍的善。这类欲望我们称之为‘意志’”⑥。因此，意志属于理性。或者说，理智是意志的基本形式。从形式和内容来看，欲望与意志常常是统一的。或者说，所有的意志皆是某种经过理性选择的欲望。某种欲望构成了意志的主

① Franz Brentano，*Psychology from an Empirical Standpoint*，p.191.

② Franz Brentano，*Psychology from an Empirical Standpoint*，pp.191-192.

③ G. E. M. Anscombe，*From Parmenides to Wittgenstein*，Oxford：Basil Blackwell，1981，p.101.

④ *The Summa Theologica of Saint Thomas Aquinas*，Encyclopaedia Britannica，Inc.，1952，Volume One，Part Ⅰ，Q. 83. Art. 3.

⑤ *The Summa Theologica of Saint Thomas Aquinas*，Part Ⅰ Q. 87，Art. 4.

⑥ *The Summa Theologica of Saint Thomas Aquinas*，Part Ⅰ Q. 59，Art. 1.

要内容。

意志包含着某种欲望。欲望能够激发情感，包含欲望的意志无疑也会引发某种类型的情感。故，亚里士多德说："有三个东西决定了我们所有行动中的选择，即道德上的好、方便和愉快。同样也有三件东西让我们逃避，即卑劣、有害和痛苦。"① 选择的一种重要砝码便是能够满足我们欲望的快乐。

同时，和欲望相比，意志显然多了两个东西，一是理智或理性，二是主体性。意志是主体运用自己的理智进行判断和抉择的官能。

现实事物总是有限的。我们不可能满足所有的欲望。于是，我们必须经过慎重思考，选择满足某些最合理的欲望，并同时抑制其余的欲望。这种活动便是选择。很显然，这个过程是理智的。这便是亚里士多德的"方便"。为了这种"方便"，"当我们选择时，我们选择那些自己能够做到，同时也是自己欲望的事情。这件事是考虑的结果"②。我们依据自己的理智进行思考，然后选择。所以，选择必然是一种主体理智参与的活动形式。或者说，以理智为标准，对各种欲望的衡量与取舍便是选择。当我们认定某种欲望为最合理者时，这种思考便是选择过程。康德认为，"意志是一种选择的能力。这种选择是理性在不依靠个人的爱好的情形下而作出的实用的、必然的，即认为是善的一种选择"③ 意志是主体的一种能力（Vermögen）。它主管理性选择。在这种理性选择中，主体性和理智得到充分实现。理智与主体性的加入使意志比单纯的欲望有了更多的内涵。在意志活动中，人类不再是简单地、被动地听命于生理性、自发性同时也是较为低级的欲望。主体性的参与彻底将被动性欲望转换为主动性活动。理智的参与也同时改变了欲望的原始野蛮性或盲目性，使欲望获得了更多的属于理性人类的合理性与规范性。和单纯的欲望相比，意志显然是对前者的一种超越或深化。从情感形态来看，意志所引发的情感显然比欲望激发的情感更深沉，更厚重，更持久，比如对国家

---

① Aristotle, *The Nicomachean Ethics*, Translated by Roger Crisp, Cambridge University Press, 2004, p.26.

② Aristotle, *The Nicomachean Ethics*, Translated by Roger Crisp, Cambridge University Press, 2004, p.44.

③ *Kant's gesammelte Schriften*, Band Ⅲ, Druck und Verlag von Georg Reimer 1911, p.412.

的爱和由此产生的快乐等显然不能用欲望进行解释。它是一种源自自我意志的情感。

由此看来，人类的情感主体不仅仅属于欲望，而且属于意志。意志也能够引发情感。依靠自由选择、意志而产生的情感，至少包含了三项要素：源自意志所包含的欲望所具备的感性因素、源自理智的因素，以及主体自己。主体自己依靠理智，选择了自己欲望的对象，并因此构成了自己的意志内容。在这个过程中，虽然感性欲望及其情感可能会诱导、威胁主体从而产生某种冲动，但是，总体来看，理智的自我始终掌控了这个过程，即我的情感我做主。人因此能够成为自己的情感的主人。我可以根据自己的理解让自己快乐，也能够根据自己的意志避免自己悲伤等。总之，我的情感我能够做主。

五、结论　情由性定、与我无关：儒家情感论之反思

“情由性定”可以被视为儒家情感论的第一原理。性的本体论属性决定了情的存在方式：自发而自然。生于性的情有两种可能的趋势：善良或邪恶。善良之情，自然得以保留。顺性任情即可。这个过程的主角是性，其特征是自发而自然。率性由情便是人性之自发与自然。情的另一个趋势是邪恶之情。它需要抑制或整烁。学习或教化便成为治情的不二“法门”。通过教化或学习，人情虽然得到了治理，但是人自己却失去了。

无论是自然之善情，还是浊气之邪情，无论是由情，还是矫情，在传统儒家那里，或者是一个自然过程如生物之生生不息一般，或者是一个受动过程，如群虻之昏昏然一般。在这些活动过程中，作为主体的、理性的、自为的行为人，始终没有发挥应有的作用，甚至几乎被无视。率性由情，与己何干？化性起伪，关我何事？自我始终处于无关紧要的地位。在这个过程中，即情感活动的“主体”（main body）是客观的、器质的人性，而与理性、主体的人几无关系。

自我的忽略面临着若干难题：理性自我能否控制自己的情感？我能否成为自己情感的主人？传统儒家没有回答也无法回答这类问题。在孟子等思想

家们看来，“理性并不能够直接控制情感”①。

这便是我们对儒家情感理论的反思或批判。

（作者单位：山东大学儒学高等研究院）

① Franklin Perkins, “Mencius, Emotion, and Autonomy”, *Journal of Chinese Philosophy* 29: 2 (June 2002), p.214.

从不语怪、力、乱、神到奢谈天、道、性、命

——从认识论角度对儒学发展史的反思

陈　炎　孟庆雷

一

《论语》中所说的“怪、力、乱、神”，泛指那些荒诞不经的、无法被生活经验所证实的各种事物。对于这些现象，孔子是不会主动谈及的，即便是被人所询问，也常以符合经验事实的逻辑加以解释，或巧妙地加以回避。这种情况，在《论语》之外的其他典籍中也有记载。如，“哀公问于孔子曰：‘吾闻夔一足，信乎？’曰：‘夔，人也，何故一足？彼其无他异，而独通于声。尧曰：‘夔一而足矣。’使为乐正。故君子曰：‘夔有一足。非一足也。’”（《韩非子·外储说左下》）对神话传说予以合乎常理的解释，这是孔子以理性来把握经验现实的必然结果。因此，“子不语怪、力、乱、神。”（《论语·述而》）这句话常常被视为孔子排斥神秘主义，秉持理性精神的重要依据。然而，从认识论的角度将此言放在儒学发展史的角度上加以分析，我们又能发现什么样的问题和启示呢？

我们知道，在“儒”成为一种“学”、成为一种“家”之前，它首先是一种职业。“近代有学者认为，‘儒’的前身是古代专为贵族服务的巫、史、祝、卜；在春秋大动荡时期，‘儒’失去了原有的地位，由于他们熟悉贵族

的礼仪，便以‘相礼’为谋生的职业。”① 照理说，上古时代的巫、史、祝、卜是最接近于怪、力、乱、神的神职人员，作为其传人的儒者为什么偏偏对这些荒诞不经的现象缄口不言呢？这是由于在殷周之际的历史巨变中，周初的统治者改变了“殷人尊神，率民以事神，先鬼而后礼，先罚而后赏”（《礼记·表记》）的宗教神秘主义倾向，通过“制礼作乐”的方式将原来的宗教礼仪转化为世俗规范，形成了一套以亲亲、尊尊为核心的伦理世俗秩序，实现了“周人尊礼尚施，事鬼敬神而远之”（《礼记·表记》）的文化转型，而主张“周监于二代，郁郁乎文哉！吾从周”（《论语·八佾》）的孔子显然要秉持这种人文精神。因此，由上古的巫、史、祝、卜到先秦“相礼”的儒生，不仅称呼变了，地位变了，思想观念也变了。

这种变化最典型地表现在祭祀活动中。尽管祭祀活动本来就是针对神鬼而进行的，但《论语·八佾》中却偏说：“祭如在，祭神如神在。子曰：‘吾不与祭，如不祭。’”祭祀祖先就如同祖先真的在那里一样，祭祀神祇就如同神祇真的在那里一样。如果自己不亲自祭祀，而委托别人代祭，那就如同不祭一样。在这里，祭祀活动的重点已不再是作为神鬼的祭祀对象，而是作为活人的祭祀主体。就如同今天清明节扫墓的人们未必都是有神论者一样，人们这样做的目的只不过是为了表达一种慎终而追远的哀思罢了。那么我们是否可以就此而论定孔子是一位无神论者呢？也未必，因为孔子既没有说鬼神在，也没有说鬼神不在，活生生的一个“如”字，给人们留下了想象的空间和回味的余地。《中庸·第十六章》中也记载：“子曰：‘鬼神之为德，其盛矣乎。视之而弗见；听之而弗闻；体物而不可遗。使天下之人，齐明盛服，以承祭祀。洋洋乎，如在其上，如在其左右。’”还是这个“如”字，把这些看不见、听不到、摸不着的鬼神看成是一种可祭祀而不可言说的对象。

类似这种模棱两可的表述在《论语》中随处可见。如“季路问事鬼神。子曰：‘未能事人，焉能事鬼？’曰：‘敢问死。’曰：‘未知生，焉知死？’”（《论语·先进》）季路请教：怎样去事奉鬼神？孔子却答非所问地说：我还没能事奉好人，怎么能事奉鬼神呢？季路问：死是怎么回事？孔子却王顾左右

---

① 胡乔木编：《中国大百科全书·哲学》下卷，中国大百科全书出版社 1988 年版，第 73 页。

地回答：我还没处理好与活人之间的关系，哪里知道死是怎么回事儿呢？在这里，孔子既并没有回答鬼神是否存在的问题，也没有回答人死之后有没有灵魂的问题。对于这些属于怪、力、乱、神之类的范畴，孔子三缄其口，尽量不予以正面表述。所以，当樊迟问知（智）的时候，孔子才会说："务民之义，敬鬼神而远之，可谓知矣。"（《论语·雍也》）作为中国历史上的第一位老师，孔子的治学态度是相当严谨的，那就是所谓"知之为知之，不知为不知，是知也"（《论语·为政》）。因此，对于鬼神之类我们生前所无法知道的事情，我们只能存而不论了。

从这种朴素的治学态度出发，孔子不仅不语怪、力、乱、神，而且罕言天、道、性、命。虽然在危难的时候孔子也曾宽慰道："天生德于予，桓魋其如予何?"（《论语·述而》）"天之将丧斯文也，后死者不得与于斯文也；天之未丧斯文也，匡人其如予何?"（《论语·子罕》）虽然在赌咒的时候孔子也曾发誓道："吾谁欺，欺天乎?"（《论语·子罕》）"予所否者，天厌之，天厌之!"（《论语·雍也》）虽然在慨叹的时候孔子也曾形容道："巍巍乎唯天为大!"（《论语·泰伯》）然而这种情绪化的语言，并不能说明孔子相信有人格的天存在。在这里，天作为一种莫名的寄托和信念，支撑着孔子在挫折面前奋然前行，但孔子并不认为这种个体的寄托和信念可以作为一种普遍的知识加以传达和推广。所以孔子才说："不怨天，不尤人，下学而上达，知我者，其天乎?"（《论语·宪问》）正因为信仰只具有个体的有效性，所以孔子才无法对他人进行传授，才会向子贡感慨"予欲无言"，而当子贡对此表示担忧时他才会说："天何言哉？四时行焉，百物生焉，天何言哉?"（《论语·阳货》）"天"什么都没有说，可一年四季照样轮回，圣灵万物照样兴衰。在孔子这里，"天"最多只是一种莫名的信念和无形的规律而已，绝不是一种可以干预现实生活的人格神。所以子贡才说："夫子之文章，可得而闻也；夫子之言性与天道，不可得而闻也。"（《论语·公冶长》）教育只能传授知识，而不是把某种无法证明的信仰强加给受教育者，否则就成为宗教神学中的布道行为了。

孔子虽然也谈论"道"，但却不把它神秘化，而是回到日常经验领域。如"士志于道，而耻恶衣恶食者，未足与议也"（《论语·里仁》），如"道不行，乘桴浮于海"（《论语·公冶长》），如"朝闻道，夕死可矣"（《论语·里仁》)，这里所说的“道”指的是做人的准则，是可以“迩之事父，远之事君”(《论语·阳货》)的道理，是“人道”而非天道。《中庸·十三章》记载：“子曰，‘道不远人。人之为道而远人，不可以为道。’”正像曾子所理解的那样：“夫子之道，忠恕而已矣。”(《论语·里仁》)超越日常经验领域的“天道”是无法言说，也不应该被言说的，我们只能在经验领域里践行日常人伦之道。

秉持这一原则，孔子对于人性是善还是恶的问题也不曾妄加断语，翻捡《论语》一书，他只留下了一句“性相近也，习相远也”(《论语·阳货》)而已。

在《论语》一书中，孔子共有五次提到“命”的问题，如“不知命，无以为君子也。”(《论语·尧曰》)，如“五十而知天命”(《论语·为政》)，如“亡之，命矣夫！斯人也而有斯疾也！”(《论语·雍也》)如“道之将行也与，命也；道之将废也与，命也。公伯寮如命何?”(《论语·宪问》)一般认为，头一句是指“使命”，后面几句虽然体现了有某种宿命论的情绪，但却同样表明孔子认为命这一问题只关乎个体的信仰。这一点在《论语·季氏》中讲得最明确：“君子有三畏：畏天命，畏大人，畏圣人之言。小人不知天命而不畏也，狎大人，侮圣人之言。”是否畏天命成为君子与小人的重要区别，然而成为君子或小人的选择权却仍然在个体手里，在这里并没有用必然命令来代替个体选择。说到底，同对“天”、“道”、“性”的理解一样，孔子对“命”的理解也只关乎信仰而非知识。

在孔子的思想体系中，最复杂、最重要的要数“仁”了。但“仁”内涵并不神秘，正像他的后学弟子们所理解的那样，“仁者爱人”(《孟子·离娄下》)，“孝弟也者，其为仁之本与！”(《论语·学而》)在上古时代，儿子爱父亲叫作“孝”，弟弟爱哥哥叫作“悌”。因此，所谓“仁”者，无非是建立在亲子血缘基础之上的人伦关系，并没有什么宗教神秘主义的情绪或形而上学的色彩。所以，纵观孔子一生的思想和言论，是朴素的、温馨的，而不是神秘的、思辨的。他所要建立的既不是神学，也不是形而上学，而只是充满人生经验的伦理学而已。

总的来看，《论语·子罕》中的一句话或许可以概括孔子的治学理念：“子绝四：毋意，毋必，毋固，毋我。”不凭空臆测，不妄下断语，不固执己见，不唯我独尊。这里既有对经验现实的看法，也有对信仰世界的态度。对于经验现象的理解要以事实为依据，不能凭空臆测，更不能妄下断语；对信仰世界的态度要尊重他人的选择，不能以自己的意志为标准。如果我们站在今天的角度上看，在这种朴素的话语中，既包含了知识的标准问题，又包含了信仰的自由问题，有很多宝贵的、可待开发的内涵。然而遗憾的是，孔子之后，情况却发生了变化。

二

按照《韩非子·显学篇》的说法，“自孔子之死也，有子张之儒，有子思之儒，有颜氏之儒，有孟氏之儒，有漆雕氏之儒，有仲良氏之儒，有孙氏之儒，有乐正氏之儒”。而《荀子·非十二子》则将这八派中的子思、孟子连在一起，认为他们是前后相续、一脉相承的：“略法先王而不知其统，犹然而材剧志大，闻见杂博。案往旧造说，谓之五行，甚僻违而无类，幽隐而无说，闭约而无解。案饰其辞而祗敬之曰：此真先君子之言也。——子思唱之，孟轲和之，世俗之沟犹瞀儒，嚾嚾然不知其所非也，遂受而传之，以为仲尼、子游为兹厚于后世。是则子思、孟轲之罪也。”于是便有了“思孟学派”的说法。考虑到荀子为儒家学者，其观点应更为可信。然而遗憾的是，《汉书·艺文志》中所谓的“《子思子》二十三篇”在唐代以后即已失传，所以我们对子思的了解并不充分。

司马迁在《史记·孔子世家》中明确指出：“子思作《中庸》。”汉代的郑玄，唐代的陆德明、孔颖达，宋代的程颢、程颐、朱熹等人也都认为，《中庸》作为《礼记》中的一篇，确为子思所作，因此我们可以从中窥探子思的思想。与罕言“性与天道”的孔子不同，《中庸·第一章》开篇便说：“天命之谓性；率性之谓道；修道之谓教。”从而把儒家的伦理教化建立在“性与天道”的基础上。《中庸·十二章》云：“君子之道，造端乎夫妇；及其至也，察乎天地。”《中庸·二十二章》云：“唯天下至诚为能尽其性。能尽其性，则能尽人之性。能尽人之性，则能尽物之性。能尽物之性，则可以赞天地之化育。可以赞天地之化育，则可以与天地参矣。”《中庸·二十四章》云：“至诚之道可以前知。国家将兴，必有祯祥；国家将亡，必有妖孽。见乎蓍龟，动乎四体。祸福将至，善必先知之；不善，必先知之。故至诚如神。”《中庸·二十九章》云：“故君子之道，本诸身，征诸庶民；考诸三王而不缪，建诸天地而不悖，质诸鬼神而无疑，百世以俟圣人而不惑。质诸鬼神而无疑，知天也。”《中庸·三十二章》云：“唯天下至诚，为能经纶天下之大经，立天下之大本，知天地之化育。夫焉有所倚？肫肫其仁！渊渊其渊！浩浩其天！”《中庸·三十一章》云：“是以声名洋溢乎中国，施及蛮貊。舟车所至，人力所通，天之所覆，地之所载，日月所照，霜露所队：凡有血气者莫不尊亲。故曰，‘配天’。”这样一来，所有的怪、力、乱、神、天、道、性、命都成了子思论证儒家伦理的理论基础，以至于到了“以德配天”的地步。

1993年，人们在湖北荆门郭店所发掘出土的竹简中有《缁衣》、《五行》、《尊德义》、《性自命出》、《六德》等体现儒家思想的学术著作，学界多认为出自子思一派。这些竹简中确有一些内容与《中庸》相通，如《性自命出》中有关“性自命出，命自天降”的观点与《中庸·第一章》有关“天命之谓性，率性之谓道”的思想一致，《尊德义》的体例与《中庸》篇也颇为近似。这似乎进一步证明了子思学说的特点。

子思是孔子的嫡孙，其晚年已进入战国时代。而“受业子思之门人”（《史记·孟子荀卿列传》）的孟子，则已是战国中期的人物了。顾炎武曾比较“春秋”与“战国”时代的差异：“春秋时犹尊礼重信，而七国则绝不言礼与信矣；春秋时犹宗周王，而七国则绝不言王矣；春秋时犹严祭祀、重聘享，而七国则无其事矣；春秋时犹论宗姓氏族，而七国则无一言及之矣；春秋时犹宴会赋诗，而七国则不闻矣；春秋时犹有赴告策书，而七国则无有矣。邦无定交，士无定主，此皆变于一百三十三年之间。”（《日知录》卷一三）随着国与国之间兼并、征伐的加剧，中原地区对少数民族地区的拓展，原有的宗族血缘关系遭到了严重的破坏。在这种情况下，继续承袭孔子那种将社会伦理建立在家族血缘之上的做法已显得不合时宜，于是孟子继子思之后，要为儒家的理论观念找到更为深刻的依据——人性。

如果说《中庸》中有关“天命之谓性，率性之谓道”的表述还是比较笼统的，孟子则更进一步，鲜明地提出“性本善”的观点。孟子是用什么样的方法来证明人的本性是善的呢？首先是比喻的方法。“告子曰：‘性犹湍水也，决诸东方则东流，决诸西方则西流。人性之无分于善不善也，犹水之无分于东西也。’孟子曰：‘水信无分于东西。无分于上下乎？人性之善也，犹水之就下也。人无有不善，水无有不下。’”（《孟子·告子上》）其次是举例的方法。“所以谓人皆有不忍人之心者，今人乍见孺子将入于井，皆有怵惕恻隐之心。非所以内交于孺子之父母也，非所以要誉于乡党朋友也，非恶其声而然也。”（《孟子·公孙丑上》）在儒学发展史上，孟子的这一观点影响很大。然而从认识论的角度上讲，比喻只能说明问题，不能证明问题；举例只能得到或然的知识，不能得到必然的知识。孟子可以用“水无有不下”的比喻来说明“人无有不善”，荀子也可以用同样的比喻来说明“人无有不恶”；孟子可以举“今人乍见孺子将入于井”的例子来推论“人性善”，荀子也可以举一个相反的例子来论证“人性恶”。在日常生活中，我们都见过两个儿童在争抢一个玩具之类的情景，难道由此便可以证明人性恶吗？

孟子之所以要用这种牵强附会的方法来论证“人性善”，其目的就是要将孔子所倡导的仁、义、礼、智等道德标准建立在人的本性的基础上。他从“今人乍见孺子将入于井”的例子引申出“恻隐之心，人皆有之；羞恶之心，人皆有之；恭敬之心，人皆有之；是非之心，人皆有之。恻隐之心，仁也；羞恶之心，义也；恭敬之心，礼也；是非之心，智也。仁义礼智，非由外铄我也，我固有之也”（《孟子·告子上》）。孟子不仅要把仁、义、礼、智这“四德”，建立在恻隐之心、羞恶之心、恭敬之心、是非之心这“四端”的基础之上，将心之“四端”建立在“性本善”的基础之上，还要将人的“本性”建立在“天”、“命”的基础之上：“尽其心者，知其性也；知其性，则知其天也。存其心，养其性，所以事天也。夭寿不贰，修身以俟之，所以立命也。”（《孟子·尽心上》）这样一来，在孔子那里原本不可言说的天、道、性、命，在孟子这里却变成了大谈特谈的热门话题；在孔子那里原本是经验的伦理，在孟子这里却似乎找到了先验的根据。在这里，如果我们重温一下荀子对“思孟学派”的批评，似可对“僻违而无类，幽隐而无说，闭约而无解”三句话获得更深的理解。然而，这种既无法证实、又无法证伪的玄谈却进一步启发了汉儒。

作为汉儒的代表人物，董仲舒为了适应“大一统”的政治局面，力图将原本建立在家族血缘基础之上的儒家伦理纳入“天人感应”的宇宙模式，主张“道之大原出于天，天不变，道亦不变”（《汉书·董仲舒传》）。天不仅是永恒的存在，而且是有人格的主宰；天不仅是自然的造化，而且是伦理的源泉。“天令之谓命，命非圣人不行；质朴之谓性，性非教化不成；人欲之谓情，情非度制不节。是故王者上谨于承天意，以顺命也；下务明教化民，以成性也；正法度之宜，别上下之序，以防欲也；修此三者，而大本举矣。”（《汉书·董仲舒传》）于是，“唯天子受命于天，天下受命于天子”（《春秋繁露·为人者天》）。于是，“人之受命于天也，取仁于天而仁也”（《春秋繁露·玉杯》）。这样一来，无论是皇权的合法性还是伦理的永恒性，统统可以在“天”那里找到根据。不仅如此，董仲舒还把“阴阳”、“五行”的理论框架纳入“天”、“人”之间的逻辑关系，主张“天有阴阳，人亦有阴阳”（《春秋繁露·同类相应》）“君臣、父子、夫妇之义，皆取阴阳之道。”（《春秋繁露·基义》）与此同时，他还把金、木、水、火、土的“五行”元素对应于仁、义、礼、智、信的“五常”法则，以及东、南、西、北、中的空间方位，以土居中央的重要性来突出“大一统”的皇权地位。

如果说董仲舒“天人感应”的宇宙模式还略显粗疏的话，那么宋明理学所努力建构的道德形而上学就精致多了。理学的开山鼻祖周敦颐撰有《太极图说》，试图从宇宙发生论的角度建立一个融自然与道德于一体的“天人合一”的理论模式：“无极而太极。太极动而生阳，动极而静，静而生阴，静极复动。一动一静，互为其根。分阴分阳，两仪立焉。阳变阴合，而生水火木金土。五气顺布，四时行焉。五行一阴阳也，阴阳一太极也，太极本无极也。五行之生也，各一其性。无极之真，二五之精，妙合而凝。乾道成男，坤道成女。二气交感，化生万物。万物生生，而变化无穷焉。惟人也得其秀而最灵。形既生矣，神发知矣。五性感动，而善恶分，万事出矣。圣人定之以中正仁义而主静，立人极焉。故圣人与天地合其德，日月合其明，四时合其序，鬼神合其吉凶。”这种阴阳互补、五行流布的宇宙模式，使自然本体通过自生成、自否定、自发展、自外化、自回归的形式而与人伦精神统一到了一起。程颐说得简洁：“在天为命，在义为理，在人为性，主于身为心，其实一也。”（《二程遗书》卷十六）

朱熹继承周敦颐和程颢、程颐的思想，并兼采释、道各家的学说，形成了一个庞大的哲学体系。首先，他认为世界的本质是“理”，或曰“道”、“太极”。“理”是先于自然现象和社会现象的形而上者，“理”在“气”先。

但这种先后并不是时间上的顺序，而是逻辑在先：万物各有其理，理却不能离开气而独立存在。“理未尝离乎气。然理形而上者，气形而下者，自形而上下言，岂无先后?”（《朱子语类》卷一）其次，他认为“理”既是自然规律，也是人伦法则。“万物皆有此理，理皆同出一原，但所居之位不同，则其理之用不一。”（《朱子语类》卷十八）自然现象也好，社会规律也罢，都以“理一分殊”的形式分有了宇宙的本体。最后，他通过编纂汇辑《四书》的过程而推崇《礼记·大学》中有关“致知在格物，物格而后知至”的思想，主张人们可以通过经验现象而领悟超验知识，最终领会“理”的奥秘。朱熹说：“所谓致知在格物者，言欲致吾之知，在即物而穷其理也。盖人心之灵莫不有知，而天下之物莫不有理。惟于理有未穷，故其知有不尽也。是以大学始教，必使学者，即凡天下之物，莫不因其已知之理而益穷之，以求至乎其极。至于用力之久，而一旦豁然贯通焉，则众物之表里精粗无不到，而吾心之全体大胜无不明矣。此谓物格，此谓知之至也。”（《补〈大学〉格物致知传》）

与“程朱理学”通过“格物致知”的方法到外在的宇宙本体处去寻求人伦法则的路径不同，“陆王心学”则要从内在的心性入手去领悟宇宙的精神。所谓《王阳明四句教》云：“无善无恶心之体，有善有恶意之动，知善知恶是良知，为善去恶是格物。”在王阳明看来，“良知”是人心之本体，这个本体在没有发动之前，是无所谓善恶的；当人们运用心体产生意念活动的时候，把这种意念加在事物上，就有了善恶之分；而人们判断善恶的标准就是“良知”，即是否符合“天理”，于是“良知”便是“天理”；在“天理”和“良知”的支配下，人们为善去恶的行为才是真正的“格物”。从这种主观唯心主义的路径出发，王阳明甚至推导出“心外无物”、“心外无理”的结论：“心者身下主宰，目虽视而所以视者，心也；耳虽听而所以听者，心也；口与四肢虽言动而所以言动者，心也”，“凡知觉处便是心”（《传习录》下）。“位天地，育万物，未有出于吾心之外者”（《紫阳书院集序》）。“心”不仅是万事万物的最高主宰，也是社会伦理的普遍法则。

总之，从战国时代的“思孟学派”到以董仲舒为首的“汉代儒学”，从宋明以降的“程朱理学”到“陆王心学”，后儒们不断进行着一种形而上的努力，即要为原本建立在宗法血缘基础之上的伦理价值体系寻找到一种宇宙本体论或内在心性论的哲学依据。于是，子不语怪、力、乱、神的传统变了，子罕言天、道、性、命的传统也变了。理、气、天、道、心、性、命、神、良知、良能、无极、太极之类形而上的范畴成为人们热衷思辨的话题。对于儒学发展史的这一转向，今人们常给予很高的评价，或曰其符合了当时的社会需要，或曰其达到了理性思辨的高度。然而，一种思想是否符合当时的社会需要，是否产生了积极的历史作用，是一回事儿；这种思想是否符合学理的标准，能否经得起时间的考验，则是另一回事儿。毋庸置疑，宋明理学在理论思辨的水准上确实达到了中国古代思想史的高峰，然而这种哲学的思辨却同时导致了理性的僭越，因而需要拿到“批判哲学”的高度上加以反思。

三

所谓“批判哲学”是人们对康德哲学的特殊称谓。与儒家学说从人伦经验开始逐渐建构起宇宙本体论的哲学路径刚好相反，西方哲学家一开始关注的就是“始基”问题，也就是纷纭复杂的客观世界统一为何物的学问。围绕着这一中心议题，古希腊的哲学家们提出了各种各样的观点：泰勒斯认为世界的本原是“水”，阿那克西美尼认为是“气”，赫拉克利特认为是“火”，恩培多克勒认为是水、火、土、气“四因”，阿那克萨戈拉认为是“种子”，留基波和德谟克利特认为是“原子”，毕达哥拉斯认为是“数”，巴门尼德和芝诺认为是“存在”，苏格拉底和柏拉图认为是“理念”……这些不同的观点之间相互指责，彼此批判，但却始终不能形成一致的结论与共识。面对这种局面，18 世纪的德国哲学家康德提出了一种相反的思路：我们与其去批判别人，不如先批判自己，即反思一下人类的理性究竟是否具备探寻世界的本原这类形而上学问题的能力。这种对认识能力和理性限度的批判，也就形成了康德的“批判哲学”。

人类的知识是如何产生的呢？康德有句名言：“悟性不能直观，感官不能思维。唯有二者联合，始能发生知识。”① 在他看来，人类首先要通过感官

---

① 康德：《纯粹理性批判》，蓝公武译，商务印书馆 1960 年版，第 73 页。

而获得存在于时间和空间中的经验材料，然后再运用悟性（知性）能力将这些材料纳入逻辑范畴加以思考，方可获得切实有效的知识。而宇宙“本原”、万物“始基”之类的对象并不存在于时间和空间之中，无法为我们的感官所感知，因而我们也就不可能获得关于它们的“知识”。“盖因其所使用之原理，超越经验之限界，已不受经验之检讨。此等论争无已之战场即名为玄学。”① 所以，在康德看来，古人有关本体论的种种观点统统属于“独断论”，即不加证明地一口咬定世界的本原是“水”、“火”、“土”、“气”、“种子”、“理念”、“存在”、“太一”等，这些都是人类理性妄自尊大的结果。

如果我们按照康德的标准加以衡量，儒学自“思孟学派”以降所努力建构的宇宙本体，恰恰是一种旧形而上学（玄学）。那些将宇宙的本原称为“理”、称为“气”、称为“道”、称为“心”、称为“无极”、称为“太极”的种种观点，统统属于缺乏学理根据的“独断论”！或许有人会说，“宋明理学”并不总是排斥感性经验的，朱熹不是强调“理一分殊”而主张“格物致知”吗？的确，朱熹曾以禅宗“月印万川”的比喻来说明“理一分殊”的道理，并主张人们可以运用“格物致知”的方法，通过经验世界之众“相”而获得超验世界之一“理”。必须承认，这个比喻是极为巧妙的。然而我们曾经说过，比喻只能说明问题，不能证明问题。正如我们不能运用“水无有不下”的比喻来证明“人无有不善”的道理一样，我们也不能运用“月印万川”的比喻来证明“理一分殊”的道理。因为“月印万川”是物理，而“理一分殊”却要将物理归结为天理。朱熹认为：“天地中间，上是天，下是地，中间有许多日月星辰，山川草木，人物禽兽，此皆形而下之器也。然而这形而下之器之中，便各自有个道理，此便是形而上之道。所谓格物，便是要就这形而下之器，穷得那形而上之道理而已。”（《朱子语类·卷六十二》）很显然，朱熹只是把经验世界中的物理作为认为超验世界的阶梯，与董仲舒的天人感应理论并无实质上的不同，只是更加精致而已。康德则更加清醒地指出：“每一个个别经验不过是经验领域的全部范围的一部分；而全部可能经验的绝对的整体本身并不是一个经验。”② 因

① 康德：《纯粹理性批判》，商务印书馆1960年版，第3页。

② 康德：《未来形而上学导论》，庞景仁译，商务印书馆1978年版，第104页。

此，我们既不可能从“物理”的现象中格出“天理”的道理，也不可能从“自然”的现象中格出“人文”的道理，这也正是王阳明格竹子失败的原因所在。说到底，理学家们之所以要将打通“物理”与“天理”、“人文”与“自然”的关系，并将前者建立在后者的基础之上，无非是想将儒家的经验伦理建立在超验法则的基础之上，为有限的价值体系找到无限的永恒根据罢了。

在康德“批判哲学”的影响下，“分析哲学”渐渐成为西方哲学中的主流学派。作为一种以语言分析为主要方法的现代西方哲学思潮，“分析哲学”首先要对哲学命题进行语言逻辑的分析，并由此而主张通过对“伪命题”的剔除来消灭形而上学。其中的逻辑经验主义学派沿用康德的观点，将有效的学术命题分为分析命题和综合命题两种，并强调一切综合命题都以经验为基础的，因而只有在符合“可证实性原则”、“可检验性原则”、“可确认性原则”的情况下才具有认识意义；而有关本体论的形而上学命题既不是分析命题，又不具备综合命题的基本条件，因而既不能被证实，也不能被证伪，纯属毫无意义的“伪命题”。按照这一原则，不仅古希腊哲学家们所提出的世界统一为何物的“始基”问题属于“伪命题”，而且中国古代学者所提出的儒家伦理所源出的“天、道、性、命”问题也属于“伪命题”。这也正是孟子的“性善论”说服不了荀子的“性恶论”，董仲舒“天人感应”的理论说服不了周敦颐“无极而太极”的学说，张载的“气”既说服不了朱熹的“理”也说服不了王阳明的“心”的原因所在。如果任凭这种“伪命题”的讨论继续下去，人们还可以提出更多五花八门的观点，却永远也不可能得出一个可靠的结论。

受分析哲学的影响，西方哲学家们的兴趣渐渐从外在的物理世界和内在的心理世界转移到语言本身，实现了“语言学的转向”。从语言符号学的角度上讲，作为符号的概念，都必须有“能指”和“所指”两部分。“能指”是有识别功能的符号形式，“所指”是有确切意义的符号内容，只有两者齐备，才能实现符号的功能。而在古代“独断论”的创造者手中，“能指”是滑动的，“所指”是空洞的。例如，泰勒斯所说的作为世界本原的“水”，绝不是物理学意义上的H_2O；张载所说的作为世界本体“气”，也绝不是物理学意义上的氢气、氮气、氧气。至于“理念”、“太一”、“无极”、“太极”，更是一些说不清、道不明的“能指”。又如，无论是“始基”、“存在”、“本体”、“天道”，还是“心”、“性”、“命”、“理”，都是一些空洞无物的“所指”。用上述说不清、道不明的“能指”来指涉空洞无物的“所指”，无异于同义语反复，没有任何意义。谁能知道“无极而太极”是如何发生的？谁能知道“天命之谓性”有何意义？

20世纪以来，与“语言学转向”并驾齐驱的还有“现象学运动”。在“现象学”的创始人胡塞尔看来，既然我们不可能获得有关世界本体的有效知识，就不如将人类的一切知识建立在“现象”这一唯一可靠的基础之上。而在现象之外，无论是客观的本体还是主观的意念都不能构成纯粹的知识，都必须放在括号里加以“悬置”。这种“悬置”起来的方法很有点儿像孔子“存而不论”的处理方式。当然了，孔子既不会“现象还原”的方法，也不懂“本质直观”的理论，他之所以不语怪、力、乱、神，罕言天、道、性、命，以存而不论、敬而远之的态度对待那些荒诞不经、无法直观的对象，只是出于一种朴素的治学态度而已。然而，这种最最朴素的态度，却恰恰符合了最最严谨的方法。

作为胡塞尔的学生，海德格尔认为，能够成为“现象”的是具体的“在者”，而不是抽象的“存在”。而古代的哲学家却总是想用具体的“在者”来规定“存在”，从而提出了“存在是什么”这一错误的形而上学问题，于是才招致了那种将世界的本原归结为“水”、归结为“火”、归结为“气”之类千奇百怪的说法。海德格尔认为，“存在”不仅不是具体的存在物，甚至也不是一切存在物的类本质。“如果存在者在概念上依照种和属来区分和联系的话，那么‘存在’却并不是对存在者的最高领域的界定：存在不是种。存在的‘普遍性’超乎一切种的普遍性。”① 因此，存在不仅不是“水”，不是“火”，不是“气”，而且也不是“理念”，不是“太一”，不是“绝对精神”。存在不是摆在那里供我们去认识的现成对象，也不能由这些对象推理或演绎而得出。这样一来，海德格尔便从方法论上彻底截断了传统本体论研究通往存在的哲学之路，把前此以往的形而上学统统称为“无根的本体论”。按照这一标准，不仅古代西方人对宇宙本原的探索属于“无根的本体论”，

① 海德格尔：《回到形而上学的基础》，《哲学译丛》1964年第2期。

古代中国人对道德本原的探索也属于“无根的本体论”。显然，这里的关键并不是所谓的“中西之分”，而是“古今之别”。

总之，从对“旧形而上学”的批判到对“独断论”唾弃，从对“伪命题”分析到对“无根本体论”的清理，现代西方哲学将传统的哲学本体论研究纳入认识论的角度加以考察，其目的并不是为了贬低古代哲人的理论贡献，而是为了避免重蹈前人的历史覆辙。然而对于中国哲学家来讲，这项至关重要的工作，我们却没有系统地加以完成。因此，面对古人的学术成果，我们不能进行有效的清理和分析，而只能进行一些歌功颂德式的评价；面对国外的学术界，我们常常埋怨人家不和我们对话，却不知我们自己尚未找到对话的前提和术语。

四

20世纪以来，继传统儒学之后，海内外出现了所谓“新儒学”。照理说，新的儒学形态应该建立在新的学理依据的基础之上，使儒学的发展和研究实现一种现代化的转型。然而遗憾的是，现代“新儒家”并没有在全球化的背景下重新研究儒家伦理所产生的历史原因，也没有在认识论的前提下重新检讨儒学发展所出现的学理问题，而只是以一种“承续慧命”的态度对待儒家的文化遗产，以一种“发扬光大”的精神延续儒学的理论建设，于是便出现了诸多问题。

首先，“新儒家”常常不是从孔子入手，追根溯源地考察儒家伦理所形成的社会历史条件，反而以思、孟以降的性理学派入手，进一步将儒学本体化。熊十力在《新唯实论》中开宗明义地指出：“今造此论，为欲悟诸究玄学者，令知一切物的本体，非是离自心外的境界，及非知识所行境界，唯是反求实证相应故。”① “或有难言：‘孔门之学，教人即事实上致力，曷尝谈本心、说仁体耶？《论语》一书，可考见也。’答曰：《论语》载门下问仁者甚多，汝乃不考，何哉？孔子寿至七十以上，门下三千，通六艺与闻至道者七十二人。其平生讲说极繁富可知。《论语》仅一小册耳，其所

① 熊十力：《熊十力集》，群言出版社1993年版，第81页。

不载者何限。然即此小册，所载问仁诸条，已于全书，甚占地位。夫门下径直问仁，则必孔子平生专以求仁为学，可知也。后儒如王阳明，以致良知为学，亦与孔子言仁相类。夫良知即本心，凡为阳明之学者皆知之。”① 孔子“专以求仁为学”是一回事儿，“曷尝谈本心、说仁体”是另一回事儿。熊十力在这里显然混淆了这两个概念。观其所谓“新唯实论”，与其说是孔子儒学的发展，不如说是阳明心学的延续。另一位“新儒家”徐复观则干脆越过孔子，直接从孟子说起：“孟子性善之说，是人对于自身惊天动地的伟大发现。有了此一伟大发现后，每一个人的自身，即是一个宇宙，即是一个普遍，即是一个永恒。可以透过一个人的性、一个人的心，看出人类的命运，掌握人类的命运，解决人类的命运。即每一个人即在他的性、心的自觉中，得到无待于外的、圆满自足的安顿。”② 只可惜，这一“惊天动地的伟大发现”却缺乏学理上的可靠依据，因而也不可能如此轻而易举地“解决人类的命运”。

其次，与传统儒学不同，“新儒家”虽然对西学有些了解，但他们或者涉猎不深，误认为西学只注重形而下的科学，不注重形而上的本体；或者站在中国文化的立场上，为我所用地曲解西学。熊十力公然宣称：“西洋哲学和科学都缺乏妙义，没有研讨的价值。”③ 方东美认为：“近代西洋哲学中，哲学的发展是依据逻辑科学方法所指点的路径，再去认识主观世界或客观世界，重点在知识论上面。但是由这种途径想了解中国哲学，只能了解战国时代的刑名家（惠施、公孙龙）或墨家（别墨）而已，但是这些思想在秦代以后就已经不行了。所以我在这里不采取逻辑与知识论的途径。”④ 殊不知，西方近代哲学之所以转向认识论途径，就是为了防止重蹈古代本体论的覆辙。这种用“中西之分”来掩盖“古今之别”的看法在“新儒家”那里大有人在。张君劢就认为：“此东西哲学相去甚远之中，实有一大问题在。此问题中，简单言之，包括三点：一、东方注重人生，西方注重物理世界。二、东方注重‘非善即恶’，即西方所谓价值，而西方认为次要。三、东方将道德

① 熊十力：《熊十力集》，群言出版社 1993 年版，第 174 页。

② 徐复观：《徐复观集》，群言出版社 1993 年版，第 281 页。

③ 萧公权：《问学谏往录》，传记文学出版社 1972 年版，第 111 页。

④ 方东美：《方东美集》，群言出版社 1993 年版，第 46 页。

置于智识之上，西方将智识置之道德之上。”① 这种对东西方哲学的流行对比，显然是肤浅的。

在“新儒家”中，对西方哲学最有研究的莫过于牟宗三了，他不仅翻译过康德的“三大批判”，而且致力于中西哲学的融会贯通。然而遗憾的是，从建构儒学本体论的需要出发，牟宗三非但没有深刻理解康德极富原创性的《纯粹理性批判》，反而对其不甚成功的《实践理性批判》进行了为我所用的改造和发挥。为了论证自己的观点，牟宗三借鉴并改造了康德对于“现象界”和“物自体”的区分。在康德那里，人们只能认识存在于时间和空间中的“现象界”，而不可能认识现象背后的、超出时间和空间之外的“物自体”。牟宗三则一方面拒绝将“物自体”当作一个事实概念，一方面又拒绝承认“物自体”不可知；认定“物自体”乃人类价值的源泉，是一种伦理实体、道德实体，人们完全可以凭借“智的直觉”来体认它。这样一来，他就把康德从“认识论”意义上所无法建构的形而上学交给了传统儒学中的“工夫论”，即通过一种“智的直觉”来领悟所谓“道德本体”。问题在于，康德的认识论是以人类共有的时空感知能力为前提的，因而是具有普遍意义的；而牟宗三的“智的直觉”则是从阳明心学那里传袭下来的，因而是无法证实的。我们知道，王阳明曾通过立志、静坐、事上磨炼等几项工夫“明心而见性”，达到所谓“一悟本体，即见工夫，物我内外，一齐尽透”（《传习录》）的境界。这种带有参禅意味的“工夫”颇有几分宗教神秘主义的色彩，与现代认识论的哲学前提风马牛不相及。因为你有你的工夫，我有我的工夫，如果用你的工夫达不到我的境界，就说你的工夫不到家，而我的工夫的合法性又得不到你的认可。所以，那种企图绕过严格的认识论判断而直达本体论的做法，虽然看上去简洁、实用，但在学理上却是行不通的，其结果只能重蹈信仰主义的覆辙。

最后，既然“新儒家”试图将中国古代特有的价值理念建立在一种超越时空的哲学本体论的基础之上，也就很容易反过来将这种儒家伦理看成是具有普遍意义的价值。牟宗三断言：“儒家这个学问，从古至今，发展了几千年，它代表一个‘常道’——恒常不变的道理。中国人常说‘常道’，它

① 张君劢：《张君劢集》，群言出版社 1993 年版，第 406 页。

有两层意义：一是恒常不变，这是纵贯地讲它的不变性；一是普遍于每一个人都能适应的，这是横地讲、广扩地讲它的普遍性，即说明这个道理是普遍于全人类的。”① 我们每个人都生活在特定的文化境遇之中，从小获得前人所给予我们的价值理念。因此，我们很容易相信这种价值理念是完全正确的，甚至是唯一合理的。对于一个生活在儒家伦理环境下的中国人来说，君臣、父子、兄弟、夫妻之间“爱有差等”的人际关系显然是一种“恒常不变的道理”。然而，对一个生活在基督教环境下的西方人来说，人的生命是上帝给的，在上帝面前人人平等，并不存在君臣、父子、兄弟、夫妻之间的人格差异，因而也就没有这种“常道性格”。对于一个生活在婆罗门教环境下的印度人来说，人的肉体生命虽然是父母给的，但灵魂却是其通过“业报轮回”而获得的，因此也没有这种“常道性格”。

在历史上，为了强化意识形态的作用，许多国家的思想家们都曾试图将其所秉承的伦理标准本体化。为此，中国人主张“天不变，道亦不变”；为此，西方人倡导“天赋人权”。然而在事实上，天是在变的，道也是在变的，这世界上没有什么不变的东西！“人道”并不是僵死的，而是生成的；“人权”也不是天赋的，而是争来的！因此，在全球化的历史背景下，任何企图将某一民族的价值系统本体化，并企图强加给其他民族的做法都是有害的，甚至是危险的。因此，我们与其像井底之蛙一样将自己秉持的伦理价值说成是放之四海、恒常不变的道理。不如在各种不同的意识形态背后寻找其存在的社会原因和历史根据。按照历史唯物主义的观点，一个民族的价值体系既不是从天上掉下来的，也不是人们头脑里所固有的，而是在特定的历史条件下建构起来的。唯其如此，中国人的价值系统不可能完全等同于西方人、印度人的价值系统。唯其如此，在全球化的历史背景下，不同民族的价值系统也才会渐渐趋同。

总之，笔者并不否认包括原始儒学、汉代儒学、宋明理学在内的儒家学说的各个阶段都曾产生过重要的影响，甚至发挥过积极的作用。然而时至今日，在全球化的历史背景下，如果我们真想让儒学的发展能够成为一种稳

① 牟宗三:《从儒家的当前使命说中国文化的现代意义》，见《当代新儒家》，生活·读书·新知三联书店 1989 年版，第 154 页。

定的“知识”积累而不是众说纷纭的“意见”，如果我们真想让儒学的交流能够实现国际性的“对话”而不是自说自话的“言说”，如果我们真想让儒学的影响为人类作出“贡献”而不是引发文化的“冲突”，我们就必须沉下心来，从现代认识论的角度入手，来重新反省儒学。

（作者单位：山东大学；河北师范大学）

道德无力及其应对

陈晨捷

当代中国面临严峻的道德危机，屡出不穷的各种危机事件一再拷问人们的良心与道德，也对社会治理与道德教化提出了严峻的挑战。儒家因其在伦理道德上的传统优势而被推到时代的前沿，人们期待能够以之克服道德滑坡，淳化人心，整肃社会秩序。毫无疑问，伦理教化是儒学的核心部分与专长，然而是否能够依赖之并达到预期目的，还需要我们进行一番严肃的考量与评价，从而发扬其所长，弥补其不足，使之对当代社会建设作出切实有效的贡献。

一、儒家的教化之道

道德教化是儒家哲学的根本。在孔子看来，以德礼为教较之以政刑为教具有无可比拟的优越性，他说："道之以政，齐之以德，民免而无耻。道之以德，齐之以礼，有耻且格。"（《论语·为政》）但不管是政治统治还是社会治理，想要教化他人，施教者本身的道德修养是其逻辑前提，缺乏这一前提，所谓的教化根本就是无稽之谈。子曰："其身正，不令而行；其身不正，虽令不从。""苟正其身矣，于从政乎何有？不能正其身，如正人何？"（《论语·子路》）《大学》亦以修身为齐家治国之本，认为，"自天子以至于庶人，壹是皆以修身为本。其本乱而未治者否矣"。理论上，国君要治理国家，本身应该具有一定的甚至是最高的道德修养，同时要根据他人的道德水平将之安置在相应的高位上。《论语·为政》载："哀公问曰：'何为则民服？'孔子对曰：‘举直错诸枉，则民服；举枉错诸直，则民不服。’”孟子也认为，当道德水平低下甚至“不仁”者占据高位时，其带来的负面作用是难以估量的，他说：“是以惟仁者宜在高位。不仁而在高位，是播其恶于众也。”（《孟子·离娄上》）当然，教化主体以及这种教化理论并不局限于国君或者为政，对于普通人也同样适用。

儒家之学不仅仅是“为己”之学，同时也是“为人”之学。“为己”是“为人”的基础，“为人”是“为己”的自然延伸，反过来又促进、提升自我的修养。学有所成并以天下为己念，推己及人，便可教化天下，使天下归仁。《论语·宪问》载：“子路问君子。子曰：‘修己以敬。’曰：‘如斯而已乎？’曰：‘修己以安人。’曰：‘如斯而已乎？’曰：‘修己以安百姓。’”此《大学》所谓修身、齐家、治国、平天下也。孟子亦谓：“君子之于物也，爱之而弗仁；于民也，仁之而弗亲。亲亲而仁民，仁民而爱物。”（《孟子·尽心上》）以个人的修身为基础，一层层如“同心圆”般外扩于家庭、国家、天下、万物，实现“一体之仁”，此为儒家标准的德治模式。

其中，培养与塑造君子是儒家教化的理论关键。孔子的仁学赋予每个人以成长为君子的内在基础及其能动性、可能性，这也是孔子对中国文化的巨大贡献之一。他说：“仁远乎哉？我欲仁，斯仁至矣。”（《论语·述而》）又云：“为仁由己，而由人乎哉？”（《论语·颜渊》）君子之所以能够成长为君子，其重要特征之一就是能“反身自求”。子曰：“君子求诸己，小人求诸人。”（《论语·卫灵公》）《中庸》亦曰：“射有似乎君子，失诸正鹄，反求诸其身。”其后孟子更是提出“四端说”，极力突显这种“内倾性”的道德观，他认为人皆具有“根于心”的仁、义、礼、智“四端”，即“恻隐之心”、“羞恶之心”、“辞让之心”和“是非之心”，只要“知皆扩而充之”，这“四端”便能如火之始燃，泉之始达。当然，其中的关键也是要“反求诸己”。他说：“仁者如射，射者正己而后发。发而不中，不怨胜己者，反求诸己而已矣。”（《孟子·公孙丑上》）

而只要君子能够挺立，治国平天下等外在事功易如反掌。凭借君子超拔人格的典范作用，天下自然从风而化，如影随形。据《论语·颜渊》载，季康子问政于孔子曰：“如杀无道，以就有道，何如？”孔子对曰：“子为政，焉用杀。子欲善，而民善矣。君子之德风，小人之德草，草上之风，必偃。”舜的“无为而治”大概就是如此，子曰：“无为而治者，其舜也与？夫何为哉。恭己正南面而已矣。”（《论语·卫灵公》）孟子也对德治的社会效应充满信心，他引用孔子之语，认为“德之流行，速于置邮而传命”（《孟子·公孙丑上》），当时适逢邪说暴行有作而民憔悴于暴政之机，只要仁者登高一呼，四方从之云集，因而他坚信“仁者无敌”。

二、意志无力与道德无力

儒家的这种主流教化理论存在两个重大问题。

一是意志无力。所谓的“意志无力”（weakness of will）是一个西方哲学的概念，它主要指一个人已经充分认识到应该做什么并且也愿意这样做，但是最终却没有去做或者做不到，甚至做了其他不该做的事。意志无力凸显的是应然与实然之间的差距。《论语·雍也》载，冉求曰：“非不说子之道，力不足也。”子曰：“力不足者，中道而废。今汝画。”孔子“欲仁斯至”的说法表明，道德上的选择与倾向性完全取决于个人的意志，尽管其改良和完善因人而异，但他的学生大部分属于有能力去达成最终的目标的人，而冉求却故步自封，是以备受谴责。当然，这只是针对冉求而言，而对大多数人来说，当他意识到应该去做什么的时候，同时也应该付诸实施，如果没有去实践，那他也同样应该受到谴责。子曰：“法语之言，能无从乎？改之为贵。巽与之言，能无说乎？绎之为贵。说而不绎，从而不改，吾未如之何也已矣。”（《论语·子罕》）朱子注：“法语者，正言之也。巽言者，婉而导之也。绎，寻其绪也。法言人所敬惮，故必从；然不改，则面从而已。巽言无所乖忤，故必说；然不绎，则又不足以知其微意之所在也。”并引杨氏语：“法言，若孟子论行王政之类是也。巽言，若其论好货好色之类是也。语之而未达，拒之而不受，犹之可也。其或喻焉，则尚庶几其能改绎矣。从且说矣，而不改绎焉，则是终不改绎也已，虽圣人其如之何哉？”① 因而倪德卫认为意志无力的主体应包括“那些知道自己应该怎么做而对这个‘应该’保持冷漠的

① 朱熹：《四书章句集注》，中华书局1983年版，第115页。

人，而且还产生于有热情，但热情又明显不足的人”①。换言之，意志无力具有认识论的理论前提，针对的是那些已经认识到应该怎么做但最终结果却不大理想的人。

二是道德无力。②“道德”取“道之以德”之意，“道德无力”指的是无法有效地使他人保持持续的道德动力，甚至根本没有办法使人对道德产生向慕之心，对他人的不善和恶束手无策。与意志无力有所不同，如果说意志无力指向内的自我要求，主要作用于“自律”的话，“道德无力”则指对他人的道德要求，主要作用于“律他”，即如何教导他人为善；如果说意志无力的目标是达成善的话，道德无力的重点则在于克服恶（其最终目的当然也是善）。道德无力的对象不仅包含上述那些知道该怎么做却没有去做的人，也包括那些根本没有意识到也不接受道德教化的人。

以戒烟为例。③烟草最早是作为治病的药草而广为应用的，然而目前看来吸烟对个人健康和公共安全的危害要远远大于其消炎、镇静的药效，这一点应该没人怀疑。有一部分人，他们充分意识到吸烟的危害并且也立志要戒烟，但是最终没戒掉甚至越吸越厉害，对于这一部分人可以定义其为“意志无力”。还有一部分人，或者根本没有意识到烟草的负面作用，或者不在意吸烟的危害性而强调其镇静、缓解压力的作用，或者明知其具有危害性却照吸不误。这两部分的人都是要治理的对象，因为吸烟危害到公共卫生，不能放任不管，而无法有效地对其产生约束甚至禁止，就是“道德无力”。

儒家之道不仅仅是要独善其身，还要兼善天下，即不仅要自己成仁，还要教导他人为善。如何克服不仁甚至是恶，从而导人为善，就要面临倪德卫所言的“德的悖论”，他以国王为例，指出：“能够喜欢和重视仁人智士的指导的国王，看起来是已经具备了德的国王，并且已经具备了他们所能给予他的东西。而没有德的国王（不是没有关于他的角色和义务的知识，因为那

① 倪德卫：《儒家之道——中国哲学之探讨》，万白安译，江苏人民出版社2006年版，第99页。

② 意志无力西方哲学论之甚多，儒家学者也已有部分关注，如倪德卫的《儒家之道——中国哲学之探讨》第六章“中国古代哲学中的意志无力”、杨国荣的《意志薄弱及其克服》（《思想与文化》2012年12月）、程志华的《儒家关于“意志无力”问题的主要线索》（《哲学研究》2008年第8期），本文不拟对此多着笔墨，而主要关注道德无力。

③ 吸烟尽管并不能完全定义为“恶”，但是当在公共场所吸烟而危害他人健康时便为恶。

是公开的知识，而是没有使他成为一个好国王的内在品质和性情）会发现，仁人智士离他而去，隐居山林，而且，他对此一点都不在意。即使有个仁人进宫，设法改造他，他也不会听从那个人，他可能会发怒，甚至更糟。这就是无德的国王，但他恰恰就是需要提供指导的国王。”① 也就是说，教化对有德的国王是最为有效的，然而一个国王既已有德，他实际上并不是很需要教化。最迫切需要教导的正是那些没有德的国王，然而国王既无德，那他就不会听从教导。而教化无德的国王又势在必行，由此就陷入了“德的悖论”。当无法克服“德的悖论”教化的意义和效果就会大打折扣，这就表现为“道德无力”。好的国王对社会教化的重要意义众所周知，不过同样的问题在社会层面上也广泛存在。子曰：“民之于仁也，甚于水火。水火，吾见蹈而死者矣，未见蹈仁而死者也。”（《论语·卫灵公》）邢昺疏引王弼云：“民之远于仁，甚于远水火也。见有蹈水火死者，未尝蹈仁死者也。”② 民之远于仁犹甚于远水火，说明他们根本就不认同仁，而这些人正是孔子要改造的首要对象。孟子曰：“不仁者可与言哉？安其危而利其菑，乐其所以亡者。不仁而可与言，则何亡国败家之有？”（《孟子·离娄上》）一些恰恰最需要被教化的“自暴”、“自弃”之人，却“不可与有言”、“不可与有为”（《孟子·离娄上》），所谓的仁义礼智教化之道根本无法使之有丝毫的触动。

“道德无力”考量的实际上是教化的实践效果。在孔孟看来，道德教化的效果是不言而喻的，孔子认为“草上之风，必偃”，孟子也认为“民之归仁也，犹水之就下、兽之走圹也”（《孟子·离娄上》），然而这些说法与其说是一种期待，还不如说是一种盲目的自信与断言。③ 因而孔孟将理论重点放在解决意志无力问题上，然而社会关注的却是“儒效”问题——教化如何带来实际效果，即如何保证能够达成预期的道德期待，实现社会目标。梁惠王“将何以利吾国”（《孟子·梁惠王上》）之问、滕文公对孟子“道性善，言必

① 倪德卫：《儒家之道——中国哲学之探讨》，万白安译，江苏人民出版社 2006 年版，第 98 页。

② 何晏注，邢昺疏：《论语注疏》，中华书局 1980 年影印本，第 2518 页。

③ 一个有力的批评者正是来自于儒家内部的荀子，他认为孟子的性善说“无辨合符验，坐而言之，起而不可设，张而不可施行”（《荀子·性恶》）。“无辨合符验”是说孟子的性善论实际上是一种“妄断”；“坐而言之，起而不可设，张而不可施行”则是批评其缺乏可操作性，自然其功效性也值得怀疑。

称尧舜”（《孟子·滕文公上》）之疑、陈相转而信许行之举（《孟子·滕文公上》）、秦昭王“儒无益于人之国”之断以及荀子“俗人”、“俗儒”、“雅儒”、“大儒”之别，“儒者在本朝则美政、在下位则美俗”（《荀子·儒效》）之申说，无不昭示当时社会的事功导向和对儒家学说社会效益的普遍质疑，由此我们也不难理解为何荀子专作《儒效》一篇。

三、孔子对他者的恶的态度与孟子的选择

孔子极为注重对他人的教导，甚至在他看来，一位关爱他人、心怀天下的儒者必不可免地会去教诲他人，他说：“爱之能勿劳乎？忠焉能无诲乎？”（《论语·宪问》）《论语·宪问》载，微生亩谓孔子曰：“丘何为是栖栖者与？无乃为佞乎？”孔子曰：“非敢为佞也，疾固也。”可见，他之所以栖栖遑遑、奔走呼号的一个重要原因就是改变世人根深蒂固的固陋成见，引导他人臻于至道。只是如此一来，他不可避免地要去直面他人的不仁或者恶。孔子认为修养之道应好仁而恶不仁，他说：“我未见好仁者，恶不仁者。好仁者无以尚之，恶不仁者其为仁矣，不使不仁者加乎其身。”（《论语·里仁》）朱子注：“夫子自言未见好仁者，恶不仁者。盖好仁者真知仁之可好，故天下之物无以加之。恶不仁者真知不仁之可恶，故其所以为仁者必能绝去不仁之事而不使少有及于其身。”① 邢昺则疏云：“言若好仁者，则为德之上无复德可加胜此也。言既能恶于不仁而身不与亲狎，则不仁者不得以非礼加陵于己身也。”② 朱子以为好仁恶不仁乃学者自身崇仁去不仁的内部修养工夫，而皇侃则认为“不仁者”乃指外在的不仁之人。愚以为应以皇疏为上，言“加乎其身”应指外在的因素，以区别于己身之仁。对于“色厉而内荏”之小人，孔子指之为“穿窬之盗”（《论语·阳货》）；对于乡愿，孔子斥之以“德之贼”（《论语·阳货》）；对于为季氏“聚敛而附益之”的冉求，孔子认为其“非吾徒也。小子鸣鼓而攻之可也”（《论语·先进》）。对于一些异端学说，孔子的厌恶态度也非常鲜明，他说：“攻乎异端，斯害也已”（《论

① 朱熹：《四书章句集注》，中华书局1983年版，第70页。

② 何晏集解、邢昺疏：《论语注疏》，中华书局1980年影印本，第2471页。

语·为政》),“恶紫之夺朱也,恶郑声之乱雅乐也,恶利口之覆家邦者”(《论语·阳货》)。

然而另一方面,孔子似乎又不怎么支持去批判他人,他说:“攻其恶,无攻人之恶”(《论语·颜渊》)当子贡问“君子亦有恶乎”,孔子认为“有恶”,其中之一为“恶称人之恶者”(《论语·阳货》)。因而孔子对于他人的恶的态度颇为令人费解,想来他坚持的应该是一种有限度或者有策略的批评吧。首先,相对于批评别人,一个人应该把焦点放在努力改善自身的缺点、提升自己的修养上,子曰:“躬自厚而薄则于人,则远怨矣。”(《论语·卫灵公》)如前所云,在儒家看来,正己是正人的前提和基础,孟子曰:“枉己者,未有能直人者也。”(《孟子·滕文公下》)其次,根据儒家“仁者爱人”的一贯主张,不管是对待普通百姓还是恶者,保持仁爱之心是必不可少的,而不仅仅只是厌恶。最后,过于苛责那些不仁之人容易引发不稳定因素,导致社会动荡,子曰:“好勇疾贫,乱也。人而不仁,疾之已甚,乱也。”(《论语·泰伯》)因而,以适当的方式和程度去批评不仁之人,敦促他们改行向善不是谁都可以把握得好的,在孔子的意象里,大概只有“仁者”才能做到吧,所谓“唯仁者能好人,能恶人”(《论语·里仁》)。

《论语·子张》载:子夏之门人,问交于子张。子张曰:“子夏云何?”对曰:“子夏曰:可者与之,其不可者拒之。”子张曰:“异乎吾所闻。君子尊贤而容众,嘉善而矜不能。我之大贤与,于人何所不容;我之不贤与,人将拒我,如之何其拒人也?”子夏与子张二人显然各有所本,子夏“可者与之,其不可者拒之”之语应该是“无友不如己者”的另类表达,而子张既言“异乎吾所闻”,“尊贤而容众,嘉善而矜不能”毫无疑义是闻自孔子的。我们完全有理由怀疑孔子或者同时保持了这两种截然不同的观点,或许他本身的态度也是游移不定的。

孟子从其性善论出发,认为人皆具“固有”之仁义礼智“四端”,然而却因耳目之官为外物所引而遮蔽本心,偏离正道。因而当下之急务就是借助“心之官”的功能——“思”,“思则得之,不思则不得也”(《孟子·告子上》)。“思”指理性思考,即确认什么对人来说更为重要。当然,在孟子看来,这个问题的答案似乎是显而易见的,“仁义”与“膏粱”何者为重不言而喻。人之所以陷溺其心,原因在于“弗思甚也”。孟子认为:“口之于味也,有同耆焉；耳之于声也，有同听焉；目之于色也，有同美焉。至于心，独无所同然乎？心之所同然者何也？谓理也，义也。圣人先得我心之所同然耳。故理义之悦我心，犹刍豢之悦我口。”（《孟子·告子上》）在这里，“我思”与“我悦”是统一的，“思”即能得之，进而不管从理智还是情感上都能表现出深层次的认同和接受，心悦诚服。因而只要“思”，“四端”的成熟、完善就水到渠成，他说：“凡有四端于我者，知皆扩而充之矣，若火之始然，泉之始达。苟能充之，足以保四海；苟不充之，不足以事父母。”（《孟子·公孙丑上》）

“道”甚易知，人之所以不知与其说是由于“智弗若”，不如说是不愿求，即缺乏能动意愿，孟子曰：“夫道，若大路然，岂难知哉？人病不求耳。”（《孟子·告子下》）孟子区分了“不能”与“不为”，他说：“挟太山以超北海，语人曰‘我不能’，是诚不能也。为长者折枝，语人曰‘我不能’，是不为也，非不能也。”（《孟子·梁惠王上》）“徐行后长者谓之弟，疾行先长者谓之不弟。夫徐行者，岂人所不能哉？所不为也。尧舜之道，孝弟而已矣。”（《孟子·告子下》）儒家之道即仁义之道，只要愿意，就不存在“不能”的问题。“思”并非向外的知识学习，而是要知反身自求，回复其已经放失了的或被蒙蔽了的本心，“学问之道无他，求其放心而已矣”（《孟子·告子上》），“归而求之，有馀师”（《孟子·告子下》）。只有具备了自觉能动性，一个人才会去“思”；反过来，孟子希望一个人通过“思”来激发他的能动性。可以说，主观的动机和意愿至关重要，也是基本前提，因而孟子将所有的理论重心都放在激发人的道德自觉性和能动性上，即解决人的“意志无力”上。

孟子对教化他人具有不容置疑的自信，认为“仁之胜不仁，犹水胜火”，坚信仁者“无敌于天下”，能使近者悦，远者来。当然，首先，从政治上的设计来看，“仁者宜在高位”，“君子之事君也，务引其君以当道，志于仁而已”（《孟子·告子下》）。其次，教化的效果取决于客体对主体的相对等的正面道德反馈，“仁者爱人，有礼者敬人。爱人者人恒爱之，敬人者人恒敬之。”（《孟子·离娄下》）最后，不管是为政者还是普通百姓，欲致善需得“归洁其身”，“反身自求”。

一旦教化不行，或者说客体对主体并未作出对等回应，孟子对此便无计可施，唯一能做的就是反省自身修养是否不够，从自己身上而非从他人身上找原因，孟子曰："有人于此，其待我以横逆，则君子必自反也：我必不仁也，必无礼也，此物奚宜至哉？其自反而仁矣，自反而有礼矣，其横逆由是也，君子必自反也：我必不忠。自反而忠矣，其横逆由是也，君子曰：'此亦妄人也已矣。如此则与禽兽奚择哉？于禽兽又何难焉？'"（《孟子·离娄下》）又曰："爱人不亲反其仁，治人不治反其智，礼人不答反其敬。行有不得者，皆反求诸己，其身正而天下归之。"（《孟子·离娄上》）可见，如果有人执迷不化，孟子"反身自求"的教化理论便对之束手无策，最多只能"不屑之教诲"（《孟子·告子下》）而已。而像伯夷般"不立于恶人之朝，不与恶人言"，这种对于他人的恶过于激进的反应在孟子看来就有点偏隘了，"君子不由也"（《孟子·公孙丑上》）。

四、荀子的教化路径

与孟子的内倾性道德教化维度不同，荀子为我们展示了一条有别于"反身自求"的道德内化路径。从"性恶论"出发，荀子认为我们无法从性里找到道德的内在根据，因而教化只能由外而内进行。荀子曰："人之性恶，其善者伪也。今人之性，生而有好利焉，顺是，故争夺生而辞让亡焉；生而有疾恶焉，顺是，故残贼生而忠信亡焉；生而有耳目之欲，有好声色焉，顺是，故淫乱生而礼义文理亡焉。然则从人之性，顺人之情，必出于争夺，合于犯分乱理，而归于暴。故必将有师法之化，礼义之道，然后出于辞让，合于文理，而归于治。"（《荀子·性恶》）荀子对"性"、"伪"有着自己的理解，他说："不可学，不可事，而在人者，谓之性；可学而能，可事而成之在人者，谓之伪。是性伪之分也。"（《荀子·性恶》）所谓"不可学，不可事"强调的是先天的自然本能，而"可学而能，可事而成"强调的却是后天的干预和努力——"若夫目好色，耳好听，口好味，心好利，骨体肤理好愉佚，是皆生于人之情性者也；感而自然，不待事而后生之者也。夫感而不能然，必且待事而后然者，谓之生于伪。"（《荀子·性恶》）依此标准，顺其自然、不加干涉地让"性"自由发展，其结果导致的是争夺乱理，因而"性"明显是恶的。而礼义法度等人为的努力却能成就"正理平治"，因而是善的。礼义法度由圣人所创造，外在于人性，"凡礼义者，是生于圣人之伪，非故生于人之性也”(《荀子·性恶》),因而一个人要获得“善”甚至成为“圣人”必须让礼仪法度内在于心。

荀子的最终目的是要促进、形成并且维持一个良性的秩序,礼仪法制乃至仁义都要服务于这一目的,荀子说:“古者圣王以人性恶,以为偏险而不正,悖乱而不治,是以为之起礼义,制法度,以矫饰人之情性而正之,以扰化人之情性而导之也,始皆出于治,合于道者也。”(《荀子·性恶》)又说:“彼仁义者,所以修政者也。”(《荀子·议兵》)教化的起点在于遵行礼义之道,当然,这仅仅只能达到“士”的标准,只有逐步将礼义内化,一个人才能成长为君子乃至圣人,荀子曰:“好法而行,士也;笃志而体,君子也;齐明而不竭,圣人也。”(《荀子·修身》)① 君子之学“入乎耳,着乎心,布乎四体,形乎动静”,而小人之学“入乎耳,出乎口”(《荀子·劝学》),所以君子对良性秩序具有发自内心的认同与体悟,圣人则能达到更高的境界,能够“依乎法,而又深其类”(《荀子·修身》)、“以类行杂,以一行万”(《荀子·王制》)。由于人性恶,故而德性的成长与完善并非一帆风顺的自然过程,相反,“积善成德”是一个长期而艰巨的过程:“学恶乎始?恶乎终?曰:其数则始乎诵经,终乎读礼;其义则始乎为士,终乎为圣人。真积力久则入。学至乎没而后止也。故学数有终,若其义则不可须臾舍也。”(《荀子·劝学》)

然而“人之生固小人”,又如何能够产生学礼行礼的动力?也就是说,既然人性恶,那么善从哪里来?荀子说:“凡人有所一同:饥而欲食,寒而欲暖,劳而欲息,好利而恶害,是人之所生而有也,是无待而然者也,是禹桀之所同也。”(《荀子·荣辱》)人的“好利恶害”之情是礼义产生与制定的根据,“情性者,所以理然否取舍也”(《荀子·哀公》);反过来,礼的目的则是要“养人之欲,给人之求”,“礼义文理之所以养情也”(《荀子·礼论》)。可以说,教化即人之所以能“善”正是因为人有好利恶害之情,而具体作用机制却依赖于“情——心”结构。好恶之情可以说是人之天性,是“不可学,不可事”的,但对于何者为利何者为害的判断与选择却取决于人的后天努力,此即“心虑”——“情然而心为之择谓之虑”(《荀子·正名》)。“心

① 从荀子对善恶的定义来看,只要是遵行礼义的便可谓之善,而并不一定非得内心有所体认不可,这与孟子对善的定义根本不同。荀子多处辩驳孟子的性善论,所以人们常将二者的“善”混为一谈,而忽视了荀子对善恶的独特界定。

虑”毫无疑问属于“伪”的范畴，如何作出正确的决断既是教化的内容和目标，更是君子与小人的分野之所在。

从“律他”角度来说，道德教化首先要告知他人怎么做才有利，怎么做会有害，这是君子或仁人的重要职责和功能。人们之所以“力为此，而寡为彼”，安于故常、唯利是图，荀子认为是因为“陋”，即无知：“陋也者，天下之公患也，人之大殃大害也。故曰：仁者好告示人。”（《荀子・荣辱》）是以“君子必辩。凡人莫不好言其所善，而君子为甚”（《荀子・非相》）。与孟子认为“人之患在好为人师”，而其好辩是因为“不得已也”相比，荀子在教化上显然更为积极，这显然与二者性善、性恶的理论设定有关。反过来，人之所以无法成长为君子、圣人，而仍为小人、禽犊则因为其不虚心接受别人的劝告乃至批评：“小人反是：致乱而恶人之非已也；致不肖而欲人之贤已也；心如虎狼，行如禽兽，而又恶人之贼已也。”（《荀子・修身》）

而对于那些“纵情性而不足问学”的小人，荀子对“恶”的强硬态度与孟子的无可奈何形成了鲜明的对比，荀子说：“彼仁者爱人，爱人故恶人之害之也；义者循理，循理故恶人之乱之也。”（《荀子・议兵》）与孔子认为乡愿为“德之贼”、“恶紫之乱朱”相似，荀子认为欲为治者如果不注意惩治恶人，就会导致恶的泛滥，进而危害善，扰乱秩序。他说：“凡奸人之所以起者，以上之不贵义，不敬义也。夫义者，所以限禁人之为恶与奸者也。今上不贵义，不敬义，如是，则天下之人百姓，皆有弃义之志，而有趋奸之心矣，此奸人之所以起也。”（《荀子・强国》）并且引用时谚加以说明：“语曰：好女之色，恶者之孽也；公正之士，众人之痤也；修道之人，污邪之贼也。”（《荀子・王霸》）

至于如何克服“德的悖论”，教化那些不愿接受教化、遵循其恶的本性而行的人，荀子认为：首先，对于小人，要以“势”而导，无“势”则难奈其何，他说：“君子非得势以临之，则无由得开内焉。”（《荀子・荣辱》）在荀子看来，过度追求平等，只会“非礼义，无师法”，进而使得教化不行，所谓“分均则不偏，埶齐则不壹，众齐则不使”（《荀子・王制》），而礼义法度的一个重要特征就是上下有差，贵贱有等，也就意味着礼义法度是教化的不二选择。其次，教化不仅要奖善，还要惩恶，二者缺一不可，这是为政的重要手段。他说：“听政之大分：以善至者待之以礼，以不善至者待之以刑。

两者分别，则贤不肖不杂，是非不乱。”（《荀子·王制》）刑罚乃至战争存在的重要意义，就是要“禁暴除害”、“禁暴恶恶，且惩其未也”。可以清晰地看出，荀子依托人的好恶之情、以赏罚为手段的道德教化理论较之孟子更具可行性与可操作性，也更加符合时代和社会的需要，这也是韩非以刑德为“二柄”的理论先声。

五、余　论

通过以上梳理可以发现，孔子在提出“仁”学，赋予每个人以道德自主性的同时，对如何应对他人的恶仍不失关注（尽管其态度似乎模棱两可）。其后孟子提出“四端”说，认为只要每个人（包括恶者）都具有道德完善的潜能，只要“反身自求”就足矣，对于“求他”、“律他”则所论不多。孟子性善说固然开示了一条“自我救赎”之路，但其过度依赖人自身的道德自觉性而忽略了外在的教化维度，在某种程度上可以说是对孔子之道的偏离。荀子对孟子之说表示质疑，出于对人自然天性的不信任，他更倾向于依赖外在的力量约束。与孟子相比，荀子之教化理论表现出以下几个特征：第一，更加注意对恶的教治；第二，更注重外加的强制性维度，由口头上、理论上的批判转而认同行政手段；第三，倾向于自上而下的教化路径；第四，其通过人的好恶之情实施教化的理论更具可行性与可操作性。荀子的这种理论转向既是对孔子学说的回归，也是对整个时代功利导向的顺应，更是对社会的“儒效”质疑所作出的积极回应。作为其学生的韩非学说最终之所以成为法家理论的集大成者，正是在这一导向下继续前进的结果。

从“自律”和“律他”两个维度来看，孟荀各擅胜场。今人常认为孟、荀哲学“花开两朵，各表一枝”，将其当作孔子之后儒学发展的两个不同方向，而忽视了其中的承继性和逻辑一致性。从先秦儒学发展史来看，实际上儒学之所以由孔子发端，经由孟子而发展到荀子，必然有其内在一致的衍进逻辑和历史进步性。① 宋明之后，孔孟之学被确定为儒学正宗，孟子的内倾

① 李泽厚先生认为：“孔孟荀的共同处是，充分注意了作为群体的人类社会的秩序规范（外）与作为个体人性的主观心理结构（内）相互适应这个重大问题，也即是所谓人性论问题。他们的差异处是，孔子只提出仁学的文化心理结构，孟子发展了这个结构中的心理和个

性的教化理论也成为学术主流，而荀子“性恶论”以及在此基础上建构起来的道德学说则备受排挤。然而正如谭嗣同所言，“二千年来之学，荀学也”（《仁学》之二十九），荀学实际上对社会的影响至深至远。基于这种想法，本文方才力图从道德教化的角度检校孔孟（尤其是）孟子理论之缺失，探讨孟荀哲学发展的内在动因并且重新发掘荀子道德哲学的进步因素。

当今中国社会所面临的时代问题与春秋战国时期具有某种程度上的相似性，即道德日益衰退，传统的价值体系面临崩溃（“礼崩乐坏”）而新的理论建构又尚未完成，人心无所定止，不知所依。以史为鉴，当我们今天期待以儒家学说挽救当代中国的道德危机，改善社会风气、维护社会秩序时，必须从“意志无力”和“道德无力”这两个方面对其进行考量，充分认识到孟子学说的局限性以及荀子之学的进步性，以汲取经验，弥补缺陷。“以德治国”的口号提出至今已有经年，儒家学说在当代社会似乎也有重新抬头的趋势，然而道德滑坡却愈演愈烈，各种不道德的行为、事件层出不穷。除了国家举措不力、过分强调经济建设以及社会的功利主义导向等外在因素外，儒学自身所存在的问题也不容忽视。软弱无力的强调、提倡甚至批评，对于社会的道德教化作用相当有限，尤其是对于破解“德的悖论”、克服“道德无力”，空洞的道德教说是远远不够的。荀子哲学能够提供给当代的经验有以下几个方面：第一，必须重新制定一套立基于人情又符合时世、具有可操作性的礼义规范；第二，采取更加强有力的行政举措而非消极空疏的劝说，“由外而内”使道德内化；第三，赏善与罚恶两者缺一不可，只有两者并举方可力效其功。

（作者单位：山东大学儒学高等研究院）

体人格价值的方面，它由内而外。荀子则强调发挥了治国平天下的群体秩序规范的方面，亦即强调阐释‘礼’作为准绳尺度的方面，它由外而内。”（李泽厚：《中国思想史论》（上），安徽文艺出版社 1999 年版，第 113 页）甚至在他看来，“（荀子）这种社会统治整体着眼的理知——历史理论，比起孔孟仍依循氏族传统的情感——心理——道德理论，在当时具有更现实的进步意义。”（李泽厚：《中国思想史论》（上），安徽文艺出版社 1999 年版，第 113—116 页）

论经学的重建

姚中秋

自孔子删述六经，创立“文学”也即经学，经学即为中国知识之大本大源。儒家之所以具有深厚而强韧的生命力，即因其扎根于经学。不幸的是，自20世纪开始，经学传统几近中断，即便现代新儒学，也忽视经学，致其缺乏深度，行之不远，也缺乏创制立法之意愿和能力。今日中国之更化自新，有待于中国思想之创发与学术之更张。① 此一事业，必从复经学始。本文将简单讨论经学之兴起、结构及其与儒学之关系，并尝试提出重建经学之路径。

一、经学及其与儒学之关系

孔子同时创立经学和儒学，故两者自始即有紧密关系。孔子对中国文明之最大贡献，在删述六经，如《史记·孔子世家》所述：

> 孔子之时，周室微而礼乐废，《诗》、《书》缺。追迹三代之礼，序《书传》，上纪唐虞之际，下至秦缪，编次其事……故《书传》、《礼记》自孔氏。
>
> 孔子语鲁大师：“乐其可知也。始作翕如，纵之纯如，皦如，绎如也，以成。”“吾自卫反鲁，然后乐正，《雅》、《颂》各得其所。”

---

① 姚中秋：《中国之道与中国思想之创发》，《探索与争鸣》2014年第3期。

> 古者诗三千余篇，及至孔子，去其重，取可施于礼义。上采契后稷，中述殷周之盛，至幽厉之缺，始于衽席。故曰“《关雎》之乱以为《风》始，《鹿鸣》为《小雅》始，《文王》为《大雅》始，《清庙》为《颂》始”。三百五篇，孔子皆弦歌之，以求合《韶》、《武》、《雅》、《颂》之音。礼乐自此可得而述，以备王道，成六艺。
>
> 孔子晚而喜《易》，序《彖》、《系》、《象》、《说卦》、《文言》。读《易》，韦编三绝。曰：“假我数年，若是，我于《易》则彬彬矣。”
>
> 子曰：“弗乎弗乎，君子病没世而名不称焉。吾道不行矣，吾何以自见于后世哉?”乃因史记作《春秋》。①

“六经”者，非止儒家之经，而为华夏—中国之经。六经记尧、舜、禹、汤、文、武、周公之言、行、事、制，其中有华夏—中国之道，乃至于天下致治之道。六经之文俱在，则中国之道可道、可学、可传。

传承、阐明六经者即为经学，孔子删述六经，孔门即有“文学”，《论语·先进篇》：“文学：子游，子夏。”②“文”者，六经之文也，故孔门之“文学”就是经学。一般认为，六经多赖子夏传承，经学多源于子夏。

孔子同时又创立儒学。孔子以诗书礼乐传授弟子，有所心得；孔子志在行道天下，于行道之术多有思考，凡此种种心得、思考凝定而成儒学，孔子之儒学思想多见于《论语》、《礼记》等记、传。③

孔子一身而并立经学、儒学，并同时传授弟子，故经学与儒学混杂在一起，同由儒家士人传承、发展。由于这一点，或可用“儒家之学”这个词描述儒家之学术结构，它不同于狭义的“儒学”，同时包括经学与儒学。《汉书·艺文志》谓儒家者流“游文于六经之中，留意于仁义之际；祖述尧舜，宪章文武；宗师仲尼，以重其言”④。这两句话，每句之前半指经学，后半指儒学。正因为综贯经学、儒学，儒家之学超乎诸子之学，而为中国之学的骨干。

---

① 司马迁：《史记》第6册，中华书局1959年版，第1935—1943页。

② 朱熹编撰：《四书章句集注》上册，浙江大学出版社2012年影印本，第290页。

③ 《汉书·艺文志》附《论语》、《孝经》、小学于六艺之后，另于诸子之首列儒家。然武帝仅立五经博士。

④ 班固撰，颜师古注：《汉书》第6册，中华书局1962年版，第1728页。

此后，儒者之学均呈现为复合结构：孟子、荀子均受经于师，尤其是荀子，又广传各经于弟子。但《孟子》、《荀子》之书则非经学著作，而在儒学范畴。从孟子、荀子之学，可见儒学、经学不同之处。

经学旨在解经、传经。其基本形态就是解诂经文，阐明经义。经学的根本特征是，所有活动围绕经之文本展开。杰出的经师当然不乏思想之创发，但也必定通过文本之重新阐释进行，而不可能脱离文本，自成思想之体系——若如此，则为儒学。

就内容而言，六经为圣王、先王之政典，呈现尧舜三代之礼乐法度，则经学自然侧重于传承先王之礼乐法度，并以经证经，或以史证经，阐发礼乐法度的古今之变。大约正因这一点，身为“文学”之选的子夏及其弟子，广泛参与了战国初年魏之变法①，并造就商鞅思想；而荀子弟子，则有韩非、李斯。儒家转生法家之中介，就是经学所论述之礼乐法度。

儒学在这两点上均不同于经学。儒学不可能脱离经学，但儒学的主要工作不是解经，而是立足于经，表达其关于当下社会治理之意见。在这一点上，儒学与诸子相当。诸子百家同样立足于经，发表自己关于经世济民之意见。这些意见似集中于两个方面：

第一个方面，解决现实问题之具体方案，重建秩序之次第。这方面的论说，《论语》中甚多，如“正名”②，“先富后教”③，创制立法之“因”中有所“损”、“益”④，“为邦”之道⑤，等等。《孟子》、《荀子》也都提出自己的制

---

① 《史记·仲尼弟子列传》谓：“孔子既没，子夏居西河教授，为魏文侯师。”（司马迁：《史记》第7册，第2203页）而魏最先变法，于战国之处最强。（参见钱穆：《国史大纲》上册，商务印书馆1996年版，第76页）

② 《论语·子路》：“子路曰：‘卫君待子而为政，子将奚先？’子曰：‘必也正名乎！’”（朱熹编撰：《四书章句集注》中册，浙江大学2012年影印本，第2页）

③ 《论语·子路》：“子适卫，冉有仆。子曰：‘庶矣哉！’冉有曰：‘既庶矣。又何加焉？’曰：‘富之。’曰：‘既富矣，又何加焉？’曰：‘教之。’”（朱熹编撰：《四书章句集注》中册，浙江大学2012年影印本，第7页）

④ 《论语·为政》：“子张问：‘十世可知也？’子曰：‘殷因于夏礼，所损益，可知也；周因于殷礼，所损益，可知也；其或继周者，虽百世可知也。’”（朱熹编撰：《四书章句集注》上册，浙江大学2012年影印本，第146页）

⑤ 《论语·卫灵公》：“颜渊问为邦。子曰：‘行夏之时，乘殷之辂，服周之冕，乐则韶舞。放郑声，远佞人。郑声淫，佞人殆。’”（朱熹编撰：《四书章句集注》中册，浙江大学2012年影印本，第50—51页）

度设想与重建秩序之次第。这些皆有经学之依据，但已脱离经文，而由学者创制而成。

但重建秩序之关键在于人，儒学欲解决现实问题，不能不养成行道主体。故儒学另一核心议题是儒家士君子之养成。经文是固定的、古典的，在经学范畴中，几乎无法讨论这个问题，只能在儒学中展开。《论语》、《礼记》中关于这个问题的讨论，无处不在。荀子之论学，孟子之养心，都是士君子养成之道，两人都非常重视这个问题。

可见，在孟荀那里，儒学、经学不同而互补：经学是源，儒学为流。经学立法度，儒学造人才。无经学，则不得治道；无儒学，则无以行道。

然而，后人所重视者，通常只是孟、荀儒学之思想创发，而忽略了其学思之经学根基。孟、荀是在经文、经义的范围中运思，脱离了经学，仅就儒学立论，是无从完整把握孟、荀之思想的。

欲全面把握战国时代儒家之学，仅关注孟、荀，也是远远不够的。当时，有众多经师，传承经说，至汉初，经师纷纷写定为文，如《尚书大传》等。这些经师因缺乏系统思想论说，而不为后世治思想史或哲学史者重视。然而，从政治演进角度看，他们的影响可能更大，因为他们在当时的主要功能是开办教育，其教养之弟子，皆直接参与政治；即便儒学者，也是他们教养出来的。从思想史的角度看，他们也同样十分重要，因为儒学者之系统论说正是以他们之经说为基础的。

二、汉宋之经学、儒学

综观孔子以后之儒家思想学术史，经学、儒学始终并行，两者之间关系极为紧密。总体而言，经学始终具有基础作用，儒学的发展始终以经学为根。

秦汉之际，延续战国诸子遗风，经学、儒学并行。儒者经历秦亡，均积极投身于更化、改制事业。当时似乎存在三种为学之道，涉及两类不同的更化改制思路：

第一类思路是纯经学的，其改制更化方案是复古，完全以经为依据。

若以传统的学派划分，“鲁学”大约是这一风格。[1]武帝初年，发起更化，主其事者为鲁申公之弟子王臧等人，“欲议古立明堂城南，以朝诸侯”[2]，显然欲回三代，复封建。然而，秦汉已确立郡县制，建立了完整的科层官僚体系，社会管理体系回复封建，几不可能。故这一方案终究行不通。

第二类改制更化思路则主张通古今之变，创制立法。此一思路又细分为两个方案：

第一个方案是陆贾、贾谊等人提出的[3]，两人颇有周秦之际诸子遗风，立足经学，而有完整的思想论说。其思想基本属于儒学，虽杂以他家。不过，其经学根底略差，故其言说在汉初崇尚经术的文化气氛中，似缺乏说服力，而未能担当大任。

第二个方案同样出自经师，以“齐学”为主。他们在经学框架中发展儒学，公羊学差不多都有这种倾向，董仲舒是其代表，其学可谓“经学化儒学”。如《春秋繁露》一书之形态，既不是《孟子》、《荀子》式的儒学论著，也不是正统经学的训诂、章句或后世的注疏，而是发明、排比经义，据以创制立法。

最终推动汉武帝更化改制的，正是这最后一派。经学化儒学既无正统经学之泥古，又非诸子之浮说。此学立足于经学，回归尧舜禹汤文武周公之大道，有助于解决权力的正当性；而其提出之方案，在郡县制框架中又是切实可行的。故在创制立法时代，非此学不可：它遵圣人之道，而非复古之制。

显然，经学化儒学之发展既需深厚经学根基，又需通古今之变的创制立法意识，殊非易事。这一经学化儒学推动汉武帝更化改制，其结果却是儒

---

① 蒙文通先生分儒家为鲁学，齐学，三晋之学：“齐学之党为杂取异义，鲁学之党为笃守师传”，“鲁学谨笃，齐学恢弘”。（蒙文通：《经学抉原》，收入《中国现代学术经典·廖平、蒙文通卷》，河北教育出版社1996年版，第496、497页）关于齐学、鲁学之不同，也可参见钱穆先生的论述。（钱穆：《两汉经学今古文平议》，商务印书馆2001年版，第220—223页）

② 司马迁：《史记·孝武本纪》第2册，中华书局1959年版，第452页。

③ 《史记·郦生陆贾列传》记陆贾“时时前说称《诗》、《书》”，（司马迁：《史记》第8册，中华书局1959年版，第2699页）且奉命作《新语》；贾谊作《新书》，而《史记·屈原贾生列传》谓：“贾生以为汉兴至孝文二十余年，天下和洽，而固当改正朔，易服色，法制度，定官名，兴礼乐，乃悉草具其事仪法，色尚黄，数用五，为官名，悉更秦之法”。（司马迁：《史记》第8册，中华书局1959年版，第2492页）

学之衰落：武帝更化，重点在尊经，以确立正当性。故其核心政策为立五经博士，并设弟子员。① 由此，经学确立独尊地位，儒学消退。

汉代由此成为中国历史上独一无二的“经学时代”。此一时代的经学已越出知识领域，经学阐明之经义被用于指导政治，裁决案件、设立制度。董仲舒本人就有“春秋决狱”实践。②

此后，经在中国政治上始终是极其重要的，经义始终具有“根本法”性质。经学在知识上的重要性在相当程度上来自于此。经学类似于今日之宪法学。③ 也正是经学持续扮演这一角色，让中国政治保持了连续性，每个时代的政治，其根本精神，其制度法律，其施政方略，都受制于经义。在中国，没有神权政治，但有经义政治。理解中国历代政治，不能不溯源于该时代之经学。

但在汉代，儒学仍存在，《论衡》是代表。虽然它围绕经展开，但具有自己的思想体系。只不过当时，其影响始终不算太大。整个汉、晋、唐时代，经学都是知识体系的主体，儒学只是补充。

关于宋代思想学术，人们多关注“道学”。然而，宋学之繁荣实发端于经学。唐代思想驳杂，虽有“五经正义”之编纂，但经学实乏善可陈，思想领域最为发达的是道学、佛学。但仍有少数经师坚守经学。范仲淹、欧阳修、宋初三先生有改革立法、更化秩序之雄心，乃致力于经义之阐发，尤其是其易学、春秋学，成为宋代思想兴起之前驱。④

王安石之经学体系在宋学发展史上尤具关键地位。王安石得君行道，创制立法，很自然地回到董仲舒式经学化儒学，形成“三经新义”体系。三经新义摒弃传统注疏，别创义理。其用心与董仲舒颇为类似，旨在为创制立法立论。正是这一经学体系，开创了学术上的又一时代。

---

① 参见钱穆：《两汉经学今古文平议》，商务印书馆 2001 年版，第 197—199 页。

② 关于这一点，可参见赵伯雄：《春秋学史》，山东教育出版社 2004 年版，第 99—127 页。

③ 参见姚中秋：《国史纲目》，海南出版社 2013 年版，第 269—271 页。

④ 卢国龙指出，基于政治环境，“庆历诸贤必然走向上一路，即从唐虞夏商周等古远的政治典范中寻求宪纲。唐虞夏商周的政治典范都记录在《六经》中”，故庆历诸贤纷纷致力于解经。（参见卢国龙：《宋儒微言：多元政治哲学的批判与重建》，华夏出版社 2001 年版，第 8 页）

由“三经新义”刺激，有道学之出现。① 今人关于道学，多关注其儒学部分，尤其是关于道、理、心、性之论述。这些论述具有西人所说之“本体论”、“形而上学”属性，但其用意绝非哲学的，而仍为儒学式的，系士君子养成之方。为此，宋明儒发展出“工夫论”。在心学，这一点尤其明显。

同时，道学家绝非离经而论道，道学的根基仍在经学。程子作《周易程氏传》，朱子作《周易本义》、《诗集传》等，朱子嘱其弟子蔡沈作《书经集传》等。即便心学，仍不离经学，如阳明于《大学》古本大义之阐发。经学的制度论述与儒学的工夫论相辅相成。

宋学中最为重要的突破在于形成新经学体系，即“四书”系统。五经重礼乐法度，《大学》、《中庸》、《论语》、《孟子》本属儒学系统，侧重于讨论士君子之养成与行道之术。四书经学系统将此一儒学传统经学化。这是儒家之学适应平民化时代的一次重大努力，充分体现了宋明儒家关注士君子养成之特征。

不过，在士人学习和科举考试中，五经依然至关重要。满清为解决其入主中原的统治正当性问题，刻意崇道、尊孔，其官学十分重视经学，皇帝亲率大臣遍注各经，带动经学繁荣。乾嘉之学多为经学，如果说乾嘉之学存在什么不足，那就是缺乏儒学，甚至缺乏儒学意识，故其经学未能如宋儒那样“推明治道”②。桐城派兴，唤醒士君子道德意识；常州公羊学派兴，唤醒经学之创制立法意识，而开启晚清之社会大转型。③

三、现代思想学术之困境

晚清思想之巨变实由经学之转型推动，其中最为突出者为常州公羊学派之兴起。公羊学兴起，推动经学再回“推明治道”之大道。

① 余英时先生引证诸多材料指出：“二程道学是在与王安石‘新学’长期奋斗中逐渐定型的。”（余英时：《朱熹的历史世界：宋代士大夫政治文化的研究》，生活·读书·新知三联书店2004年版，第54页）

② 朱子曾谓“二程未出时，便有胡安定、孙泰山、石徂徕，他们说经虽是甚有疏略处，观其推明治道，直是凛凛然可畏。”（黎靖德编：《朱子语类》卷八十三，中华书局1986年版，第2174页）

③ 关于这一点，参见姚中秋：《国史纲目》，海南出版社2013年版，第443—445页。

康有为借此而接引西方思想、学术。面对西方冲击，中国不能不改制更化，创制立法，对此，唯有经学能够有效回应。而公羊学本有秦汉之际成功更化之记录，康有为乃致力于依经学接纳西学，据西学阐发经义，从而提出一个相当完整的现代国家构建蓝图。

然而，康有为之经学，震慑于西方之学，生吞活剥，消化不良，灭裂鲁莽，其改制、更化方案乃告失败。张之洞缺乏经学根基，只能以肤浅的儒学勉强支撑。《劝学篇》“中体西用”之主张虽中正平实，终究没有创制立法之根本应对方案，故不能抵挡激进主义之冲击。

民国立政，经学即被扫灭。蔡元培将经学逐出教育体系，此为孔子以来中国教育与文化之巨变：中国的教育向来以经学为中心，蔡氏新体系则完全脱此常轨，基础教育中不再诵经，新兴大学也无经学专门研究。

与此同时，学术界也积极地运用其新得之西学，肢解经学，将其历史学化。《古史辨》派完全从历史角度考辨诸经，胡适给“整理国故”运动设定的目标就是为中国文明编纂各种史。① 这样，在西方引入的学科体系中，经被历史化：《诗》归入中国文学史研究范畴，《尚书》、《春秋》、《三礼》归入中国历史学领域，《周易》归入中国哲学史。整个儒学也归入中国哲学史。② 向来作为一个整体存在的经学遭到肢解，不复为一活的生命体，而在相互分割的、历史化的知识体系不绝如线。

与此同时，通过全盘移植，现代中国的人文与社会科学起步。百余年来，中国的思想学术基本上都通过移植的方式发展。经学始终缺席。最为可悲的是，对此事实，无人在意。几乎没人认为，为了中国的思想学术，经学有必要登场。即便在中国古代思想史、哲学史研究中，经学也被遗忘，似乎从来没有存在过。然而，纵观百余年来中国思想、学术之得失成败，其最为严重的问题，正缘于经学之缺席。

人文、社会科学之思考与研究，可用司马迁之言概括：“究天人之际，通古今之变，成一家之言。”③ 什么样的“天”，何等样的“人”，怎样的

---

① 可见胡适：《〈国学季刊〉发刊宣言》，《胡适文存》二集，黄山书社 1996 年版，第 1—13 页。

② 关于这一点，可参见陈壁生：《经学的瓦解》，华东师范大学出版社 2014 年版，第 136—165 页。

③ 班固撰，颜师古注：《汉书 · 司马迁传》第 7 册，中华书局 1962 年版，第 2735 页。

"古"，怎样的"今"，这些构成人文与社会科学思考和研究之基础问题，关于这些问题的认知，构成研究之预设，规范着思考方向和轨道。整个学科的推进是在这些预设搭建的框架内展开的。

但专门的人文与社会科学是无从阐明此精义的。在西方，同类问题通常由神学或哲学予以讨论，而后灌注于专门之学中。中国本无神学和哲学，传统上，由经学阐明这些问题。由于经学缺席，现代中国学人根本没有触及这类根基性问题。因此，一百年来，对于人类更深入、全面地理解天人、古今等关乎人之存在和秩序之根基性问题，中国学人没有作出任何贡献，并致中国思想、学术之肤浅无根。

然而，任何思想、学术不可能没有此类预设。既然自身阙如，现代中国的人文与社会科学只能移植欧美。中国学人于其研究之中，跟随着国外理论之变动而亦步亦趋，包括不加反思地接受西人之预设。这样，大多数时候，中国学人罔顾中国自身的问题、处境、民情、文明，而邯郸学步。学人们没有能力独立地思考中国及世界的问题，只能在他者的思想框架中，费劲而无效地思考他者的问题。

如此思想、学术，经常无助于中国之创制立法和社会治理，反而造成观念与秩序之巨大混乱。欧美已是现代，中国处于古代，中国必须现代化，中国学人常以此等"真理党人"姿态，以末世论的终极拯救心态，运用欧美价值、信仰、理论改造中国之民情、文化，改造国民性。按照欧美理论重塑中国秩序，这是百年中国学人之基本理念。故而，现代中国思想和学术普遍具有极权主义倾向，不论其具体立场为何。

即便百年来的现代新儒学，也难脱此种偏弊，虽然略好一些。现代新儒学可谓现代中国思想学术之唯一可观成就。之所以如此，因为它毕竟还在中国思想的脉络中运思。但在康有为之后，经学传统基本中断，现代学科更以历史主义消解经学，现代新儒学在此知识环境中出生，同样脱离经学之根，兀自蔓生。新文化运动期间，新儒学兴起，绕开经学，径直立基于宋明儒学，尤其是心性之学。① 梁漱溟、熊十力、张君劢诸贤，无不如此。港台

① 1958年牟宗三、徐复观、张君劢、唐君毅等新儒学四贤在《为中国文化敬告世界人士宣言》中直接宣称，中国之学就是心性之学。

新儒学承续这一传统，继续发展哲学化的儒学论述。这一学术传统回流大陆，更加等而下之，中国哲学专业实沦为中国哲学史专业。

当然，现代新儒学传统中诸贤也非全然不顾经学，熊十力、牟宗三先生颇为重视《周易》。但其易学不是经学式的，而是哲学式的。熊十力先生晚年重视《周礼》，但同样是非经学式的，只是阐发了一种基于《周礼》的政治哲学而已。

这样的新儒学，必定行之不远。牟宗三先生之后，现代新儒学即有问题枯竭、研究重复之现象，好像所有问题都已研究，学者只能作琐碎的饾之学。此时，中国与西方交接之后的新秩序还远没有构建起来，儒家之学却已先衰。原因在于缺乏经学根基，光秃秃的儒学缺乏学术发展之纵深空间。

传统上，经学总能刺激、引发儒学之扩展、深化，因为经学更多关心制度问题，创制立法所涉问题极为广泛。其中，制度的建设和操作需要人，这需要儒学解决，儒学的核心议题是士君子之养成及其应世之道，还有在社会各个领域的创制立法之道。而现代新儒学将西方制度视为当然，因而忽视经学，专心于心性，故无力指引政治归于大道。因为没有创制立法之抱负，故尽管重视心性之学，却空谈心性之哲学，而没有发展士君子养成之学，没有造就行道天下之文化、社会、政治主体，更没有提出行道天下之策略。故新儒学有传承道统、发展学术之功，却未成创制立法、行道天下之伟业。

总之，整个20世纪，中国思想、学术之总体特征是经学缺席。或者更为准确地说，西方之时髦思想一变而为中国之经学。从根本上说，20世纪中国学者都寄身于他人的思想框架和学术范式中，始终在追赶，终究一无所获。

四、经学为学问体系之本

中国思想、学术领域需要一场文化自觉，需要一场孙文式革命，在思想学术领域中“驱除鞑虏，恢复中华”。具体地说，重构中、西之学的关系，其中的关键是接续经学，重建经学，发展经学，并以之为思想学术之本。

经者，常也。经学探讨社会治理之常道的知识体系，是各门具体思想、学术之根基。传统学术体系中，关于人间秩序，有各种各样的专门之学，如诸子之学、史学、天文、舆地之学等，而以经学统摄之。经学是整全的，但非各门学科之总和，而是专门之学的根基。具体而言，它致力于探究和阐明关于人的存在及人间形成与维护秩序的一些根本问题。对这些问题的界说，可构成各个专门的人文与社会科学之预设。举例而言，经学可回答以下问题：

世界的本源是什么？是天还是神？中国文明演变史上具有决定意义的事件是“绝地天通”①，由此，中国人的核心信仰基本确立为天道信仰，而非人格化上帝信仰。信仰对人的秩序想象产生决定性影响，那么，天道信仰具有何种后果？它与人格化上帝信仰有何不同？天、人之际是何关系？司马迁谓“究天人之际”，《中庸》谓“赞天地之化育”。中国哲学关心的不是神人问题，而是天人之际问题。那么，天人之际究竟是何种关系？人是什么？人性是什么？人们在这方面的想象与知识上的认知，与信仰有关，与天人之际的性质有关。而这一点将决定人们如何面对他人，设定与他人的关系，而社会归根到底是人与人的关系网络所构成的。各种人文与社会科学研究的主体就是人如何存在及其之间的关系，而人性预设是出发点。人与人间如何形成秩序？人文与社会科学研究之根本目的是助成人与人间形成良好秩序，然而，人们究竟有何种秩序想象？秩序想象决定着人们塑造和维护秩序的行为之方向。

凡此种种根本问题，只能通过经学予以回答。通过研究、思考这些根本问题，经学能“明道”，推明人间治理之常道。这些知识灌注于整个中国古典知识体系中，而其他专门之学的展开，以这些知识为基本预设，并划定各种专门之学的运思模式。

现代中国之人文与社会科学恰恰缺乏这样的中国式根本，而以基于异质文明的他者之预设为自己的预设。但中、西在信仰上就已分途：中国人信“天”，西人信“上帝”，而“天”大不同于“上帝”。因此信仰，而有此人性；因彼信仰，而有彼人性；天道信仰下的人性认知大不同于上帝信仰的人性认知。接下来，天道信仰下的秩序想象，必然大不同于上帝信仰下的秩序

① 孙星衍撰，陈抗、盛冬铃点校：《尚书今古文注疏》，中华书局 1986 年版，第 519—523 页；左丘明撰、韦昭注：《国语·楚语下》，上海书店 1987 年版，第 203—204 页。

想象。

然而，中国现代思想学术基本上忽略了这一点，强以西人之预设批判中国古典学术。比如，学界对中国人性论的批评，随处常见。学界以西人之人性论构建理论，进而设计制度。然而，这样的理论合乎民情吗？这样的制度与现实是否错位？

人文社会科学研究的对象是人，不同于物理学、化学所研究之物。① 人生而在文化中，各共同体的文化有所区别，人的存在方式就有一定不同，这是一般之人的个别呈现。人文与社会科学不能不有普遍的视野，但也不能不在文化框架内展开，透过个别的文化认知一般的人。综观人类的思想、人文学术，无一不在文化脉络中，即便其声称是普遍的。每个共同体中的智者都是透过自己个别视野体认、理解人。

根本上，人文与社会科学思考者、研究者所思考、研究之对象首先是自己，并通过自己构造一般的人的想象；首先是自己所见到的人，并以此想象一般的人。这是人文社会科学诸学科不同于自然科学之处。因此，自我体认，对身处自身文化中的自己的体认是思考和研究之原点。惟有透过自我体认，方能深入人之最精微处。而这个自我绝不是空洞、抽象的，必定由个别的文化塑造。这是无法剥离的事实。否认这一事实，以他者的视野，是无法展开最为深入的自我体认的。

因此，主张接续、重建、发展经学，不是基于学术民族主义，不是为了刻意不同于他人，而是为了更为真切地感受人、理解人、认知人。从而，在中国发展出关于人的共通的知识。经学呈现中国之道，中国人一直在此道上，此道灌注于中国的一切，包括塑造中国人，其存有状态、其价值、其秩序想象是中国的。经学研究可深切地把握这些，人文社会科学诸学科以此为预设，循此发展理论，可切入中国人生命之最深处。

而“中国人”，就是在中国的一般的人。中国学者基于中国人之各种属性而发展出来的所有理论，都具有人类共通的维度，有助于认识一般的人。大体上，自然科学理论只可能有一套，但人文与社会科学的理论必是多元共

① 关于这一点，哈耶克指出过社会科学素材之主观性，参见弗里德里希·A.哈耶克：《科学的反革命：理性滥用之研究》，冯克利译，译林出版社2003年版，第17—29页。

存的，而其中又有重叠之处。关于一般的人之理论，只能寄身于不同文化中人的多元理论中。出自某一文化，但宣传自己是绝对普遍的理论，或者相信其为绝对普遍的理论，无非因为唯科学主义迷信，以及思想的霸权主义幻象。

今天，已经有不少专业领域中的学者认识到，简单套用西方思想、学术，不足以完整而准确地把握中国事实，不足以解释中国历史之演进，思考文明之前景。由此提出，应当建立中国学术相对于西方之主体性。① 然而，这些反思，大多着眼于中国现实，而缺乏历史纵深感。学人普遍没有意识到中国现实与历史之间的深刻连续性，更没有意识到贯穿其中的中国之道。这样，经就没有进入其知识视野。而没有经学自觉，是无从确立中国思想、学术之主体性的；不从经学出发，是无法构建、解释中国演进，进而理解人类一般变动之贯通理论；没有经学支撑，也不可能想象中国即将出发的秩序之样态。

中国如果要结束 19 世纪末以来的彷徨、曲折、反复，就必须重归常道。为此，就不能不接续、重建、弘大经学。

五、经学方法刍议

今日中国学人，必须接续、重建、弘大经学，此为这个时代中国学人最为重要的知识使命。但此一知识工作，难度颇大。

① 有政治学者指出："与印度、俄罗斯、墨西哥等大国比较，我们做得还不错，但很多人却认为中国错了。根本原因在于，中国缺少基于自己历史文化和政治实践的'新概念新范畴新表达'，结果总是在用'他者'的概念来诠释中国，中国似乎永远不符合'先生'的标准答案。"（杨光斌、曾毅：《中国社会纷争的观念之维与因应之道——兼对中国社会科学研究体制的总体性检讨》，《探索与争鸣》2014 年第 1 期）国际关系领域的王义桅质问：为什么没有中国的国际关系理论，其中一个原因是"中国国际关系理论的'美国化'使其丧失主体性"。作者进而提出："随着中国崛起从器物、制度层面向精神层面推进，国际关系理论的中国梦将有望通过充分塑造'全球中国'身份的过程得以实现"。（王义桅、韩雪晴：《国际关系理论的中国梦》，《世界政治与经济》2013 年第 8 期）法学家许章润则提出"汉语法学"概念。（许章润：《汉语法学论纲——关于中国文明法律智慧的知识学、价值论和风格美学》，《清华大学学报：哲学社会科学版》2014 年第 5 期）语言学界的申小龙则提出"文化语言学"，强调字本位的中国语言文字体系与音本位的西方语言体系的根本差异。（申小龙等：《汉字思维》，山东教育出版社 2014 年版，"总序"）

近些年来，经学史研究已经展开，并取得一定成果。① 这种学术史的梳理可为重建经学之预备。接下来当接续经学，经学地思考，以“推明治道”。然而，经学发展，需要较为苛刻的条件。

经本身是整全的，涉及天人之际所有重大问题。经学围绕经文展开，而经文呈现的是完整的生活，经学欲理解、阐释此完整生活，不能不动用各种各样的知识。故经学自始就是综合的，也可说是跨学科的。用现代术语说，经学涉及哲学、伦理学、政治学、历史学、文学、社会学等几乎所有人文与社会学科，还涉及天文学、地理学、机械工程学、化学等自然科学与工程学。

于是，经师不能不“博学于文”②，历代经师差不多都是全能学者。经由这样的知识储备，经学才能展开；由此生成的知识，才能对具体的专门之学具有引领意义。经学要影响思想、学术，首先必须吸纳、消化这些思想、学术，把这些知识融会贯通于经文的注疏、阐释中。由此形成经义，反过来引领专门之学，更可指引社会治理实践。今日从事经学者，不能不如此。

至于发展经学之方法，或有三点：

第一，潜咏经文，体会圣人用心。经学的力量来自于“文”，文以载道。故经师的首要任务就是深入经文，体会圣王仁民、爱物之用心，从经文所记之制度中体会治理之道。经学有别于一般专门之学的地方，正在于其所记载者均关乎“道”，而“道”在“文”中，不可凭空玄想。于“文”中明“道”，这是经师的基本知识任务。

第二，立足历代注疏，融会贯通。经学不同于一般专门之学处在于，它有十分漫长而极为丰富的知识传统。历代学者均立足于自己的视野，运用自己时代的知识，持续不断地注疏经文，阐明经义，乃至于据经义创制立法。凡此种种努力，均得经文大义之一二，今日经师不应忽略，凭空虚造。

第三，运用新知识，以发明经义。上面两点，对经学研究者而言，实为基础，最大陷阱反倒可能是沉溺于历代注疏，无法自拔；只讽诵经文，无所发明。经学的生命力在于吸纳、消化新知识，而阐明经义，从而更为恰切

① 针对各经的学术史研究，相当繁多。姜广辉正主持编纂多卷本《中国经学史》。

② 朱熹编撰：《四书章句集注》上册，浙江大学出版社 2012 年影印本，第 216 页。

地指引当世问题之解决。

经学之所以常在常新，保持生命力，在于其开放而不断地吸纳、涵摄新知：汉代经学吸纳诸子之学；宋代经学吸纳道家思想，也受到佛教义理影响；清代御注各经，吸纳传教士带来之西方天文学、数学知识。所有这些新知识，均有助于经师从自己时代的立场理解、阐明经义。不开放，无经学。经是一，但经义常新。也唯有经义常新，经才能始终具有道之范导力量。如果经学不能涵摄自己时代的新知，就不可能具有摄人之力量。

今日发展经学，最大难度正在于，知识范围急剧扩大。欧美既有庞大的知识体系，欧美之外的世界也各有可观的知识体系，这些多多少少已在中国，并具有广泛影响力。经师不能不“博学于文”，吸纳这些学科的基础性知识，而予以贯通。如何吸纳、消化、涵摄既有知识，这是今日经师面临之巨大挑战。如果经师做不到这一点，那就无法发展出令今人信服之经义，无法成为各专门之学的根基。

从这个意义上说，经学于今日难成一专门学科，至少在当下，而更多的是作为一种方法存在。在知识过于庞杂的今天，也许很难有人可以做到既掌握传统注疏，又精通各相关学科。同样，培养经学方面的学生，难度也极大。

可行的办法也许是“彼此跨入”，也即，传统注疏研习者跨入一两门人文与社会科学领域，而人文与社会科学领域的学者也跨入经学，治某一经或诸经之某一领域。由此，可形成经学与人文、社会科学间之深度融合。在此过程中，新经义或将不断被阐明，而人文、社会科学的预设、运思方式、基本理论也会逐渐地成熟，替代或者涵摄移植的外来者。

实际上，传统经学的发展也多以这种路径展开。故经学今日发展最需要者，乃是经学意识，学人的经学自觉——不止是治经学者，治儒学者，而是各学科的学者。有了这种自觉，任何专门之学的研习者都可进入经学。经学是整全的知识体系，这也就意味着，学人完全可从多个角度切入，包括自然和工程之学。不同学科从不同方向进入，即可共同成就经学之繁荣。

与普遍的经学意识互为表里的是经学的现实关怀。经学旨在塑造良好秩序，而非纯粹的知识事业和精神事业。就此而言，经学不同于西方之哲学和神学。经学的主要功能是“推明治道”，以指引良好秩序之塑造和维护。

经学不能不具有现实关怀，不能不有创制立法之抱负。为此，经师不能不明于时势。经是常，经之大用却系于时。不知时者，不足以言经学。

欲复经学，不能不在大学内建立经学建制，这包括设立经学院。国学院本身是一怪胎，把历史、哲学、文学等专业堆积于一处，而无以贯通。国学院的前景是逐渐强化经学，转身为经学院。当然，也可在哲学系开设经学专业。

考虑到上述经学展开之难度，经学院建制也应保持开放，容纳众多学科学者：只要对经学感兴趣，进入此一学院中，形成一个学术共同体。学生也如法处理，不论专业为何，只要对经感兴趣者，即可于学习专业之外，专攻某经或多经。这样的经学院其实就是大学中一所传统的精英书院，而不是一般意义上的院系建制。惟有这样的建制，切合于经学之地位。经学如果专业化，成为破碎的专业体系中的一个，那就无从发挥其作为经学的基础性作用。

经学若得以发展，将给儒学之发展，创造广阔空间。20 世纪儒学之发展，已为经学之今日重建创造了一定条件，而经学重建的过程，必定给儒学提出新问题，带动儒学更新自己的理论。比如，在城市化、知识高度专业化的背景下，如何养成士君子？士君子如何在网络时代兴起礼乐、化成天下？所有这些，已超出经学范围，而是需要儒学回答之问题。

今日中国的秩序重建，已进入关键阶段。这样的时代，需要经学登场，也需要儒学面对新议题。尤其是，经学、儒学研究者与人文与社会科学界积极地展开双向互动，则这两种知识的生产顺利展开，精英的观念和思考方式逐渐中国化，则儒家式社会治理秩序就是可期待的——而在中国，唯一健全且可持续的社会治理秩序，必定是儒家式的。

（作者单位：北京航空航天大学人文与社会科学高等研究院）

《周易》对于儒家哲学当代重建的启示

——关于“重写儒学史”与“儒学现代化版本”问题的思考

郭 萍

冯友兰先生曾指出：“一部《周易》是中华文明的精神现象学。”① 然而《周易》对于儒家哲学建构的重大意义，至今未能清晰地揭示出来。《周易》对于儒家哲学建构的意义，可称为“两度映射”。一是《周易》文本的形成与儒家哲学在中国社会第一次大转型时期（先秦）即轴心时期的原初建构之间，具有历史的同步性和逻辑的同构性。为此，须“重写儒学史”——重写先秦时期的易学史、儒家哲学史。二是上述建构过程与儒家哲学在中国社会第二次大转型时期（当代）即所谓“新轴心期”的重建之间，也存在着逻辑的同构关系与历史的再现关系。略见下表：

观念的转进 / 同构与再现	生活感悟	形而上学	形而下学
《周易》文本	易经古歌的生活感悟	易经占辞的神性形上学 易传的理性形上学	易传的形下学
儒家哲学的原初建构（第一次社会大转型）	轴心时期的生活感悟	儒家形上学的原初建构	儒家形下学的原初建构
儒家哲学的当代重建（第二次社会大转型）	新轴心期的生活感悟	儒家形上学的当代重建	儒家形下学的当代重建

① 转引自刘大钧：《20 世纪的易学研究及其重要特色——〈百年易学菁华集成〉前言》，《周易研究》2010 年第 1 期。

具体来说，《周易》文本的形成过程乃是观念形态的这样一个转进跃迁的过程：《易经》古歌的本真生活情感；《易经》占辞的神性形上学、《易传》的理性形上学；《易传》的形下学（伦理政治哲学）。这一过程开显了儒家哲学的当代重建的典范进路：由当下生活情境及其仁爱情感显现的大本大源出发，去重建儒家哲学的形上学、形下学。这才是典范的“儒学现代化版本”。

一、原始要终：复归生活本源

复归生活本源，是儒家哲学在当今重建的前提，《周易·系辞下传》所说的“原始要终”即是此意，“《易》之为书也，原始要终，以为质也”①。崔觐曰：“言《易》之为书，原穷其事之初始，……，是原始也；又要会其事之末，……，是要终也。”②《正义》引韩伯康注：“质，体也。”所谓“原始”之“原”，本指水源，《说文》：“原，水泉本也。”引申为事物的起源、开始，“万物之本原。”（《管子·水地》③），做动词用为推究，追溯之意，如《管子·小匡》：“原本穷末”④之“原”。不过，“原始”不同于“原本”，“原本”为推究根据（Gruenden），而“原始”之“始”指最早、起初、开头之意，《说文》：“始，女之初也。”因而“原始”是追溯最初、开始的样态，追溯源头。对于哲学上的“原始”，即推究始基（Fundierung），推究、追溯一切哲学观念，包括形上本体的源头活水。所谓“要终”，“要”，读为去声时意指重要、纲要、要点等；“终”与始相对，为末、止之意。“要终”是说追溯本源的最终目的是为针对现实问题进行形下的人伦与物理的建构，如《盐铁论·相刺》之谓：“诗书负笈，不为有道。要在安国家、利人民”⑤。“原始要终”表明《周易》一书的根本是由推究事物的原初本源出发，以达至其末端为目的；而儒家哲学的历史建构也是如此，即由本源的生活出发，建构形而上学，最终指向形下的政治伦理制度建构，那么，本源的生活就是儒家哲学建构的大

① 王弼、韩康伯注，孔颖达正义：《周易正义》，中华书局1980年影印本。以下所引《周易》皆出自该版本，不再注明。

② 李鼎祚：《周易集解》卷16，巴蜀书社1991年版，第319页。

③ 黎翔凤：《管子校注》，中华书局2004年版，第813页。

④ 黎翔凤：《管子校注》，中华书局2004年版，第396页。

⑤ 王利器：《盐铁论校注》，中华书局1992年版，第254页。

本大源。

现代考古发现和传世文献（主要是依据甲骨卜辞、“书”（虞夏商书）、“诗”①）都已经证明中国思想在跨入哲学的门槛之前，经历了漫长的前哲学时期，即哲学理性尚未觉醒，是文明的前轴心期。不论中西文明，在前轴心期是一个神学的、神话的、诗歌的时期，但仍有根本的不同，苏格拉底曾说，诗之本质是诗神所赋予的灵感，而诗人是神的代言人，与从事与神沟通的巫祝相仿。② 而中国远古的诗歌首先显现出的是比神学更为本源的观念，即生活情感和生活领悟。成书于轴心时期的《周易》还保留了大量前轴心期的诗歌，已有学者发现《易经》的象辞③ 部分本身就是一部比《诗经》更为远古的诗集④，其中生动形象地再现了前轴心时期人们原初的生活情境，诗中所表达出的本源的生活情感和生活感悟正是儒家哲学的原发样态，在观念上为轴心期儒家的形上学和形下学的建构奠定基础。古歌是先民对本源生活“直观”的再现，这样的“直观”并没有具体的“物”而只有作为源始现象（ursprünglich Phaenomen）的生活本身、生命本身比如：“发蒙”、“包蒙”、“困蒙”、“击蒙”（《蒙》）所展现的劳动场景⑤；“童牛之牿”、“豮豕之牙”（《大畜》）直观饲养家畜，六畜兴旺的情境⑥；“包有鱼”、“包无鱼”、“以杞包瓜”、“姤其角”（《姤》）再现了主妇操持家务的情形⑦，都是源始的“无我之境”⑧，其中人与物尚未对象化，主体的“我”还未突显出来。作为源始

① 《诗经》的时代与《周易》的有重叠，其中的诗歌可从春秋前期上溯到“商颂”。另有许多年代更早的“逸诗”未收入《诗经》，例如《易经》筮辞中就有蕴藏着商周之际的歌谣。（参见黄玉顺：《易经古歌考释》，巴蜀书社 1995 年版。此书有修订版，由上海古籍出版社 2014 年出版）

② 参见柏拉图：《伊安篇》，《文艺对话集》，朱光潜译，人民文学出版社 1963 年版。

③ 《易经》的筮辞分为象辞与占辞。象辞是生动形象的叙事描写，采用的是类似民歌的手法，如排比、反复等；占辞是关于吉凶祸福的断语，是笼统抽象的判断，往往反复使用大致相同的术语。

④ 发现并系统研究《易经》中所蕴藏的远古逸诗的代表性著作，是黄玉顺先生的《易经古歌考释》。

⑤ 黄玉顺：《易经古歌考释》，巴蜀书社 1995 年版，第 29 页。

⑥ 黄玉顺：《易经古歌考释》，巴蜀书社 1995 年版，第 128 页。

⑦ 黄玉顺：《易经古歌考释》，巴蜀书社 1995 年版，第 206—207 页。

⑧ 王国维在《人间词话》中将文学意境分为“有我之境”、“无我之境”，在此借用这一说法表达古歌所显现出的本源生活情境。

的生存经验，生活、生命本身就是“事”的相续，所谓“事情”也就是生活的实情，原初的生活情感就在事中显现出来，如：“鸣豫”、“盱豫”、“由豫”、“冥豫”（《豫》）通过直观大象的种种神态，自然流露了喜爱之情；“咸其拇”、“咸其腓”、“咸其股，执其随”、“咸其辅颊”、“咸其脢”（《咸》）质朴的显现出率真的感触之爱；“密云不雨，自我西郊”、“复自道”、“牵复”、“舆说辐”、“夫妻反目”、“既雨”、“既处”（《小畜》）情境的描写顿现不睦紧张的感触和情绪。这都是生活情境中的“现身情态”（Befindlichkeit 情绪），即身处其中的人“直观”到当下一幕顿时显现出某种本源的生活情感，诗歌就是基于此而作所谓“诗缘情”①。生活情感的涌动使人获得当下的生活领会和感悟，如：“谦谦”、“鸣谦”、“劳谦”、“㧑谦”（《谦》）由看到鹣鸟比翼双飞触动对爱情的向往；进而在情境中缘发出本源的“思”。如：“鸿渐于干”、“鸿渐于磐，饮食衎衎”、“鸿渐于陆，夫征不复，妇孕不育”、“鸿渐于木，或得其桷”、“鸿渐于陵，妇三岁不孕，终莫之胜”、“鸿渐于逵，其羽可用为仪”（《渐》）以鸿雁逐步高飞远去有层次地再现妇女对丈夫的思念，渴望生儿育女的心情。显然，这样的“思”不是作为认知对象的理性的思，而是源始性的情感思念之“思”，然而生活际遇的变化总是让人最终从本源的生活情境中出离，如：《鼎》卦象辞所描写的情境，就表现了人由“混元”情境的出离，因“我仇有疾”（我妻有病难治），打破了原初的本源生活情境，主人公既感念妻子又对她无奈失望，纠结于“利出否”（是否应该休妻遣归）②，这已然是对象化的情感和思念，而作为主体的人也就在这样的“思量”中“绽出”（ek-sistent）。这可以表明，任何对象性的情感、观念和思想，包括神学的和哲学的，都源自前对象性的、本源性的情感、观念和“思”，人的主体性也由此得以可能。

主体性的挺立意味着人由前主体性的“原在”转为主体性的“能在”、“去在”，也由“自在生活”转向“自由生活”。人作为主体的这种“能在”、“去在”以至“自由”的生活，最终总是通过现实的参与既有生活的损益而体现出来。《易传》思想充分体现了人的“要终”情结，《系辞传》曰：“天

① 陆机：《文赋》，见张少康：《文赋集释》，人民文学出版社 2002 年版，第 99 页。
② 黄玉顺：《易经古歌考释》，巴蜀书社 1995 年版，第 232 页。

地设位，圣人成能。人谋鬼谋，百姓与能。"《说卦》做了更详细的表述："昔者圣人之作《易》也，幽赞于神明而生蓍，参天两地而倚数，观变于阴阳而立卦，发挥于刚柔而生爻，和顺于道德而理于义，穷理尽性以至于命。"而且"要终"并不是一个一劳永逸的过程，而是以周期性和开放性、发展性，与本源生活之间保持着积极永恒的往复，这一方面意味着"原始"与"要终"是一个互为终始的过程，《既济》与《未济》在《序卦传》中的排序及其卦爻辞的意涵可作为一个典型的说明：《既济》卦既代表着一种完成和终结，却也昭示着人们，如果固守其成则"初吉，终乱"(《既济》)；而《未济》卦本身象征着一种颠覆性的开始，而从卦序排列上却作为最后一卦。另一方面，也意味着人无限超越的可能，人通过自觉的放弃既有主体，再度"原始"的复归本源生活，在新的生活情境中重新确立起新的主体自我，保持自身的"不器"(《论语·为政》①)。需要说明的是，不断复归当下生活，并不是简单的还原，当然也不可能还原到"原初所予"(primordial given)的"自在生活"情境，因为生活如流，再度复归的生活已经不是原初所予的生活，而是经由主体参与损益的生活了；并且主体也不是原初被抛式的投入而是自觉的自我超越，不断地追求并实现着"自由生活"的过程。这虽然充满未知的风险，如"小狐汔济，濡其尾，无攸利"(《未济》)，但唯有不断尝试才能将可能转为现实。这与《左传》、《国语》筮例中强调的"吉凶由人"，《易传》着力强调圣人的作为，"圣人则之"、"圣人效之"，一切取决于人现实的努力和作为而非神意是一以贯之的。

《易经》古歌中所开显的是前轴心期人们的本源生活情感，与我们当下的生活情感截然不同，但它揭示了一个一般性的事实，即：一切哲学的建构都是由人"在世"(In-der-Welt-sein 在世界之中存在)这一"首要的存在实情"②决定了的。这是因为人之初生"在世"是未经自我选择的一种原初所予(primordial given)的生活情境，人首先必然的身处这样本源性的生活中，源始的与他者"共同在世"(Mitsein)着。此境只是"生—活"(growing-living)、"存—在"(Being)本身的显现；此境中的"人"还只是

① 何晏注，刑昺疏：《论语注疏》，中华书局1980年影印本。

② 海德格尔：《存在与时间》，陈嘉映、王庆节译，生活·读书·新知三联书店1999年版，第62页。

前主体性的、浑然无觉的“自在”，而不是主体性的有觉的“自由”。然在此本然“混元”的情境中，原初本真的生活情感随“一事又一事”呈现出来（所谓“事情”），人随之获得当下的生活领悟，这恰恰是一切哲学观念的原初发端样态，具有观念上的始基意义，人也由此从本源情境中“绽出”成为主体性的存在。因而，一切哲学的思考和建构不可逃避地必须首要地复归到本源性的生活中。然而“原始”旨在“要终”，现实生活作为既有的、现成化的存在总是有缺陷的，作为主体的人总会反思现实，进而对现实的制度规范进行损益，这也是人实际的“赞天地之化育”（《中庸》①）。通过对当下现实问题的解决，人印证并直观到自身作为主体的存在，因而，“要终”也就是主体的“能生活”和自觉地“去生活”或曰“去存在”。儒家认为“诚者，非自成己而已也，所以成物也。”且“思诚”乃“人之道”，所以人存在的价值和意义也体现在如何“能”、“去”的过程中，如海德格尔所说：人“这种存在者的‘本质’在于它去存在（Zu-sein）”；换句话说，“此在是什么，依赖于它怎样去是［它自己］，依赖于它将是什么”②。如此这般，不断地复归本源并再度“能”、“去”、“成己成物”，就是人作为主体存在的自由自觉的要求。儒家哲学建构的历史已印证了这样的历程，当今儒家哲学也必然需要“原始要终”才能得以重建。

事实上，我们已然处于当下的生活情境中，首先不自觉地直观着现代的生活，显现着现代的生活情感，收获着现代的生活感悟。因此，无论如何，我们的观念里总是渗透着时代的色彩，而这正是当代儒家哲学的重建的始基性观念，是最具生命力的思想源泉。在20世纪90年代思想界已经提出“向生活世界的回归”③，但与我们的观念源自当下的本意生活不同，思想理论的建构始终在形上—形下的框架里纠结反复，也就是说，在我们的理论建构中没有体现出本源生活这一观念层级对于哲学建构的奠基作用，而失去养料与土壤的理论即便再精巧也不会成为活的思想。因而我们说，复归当下本

① 朱熹：《四书章句集注》，中华书局1983年版，第32页。

② 海德格尔：《存在与时间》，陈嘉映、王庆节译，生活·读书·新知三联书店1999年版，第49页。

③ 衣俊卿：《理性向生活世界的回归——20世纪哲学的一个重要转向》，《中国社会科学》1994年第2期。

源生活才是重建儒家哲学的首要前提。以当今现代性的生活为前提，最终指向当下现实的社会问题的解决，就是我们作为主体的“能在”、“去在”的确证，这既是一个朝向未来不断地积极主动的去创造、去争取的过程，也是自觉自主地应对挑战、承担风险的过程。这意味着当下现成在手的一切总是需要通过不断地损益得以完善和发展，所谓“天地革而四时成。”（《彖·革》），也唯有如此生活才呈现为“生生不息”之流；同时表明作为主体，我们正是通过对当下现实制度规范的积极自觉的超越与重建，不断摆脱既有的不适宜的束缚，才能趋向自觉自由的生活。

由“原始”的生活本源出发，进行“要终”的形下制度重建之前尚需重建形而上学，因为任何形下的制度建构最终要诉诸一个形上的绝对本体，它们在观念层级上呈现为这样的奠基性关系：生活本源——形而上学——形而下学。

二、与时立极：重建形而上学

形而上学作为对世界的终极解释，为一切形下的政治制度、伦理规范以及科学知识的建构奠定基础，因此，由本源的生活出发进行儒家哲学的重建，首先要重建形而上学，即“与时立极”。

所谓“立极”本义是指营造房屋时的立柱架梁，以确定建筑中的最高点，立本定向。“立”即“定”、“安”、“正”之意。“极”本指房屋最高处的大梁，《说文解字》：“极，栋也。”徐锴《系传》：“极，屋脊之栋也。”《说文解字》：“栋，极也。”段玉裁注：“极者，谓屋至高之处。”进入“理性觉醒”，开始建构形而上学的“轴心时期”以后，“立极”逐渐被赋予了哲学的意义，儒家哲学在形上本体意义上的“立极”，最早的就是《易传》的“太极”观念，所谓“易有太极”（《系辞上传》），“太极”本指最高的大栋，其位居中，成为整座房屋最高、也是唯一的标准，引申为世界观、宇宙观的根本范畴，具有了哲学本体论的意义。因此，哲学上的“立极”就是本体论（Ontology）建构，也即建构形而上学。其实形而上学就是亚里士多德所说的，思考“所是之为所是”；或如海德格尔所说，思考“存在者整体”，也即对世界万物的本体、终极根据或统一性（不论哲学还是神学）的思考。当然，并不是人人都会思考形而上学，但形而上学作为万物存在的“本体论承诺”，为形而下学奠定基础依旧是必不可少的，这也正是建构形而上学的意义所在。西方哲学中有一个与“立极”相对应的观念：“奠基”，但二者又有实质的不同。康德首先提出哲学意义上的“奠基”问题，即“何以可能”的问题，他建构的批判哲学就是力图通过对理性自身的批判为自然科学、数学以及形而上学奠定基础，并且认为自己查明了“心灵两个能力，即认识能力和欲求能力的先天原则”①，完成了奠基的任务。然而实际上，康德并没有完成这项任务，他所找到的“实践理性”不过是主体性存在的根据（Gruenden），而非主体性本身何以可能的基础，也就是说并没有为主体性奠基（Fundierung）。因此，海德格尔批判康德：“在他那里没有以此在为专题的存在论，用康德的口气说，就是没有先行对主体之主体性进行存在论分析。”②进而海德格尔提出以“基础存在论”为主体性奠基，但他又以先行的“此在”来说明“存在”，实际在更高的层面上重新确立了“大写的人”的至上地位（德里达语），因此，也未完成形而上学的奠基任务。实质上，他们所做的都是“立极”的工作，即确立了形上的本体，为形下学奠基。而历史上的形而上学形态几经转变，使得“立极”必然涉及“与时”的问题。

“与时”在《周易》中见于七处，多言“与时偕行”、“与时行也”、“与时消息”等。“与”即伴随、参与之意。《说文》“與，党与也。”《广韵·御韵》：“與，参与也。”“时”本指“四时”，《说文》：“時，四時也。”段玉裁注：“本春夏秋冬之称。引申之为岁月日刻之用”。“时者，所以记岁也。”（《管子·山权数》）③，进而，时具有了时代之意，“世易时移，变法宜矣”④，“世易”即“时移”，此“时”即“世”，世指世代、时代，《周易·系辞下传》：“易之兴也，其当殷之末世。”“时”即指时代，如《吕氏春秋·察今》所说“变法者因时而化”。⑤《周易》首先将“趋时”、“时中”作为解释筮法的一项重要原则，六爻的吉凶往往因时而变，进而，因时而行被视为美德，如，《彖》

① 康德：《实践理性批判》，韩水法译，商务印书馆 1999 年版，“序言”第 9—10 页。

② 海德格尔：《存在与时间》，陈嘉映、王庆节译，生活·读书·新知三联书店 1999 年版，第 28 页。

③ 黎翔凤：《管子校注》，中华书局 2004 年版，第 1310 页。

④ 吕不韦：《吕氏春秋》，中华书局 2007 年版，第 145 页。

⑤ 吕不韦：《吕氏春秋》，中华书局 2007 年版，第 145 页。

释《随》卦，“天下随时，随时之义大矣哉！”释《损》卦，“损刚益柔有时，损益盈虚，与时偕行”；释《艮》卦，“时止则止，时行则行，动静不失其时，其道光明。”释《丰》卦，“天地盈虚，与时消息，而况于人乎，况于鬼神乎？”之所以要强调“时”是因为唯有“与时”才能得乎其“中”，所谓中，即正也，和也，恰当合适。《说文》：“中，和也。”“和，相应也。”《虞书·大禹谟》：“允执厥中”。① 也是此意。孟子称孔子为“圣之时者也。”（《孟子·万章下》②）也正是因为孔子的思想与其时代要求相适宜。在哲学上提出“与时立极”旨在表明要依据时代的特征建构相适宜的形而上学。

虽然历史上的本体论建构各不相同，但不论是中国的“太极”、“天道”、“天理”、“心体”、“性体”，还是西方的世界本原、上帝、理性，其实都是人作为主体性的投射，可以说，形而上学就是主体性的事情。③ 因此，重建形而上学，实质就是重建主体性。

在轴心时期，儒家哲学初步建构了形上学，确立了人的主体性。《礼记·表记》记载：“殷人尊神，率民以事神，先鬼而后礼”④，“帝祖合一”的观念使人神原始的混杂在一起，祖先神具有绝对的权威性。殷末周初，“绝地天通”的观念代表着理性的觉醒，人神关系由相杂（殷商）到相分（西周），“吉凶由人”的蓍筮取代了“吉凶由神”的龟卜，神的权威性逐渐下降，呈现为一个“疑神疑鬼”的时代。形成于这一时期的《易经》，在占辞中虽然仍体现着对神的本体性预设，如：“王假有庙”（《萃》），“王用亨于帝”（《益》），但神的抽象性、神意的不确定性，都增强了人对神的解释性，使得神意相当程度上取决于人意，所谓“人谋鬼谋，百姓与能”（《系辞下传》），显示着人的地位的提升和理性的发展。到《易传》时期，易象筮辞已不再是神意，而是圣人之意，“圣人立象以尽意，设卦以尽情伪，系辞焉以尽其言”（《系辞上传》）。神成为虚位，“天地设位，圣人成能”（《系辞下传》），“昔者圣人之作《易》也，幽赞于神明而生蓍，参天两地而倚数，观变于阴阳而立

① 张安国注，孔颖达正义：《尚书正义》，中华书局 1980 年影印本。以下所引《尚书》皆出自该版本，不再注明。

② 朱熹：《四书章句集注》，中华书局 1983 年版，第 315 页。

③ 此观点参考了海德格尔的说法，参见海德格尔：《哲学的终结与思的任务》，《面向思的事情》，陈小文、孙周兴译，商务印书馆 1999 年版。

④ 郑玄注，孔颖达正义：《礼记正义》，中华书局 1980 年版，第 1642 页。

卦，发挥于刚柔而生爻，和顺于道德而理于义，穷理尽性以至于命。”（《说卦》）这表明，一切取决于圣人而非神，人成为实质性的主体。秦汉以降，进入形而上学的统治时期，太极、天理、心性等本体性概念的设定实质都映射并证澄着人的主体性，发展到两宋时期，“立人极”遂成为儒者之所共向，对后世影响深远。然而，轴心期以来所确立的主体性的人是作为族群关系网罗中的人，也即作为“类存在”的群体的人，个体的价值只有在宗族礼法关系中才存在，最典型的就是亲亲尊尊的人伦关系，人本身的存在被绑缚在维护宗族存在的人伦关系之网上，个体并没有独立价值，如，《同人》卦爻辞：“同人于野，同人于门，同人于宗”，（这在《易传》中更为突出，详见下文）因而所谓人的主体性是指作为群体存在的人的主体性而非个体的主体性。

“立极”须“与时”，基于现代的生活方式，西方社会以“上帝死了”为旗帜重建了主体性确立了“个体”（Individual）的绝对主体地位。历史上，我们也具有个体的观念，在殷商的神学观念中，宗教性体验都是个体性的，“百姓各以其心为心”（《说苑》①）正是前轴心期个体观念的体现。进入轴心期后，虽然高扬了宗法伦理关系中存在的群体性的人，但个体观念并没有消亡殆尽，魏晋时期就是一个个体生命高扬的时代；而在帝国中后期（宋以后），随着市民社会的兴起，个体的价值再度得到认可，到阳明心学已将个体性的“良知”作为最高本体，即以个体自我成为宇宙的终极根据，显露出现代性观念的端倪，其后学更着力发扬了这一观念。此后从明清启蒙思潮到现代新儒学运动，在中国逐步向现代社会转型的过程中儒家的现代性个体观念越发明显，不论是明清之际的黄宗羲，还是现代新儒家梁漱溟、钱穆、牟宗三等都是极有个体精神的思想家。可以说，确立“个体”的主体性是现代社会在观念上最基本的特质，因而，重建主体性就是要从本体的意义上确立“个体”的主体性。

不过，当今我们所要重建的主体性个体，并不是要回复到前轴心期，重建神学观念的宗教性个体，而是要重建人文精神的理性个体。同时，当今我们所要重建的主体性个体，也不同于传统儒家心性学和现代新儒家的本体

① 刘向撰，向宗鲁校证：《说苑校证》，中华书局 1987 年版，第 8 页。

性个体。这是因为，不论阳明的“良知”还是牟宗三的“道德形上学”，虽然都认为个体的“心性”、“良知”是不证自明的先验预设，极具个体性的色彩，但一方面对“天理”、“道心”的体证是个体性的，而另一方面“心性”、“良知”作为先验本体是普遍性的，因此，其理论上存在着无法克服的困境：即由个体体验如何切中普遍一般的“心性”、“良知”本体。

当今儒家所重建的个体性主体需要剔除任何的先验预设，是在本源的生活情境中，以“仁爱”作为前主体性的、最原初的生活情感来确立个体作为主体性的存在，如孟子所说的“乍见孺子将入井”人人皆见“怵惕恻隐之心”。因为在缘发的生活情境中，人所显现出的这种不虑而知的“良知”、不学而能的“良能”，并不是先验的预设（不论是宗法人伦的还是个体心性的预设），而是当下的生活感悟。正是这种对本源仁爱情感的“知”与“能”给出了人作为德性主体的存在。我们常说“生活造就了我”，其实就是在这个意义上说的，王夫之有个接近的说法“夫性者生理也，日生则日成也”（《尚书引义·太甲二》）。①

儒家基于本源生活所确立的个体性与西方近代以来所重建的个体性有着根本的不同：一是儒家以德性良知为根据确证着主体性的存在，关于这点下文详述；二是儒家重建的个体是与他者“共同在世”的个体，而非西方原子化、单子化、孤立存在的个体。在西方，不仅是明确以“单子”为本体的莱布尼茨如此，即便是建构“基础存在论”，消解一切主体性形上学的海德格尔也没能例外，他虽然以“此在”（Dasein）的“在世”（In-der-Welt-sein 在世界之中存在）作为“首要的存在实情”② 但是同时又认为“此在”首先是关注它自己的存在，人只有从人世退缩到自我中，才能真正感知 Dasein。正是基于这样的本体论，罗尔斯才提出“在原初状态中，各方是互相冷淡而非同情的”③ 这样的理论假设，作为西方政治伦理的前提。对于这种单子性主体观念，政治哲学家阿伦特曾提出批评，通过对海德格尔的观点的反对，指出只有在共同世界的人类共同生活中，才会有（真正的）

① 王夫之：《尚书引义》，《船山全书》第二册，岳麓书社 2011 年版，第 299 页。

② 海德格尔：《存在与时间》，陈嘉映、王庆节译，生活·读书·新知三联书店 1999 年版，第 62 页。

③ 罗尔斯：《正义论》，何怀宏等译，中国社会科学出版社 1988 年版，第 185 页。

存在①，不过她更多的只是从现实政治意义上强调共同生活的存在，而没有从本体论上进行彻底的颠覆，因而很难真正找到解决这一困境的理论途径，这也是受制于西方文化的基本立场所致。而事实上，我们始终根植于现世的“人生在世”之中，也就是在源始的人与人，人与天地万物的“共同在世”、“共同存在”、“共同生活”之中，这也是儒家的一个基本观念。

三、崇德广业：重建形而下学

由现代性主体的确立，我们最终要针对当下社会现实进行制度化的建构，也即重建形而下学。关于形下学之重建，主要包括伦理学和知识论两个方面，即“人伦”、“物理”。相较于“知识论”的重建，当今中国的伦理规范与政治制度的重建显得更为紧要，而《周易》哲学也恰恰在这一方面为当代儒家哲学的启示更丰富。因而，在此专就伦理政治之重建展开论述，即“崇德广业”，此语出自《易传·系辞上传》：“夫《易》，圣人所以崇德而广业也。”《正义》曰：“言易道至极，圣人用之，增崇其德，广大其业，故云‘崇德而广业也’。”

“崇德”据《正义》引韩康伯注为“穷理入神，其德崇也。”孔疏曰：“《易》初章《易》为贤人之德，简为贤人之业，今总云‘至德’者，对则德业别，散则业由德而来，俱为德也。”“崇德”之“德”，谓形上的“德性”，即德性本体，儒家以此作为人的主体性确证的根据（gruenden）。这点与西方以理性、意志等确证着人的主体性不同：如西方理性主义者，人以理性（认知理性）确证着主体性的存在，笛卡尔的命题“我思故我在”就是一个典型；而非理性主义者则以意欲、意志代表着人的本质存在，如尼采所说的“世界除了强力意志之外，什么也不是；同样，你本人除了强力意志之外，什么也不是。”②而儒家在轴心时期就确立了以“德性”作为人的主体性存在的根本，西周初，周公怀着“以思患而预防之”（《既济》）的忧患意识，将

① Hannah Arendt，“What is Extenz Philosophy.” Partisan Review XVIII/I，1946. Quotes are from “What is Existential Philosophy.” In Hannah Arendt，Essays in Understanding：1930-1954. New York. Harcourt Brace，1994，p.186.

② 尼采：《权力意志》，张念东等译，商务印书馆 1993 年版，第 700 页。

族群的生死存亡归结到“德”上，认为“皇天无亲，惟德是辅”（《周书·蔡仲之命》），人之所以能得天受命就是因为有德。所谓“德者，得也”，德性也随之成为儒家的传统话语。而人人具有“德性”是基于“人同此心，心同此理”的设定，这在传统心性学那里就是一个先验的预设，认为德性得之于天，即“天命之为性”，程朱理学的“天理”，阳明心学的“良知”都是这般先验既定的“德性”，这其实是儒学形上学化之后理论建构的缺陷，如前文所提及的，人的德性良知并非先验的预设。从观念生成的逻辑上讲，人们在本源性的仁爱情感中获得当下的共同生活感悟，即本源性的良知，首先直接而具体地显现为日常伦理生活中的道德情感，而这些具体的道德情感，最终要上溯到一个终极的依据，就是作为形上本体的“德性”，所谓“天德”，“天生德于予”（《论语·述而》），由此，形上的“德性本体”为形下的“伦理德性”奠基。而从观念奠基的层序上讲，本源的生活情感、生活感悟首先为形上的“德性本体”奠基，而“德性本体”进一步为形下的“伦理德性”奠基，得此即“先立其大”，基于形上德性本体，展开形下的伦理政治的建构，在现实的伦理生活需要充实的彰显“伦理道德”情感，“德性”作为充实的美德，需要如许慎所说的“行有所得”，即是在实际的行为、生活实践中不断扩充之，推而广之，由“亲亲”到“仁民”，由“仁民”到“泛爱众物”，此所谓“广业”，如韩康伯所注：“兼济万物，其广业也。”它体现为群体生活中的伦理规范和政治制度安排，旨在使天下万物各得其所。

轴心时期，基于宗法专制社会的生活方式，儒家哲学进行了相应的形下学建构。《易传》作者通过将六十四卦的内容逻辑化、体系化，给出一套适应一统专制社会生活的政治伦理结构安排，传文重点不在于解释卦辞的吉凶，而是依据卦象、卦名所体现的天道自然现象，映射群体的伦理生活的秩序和规范。首先是以“德性”为本，建构了天人与君民关系：一是在天人关系上，天对人有决定性，《象·师》“‘在师中吉’，承天宠也。”《象·大有》：“大有上吉，自天佑也。”《彖·无妄》：“大亨以正，天之命也。”《象·中孚》：“中孚以利贞，乃应乎天也。”因而人需要“以德配天”，“‘不恒其德’，无所容也。”（《象·恒》），特别强调“君子以反身修德”（《象·蹇》），“君子以自昭明德”（《象·晋》），只有“顺奉天德”才能得到上天的庇佑。二是在君民关系上，君对民具有决定性，《象·屯》“君子以经纶。”《正义》曰：“经谓经纬，纶谓纲纶，言君子法此屯象有为之时，以经纶天下，约束於物。”《礼记·中庸》：“唯天下至诚，为能经纶天下之大经，立天下之大本，知天地之化育。”① 君要“保民”、“牧民”：一方面，君“敬德保民”，所谓“君子以厚德载物”（《象·坤》），为君者要“容民蓄众”（《象·师》），“以懿文德”（《象·小蓄》），“振民育德”（《象·蛊》），“以教思无穷，容保民无疆”（《象·临》）。另一方面，为君者要“莅众”（《象·明夷》）即要治众，“辅相天地之宜，以左右民。”（《象·泰》）“明罚敕法。”（《象·噬嗑》）君王对民众的统治就是顺应天命的行为，“君子以竭恶扬善，顺天休命。”（《象·大有》），“后以施命诰四方”（《象·姤》），《正义》曰：“‘后以施命诰四方’者，风行草偃，天之威令，故人君法此，以施教命，诰於四方也。”表明人君是效法上天，号令施教，君王就是天的代理人。因此，在《易传》所建构的天—君—民的关系中，君主是沟通天人的中介，而天是虚设的神位，为君权的合法性提供了先天的终极根据，君主才是一切伦理政治规范的实际制定者，“君子以制数度，议德行”（《象·节》）实质确立了君主的核心地位，所谓“君之所以建极也”（《大学衍义补》）②。

此外，轴心期以来，作为族群存在的人的地位越来越高，而族群存在的典型就是“宗”即“宗族”，宗法观念成为《易传》思想的一个重要方面。《易传》从宇宙论意义上，将阴、阳视为“无实体性前提的纯粹关系”，进而推演出人间的群体伦理观念。《系辞》开篇就讲：“天尊地卑，乾坤定矣；卑高以陈，贵贱位矣。……乾道成男，坤道成女。”《序卦传》又进一步具体化“有天地然后有万物，有万物然后有男女，有男女然后有夫妇，有夫妇然后有父子，有父子然后有君臣，有君臣然后有上下，有上下然后礼义有所错。”这就论证了宗法伦理观念和等级尊卑观念的必然性与合理性。而《象·同人》直接提出“君子以类族辨物”的原则，“类族”显然是一个宗族群体概念。《彖·家人》说：“家人，女正位乎内，男正位乎外。男女正，天地之大义也。家人有严君焉，父母之谓也。父父子子、兄兄弟弟、夫夫妇妇，而家道正；正家，而天下定矣。”这是当时宗法伦理的明确表述。以宗

① 朱熹：《四书章句集注》，中华书局1983年版，第38页。
② 邱濬：《大学衍义补》，京华出版社1999年版，第1379页。

族性的伦理道德为核心，所建立的“礼”就是维护尊卑等级的宗族礼法制度。《象·履》“君子以辩上下”，《正义》曰：“取上下尊卑之义。”《象·大壮》：“君子以非礼弗履。”意在明示尊卑之礼不能乱，要安守其位不能出位，如：《象·艮》讲：“君子以思不出其位。”《象·鼎》“君子以正位凝命。”个体价值被淹没在宗法关系中，人本身被关系化、礼法化。当然，个体价值在《易传》中也得到充分肯定，如：《象·乾》“君子以自强不息”；《象·恒》“君子以立不易方”；《象·大过》“君子以独立不惧，遯世无闷”；《象·蛊》“‘不事王侯’，志可则也”。这也造就了魏晋玄学时期个体精神的高扬。只是在帝制时代主要发挥了宗族伦理精神的一面，个体精神被长期遮蔽，因此，需要我们重新审视历史上的儒学。

由《易传》初步建构起来的伦理政治体系，在汉代经董仲舒的继承和发展，在理论上得到了更为全面和系统的建构，在实际政治中也得到了全面的推展和落实，董仲舒承袭《易传》思想而提出的思路“屈民而伸君，屈君而伸天”（《春秋繁露·玉杯》）①，确立了此后整个帝制时代儒家哲学的基本历史走向。这套宗法伦理政治的建构，是依据宗法时代的天子或专制时代的皇帝、君主的意向而设立的，历史地看确有其合理性，特别是在宋以前帝国处于发展时期这套伦理建构促进了一统帝国的繁荣，但在帝国统治后半期，随着市民社会的兴起，宗法伦理逐渐暴露出了不适宜性，这点也可以从明清以来儒家哲学的多元走向，特别是启蒙思潮那里看出诸多端倪。

现代社会确立了个体的主体性，意味着宗法伦理不再适用于现代社会，而新的伦理政治制度的建构也不再取决于君王的意愿和权威，而是“惟民建极”，因此，我们需要基于现代生活方式对传统的礼法制度进行损益。其实即便在帝制时期，每朝每代的礼法制度也在不断地进行所损益，北宋王安石曾作《非礼之礼》一文，即指明了礼法制度的时代性，随着时代的变迁某些以往具有合理性的礼法或许不再具有合理性了，“事同于古人之迹，而异于其实，则其为天下之害莫大”②。而也有一些原本是“非礼”的，现在却具有了合理性。因此，孔子一方面肯定群体生活必须有制度规范，“不学礼，无

① 董仲舒：《春秋繁露》，中华书局1992年版，第32页。

② 王安石：《王文公文集》（上）卷二十八，上海人民出版社1974年版，第323页。

以立”(《季氏》)。但另一方面强调制度规范随时代而变化，要“礼有损益”。所谓“有因有革”,“革之时，大矣哉”(《革》)“二簋应有时，损刚益柔有时，损益盈虚，与时偕行。”(《彖·损》)周易所开显的恒常之道正是“不可为典要，唯变所适”的“易道”。而面对传统的思想资源，我们从中吸取的不是要“法其迹”，去照搬前现代的一套礼法制度，施用于当代，因为“其所遭之变，所遇之势，亦各不同，其施设之方亦皆殊,……当法其意而已”①，旨在使现行的制度规范与当下生活的实情相适应。

如前所说，当今我们重建的个体性主体，是以个体的德性良知确证的主体性，此德性良知并非先验的预设，而是源于当下的生活情感和生活领悟。据此，当今社会的政治伦理建构，一是必然是基于个体主体性的民主建构，即“惟民建极”；二是首要立足于现代性的生活方式。那么，儒家哲学在当今重建形而下学就将是这样一番过程：人们在当下共同的生活际遇、生活情境中，显现出源始的生活情感也即本源性的仁爱良知（仁)。这一方面会因“爱有差等”而自然由“爱人之心”遂行“利人之事”(利)，但人人所爱有别，就必然导致利益冲突，使群体生活陷入混乱最终危及每个人的利益，于是人们会运用理性（智)，设计相应的伦理规范和政治制度（礼)，调节矛盾冲突，使利益得到保障；另一方面，本源性的“良知”乃“不学而能”、“不虑而知”的情感能力，是最原初的生活智慧，在伦理生活中体现为“共通的道德感”或者说“道德共识”。这为一切政治制度和伦理规范的建构提供了一个基础性的原则：正义（义),“成性存存，道义之门”(《系辞上传》)。“成性”，即“本成之性”,“存存”即存性，所谓“存心养性”，人人所具有的这种本然的仁爱良知，彰显为一种“正义感”，这正是实现社会正义，达到一体之仁的门径。而一切具体的制度和规范将在此原则下进行设计和损益。

综上，通过周易对轴心期儒家哲学建构的历史再现，我们可以看出，儒家哲学在轴心期的建构源发自当时代的生活观念，前轴心期的本源的生活阶段不仅仅是作为历时性存在的一个历史阶段，与儒家哲学的建构具有着同步性；同时也是作为共时性的存在，具有哲学观念上的奠基意义，与儒家哲

---

① 王安石:《王文公文集》(上)卷一，上海人民出版社 1974 年版，第 2 页。

学的建构具有同构性。如果忽视了这一阶段在观念层级上的奠基意义势必造成对儒学历史的诸多误解，这也提醒我们有必要重新审视儒学的历史。更进一步的，周易与当今儒家哲学的重建也具有逻辑上的同构性，即启示我们首要的是要原始要终地复归当下生活，基于现代人的生活情感和生活感悟，确立起现代社会的主体性，进而进行现代社会的制度建构。这也是周易对当今儒家哲学重建最大的启示。

（作者单位：山东大学儒学高等研究院；青岛理工大学人文学院）

重写历史的文化自信与中西比较

崔发展

这个题名中的“文化自信与中西比较”是早先起的，先前也写了一点，之后又陆续加了一些。本意不是写学术论文，而只是围绕这一主题随感随写，亦不求给出具体结论。此次加上“重写历史中的”一语，既为照应本次会议主题考虑，亦是想着“重写”本是文化自信与中西比较中的题中之意。是为记。

一、文化自信何以丧失?

从军事方面讲，古代中国（中原）曾屡遭夷狄之冲击，但这种冲击主要是军事上的而不是文化上的。即使在中原战败并被夷狄统治的时代，中原文化也从未丧失自信并最终将其汉化。可见，仅仅军事上的失败并不足以导致文化自信的丧失。(有个问题值得考虑，即：为什么夷狄会情愿自觉或虽不情愿但却不自觉地受到汉化？经济后盾？中原的经济实力比较强大？经济对文化的支撑作用的习惯性联想?)

从文化方面看，佛教传入中土，算是对中原文化（主要是儒学）一次前所未有的、普遍的、直接的冲击。现在看来，这个冲击对儒学未必就是坏事，反而是有其积极的意义在了。在此冲击下，一方面，儒学自身的问题得以充分暴露。儒学在汉以后已举步维艰，佛学之所以如此盛行，就说明了当时的儒学理论难以满足人们日益增长的“知识”需求，儒学有必要告别那个“百姓日用而不知”的时代而重新谋划自身的发展。另一方面，佛老之学恰恰催生了儒学内部革命的早日到来。借助这些外缘，在唐宋诸儒的努力下，儒学一改往日容颜，摆脱了原先粗糙的形态而构造起足以应对佛老的较为精致的形上理论（至少当时是这样），所谓“孟子的升格运动”，其实乃是儒学心性观念的大获全胜。

不过，佛学对儒学是否形成了实质性的冲击呢？恐怕还不能简单作结。比如，佛学走的正是心性论的路子。尽管儒学、佛学之间有着显而易见的区别，但不可否认的是：儒学、佛学皆是本着心性之力而生，二者是同质同性的，都是某种意义上的“平时袖手谈心性”。由此而言，面对佛老之学的冲击，儒学之所以没有垮掉，或许并不能必然得出儒学包容性很强、自我更新能力充足的结论。所以，在这个问题上，我们必须警惕倒果为因的危险。

尤其需要注意的是：文化自信乃是一种情感、一种心理现象（或许更复杂），本身也属于广义的心性论吧。若此，一个貌似吊诡的问题就出现了：文化自信若是诉诸人们脆弱的情感、不证自明的心性论，又到底能够维系多久呢？“人心惟危，道心惟微，惟精惟一，允执厥中”的儒学十六字心传，首先要面对的问题或许是：为什么人心惟危了，道心就要惟微呢？更准确一点说，就是；为什么一定要将道心维系在深不可测的人心上呢？

事实是：人心最可靠，人心也最不可靠。

一旦一个人坚定了某个信念，就有为了这个信念而奋斗乃至舍身的勇气，正如孟子所说：“立其大者，则其小者弗能夺也。”革命年代所讴歌的为了共产主义信念而献身的革命志士，也许很能让人明白人心最可靠的道理。一个人一旦放弃了某个信念或者没了信念，那么，后果更是怕人，历史上的诸多事例让我们明白了人心乃是最不可靠的东西（例子不胜枚举）。当然，历史上有着很多为了文化而献身的仁人志士，但更多的却是为了功名利禄而舍却文化信念的行尸走肉，这一点至今犹存。

儒学在近现代的遭遇，再一次说明了这个问题。当儒学最终与中国在近现代的落后捆绑在一起的时候，尽管一些人坚守着文化自信，更多的人却抛却了对儒学的信念，乃至于有部分人为了表示自己与这种信念的彻底决裂而无所不尽其能。

当然，文化自信和文化信念或许并不能简单地扯在一起，比如，我们说清朝八股取士是读书人放弃了文化信念的表现，但是文化自信并没有丧失，这从清朝最初面对外敌时的大国心态和“师夷长技以制夷”的举措（向西方只是学技术而不是学文化）就可以明了。

关键问题是：文化自信为什么在短短的时间内就丧失了？问题出在哪呢？可能的结论如下：

1. 西方人在军事上节节胜利。不错，西方有坚船利炮，但是我们前面已经说明了单单军事上的胜利并不足以摧毁中国人的自信。这从世界历史的角度也有案例可循，比如印度经受了二百多年的殖民历史，但其文化自信却并没有丧失。对于中国也是这样，除非我们认为，儒学心性论最终腐蚀了中国人的心性，这种文化不足以支撑起一种自信心理，也就是说儒学心性论从根本上并不像佛学那样有利于人们自信心的建设。

2. 西方人的胜利并不仅仅是军事上的，也就是说儒学受到的冲击并不仅仅是军事上的，还有制度上、经济上乃至文化上的。用现在的话讲，西方人在综合国力上强于中国。如果是这样，我们就不能把军事、经济、政治、文化等因素随便从综合国力中抽取出来做单一化的打量。由此，文化自信心的丧失也要综合各个因素的影响，也就是说自信心的丧失也许是一种合力的结果而不单单是文化优劣比较后的选择。

3. 儒学面对同质文明或文化的冲击会不会垮掉？对照佛学的案例，答案也许是否定的。那么，难道儒学面对的西学是异质的文化并最终导致自身的危机？如果西学是一种异质的文化，那么，这种异质的文化对于儒学究竟是一次新的发展机遇还是一次灭顶之灾？不可否认的是，儒学在经受着一次前所未有的考验，在这个考验面前，儒学心性论建构之路必然滋生的问题再一次不可阻挡地汹涌而出，而事实也毕竟是：建基于心性论之上的文化自信终于抵挡不住欧风美雨的冲击而迅速土崩瓦解。是生存，还是毁灭？

4. 儒学心性论原属心理一系，本身已为亦属于心理一系的文化自信的最终丧失埋下了伏笔。因为，诉诸人们脆弱的情感、心性，必然使得自身的根基难以牢靠。如果是这样，儒学就面临两种选择：一是依据人心最可靠的一面，儒家的心性论也许需要朝着更为精致的方向上前进；二是依据人心最不可靠的一面，儒学心性论需要进行创造性的转换乃至改弦易辙。不过，无论是哪一种选择，儒学都有必要进行革故鼎新的变化，而不能文化保守。另外，如果注意到人心的这种悖论现象以及迄今为止儒学所遭受到的因人心惟危而道心惟微的种种事实，那么，是否可以断定儒学的心性论走向即使构造的再精致也难逃人心之悖论，或者说儒学心性论走向是否已是穷途末路？

王阳明曾道出了儒学心性论的困境，他说："破山中贼人易，破心中贼难。"的确如是。不过，更需要指出的是：心性论仅仅是个困境吗？它难道不是一个深渊或者陷阱？我们能跳出这个困境吗？这些问题我们主要结合五四以来的中西比较之路向进行探讨。

二、五四以来中西比较路向的选择

1. 中西比较何以可能？

我们前面提到了西学对于中学是异质的，那么两种异质的文明之间的比较何以可能？二者的异质性，是否必然导致二者之间任何实际交流的绝对不可能？异质是不是说风马牛不相及以致二者之间的比较乃是一桩荒唐事？

2. 第一个问题的根子在于：中国哲学的合法性何在？

合法就是合乎一定的法则、标准，这个法则或标准是什么呢？是以西学的标准（以西哲概念裁剪中学），还是中学的标准（是否合乎传统，传统中有这样的东西吗），或者是二者之外、之上的某个标准（提升或撕扯哲学的概念以涵盖中西）？我们需要超脱这种二元对立的思维吗，我们能够吗？

吊诡的逻辑。迄今为之的比较采用了一个极富"弹性"的诠释结构："即……即……"（如：即内在即超越），"似……非……"（如：似哲学而非哲学、似宗教而非宗教，等等）。西方有的，儒学也有，但是为了凸现儒学的特性，又需强调儒学虽有，但并不完全等同西学之所有。

3. 中西比较能达到我们复兴儒学的目的吗？

以上的这几个问题，需要结合对三代新儒家之走向的分析来进行解答：

第一第二代新儒家的考察（以熊十力、牟宗三为例）：

佛学、西学皆是外来文化，这种条件上的相似性，使得新儒家对于宋明理学不能不有一种归属感。但是，佛学的传入比较温和，且融会佛学经历了漫长的过程，宋明理学家打的是持久战；西学之传入则非常迅猛且时间急促，新儒家是被强行抛入一个新的参照背景之中，对问题的应对相当匆忙，时间紧、任务急，由此，他们一方面注重照着（西方）讲，因而其研究过程中存在着比附大于论证的倾向，另一方面其文化保守立场则使得他们极易走向中国历史上固有的现成化道路。

新儒家依照宋明理学融化佛教的路子来格义西学，走的仍旧是心性论路子。但是，西学之传入对国人的刺激首先并不在哲学或宗教，而是在物质和制度方面对中国人的极大冲击，中国之所以首先在器物和制度方面寻求改革就是这个道理。新儒家应对的表面上只是西方在文化方面的冲击，实际上却并非如此，当时主流知识分子对儒学的质疑和攻击并非只是在纯粹的文化层面，而是裹挟着器物、制度等多重层面的反动，新儒家企图在新的形而上学方向上建构儒学并以此应对可谓文不对题。由此来看，新儒家期图走宋明的老路子就未免有点想当然了。

第三代新儒家有两种大致的走向，考察如下：

1. 第三代新儒家的儒学的宗教走向（内在超越路向）？基督教生存现状，上帝不会死，而只是退隐。基督教（乃至一切宗教）是否也是一种心性论？心性论，走不出的围城？

2. 第三代新儒家的知识论走向将会把儒学引向何方？

知识化进路，有感于心性论走向的不利形势而谋求进路上的转变？

三、如何重拾文化自信？

本着复兴儒学的宗旨，殊途而同归，尝试各种道路的必要性。为此，我们不仅要诉诸儒学的自我更新，也要有勇气借助外缘来促进儒学的现代转换。借助外缘进行儒学的现代转换并不是缺乏文化自信的表现，文化的保养并不像古董的保存，不是越完好无损越好，而是要有破有立。

不能停留在从一般的学理上分析中西比较的可能性，因为很多时候，理论的说明很是苍白无力。鉴于此，我们这里首先可从生活上来讲。

现如今不再像古代那样是由价值取舍生活（按照儒家的观念取舍生活，如有学生问："执敬尚用意否？"小程作了肯定的回答。这也就是说，生活中的观念取舍乃是有意为之，至少最初的修身是需要这么刻意去做的，真正的随心所欲更多的时候只是可欲却不可求），而是生活取舍观念。

但是，我们也不能一般地认为现实（五四以来的做法）就是这样的，所以中西比较就是合理的。因为存在的并不一定就是合理的。关键的问题是：要考虑到这种比较是必需的吗？比较不是为了孰短孰长、孰优孰劣，而是为了复兴儒学。对于复兴儒学，中西比较之路是否仍旧是一种有益的不可或缺的尝试，而复兴起来的是否就是“新”的“儒学”而不是其他的乃至不伦不类的怪物？

我们现在过的是怎样的生活？是受现代化影响的生活。经济和文化之间的关系是这里要讨论的着重点。比如，为什么要儒学背负中国在近现代落后的这个罪责呢？中国经济上去了，为什么儒学也有了一阳来复的消息？二者之间有什么关系（韦伯之新教伦理与资本主义精神、杜维明之儒学与工业东亚或东亚现代性）？如果说儒学造成了中国的落后，而中国的崛起却造成了儒学的复苏，这个因果链条不是太过离奇了吗？当然，也许这里不应该用“造成”这么一个因果性意味非常浓厚的词语。

也许我们在经济的支撑下才真正实现了师夷长技（移植西方的现代化）以制夷（不仅仅是在经济上有了对西方说话的权利，而且在文化等其他方面也有了信心）。这是不是经济搭台、文化唱戏呢？由此，值得认真加以探讨的，或许并不是儒学如何促进了现代化，而是现代化给儒学提供了更多的发展机遇？如果真是这样，我们思考复兴儒学或复兴传统文化的路径，就需要重新考量。

经济发展所带来的变化是显而易见的，人们生活水平的提高是立竿见影的，从这个意义上讲，对国人乃至文化等造成最大冲击的就应该是源自西方的经济而不是西学。那么，这是否意味着：只要我们始终认为中国的强大是依靠从西方移植的现代化模式所成就的，那么我们在心理上就很难摆脱中国的月亮没有西方亮的阴影？

我们现在的西方化的生活过的合理吗？在大众生活普受西方影响的今天，我们如何重塑一套源于传统的价值观念，而又如何才能保证此套观念足以让人们觉着它是必要的因而也是可以接受的？其必要性、可能性何在？是否还是要从其合法性或合理性上着手？

如果说五四以来的人们在感情上成功地疏远了传统，那么现如今又怎样才能使得人们在内在的感情上接受它而不是驱迫于一种外在的行政压力或者其他的指令？这是否仍旧摆脱不了儒学心性论的进路或者把儒学宗教化的走向？

为什么要构造观念，如何构造？——解释生活、支撑生活。尽管问题多多，但至少有一点是明确的，如果不能解释生活、支撑生活，儒学或传统文化的自信就根本上不可能。

然而，现实生活并不是截然的中式或西式，而是中西交融的生活情势，这种生活处境带来的方向，势必引导我们思考这样的问题：并非中西比较已成穷途末路，而是真正的比较尚有待深入？想当年，王国维就明确倡言研究西学的必要性，指出“异日昌大吾国固有之哲学，必在深通西洋哲学之人无疑也”①，至今看来，此言本应越发警醒我们才是。

四、行走在方法与义理之间的中西比较

在中国哲学近代化的进程中，西学之方法很快就受到青睐。严复大力介绍西方的逻辑学，高度评价培根建立知识学的归纳逻辑，意在开民智，即开启科学的思维方法，为科学知识提供理论工具。他很重视《名学》之翻译，自称“此书一出，其力能使中国旧理什九尽废，而人心得所用力之端”。这显然是针对中国哲学缺乏逻辑思维而言的。而自胡适起，方法更是受到特别的重视。胡适认为哲学的核心就是方法。但胡适和早期的冯友兰对哲学方法和科学方法都未加以区别，关键问题只是指出科学方法是什么，然后考察一下在中国哲学中有没有这种方法。在胡适那里，科学方法更多的是指归纳法，是经验科学意义上的证实和形式逻辑，不是有关观念的逻辑分析，而冯友兰早期强调的则主要是演绎逻辑的方法。

冯友兰说：“在世界史的近代阶段，西方比东方先走了一步，先东方而近代化了。在中国近代史中，所谓中西之分（交），实际上是古今之异。以中学为主，对西学进行格义，实际上是以古释今；以西学为主，对中学进行格义，实际上是以今释古。”② 这种观点颇遭诟病的地方在于中西与古今的对举，置身于现今之世，我们更能坦然地面对在中西古今之间的这种纠葛了。

---

① 王国维：《哲学辨惑》，《王国维论学集》，云南人民出版社 2007 年版，第 263 页。

② 冯友兰：《中国哲学史新编》第六册，人民出版社 1989 年版，第 155 页。

但对冯友兰构成更严厉的批评的，乃是杜威的观点。杜威的观点对于冯友兰具有特别的意义，因为冯友兰的那篇《为什么中国没有科学》就是因为杜威的一席话而作。杜威说："中国正在急剧变化；若还是用旧时帝制那一套来思索中国，就和用西方概念的鸽笼子把中国的事实分格塞进去来解释中国，同样地愚蠢。"① 若依杜威之批评就说中西比较本身不可行，显然不可取。所以，我们现在很容易由此得出"不是要不要中西比较，而是如何比较"的判语。但在实际的中西比较中，很多人往往因噎废食，陷入到方法与义理之间非此即彼的二元对立之中，这又是一个值得反省的问题了。

在如何摆脱这种对立思维上，傅伟勋或许给我们作出了一个榜样，值得重视。

傅伟勋（1933—1996），台湾新竹人，曾先后在台湾大学、伊利诺伊大学、俄亥俄大学、天普大学任教。据纽约《(中国）时报周刊》（1986 年 12 月 6 日）所论，傅伟勋可谓"是当代中国哲学家中，研究领域最广、语言工具最为齐备、训练最为完整的学者之一"。

傅伟勋涵养中西，兼综众长，秉持其自谓的"批判的继承与创造的发展"之精神，尤其注重对中国哲学的方法论重构。而这种自觉正是源自他对中国思想传统缺乏高层次方法论反思的警醒，并最终促成了他的"创造的诠释学"的提出及其应用。

早在 1972 年，傅伟勋因探究老子之"道"而产生了关乎创造的诠释学方法的思考。1974 年，在哥伦比亚大学教授俱乐部演讲《创造的解释学：道家形而上学与海德格》，这是明确构想"创造的解释学"（早期用法，后改用"诠释学"）的开端。1983 年，在其长篇自传《哲学探求的荆棘之路》中首次简述了"创造的解释学"的架构。1984—1988 年，在海峡两岸多次以"创造的诠释学"为题发表演讲。1989 年，撰成《创造的诠释学及其应用》一文，为此说最具系统之长篇。而此说的具体开展与应用，散见于他对道学、佛学、儒学等的一系列解读之中。

傅伟勋旨在建构一种有高度适用性的方法论，"创造的诠释学"亦由此被明确打造为"一般的方法论"，以有别于被它自身所融通、提升的中西某

① 冯友兰：《三松堂全集》第十一卷，第 31 页。

些“特殊的方法论”（如现象学、辩证法、实存分析、日常语言分析、诠释学等现代西方哲学方法论，中国传统的考据学、义理学以及大乘佛学等）。而这种方法论的一般性或高度适用性，具体展开为如下五个层次（步骤或程序）：

第一是“实谓”层次，考证原典实际上说了什么。诠释者主要进行原典校勘、版本考证、语词考辨、文法疏通等考据性工作，旨在追求客观的“文本”（“原文”），属于诠释的起点。第二是“意谓”层次，解析原思想家想要表达什么或他说的意思到底是什么。诠释者必须在“随后体验”（了解生平传记、时代背景、思想历程等）的基础上进行义理分析（脉络上语句的意义、逻辑上文意的贯通、层面上文本的多层义涵），寄希望于“同情地”追求“原意”，属于对原典的非历史的平面分析。第三是“蕴谓”层次，梳理原思想家可能要说什么或他所说的可能蕴涵是什么。诠释者此时跳出文本本身，不再局限于对原典的实物考证（实谓）或义理分析（意谓）等横向考察，而能从纵向（思想传承或历史传统）上分析已有的几个重要诠释进路，借以发现原典的深层义理，属于哲学史的训练。第四是“当谓”层次，推衍原思想家本来应当说出什么或诠释者应当为原思想家说出什么。诠释者此时基于自身的诠释学洞见与当下的问题意识，批判地比较考察已有的诠释进路、深层义理，从中挖掘出最有诠释理据或强度的根本义理、深层结构，借以说出原思想家应当说而未说的深层涵义，属于批判地继承。第五是“必谓”层次，阐发原思想家现在必须说出什么或为了解决原思想家未能完成的思想课题，诠释者现在必须践行什么。诠释者此时自问“作为创造的解释家，我应该说什么”，为此，他将与中外各大思想及其传统进行交流，经历时代考验与自我磨炼，借以超克原思想家的教义局限性或内在难题，“说出”原作者及历史上的诠释学家所未能说出的话，而他亦由此实现了从诠释学家到创造性的新思想家的自我转化。这个层次属于创造的发展，虽是诠释的重点，却远非诠释的终点。

在《创造的诠释学及其应用》一文中，傅伟勋提到，伽达默尔持有偏重传统的继承而缺乏批判的超克工夫的保守立场；又说，海德格尔未曾细察蕴谓层次的必要性，又提暴力之时未能分辨当谓与必谓两个诠释学的层次，故有过分强制自己的存在思维暴力到古代希腊哲学的理解与诠释上面，而有曲解或武断之嫌。至于他的高足伽达默尔，则于关涉历史传统的蕴谓层次颇有慧识，但又缺乏对于当谓甚至必谓层次的诠释学探讨，因此继承传统有余，批判创造则大大不足。我的创造的诠释学五大层次的构想，可以说是在海德格尔与伽达默尔之间采取中道而成的。

“创造的诠释学”之“创造”，特指其“哲理创造性”，这也是傅伟勋将其区分广义（包含上述五个层次）与狭义（特指“必谓”）的主因。不过，创造性虽较之于客观性更应值得青睐，但“必谓”却并非游离于其他层次的任意诠释，故而五个层次不能随意越级，待熟稔之后，方可同时进行，这既是“创造的诠释学”与普通的诠释学训练的同异所在，亦是它在海德格与伽达玛之间、保守主义与激进主义之间采取中道的原因所在。

“创造的诠释学”的适用性或可操作性，是它的优异处。但偏重方法论，却带来本体论上的弱化，这尤其表现在傅伟勋对海德格、伽达玛的批评上，而后两者恰恰致力于揭示本体论的真理而非方法（论）。本体论的弱化，导致对一些基础性观念的失察，比如傅伟勋多次使用的“救活”一词，或许是对旧派解释学所用“还原”的有意纠偏，但“救活”的自明性由何而来，却在他的视域之外，而这一点恰恰是伽达玛所关注的；再如，海德格所说的“[独创性] 的思想家并不了解自己”，是傅伟勋探究“必谓”的一个根基性预设，重要性不言而喻，但对于海德格为何说这句话，他依旧简单略过，而他所批评的为海德格缺乏的历史性维度恰恰由此体现；再如，傅伟勋有“五个辩证的层次”之说，也明确提到“辩证法”是他的思想资粮之一，这种辩证性既体现在“实谓”作为诠释起点与其他四层次的关系上，又体现在“蕴谓”对于有可能在“意谓”层次产生的诠释片面性或主观臆断的超克上，亦体现在“当谓”、“蕴谓”重新安排脉络意义、层面意蕴的回溯性建构上，等等。但问题是，“实谓”作为诠释起点如何可能？“诠释学循环”（本体论意义上的辩证法）又如何体现？

从本体论角度质疑一种意在建构方法论的尝试，或许并不妥帖。但既然“创造的诠释学”致力于创造“哲理”，那么，仅仅停留在方法论层次或只提供一些操作程序显然是不够的。尽管如此，我们仍然认可“创造的诠释学”的积极意义，尤其是傅伟勋应用它所探究到的一些极富意义的创建，如“超形上学”、“中国本位的中西互为体用论”、“科际整合”、“整全的多层远近观”、“生命的十大层面与价值取向”、“生死智慧”等。此外，傅伟勋所指出的“创造的诠释学”具有“辩证的开放性格”，对于我们构建中国诠释学亦有裨益。

五、“重写”的本源路径与现实困境

当我们说某物具有“深远意义”时，是说其意义永恒不变吗？试想，如果《论语》的意义一成不变，那它早已蜕变为乏味的陈迹了。换言之，当说《论语》的意义已被完全揭示时，这无疑是说《论语》的意义至此完结了。

由此，若说《论语》仍有意义，则其意义世界必然不是封闭的。这就意味着：意义乃是被构建出来的，具有未完成性。进一步讲，意义并非附着于事物，亦非由事物所派生，恰恰相反，事物只有在意义中才能获得其现实存在（鲜活的生命）。因此，当我们追问“某物存在的意义”时，其中所隐含的事实却是：某物恰恰是通过其“能”有意义而“能”存在的。也就是说，意义世界恰恰是事物拥有自身、展现自身的场域。在此意义上，或可说，意义先于事物，换言之，意义不是对事物的主观定义，而是事物作为存在的事物通过它可以得到理解。

海德格尔说：“意义是某某东西的可领会性的栖身之所。”① 某东西因其意义而可得到领会，而所谓“可领会”，突出的是领会的可能性。一方面，某东西的意义，我们有可能领会得到，也可能领会不到；另一方面，这也是更为重要的方面，某东西的意义总是处在不断变动中，总是生发出不同的可能性。

由此，意义就是可能性的展开，更准确地说，意义总是在当下展开的新的可能性。所谓《论语》没有过时，亦是针对其当下的意义而言，正是在意义的不断生成中，《论语》才能经历到自身的现实存在。马克思说：“人体解剖对于猴体解剖是一把钥匙。”这就意味着，我们总是通过现在来理解曾

① 海德格尔：《存在与时间》，陈嘉映、王庆节译，生活·读书·新知三联书店2006年版，第177页。

在，并经由将在来理解现在。

但是，对于某一文本，其意义既不是完全由文本自身孕育而来的（否则，意义就是无关乎读者的客观的东西了），亦不是完全由读者带进作品的（否则，就容易导致理解的任意性）。毋宁说，开启文本的现实意义，有待于在读者与文本之间生成某种辩证性的关联，此即：读者乃是文本澄明自身的通道，而文本则对读者有一种根本的制约性。正是文本与读者之间的这种“意向合力”，才是意义的生成机制。由此，意义的开启总已是不同视域的交融，文本、读者都是由此以一种新的可能性而敞开了自身的现实性。所以，伽达默尔才说“理解不是心灵之间的神秘交流，而是一种对共同意义的分有”①。

意义生成是如何可能的？对于任意一个事件，如果仅从发生学的意义上了解它发生的时间、地点与人物，那么，它的意义空间就非常有限，甚至可说是尚未展开；而从哲学解释学、存在论上讲，它只有在后人的逐步建构中，才逐步趋向饱满，但却不会终结或完成。试想，当我们说某个事件具有深远意义的时候，这个“深远”究竟意味着什么呢？可以说，事件总是在其效果历史中真正展开自身的，而意义作为事件的绵延性扩展，必然是个不断赋加的过程。由此而言，顾颉刚所谓的历史的层累造成，胡适所谓的历史乃是可任意打扮的姑娘，都说出了部分事实（这里有个限度问题）。而倘若真如梁启超所说，还原历史事实要像剥洋葱一样，那最终的结果只能是一堆干瘪的历史陈迹罢了。

其实，意义生成根本上乃是理解的问题，而对于理解如何可能的问题，伽达默尔提示说，对它的回答，只能经由分析理解是如何生成的来进行。也就是说，对于理解，合法性的问题最终只能通过现象描述来进行。这里有问题的转换，但却又是不得不如此的。

那么，理解又是如何进行的呢？伽达默尔认为，“前见”是理解发生的条件，而不是需要剔除的东西，并说理解总是不同的理解（而非更好的理解），或者总是以不同的方式进行理解。在他看来，对某一个历史流传物的理解虽然可以是不同的，但却都隶属于流传物的自我同一的表现，也就是流传物自身的展现，虽然是不同的展现。这就意味着，流传物正是通过不同阅

① 伽达默尔：《真理与方法》，洪汉鼎译，上海译文出版社 2004 年版，第 377 页。

读者的不同理解才存在出来，或者说实现了自身的存在扩充、意义赋加。如果回想一下“一与多”的关系，或许不难理解伽氏的这种解释。

以中国哲学史的建构为例。依照哲学解释学的观念，如果说并不存在什么客观的“中国哲学史”，那么，金岳霖所提出的“在中国的哲学史”与“中国哲学的史”的区分，就是基于一个无效的预设之上的。事实上，哲学史的建构本身就是解释和再解释的过程，而哲学史的写作，成见总是避免不了的。即便是金岳霖主张哲学史不能有成见，并批评胡适的《大纲》是根据一种主张写成的，但他仍不得不承认：“就是善于考古的人，把古人的思想重写出来，自以为述而不作，其结果恐怕仍不免是一种翻译。”金岳霖对胡适的不满，或许更在于胡适太有成见，以至于《大纲》成了“一种主义的宣传”，这不仅背离了“哲学”，也溢出了“史”。不过，正如冯友兰所指出的，“写的哲学史”才是真正具有意义的历史的呈现方式，而他本人不断地去写中国哲学史，就是个显著的实例。由此，对于中国哲学史而言，无论是王国维、梁启超的尝试性探索，还是胡适—冯友兰的范式，抑或是郭沫若—侯外庐的范式，其成绩都是不可否认的，我们可以超越而不能绕过他们，因为他们自身已经构成中国哲学史不可或缺的一部分了。

但问题随之产生。比如，针对每个具体的个人而言，其前见或其对于效果历史的承受必然是不同的，而每个人的理解由此必然是不同的。所以，伽达默尔遭受到类似于相对主义的批评就是很自然的。

比如，当说朱子、阳明都对《论语》有理解，其理解都属于《论语》自身的显现，或用胡塞尔的话说，二人的理解乃是《论语》之不同的“侧显”，因为在视域中我们并不能将其整体把握到。而如果承认这些侧显均隶属于理解之整体，那么，我们或可追问这样一个问题：这不同的侧显或表现孰优孰劣？比如在游戏的不同显现中，我们也许不能说这次游戏比上次游戏更是游戏，或者说这种比较也许是违规的。但在针对某一个文本时（伽氏很明显是在游戏与文本之间寻求一种解释学的共通性），情况可能没这么简单。尤其是，针对《论语》中某一句话的理解，朱子与阳明的解释很多时候是不同的，对此，我们显然不能仅仅说这些不同只是同中的不同而已，这很容易让人觉得这不过是在回避问题。

因为对于某一个文本的不同理解而言，总是有深浅优劣的不一，尽管伽达默尔并不承认我们总是不断地接近真理，但是如果说在具体的理解中，我们需要不断地修正我们的前见（伽氏也承认这点），那么，这种修正自然是为了达到更好的理解。就像一般人对于《论语》的理解总是由浅入深，尽管这些或深或浅的理解都归属于《论语》的理解，但所谓“深浅”自然是有高下优劣可言的，也就是可以比较的。同样，阳明与朱子的理解也是可以比较的，艾柯说，尽管我们不能说那个理解是正确的理解，但是我们总可以说那个理解是不好的理解。要不，学术争鸣、学术讨论还有什么意义？

正是由此，赫施曾援引弗雷格所作出的含义与所指的区分，并结合胡塞尔的意向性理论，指责伽达默尔混淆了含义与意义的不同。在赫施看来，一个文本的含义是固定的，是客观性的保证，而该文本的意义则是因时、因人而异的，但是，伽氏只看到了意义的不断生成性，但却没有注意到文本之含义的确定性。赫施正是用含义的确定性保证含义的可分有、可复制性，从而保证读者对作者客观意图的追寻是可能的。

尽管霍埃针对赫施的区分做了颇多批评，但这里始终有这么一个疑问：如果在一个具体的文本中，尤其是在一句话中，单个字或词的含义必然是相对确定的，那么，赫施的这个区分就是有效的，哪怕是相对有效的。而如果仅仅因为不能清晰地作出这个区分（因为区分的界限总是很模糊），就指责赫施不能这样做区分就是不够的。因为，任何区分都是不干净的，但吊诡的是区分又是必要的，尤其是在实际的理解过程中，比如，无论我们谈文本的制约性、还是讲对前见的不断修正，最终都要遵循“字—词—道”的路子，而这无非也就假设了字或词的含义是固定的并因而是可相对区分的，否则诠释学意义上的理解就无论如何都循环不起来了。

龚隽说：“与我们读解视野相融合的‘历史’，只能是作为知识而不是作为实际发生着的历史。在这种意义上理解柯林武德说的‘一切历史都是思想史’的命题，就理应承认历史知识的不完满和解释的开放性这一原则。”① 我想，只有持守这种态度，我们才能避免形成重写历史时的暴力，而这种重写暴力，并不仅仅表现在对历史的戏说性的解读中，更应警惕那种以严肃面貌

① 龚隽：《从经学到哲学史：中国哲学史研究方法的省思》，http://www.douban.com/group/topic/18844429/。

示人的部分解读中，比如在运用所谓逻辑性思维、客观性思维或单向性思维去考量历史时，或许就容易带来这种不良效应。

六、结语

在其《历史的观念》中，柯林武德提出了历史学的四个问题或四个方面的特点，其中，最重要、最根本的是最后一个问题，即“历史学是‘为了’人类的自我认识……因而历史学的价值就在于，它告诉我们人已经做过什么，因此就告诉我们人是什么”。补充一点，需要注意的是，这里的“告诉我们人是什么”绝不只是说“人过去的是什么”。

这样一来，置身于当下，我们必须承担起自己的责任。其实，重写出的历史，必然是选择性的记忆，这不是应不应该的问题，而是本就如此。由此，如果不是从单纯的史的角度考虑，那么，国内目前重视的主要还是文本研究，是形而下的工作、哲学史的工作，是古典解释学、圣经解释学等所宣称的那类性质的工作，很多沦为了古往今来哲学思想的跑马场，走不出来。而真正的工作，应该是问题研究，是哲学性的工作，是哲学解释学所宣称的那种工作。

（作者单位：西南石油大学）

还原与重构

——试论重写儒学史的必要性与可能性

崔　罡

儒家即凡而圣，儒学历久弥新。在当前儒学复兴的大背景下，新思想、新观点、新理论层出不穷，颇有与宋明诸子彼此辉映之势。

然而，伴随着儒学的“日新”却是儒学史的“日旧”。儒学作为狂飙突进的思想运动，已呈一路绝尘的高绝姿态；儒学史作为现成的历史，作为曾经的往迹，作为既定的事实，就显得步履蹒跚，无法比翼齐飞。道理显而易见。儒学史作为哲学史或者思想史的特定领域，乃是经由严格而规范的研究之后，得以还原真相，清晰脉络，明确演历，进而被认定为确凿无疑的事实。而儒学作为以儒家立场、观点和方法对现实问题不断印证的理论形态，却要与时俱进，不断创新。以历史事实为根基，义也；以现实问题为责任，亦义也。无论从现代学科的基本要求还是从儒家的基本立场来看，两种立场都完全正确。那么，“日新”与“日旧”之间的矛盾当如何化解？

思路不外乎两种：其一曰断绝；其二曰融通。

何为断绝？儒学抛下跟不上步伐的儒学史，多谈点问题，少谈点历史，多谈点建构，少谈点先贤。此思路显然无任何可能。就儒家自身而言，儒学家首先必然是儒学史家，这是由儒学自身决定了的。失去了儒学史的滋养，儒学就会失去自我推进的思想资源。就儒家与其他思想的交流而言，相比预设性的立场，史实性的儒学史更易取得共识，更易成为讨论的基本语义平台。失去了儒学史的基石，对话难以为继，儒学亦无法更新。

于是惟有融通。但融通又当如何完成？仍然不外乎两种思路。要么以儒学史为主导，儒学适应儒学史的节奏；要么，以儒学发展的需求为主导，重写儒学史。一目了然，前者不具有任何可能性。就当前儒学发展的态势和儒学自身“苟日新、又日新”的品格，都无法容忍此种让度。忘记历史固然意味着背叛，但这句格言同样意味着，忘记历史是可能的，湮没于历史恰恰不可能。

因此，重写儒学史就成为了当前必然的选择。

但“重写儒学史”同样意味着大量的问题。首当其冲的疑难在于，重写是否意味着否定，对前辈学者殚精竭虑形成的儒学史基本结论的否定。从学术的角度而言，否定就要完成一次次证伪，由累积的证伪继而质疑结论的科学性，由科学性的质疑再而产生一定意义的抛弃。更进一步的问题则是，如果先贤的成就能够被证伪，他们的基本学术态度、基本学术品格是否也应当被否定？退一步来说，如果不去否定，那就要出新。而出新又何以可能？我们是掌握了新资料，出土了决定性数量的新文物（相对于宏观的儒学史而言，出土文物带来部分细枝末节的出新是无关宏旨的），还是创造了新方法？如果这些都没有，当下所构思的“重写儒学史”是否就是资源的浪费？最终的结果仍旧是从起点回到起点？如果也不是否定，也不是出新，问题就更为严重了。那就是杜撰，为了当前的需求而虚构儒学史。这非但儒家无法容忍，就连现代学术规范也绝不接受。

该当何去何从？

其实，问题的关键在于，之所以产生上述诸多疑难，是因为某种隔阂。以现代史学为基本范式的思想史研究与以现代哲学为基本范式的哲学研究之间的隔阂。作为儒学史而非儒学的研究，从属于前者；作为儒学而非儒学史的研究，从属于后者。因此，在探讨重写儒学史的可能性问题之前，有必要对现代思想史研究的基本范式进行反思。

一、还原：一般思想史研究范式的信念

中国现代思想史的研究范式，基本成型于蔡尚思先生所著《中国思想研究法》①，而其集大成者，则是侯外庐先生的《中国思想通史》（以下简称侯氏《通史》）②。众所周知，中国思想史学科成立不过区区数十年，而“侯外庐主编的《中国思想通史》就几乎笼罩了半个世纪”③。时至今日，侯氏《通史》仍然会出现在大部分思想史研究者的书架上——即便不是最重要的必读书，至少也是最重要的之一。

侯氏《通史》取得巨大成功的原因何在？正如侯氏思想史学派的重要人物高增德先生认为的那样，侯氏《通史》的成功之处在于：“他们（指侯外庐思想史学派——引者注）在对思想史的浩繁史籍及资料进行广泛搜集和严密考辨的基础上，大大拓展了思想史研究的领域，弥补了思想史各主要阶段中的空白，较为全面地完整地展现了思想史思潮和理学思潮的全貌。于是这也就成为这个学派的最重要的学术贡献及其特色。”④“弥补了空白”、“全面”、“完整”等语，也一直被学界公认为是对《通史》恰当的评价。如果一部著作得到如此高的评价，也有意味着它成为了该领域理所当然的样板。即便在“全面”、“完整”等评语前加以“较为”来修饰，也不能掩盖这样一个认识，即后来的思想史研究者只能在侯外庐巨大身影的罅隙处腾挪闪躲、零敲碎打。甚至对于有的学者来说，《通史》不是无法回避，简直就是无法逾越的。

对于继承了侯氏《通史》的研究范式者而言，“无法逾越”绝非溢美之词，

① 蔡尚思：《中国思想研究法》，复旦大学出版社2001年版。葛兆光认为：“至于讨论思想史编纂的体例和对象的论文，大概最要紧的是蔡尚思的《中国思想史研究法》和陈中凡为它所作的序文。”（葛兆光：《中国思想史·导论》，复旦大学出版社2005年版，第6页注②。引者注：蔡著题名为《中国思想研究法》，葛引为《中国思想史研究法》。或为葛之误，或葛所引用之蔡著1939年商务印书馆版即为此书名）

② 侯外庐：《中国思想通史》，人民出版社1963年版。

③ 葛兆光：《中国思想史·导论》，复旦大学出版社2005年版，第6页。

④ 高增德：《不苟异亦不苟同——侯外庐及其思想史学派的学术个性》，《江汉论坛》1995年第5期。

而是一个事实判断。但就其范式本身而言，仍有值得探讨之处。该范式源于蔡尚思的基本构想，而蔡氏的构想则脱胎于梁启超先生《中国历史研究法》。①其基本的立场和研究方式，均是实证主义史学的精神。②“实证主义”作为一种哲学思潮，可以上溯到孔德。其出发点是：“社会与历史的发展依据恒定的法则。因此，他认为，实证的社会科学是理性实践的前提。社会学的目的，便是去认识那种使社会发展的语言得以实现的法则。”③说到底，就是把自然科学的研究方法引入社会科学领域，并以此为标准构建社会科学。于是“历史的过程对于实证主义者来说，在性质上与自然的过程是一样的，而这就是为什么自然科学的方法可以应用于解释历史”④。由此，形成了两条基本的信念：“(i) 每桩实施都被看作是可以通过一项单独的认识行为或研究过程而被确定的事实；于是，历史可知的整个领域便被分割成无数细微的事实，每件事实都要单独予以考虑。(ii) 每件事实都要被思考为不仅独立于其他一切事实之外，而且也独立于认知者之外，因此历史学家观点中的一切主观成分（像是它们被人称为的）就必须一概删除。历史学家一定不要对事实作任何判断，他只应该说事实是什么。”⑤伴随着科学方法论的逐渐完成，如考据、版本、文字、考古等，实证主义的信念进一步被现代历史学之父兰克提炼为“秉事直书”。在此基础上，大量文物的出土、大量档案的开放，最终形成了以剑桥阿克顿爵士为代表的实证主义史学丰硕成果。其最终的信念是，随着史料被逐渐全部掌握，最后的、终极的历史学必将彻底完成对于人类一切历史的客观还原。这种精神传入中国之后，被傅斯年先生精辟地定义为：“史学就是史料学”，历史学家的工作在于“上穷碧落下黄泉，动手动脚找东西”。

---

① 梁启超：《中国历史研究法》，世纪出版集团、上海古籍出版社 1998 年版，汤志钧“导读”。

② 中国现代史学理论领域最具建构性、引导性的突破，当为梁启超的《中国历史研究法》。但史学理论的逐渐成熟，则归功于王国维、傅斯年、陈寅恪、钱穆、顾颉刚等一大批史学巨匠的接力探索。从其精神而言，民族主义史学及其背后深厚的救亡图存的热情更值得关注。就其论证的基本信念而言，则是实证主义精神。

③ 埃克哈特·福克斯：《实证主义（Positivismus）》，见斯特凡·约尔丹主编：《历史哲学辞典》，孟钟捷译，北京大学出版社 2012 年版，第 211 页。

④ 柯林伍德：《历史的观念》，何兆武、张文杰译，商务印书馆 1997 年版，第 191 页。

⑤ 柯林伍德：《历史的观念》，何兆武、张文杰译，商务印书馆 1997 年版，第 194 页。

一般思想史的研究同样如此。此种范式的基本信念在于，思想史作为历史的特殊形态，是客观存在的既成事实。思想史家所要做的工作，就是通过尽可能地占有资料，从而尽可能地还原史实的“真相”。其问题意识一如郭齐勇先生指出的那样：“当前的中国哲学研究也存在不少的问题或缺失……第七，中国哲学史研究在少数重要人物（如孔、孟、老、庄、程、朱、陆、王）及其著作上扎堆的现象急需改变，有许多在历史的某时段某地域颇有影响的人物、学术共同体、著作等都没有得到很好的发掘、整理与细致的研究。中哲史上有很多二三流的人物，其实也非常了不起，在某时某地很有影响，都亟待我们结合东亚史、地域文化思想史去开拓，首先要下工夫把第一、二手资料给予整理、出版。”①

当然，此种范式也同样遭致了一定程度的质疑和批评。代表人物是葛兆光。出于对侯氏《通史》范式的不满，他撰写了别具风格的葛氏《中国思想史》，并在这部巨著的《导论》部分对该范式进行了系统的反思。然而，就追求“还原真相”这一信念而言，葛兆光与侯外庐并无二致。②

二、叹息之墙：一般思想史研究范式的困境

葛兆光对于侯氏《通史》的质疑，最早起源于思想史研究者的职业敏感，即“思想史领域开始感觉到材料不足”③。于是，“思想史和哲学史肯下顾‘二三流人物’”④。台湾学者王汎森颇有感触地说：“一大批未参与近代的主流论述的所谓保守派或旧派人物的著作，陆续引起注意，刘咸炘的《推十书》即是一例。此外，像王闿运、王先谦等人的作品也被陆续整理出来，提供许多的方便。”⑤ 但这样的“退而求其次”有多少价值？其问题在于，“什

① 郭齐勇：《中国哲学史方法论问题》，见郭齐勇、欧阳祯人主编：《问道中国哲学》，九州出版社 2014 年版，第 50 页。

② 参见崔罡：《“思想”与“历史”——侯外庐与葛兆光平议》，《今日南国》2009 年第 2 期。

③ 葛兆光：《什么可以成为思想史的资料》，《开放时代》2003 年第 4 期。

④ 葛兆光：《什么可以成为思想史的资料》，《开放时代》2003 年第 4 期。

⑤ 王汎森：《中国近代思想文化史研究的若干思考》，见康乐、彭明辉主编：《史学方法与历史解释》，中国大百科全书出版社 2005 年版，第 77 页。

么才是历史事实？……（我们如何避免人们的发问）‘你讲的是历史还是人们的日常琐事’？……为什么我们都会去面对某一事实？这到底有什么重要意义呢？……这可能是一个事实，但它对我们却是毫无意义的？”①

这是对历史学研究意义的追问，某种意义上，也是对“发现和陈述历史‘事实’”② 这一历史学家天职的质疑。其问题是多个方面的。

首先，材料的全部占有是否可能？答案是否定的。历史学家之所以能够对过往的事情谈论一番，其前提在于有尚未湮没于时间之河的痕迹存在。然而，时光易逝，岁月如刀，绝大多数的往事化为尘埃，不可复现。后人所能看到的，要么是遗留的痕迹，要么是对于往事的记注。“全部”只是逻辑上的可能，缺乏事实上的可操作性。也正是在这个意义上，以年鉴学派为代表的史学流派，逐渐抛弃阿克顿重现人类全部历史的梦想，转而追求更为单一的历史事件。③ 这种困难体现在思想史研究领域，即是对其研究对象的困惑。④

其次，在假设充分占有材料可能实现的前提下，是否可以完成真相的还原呢？如兰克史学追求的那样“他决心严格遵循历史事实，不说教，不讲任何道理，不修饰任何故事，而是仅仅讲述历史真理，他的惟一目标就是依照事物真实发生的情况描述它们”。问题的一方面在于，单一的思想史陈述是否存在绝对的“本义”或“真相”？如，《论语·学而》有云“子曰：巧言令色，鲜矣仁”。这一则陈述的“本义”为何？历代学人各有所得，争议

---

① 卡尔·贝克尔：《什么是历史事实》，见张文杰主编：《历史的话语》，广西师范大学出版社 2002 年版，第 282—292 页。

② 卡尔·贝克尔：《什么是历史事实》，见张文杰主编：《历史的话语》，广西师范大学出版社 2002 年版，第 283 页。

③ 年鉴学派兴起于法国，其创始人为马克·布洛赫与卢西安·费弗尔，其基本宗旨是把历史学关注的焦点从政治性民族史转化为关注人、行为与特殊事件的历史。（参见卢茨·拉斐尔：《年鉴学派》，见斯特凡·约尔丹主编：《历史哲学辞典》，孟钟捷译，北京大学出版社 2012 年版，第 8 页）就其宗旨而言，年鉴学派是受到特定伦理关怀和特定价值所引导的，但就其兴趣点而言，由宏观通史转向单一事件是极为鲜明的。

④ 关于思想史的研究对象问题，在近几十年来曾有多次争论。最为集中的一次为 1983 年《哲学研究》发起的“思想史与哲学史关系问题大讨论”，参与的学者包括了汤一介、李锦全、周继旨、张岂之等。相关述评可参见蒋广学的《“中国思想史”讨论对象之评议》（《江海学刊》2003 年第 2 期）及蒋广学的《论中国思想史的研究对象》（《江苏社会科学》2000 年第 9 期）。

不已。问题的另一面则在于，即便能够获取单一陈述“本义”，亦无法满足历史学家追求的真相。于是，历史学家必然要勾连事件与事件之间的关联，必然要陈述事件演历的脉络，必然要寻找事件发生的理由及其影响。这也就意味着，即便能够确定单一的历史事件，仍无法确凿地建立起有着内在联系而非主观臆想的事件群。在思想史的研究中，我们可以确定许慎曾经与贾逵有着师生之缘，却无法确定《说文解字》是否包含了贾逵的思想；我们可以确定朱子与象山曾有过亲密的交往，却无法量化交往之于二位大儒的思想有何影响。原因和结果，种种把历史事件联系起来的纽带，是显而易见的陈列，还是主观臆断的构想？这始终是哲学家们投注大量热情探索的难题。

再次，更大的困惑在于，在孜孜不倦的还原之中，历史事件的主体逐渐变得模糊。以民族主义历史学为例。此进路发轫于19世纪末期的欧洲，随着两次世界大战的进行，逐渐被“觉醒中的亚、非、拉国家”接受。从数量上来看，类似的著作占据了当时全部历史学著作的九成以上。[①]但仍然在第二次世界大战之后遭到了深刻的批判。批判的重心落在了“民族”这一观念上。例如，杜赞奇认为，“民族”只是一个虚构的、想象的存在，是“一个集体的历史主体，随时准备在现代的未来完成自己的使命”，而“民族历史把民族说成是一个同一的，在时间中不断演化的民族主体，为本是有争议的、偶然的民族建构一种虚假的统一性，……使民族国家把自己看作是一个存在于传统与现代、等级与平等、帝国与民族国家对立之间独特形式的共同体。”[②]就学科本身而言，批判是正确的。由于“民族”观念本身是无法定义的（或者说是无法被单子化的），以民族国家为基本单位的历史研究自然也很难成立。我们是否已然预设了每一个民族都“具有自成一统的而且能够自圆其说的历史”？[③]葛兆光把侯氏《通史》范式称为“思想”而非“历史”，恰恰正是对消失不见的思想史主体的

① 参见巴勒克拉夫：《当代史学主要趋势》，杨豫译，北京大学出版社2006年版，第137—193页。作者详尽列举了当时各国具有本民族代表性的著作。

② 杜赞奇：《从民族国家拯救历史》，王宪明译，社会科学文献出版社2003年版，第2页。

③ 汤因比语，转引自巴勒克拉夫：《当代史学主要趋势》，杨豫译，北京大学出版社2006年版，第190页。

拷问。①

最后，真正令人无法忍受的，绝非理论上的困难，而是伦理上的结论。如果历史学应当承担“道德训诫”或者“引导向善”的功用的话，以还原为己任的实证主义精神，则指向了颇为尴尬的后果。倘若历史的发生有且只有绝对的、单一的面目，这就意味着的个性、特性和主体性的消亡，这就意味着历史按照某种规律、某种节奏、某种步点抽身而去，一切的一切仅仅作为类似自然科学家在实验室中的数据存在，人自身独特的品格被抽象化了。是人类而非人作为历史叙述的宏观对象存在，类存在取代了单子性。作为类之一员，惟一的选择的服从历史的洪流。历史被解释为不可动摇的力量，历史成为了意识形态。正如葛兆光无比讥诮地描述的那样，《思想史》往往围绕着思想家以及思想家的著作，并如出一辙地呈现出如下样态来：

> 我们的思想史家按照时间的顺序安排着他们的章节，大的思想家一章，小的思想家一节，仍不够等级的话可以几个人合伙占上一节，再不济也可以占上一段，只要在那上面留下了文字的就算“永垂不朽”。经典、经典的征引、注释与解说、精英的文字论述，则把思想史的线索连缀起来，只要被采撷在书中，经典就真的“名垂青史”。而思想的历史也就自然成了思想家的博物馆，陈列着他们照片。一半仿佛编花名册，把已经逝去的天才的生平与著作一一登录在案，一半仿佛挂光荣榜，论功行赏或评功摆好。②

他将此种方式称为“导游图”，亦称为“点鬼簿与光荣榜”。尽管他的

① 葛兆光说：“精英和经典的思想未必真的在生活世界中起着最重要的作用，尤其是支持着对实际事物与现象的理解、解释与处理的知识与思想，常常并不是这个时代最精英的人写的最经典的著作。……思想与学术，有时是一种少数精英知识分子操练的场地，它常常是悬浮在社会与生活的上面的……如果思想史只是写那些思想的精英和经典，思想史就是一个悬浮在思想表层的历史，如果思想史只是一次一次地重复确认那些思想的精英和经典，思想史就真的是一个‘层层积累’的历史了。”（葛兆光：《中国思想史·导论》，复旦大学出版社2005年版，第11—13页）葛兆光质疑的是以“精英和经典”为叙述主体的思想史，他以为思想史应当面对的是“一种日用而不知的普遍思想”。然而，葛兆光如何获取此种一般性的、普遍性的思想？仍值得怀疑。

② 葛兆光：《中国思想史·导论》，复旦大学出版社2005年版，第9页。

问题意识始终恪守思想史研究的领域，但是真正令人动容之处在于，这样陈述出来的思想史，底层的、弱势群体的声音被吞没了。是身份，是影响力在发言，是人之为某种人在发言，人自身被遗忘了。

因此，现代历史学不断追索着一个名为“真相”的天国，但路的尽头，却是一堵叹息的墙壁。

三、重构：一般思想史研究范式的另一种面相

理论令人悲观，事实却不绝望。

此话怎讲?

尽管我们在抱怨思想史研究领域中的陈陈相因，在抱怨思想史展现出来的形态千篇一律，在抱怨思想史研究的范式僵化得令人窒息，然而，一部部的思想史著作仍然在不断新鲜出炉。我们观察到的事实是什么？张岂之先生颇得侯外庐先生真传，但张氏《思想史》绝不同于侯氏《通史》；肖萐父、李锦全二先生与郭齐勇、冯达文二先生有师生之谊，但两部《中国哲学史》各擅胜场。如果以“还原真相”为标准，则必有一是非。那么，孰为真相?今天，中国儒学界、哲学界乃至整个思想史界的成果层出不穷，但不见雷同与重复，只见争鸣与斗艳。

这意味着学者自身的个性在研究中一以贯之，这也同样意味着所谓绝对、单一的思想史面相并不存在，这更意味着任何思想史的叙述都是重构。

还原与重构之间，只是一个误会。与其说误会源自于现代学术分工带来的学科领域的壁垒，倒不如说源自有着学术自觉的历史学家对哲学家的厌恶。但无法逃避的现状在于，“历史在一种结构类型与一种事件类型之中的犹豫不决”①。意为，如果历史学最终是为了实现某种结构类型，比如历史唯物主义或者某些有启发性的道德说教，那么，结构才是目的，而这种结构又往往被称为是“哲学的”，历史本身就沦为了仅仅是哲学的手段。如果历史学最终是为了证实某个曾经存在过的事件，那么，就必须回答对这个事件的研究为何是有益于我们当下的，但是如果要回答为什么，就必然落入某种结

① 保罗·利科：《历史与真理》，姜志辉译，上海译文出版社2004年版，第60页。

构中去。历史学家必须应对这样的追问："你如何竟然对这些而不是那些事情产生了兴趣？这些与我们的时代风马牛不相及的旧事与我们何干？"他们要证明自己不是有着恶趣味的食尸兽，而是从事有益于某个目的的伟大事业。而与此同时，历史学家们又抵制着哲学家们提供的形而上学建构："尽管有着各种偏见，哲学家却没有什么可自诩的了。黑格尔限于理解已经实现了的事物，孔德限于研究精神所服从的并且是铭刻在集体命运之中的那种发展规律，马克思限于预见现今世界的矛盾所蕴含着的未来。"① 然而，"哲学从前门被赶了出去又总是从窗口飞了回来"②。抵制哲学本身也是一种哲学。谁能说顾颉刚、傅斯年先生的史学理论不是哲学？谁又能否认年鉴学派之于哲学建构的贡献？

因此，任何历史学的研究，就其根本而言，绝非史料的爬梳（记注或文物能够被称之为史料，本身已然经过了甄别的过程，而甄别必有其哲学观），而是观念的重构，即柯林伍德所谓的"一切历史都是思想史"。思想史研究亦然。同样是《中国近三百年学术史》③，钱穆会花费大量的篇幅去讨论像黄梨洲、王船山、颜习斋等哲学史会重点讨论的人物；而对于戴东原、章实斋、焦里堂等人在考据学的成就的讨论则远远让位于对他们本人哲学思想的讨论；至于阎潜邱、毛西河两位考据学大师固然曾专章讨论，却斥其为"根本不足为道"④；甚至对于钱大昕、王鸣盛父子、段玉裁等对乾嘉考据学有决定性影响力的人物，则根本不予讨论。与此相对应的是，梁启超的《中国近三百年学术史》以及章太炎、刘师培的《中国近三百年学术史论》⑤却更多着墨于清代汉学盛况。钱穆自称："盖有详人之所略，略人之所详，而不必尽当于著作之先例者，知我罪我，所不敢问也。"⑥ 古人以"述而不作"(《论语·述而》）为治学旨归，其实，"述"即是"作"。我手写我口，如何

---

① 雷蒙·阿隆：《科学和历史哲学》见张文杰主编：《历史的话语》，广西师范大学出版社2002年版，第103页。

② 巴勒克拉夫：《当代史学主要趋势》，杨豫译，北京大学出版社2006年版，第12页。

③ 钱穆：《中国近三百年学术史》，商务印书馆1997年版。

④ 钱穆：《中国近三百年学术史》，商务印书馆1997年版，第261页。

⑤ 梁启超：《中国近三百年学术史》，上海三联书店2006年版；章太炎、刘师培：《中国近三百年学术史论》，上海古籍出版社2006年版。

⑥ 钱穆：《中国近三百年学术史·自序》，商务印书馆1997年版，第4页。

假于人？

进一步的追问是，历史学，乃至一切研究的动力何在？德国哲学家胡塞尔说："研究的动力必然不是来自各种哲学而是来自事情和问题。"① 那么，何为"事情和问题"？正如司马迁自陈：

> 夫《诗》、《书》隐约者，欲遂其志之思也。昔西伯拘羑里，演《周易》；孔子厄陈、蔡，作《春秋》；屈原放逐，著《离骚》；左丘失明，厥有《国语》；孙子膑脚，而论兵法；不韦迁蜀，世传《吕览》；韩非囚秦，《说难》、《孤愤》；《诗》三百篇，大抵贤圣发愤之所为作也。此人皆意有所郁结，不得通其道也，故述往事，思来者。②

此即孔子所说"不愤不启、不悱不发"（《论语·述而》）之意。在研究中，学者选取此领域而非彼领域，选取此视角而非彼视角，已然是一种"重构"。或许有学术意义上"填补空白"之谓，但归根结底，仍是问题意识的激发。

回到"重写儒学史"的话题中来。儒学与儒学史之间的隔阂，一如哲学与历史学的隔阂，误会多于冲突。儒学本就是活的儒学史，儒学史亦为儒学的展现形态。二者并无区别。这一方面意味着，回应现实问题，吸取前辈思想资源，乃是儒学自我更新的不二方式；另一方面意味着，对于儒学史的梳理和再陈述，应当服务和服从于儒学的自我更新之使命。蒋庆先生对于心性儒学、政治儒学的二分，未必会得到学理上的认可，但其构建现代政治儒学的思想则弥足珍贵；盛洪先生对于"天下"观的解读未必符合思想史家以为的历史语义，但其"天下主义"的主张引人深思。

因此，"重写儒学史"，就其实质而言，是从当下的问题意识出发，以儒家入世、济世的情怀出发，重回前辈先贤的思想世界，以古鉴今，古为今用，重构儒家形上学、形下学系统，使得儒学再焕风采。

（作者单位：西南交通大学）

① 胡塞尔：《哲学作为严格的科学》，倪梁康译，商务印书馆 1999 年版，第 69 页。

② 司马迁：《史记》，中华书局 1959 年版，第 3299 页。

儒学当代复苏的知识化准备

——回顾20世纪80年代的中国哲学研究

蒋孝军

对当代儒家思想史的回顾离不开对中国哲学和思想史等学科领域的回顾与分析。一百多年以来，替代中国传统以儒家为核心的思想话语体系的是借用西方的学科系统建立起来的思想理解模式。这种思想理解模式把对中国传统思想文化放置在现代学科体制之内，对中国传统思想文化的理解以现代的知识化形式进行，这个过程其实在民国时代已经开始。当然，这种知识化的形式也有波折。1949年以后，由于意识形态的影响和现实政治运动对中国人的思想造成很大的冲击与破坏，采用现代学科体制来理解中国传统思想文化这种知识化过程受到苏联模式的影响，不过并没有受到根本性的破坏，特别是“文化大革命”以后，中国的现代学科体制迅速在大陆恢复。因此，“文化大革命”结束之后，中国哲学史等学科近三十年的重建，在某种程度上便成了儒学当代复苏的知识化准备过程中一个小段落的重新开始。简单说来，近三十年的中国哲学史研究，大致可以以十年为一个比较明显的阶段。在每一个十年之中，各自有着自己的研究特征，但又与下一个十年有着紧密的联系。比如，20世纪80年代，逐渐摆脱了原先政治影响下的哲学史话语，走向正常的研究之路，从而使中国传统思想文化的研究回归到了原有知识化的研究中去；到了90年代，人们从80年代的草创与激情中沉淀下来，进入一个分门别类细致化的研究状态中，在这种细致的研究中也积孕着中国哲学对自身话语的突破；21世纪开头十年，经过中国哲学合法性问题的洗礼，儒学的自觉变得明朗，儒学研究进入一个发展的高峰期。①

具体到20世纪80年代中国传统思想文化的研究，又大致可以这样认为，这是中国哲学学科重新恢复活力的时代，当然，80年代的学者其实很少鲜明地坚持儒家的立场，研究者主要是以一种“客观化”的思想史研究心态来对待中国哲学与儒学。而这十年中又大致存在四个发展过程：首先，是对中国传统思想文化进行重新评价，这种评价寄托在对孔子重新评价之上；其次，在80年代中国传统思想文化研究中，思想史、哲学史的写作也试图从整体上把握中国传统思想文化的发展脉络；再次，80年代中国哲学研究倾向于宏大的理论结构的构造，人们借鉴西方的范畴方法试图清理出中国哲学的范畴系统；最后，在80年代中后期的“文化热”中，中国传统文化的现代化思考以及最近之西学的深入传播，使中国哲学研究突破了相对简单的宏大叙述模式，从而为当代儒学复苏的知识化画了一个句号。从儒学发展的角度来看，虽然20世纪80年缺乏鲜明的儒学主张，但是80年代的中国哲学却为儒学复兴提供了知识化的准备，这种准备由90年代予以深化，因此可以说，21世纪初儒学复兴大致的知识化地图是在80年内完成的。

一、对孔子的再评价

“文化大革命”结束以后，中国哲学研究逐渐挣脱意识形态的束缚。但是，这种挣脱并不简单。20世纪50年代初，苏联日丹诺夫关于“唯物主义与唯心主义两军对战”、“辩证法与形而上学两个对子”等思想曾是影响中国哲学研究主要的意识形态教条。这些意识形态教条使此时的中国哲学研究成为政治的附庸和注脚，从而丧失了自性。更加政治化的做法也曾在“文化大革命”期间出现，比如所谓的“儒法之争”，便完全把传统思想捆绑在政治斗争之上，从学术研究的角度来说，这是不足道的，但却在那个扭曲的时代禁锢着人们的思想。

当人们开始摆脱以意识形态来解读中国传统思想文化的做法时，对中

① 秦平、郭齐勇在《中国哲学研究的三十年反思》一文中，也把近三十年的中国哲学研究划分为三个阶段，但本文在具体论述时与其有一定的差异，读者可对照之。秦、郭文章见《哲学研究》2008年第9期。

国文化思想传统评价的改变也随之改变，而那时对中国传统文化的评价有一个重要的风向标，这个风向标就是对孔子的评价。在“文化大革命”期间，孔子曾被狂妄无知者塑造为中国“落后”思想的代表，似乎只有孔子被打倒了，才能证明能够摆脱民族历史给予自己的沉重阴影。而且，两千年前的孔子还被捆绑在现实政治斗争之上，被拉进光怪陆离的“儒法之争”、“批林批孔”政治批斗中。当“文化大革命”结束，人们痛感这种方式不仅错误而且愚昧，便一步步地重新认识自己的文化传统。在这个过程中，由于孔子是中国文化的毋庸置疑的形象代言人，人们便把眼光集中在了孔子身上，通过评价孔子，人们重新评价中国传统思想文化。

1979 年，对于孔子的重新评价由庞朴先生的一篇文章拉开了序幕。他在《孔子思想的再评价》一文中指出：“‘四人帮’在批孔问题上的混乱和余毒，更亟待肃清。因而，如何全面重新评价孔子的问题，就很自然地摆在了我们面前。”① 庞朴先生这一篇文章虽然没有摆脱以“阶级”的思想来分析孔子的做法，但是与当时一些火药味浓重的政治批判文章不同，庞朴先生对孔子持一种“同情之了解”的态度，比如庞朴先生说：“不过我们也不能忽视，孔子能提出‘爱人’的口号，把它作为‘仁’的一个定义，用以补充过去那个‘克己复礼’，这在思想发展史上说，应该算作一个进步。”② 在这样的思想环境中，庞朴先生重提评价孔子，自然引起了学术界的回应，学者们纷纷就此发表自己的想法。当然，当时很多分析还是囿于现成的分析框架，比如，一些人还在纠结孔子到底是唯物主义还是唯心主义，是先进地主阶级的代表还是落后奴隶主阶级的代表等这一类外在性的评价。

一些老一辈学者对于当时的思想状况以及对孔子的认识也有着深刻的理解，梁漱溟先生在 1974 年便针对当时政治事件“批林批孔”提出了自己对孔子的看法。比如梁漱溟先生说：“目前批孔运动中一般流行的意见，我多半不能同意。即如认为孔子护卫奴隶制之说，便不合事实。”③ 梁漱溟先

① 庞朴：《庞朴文集》第一集，山东大学出版社 2005 年版，第 42 页。此文最初发表于《历史研究》1978 年第 8 期。

② 庞朴：《庞朴文集》第一集，山东大学出版社 2005 年版，第 47 页。

③ 梁漱溟：《今天我们应该如何评价孔子》(下)，《群言》1985 年第 3 期。此文章虽然写于 1974 年，但发表已经在 1985 年了。

生不仅对当时评价孔子的狂躁方式进行了批评，而且在此文开篇即指出孔子在中国思想文化史中的重要地位："一贯好讲情理，富有理性色彩的中国社会文化生活，端由孔子奠其基础。"① 关于"情理"，梁漱溟这样说道："例如宰我嫌三年丧太久，似乎一周年亦可以了。孔子绝不直斥其非，和婉地问他：'食夫稻，衣夫锦，汝安乎？'他回答曰：'安。'孔子便说：'汝安则为之！夫君子之居丧，食旨不甘，闻乐不乐，居处不安，故不为也。今汝安，则为之！'既从情理上说明，仍听其反省自决。又例如子贡欲去告朔之饩羊，孔子亦只婉叹地说：'赐也！尔爱其羊，我爱其礼。'指出彼此之观点不同，而不作何断案。宗教上总有许多礼，儒家同样极重视礼；但在孔门竟可以随意拿来讨论改作。这就是理性主义，一反乎宗教的迷信与独断（dogmatism）。"② 梁漱溟以"情理"把握孔子乃至中国文化的特征是非常有见地的，其基本观点来自于他早期的中西文化比较的视角。

李泽厚先生则从"民族文化——心理结构"的角度来评价孔子的仁学思想，这一做法与梁漱溟先生的做法有着相似的地方。李泽厚指出："孔子的仁学思想似乎恰恰是这样一种整体模式。它由四个方面或因素组成，诸因素相互依存、渗透或制约。从而具有自我调节、相互转换和相对稳定的适应功能。正因如此，它就经常能够或消化掉或排斥掉外来的侵犯干扰，而长期自我保持延续下来，构成一个颇具特色的思想模式和文化心理结构，在塑造汉民族性格上留下了重要痕迹。构成这个思想模式和仁学结构的四因素分别是（一）血缘基础，（二）心理原则，（三）人道主义，（四）个体人格。其整体特征则是（五）实践理性。"③ 以"实践理性"来把握孔子以及中国文化的基本特征，反映了李泽厚试图对中国文化特性进行总体描述的努力，虽然李泽厚提出此"实践理性"不同于康德之"实践理性"，但是还是容易造成误解。"民族文化—心理结构"一说与 20 世纪 80 年代那些曾经盛行的"中国哲学逻辑结构"、"中国哲学范畴系统"等研究类似，包含着一种理论上的雄心，当时的人们明快地认为，只要把握了这种"民族文化—心理结构"之类的问题，中西文化差异便可以清晰地知道。基于这样的期待，李泽厚评价

① 梁漱溟：《今天我们应该如何评价孔子》（下），《群言》1985 年第 3 期。
② 梁漱溟：《今天我们应该如何评价孔子》（下），《群言》1985 年第 3 期。
③ 李泽厚：《孔子再评价》，《中国社会科学》1980 年第 2 期。

孔子说:“尽管在当时政治事业中是失败了，但在建立或塑造这样一种民族的文化—心理结构上，孔子却成功了。他的思想对中国民族起了其他任何思想学说所难以比拟匹敌的巨大作用。”① 李泽厚以“民族的文化—心理结构”这一说法来解读孔子，其实也就肯定了中国文化存在着不同于西方的“民族的文化—心理结构”，从整体上肯定了中国文化自身的独立性。这说明，中国传统思想文化在中国人心目中的地位其实在逐渐提高。

对孔子的研究与评价，确实是对经历了劫难的中国人思想进行一种有益唤醒。而且，这些研究也逐渐积累起丰硕的果实。除上述论文之外，学者们还出版了众多专著，诸如蔡尚思的《孔子思想体系》、杜任之和高树帜的《孔子学说精华体系》、钟肇鹏的《孔子研究》、匡亚明的《孔子评传》等。以匡亚明为例，匡亚明从孔子所处的社会环境入手，分析孔子的时代特征，并试图还原孔子的真面目。在孔子思想体系中，匡亚明着重分析了仁与礼之间的关系。他说:“如果礼是仁的形式，仁是礼的内核，那么中庸就是使内容（仁）与形式（礼）相统一的方法论。所谓‘过犹不及’，所谓‘和而不同’，所谓‘时中’，所谓‘权’等等，都是中庸这一方法论运用上的不同形式，其最终目的是达到仁与礼的高度统一，达到仁作为人与人之间各种关系的哲学概括这一思想，在现实社会生活中得到完美的表现和贯彻。”② 匡亚明的《孔子评传》是一部全面评价孔子的专著，在当时知识氛围和对传统的理解状况中，确实有总结性的作用，对孔子的再评价也起到了积极的促进作用。

20 世纪 80 年代的中国人，一方面，在以自己的方式理解孔子思想并以此重新评价中国传统思想；另一方面，人们也在借鉴西方对孔子的评价来理解中国传统思想文化。比如说，赖功欧下面这一段话便是一个极好的例子:“孔子及其儒学在 80 年代被西方思想界青睐以至崇仰，其表征之一即为 1985 年美国的《名人年鉴手册》，将孔子列于世界十大思想家之首。而所谓‘儒教文化圈’、‘儒教资本主义’以及以儒家伦理调解后工业化国家人际关系、亚洲四小龙兴起与儒家传统关系等话题，都以别开生面的种种方式而得

---

① 李泽厚:《孔子再评价》,《中国社会科学》1980 年第 2 期。

② 匡亚明:《孔子评传》，齐鲁书社 1985 年版，第四章“仁的人生哲学思想”。

到西方学者的反复论证。孔子达于鼎盛期间也许是1988年诺贝尔奖获得者发表宣言那一刻，一位物理学家（汉内斯·阿尔文）宣告未来的21世纪应以孔子儒家思想来引领世界。尽管这其中有种种因素的作用，然事实上这些信息都给当时中国哲学界带来不小的震动。”① 孔子受到西方人的关注，间接地说明了孔子对当下生活能起到一种积极的干预作用，这又反过来提高了中国人重新认识孔子的积极性，从而使得国人对中国传统思想文化信心的增强。

二、哲学史写作的发展

中国哲学学科的建立，跟中国哲学史写作有着密切的关系，可以说，正是哲学史的写作为中国哲学史学科乃至新世纪的儒学复兴提供了学科依托。这种情况在20世纪上半段和20世纪80年代几乎都是一样的。20世纪之初，胡适的《中国哲学史大纲》（上卷）的出版，让中国人意识到以西方的方法研究中国传统思想文化的可行性和必要性。当然，胡适的《中国哲学史大纲》从方法与内容之间的结合度来说，是算不上成功的。继胡适之后，冯友兰的《中国哲学史》产生了更大的影响，而且也更完整。不过，冯友兰以新实在论的观点来分析中国传统思想的可行性到底有多大，自其书出版以来，此类讨论也未曾停息过。其实，“中国哲学”这一现代学科建立以来，对其“以西范中”研究方法的质疑便一直如影随形。

1949年以后，冯友兰先生曾经发愿用马克思主义的观点写一部中国哲学史，名为《中国哲学史新编》，但是冯先生写到第二册的时候，对其极不满意，加上“文化大革命”的干扰，便停止了写作。20世纪80年代，冯先生才真正摆脱束缚重写《中国哲学史新编》。在80年代写作《中国哲学史新编》时，冯友兰先生重新回到了新实在论的观点上去了，采用一般与特殊、共相与殊相等说法来理解哲学。冯友兰说：“哲学是一种理论思维，用抽象概念比较多。抽象则易流于空虚，概念则易流于僵化。空虚和僵化是与丰富多彩，变化无端的客观存在不相符合的。黑格尔最反对‘抽象的共相’。他

① 赖功欧：《中国哲学三十年研究之回顾》，《船山月刊》2008年第4期。

讲‘具体的共相’。‘具体的共相’不容易理解，既然是共相，它就不是具体的，也不可能是具体的，怎么会有具体的共相呢？其实，世界本来就是这样的。事物本来就是如此的。共相即一般；具体即特殊。一般寓于特殊之中。”① 基于这样的哲学观点，冯先生提出了他的哲学史观：“总起来说，哲学的内容是人类精神的反思。它的方法是理论思维。它的作用是锻炼、发展人的理论思维，丰富、发展人的精神境界。一般说来，就是如此。但是哲学史中的哲学家们，因为受到认识上的、阶级的、民族的、各种各样的局限，所以有各种各样不同的观点。他们提出了各种不同的世界观，为人类各种不同的行动提供了理论的根据。这就形成了哲学史上的百家争鸣和思想斗争的局面。”② 这样的哲学和哲学史观念贯穿全书，所以，一般的看法主张，冯先生重新回到新实在主义的立场。另外，《中国哲学史新编》在一些具体哲学史问题上也多有创发，比如以子学时代和经学时代把中国哲学史划分两大阶段；对宋明理学中的二程以及朱陆差异的分辨等，都是极为精彩的。冯友兰重写中国哲学史无疑是 80 年代中国哲学界一件重要的事情，并且在两个方面产生了作用：首先是《新编》对 80 年代中国哲学史学科的重建有着积极的推进作用；其次，《新编》对 80 年代的中国哲学范畴研究也颇有影响，下文将具体提到。

张岱年先生写于新中国成立前的《中国哲学大纲》于 20 世纪 80 年代初再版。张岱年先生此书以“中国哲学问题史”的形式，通过对一些中国哲学重大问题的梳理，对中国哲学做了一个整体性的把握。80 年代，张岱年虽然没有像冯先生那样再次重写中国哲学史。不过他开设的《中国哲学史史料学》课程，对中国哲学学科的重振作出了贡献。在八九十年代，张岱年与人合作编写了一部哲学史性质的著作《中国唯物论史》，他在文章中这样提到：“20 世纪 90 年代，我与几个朋友编了一本《中国唯物论史》，出版后影响不大。新儒家则有影响，一些人愿意看新儒家的书。这个现象很奇怪，值得研究。”③ 此话确实颇值得回味。

任继愈 20 世纪 60 年代出版的《中国哲学史》（四卷本）也对 80 年代有

① 冯友兰：《中国哲学史新编》第一册，人民出版社 2001 年版，第一章第五节。

② 冯友兰：《中国哲学史新编》第一册，人民出版社 2001 年版，第一章第六节。

③ 张岱年：《二十世纪中国哲学史研究概况》，《南通师范学院学报》2001 年第 12 期。

颇大的影响。任继愈延续了列宁和日丹诺夫的哲学史定义，认为“哲学史是整个人类认识的历史”，中国哲学史则是“中华民族的认识史”。而这个认识过程又是一个“唯物主义和唯心主义，辩证法和形而上学斗争的历史。”由于这种说法与中国传统思想文化的特质毕竟不完全合拍，所以产生一些难以解决的问题。“文化大革命”以后，任继愈试图修正他的哲学史理解方式，这特别表现在他对老子思想的理解上。对于老子的理解，任继愈几经改变，他说：“我认为过去的争论（包括主张老子是唯心主义及唯物主义的两种见解），都有片面性。对老子……应当有第三种看法来补救前两种对立看法的不足。”① 而这第三种做法则是强调“衡量哲学家或哲学流派的历史价值”，从而放弃了原先的做法。另外，任继愈关于儒教的说法也引起了学界的广泛讨论。80 年代，冯契先生写作《中国古代哲学的逻辑发展》，也是运用马克思主义的方法梳理中国哲学史，从大的环境来说，任继愈与冯契二位先生的哲学史写作其实都可以算作“以西范中”的一种做法，也是 80 年代中国哲学史研究基本特征的表现。

20 世纪 80 年代中国哲学史写作的另外一个特点是集体编著高校中国哲学史教材，这对学科发展起到了重要的作用。其中，值得一提的有萧萐父、李锦全组织九所高等院校联合编写哲学系本科生教材《中国哲学史》。尽管书中还是延续了一些过去的理论框架，但该书内容详尽，可读性强。该书印刷多次，对于中国哲学学科的教学以及培养新生力量起到了实质性的作用。

总的来说，20 世纪 80 年代的中国哲学史写作可谓是哲学史研究的一个小高峰，这与中国哲学学科的重整相关，在写作过程中，一些原本流行的观念在逐渐被放弃，中国哲学的本色在隐约显现，一些重大问题的讨论也随之展开。因此，回顾 80 年代中国思想文化研究的脉络，中国哲学史写作是绕不开的一个话题。

三、中国哲学范畴系统研究的深入

中国哲学范畴系统研究也是 20 世纪 80 年代一个颇为引人注意的话题。

① 任继愈：《中国哲学史论》，上海人民出版社 1981 年版，第 554 页。

从研究方法上看，范畴研究虽然也有套用西方思想之嫌，但范畴研究本质上是中国哲学寻找自性的开始，因为范畴研究试图探寻中国哲学不同于西方的范畴系统，从这个角度来说，80 年代的中国哲学范畴研究其实超越了胡、冯简单借用西方哲学史模式进行研究的水平。

上面提到，范畴研究与冯友兰 20 世纪 80 年代重写中国哲学史有着颇为密切的关系。冯友兰以一般与抽象、共相与殊相等观念来理解中国哲学的时候，就意味着中国哲学应该蕴含着一套概念系统，这套概念系统合乎冯友兰所说的“共相即一般；具体即特殊”。诚如李晓宇博士所说：“冯友兰哲学有一个诱人的魅力，即它在致思进路上试图以一种概念清晰、逻辑严谨的形式化通达传统思想所追求的人生理想或人生境界。在冯友兰的影响下，国内很多学者都曾尝试在这一进路上取得突破，例如，张岱年的《中国古典哲学概念范畴要论》、张立文的《中国哲学逻辑结构论》、蒙培元的《理学范畴系统》、葛荣晋的《中国哲学范畴通论》等都属于这一影响下的产物，他们的共同点都是试图用概念和逻辑的分析把中国哲学的精神境界呈现出来。”① 上述李晓宇提到的 80 年代涌现出来的这一批中国哲学著作，就是当时中国哲学界普遍关注的中国哲学“范畴研究”。

中国哲学界对“范畴研究”的广泛关注，也导致了宋明理学研究的兴起。在中国传统哲学的历史长河中，宋明理学本来就以鲜明的理论体系和形上学思考见长，而这恰恰契合了“范畴研究”对中国哲学概念系统的追索之意。因此，80 年代对宋明理学也是中国哲学研究的热点。学者们在“范畴研究”与宋明理学研究中有一个明确的方法论自觉，就是对照西方哲学的范畴系统与逻辑结构，探求中国哲学的范畴系统与逻辑结构。在这个意义上，此一时期的研究已经基本上从方法论和研究视角上摆脱了早先意识形态的束缚，走向了较为自由的研究之路。

在这个时候，港台儒家进入了国人的视野。从中国哲学这一学科的发展来说，大陆 20 世纪 80 年代的中国哲学“范畴研究”正好与进入大陆的港台现代新儒家在方法上有一个合流。港台的现代新儒家由于没有受到大陆意

① 李晓宇：《“瓶”“酒”之辨——冯友兰“中国哲学史”建构中的紧张与蒙培元的化解之道》，《社会科学研究》2008 年第 3 期。

识形态的影响，在研究方法上一直对西方哲学有所借鉴，因此在中西哲学观念的互释上有着比大陆学者更加丰富的经验，这就促使大陆学界把眼光投向了现代新儒家。方克立先生在《要重视对现代新儒家的研究》一文中就曾指出："近年来国内一些学者十分重视对中国传统哲学范畴的研究，试图由此找到一条更加深刻地揭示哲学思想发展的内在逻辑，使哲学史研究更有助于提高人们的理论思维能力的途径。而对中国哲学范畴的研究，不但古代已有先行者，如宋代陈淳著有《北溪字义》、清代戴震著有《孟子字义疏证》；现代新儒家学者在这方面也作出了重要贡献，如唐君毅所著《中国哲学原论》，实际上就是一部中国哲学范畴研究的专著。作者运用了某些近乎西方哲学的分析方法，中国哲学中涵义最广、运用最普遍的一些概念、范畴，如'道'、'理'、'心'、'性'、'命'、'太极'、'名辩'、'格物致知'等等，作了系统的梳理和详尽的阐释，引据资料相当丰富，对于我们的研究无疑是有参考价值的。"① 当然，港台儒家的引入还有更为深远的意义，特别是90年代的中国哲学深受港台儒家的影响，此处暂不做评述。

四、"文化热"中的中国哲学反思

"文化热"是20世纪80年代在中国大地上兴起的一场文化运动，不仅在思想界，在一般艺术文化界也产生了深远的影响。在80年代"文化热"的几大方向中，中国哲学以及相关的学术组织也展现了对自身文化的理解并参与推动了这场文化热潮。从本质上来说，"文化热"是在80年代现代情形之下，中西文化在中国大地上的一次深入交锋，这种交锋的结果之一是：再一次更新了中国哲学界对研究方法与研究范式的认识，特别是随着现象学、解释学与后现代思想的传播，80年代建构的中国哲学研究范式其实遭到了广泛的质疑。

据徐友渔的回忆，在思想界大致有三股影响比较大的思想派别："大概是1985年到1986年之间，'文化热'出现高潮。有很多民间组织，最著名的是两个，一个是汤一介他们的中国文化书院，院长是季羡林，真正主事的

---

① 方克立：《要重视对现代新儒家的研究》，《天津社会科学》1986年第5期。

是汤一介，他们的活动声势非常大。另一个就是金观涛、刘青峰他们的“走向未来丛书”，已经干得非常成功。这时，甘阳提出来，我们也要张罗一个事情。甘阳是北大外哲所的研究生……当时，哲学所委托我，把外单位优秀人才挖进来，我就找到了甘阳。”① 徐友渔与甘阳张罗的事情是“文化热”中另外一支影响颇大的学术势力，以“文化：中国与世界”丛书编撰为核心介绍西方二十世纪晚近哲学思想。徐友渔的回忆与当时的情况是一致的，汤一介教授作为“文化热”的参与者之一，事后的回忆也大致如此。因此，中国文化书院、“走向未来丛书”、“文化：中国与世界”当时三个民间文化组织，代表了当时三个文化思想方向。

在“文化热”的进行过程中，热闹大于思考，各思想派别纷纷赤膊上阵，似乎要把中国的各种问题，包括政治的、文化的更新，都在一个“文化热”中全解决掉。中国传统文化界积极参与“文化热”，以中国文化书院为例，中国文化书院的宗旨是“弘扬中国传统文化、介绍海外文化，促进中国文化的现代化”②。在当时的情况下，人们的心态比较开放，所以在中国文化书院中，院中导师所持的立场与观点也是各式各样的，据汤一介教授回忆：“导师中各种各样思想的人都有，梁漱溟先生是坚持儒家之道的，反对儒学的包遵信也是我们文化书院的导师，还有主要在那个‘西体中用’的李泽厚。像我这种年龄的学者中比较倾向于传统文化的是庞朴，他现在还主张‘中体西用’。”③ 以“促进中国文化的现代化”作为“文化热”的宗旨便带有对传统文化进行反思的意味，这也是文化书院在选择导师的时候并不从立场上进行甄别的一个文化观念上的原因。其实，在“文化热”的三大派别中，包遵信亦是“走向未来丛书”的主事者之一，他持反儒的立场，却也是文化书院的导师。不过，“走向未来丛书”由于倾向于“控制论、信息论、系统论等‘新三论’出发搞历史比较研究”，采取的是一种科学主义的态度，虽然颇多思想创发，但并未从思想观念上触动中国哲学学科的反思。中国传统文化派也在思考采取一些新的研究方法来解释中国传统思想文化，汤一介便较早地分析了解释学在中国传统哲学研究进行应用的可能性。当然，在80

① 徐友渔：《我对80年代“文化热”的回顾》，《人物》2011年第5期。

② 马国川：《我与80年代》，http：//v.book.ifeng.com/read/book/ts/9931/854548.htm。

③ 马国川：《我与80年代》，http：//v.book.ifeng.com/read/book/ts/9931/854548.htm。

年代的喧闹环境之中，特别是20世纪80年代晚期，方法论进一步的创新似乎缺乏一个平心静气的土壤。

如果从20世纪80年代文化热对90年代乃至21世纪初儒学发展之知识化准备的角度来说，在80年代建构的中国哲学范式研究（比如中国哲学范畴研究）被超越乃至放弃似乎是应有之事。“文化热”中的“传统文化热”本身就是一个非常开放的系统，港台乃至海外儒家对其影响在逐渐深入，加上20世纪晚近西方哲学思想的介入，80年代中国哲学界借助康德范畴系统建构的范畴研究便开始遭受了方法上的质疑，尽管这种质疑远没有21世纪之初关于“中国哲学合法性”问题那样明显。比如徐友渔这段回忆代表了当时一种主流性的看法：“一开始，我们成立编委会的时候，觉得汤一介、金观涛他们已经搞得非常好了，我们能量又小，辈分又小，还能搞什么呢？但后来分析，我们完全有自己的空间。汤一介他们的宗旨是复兴中国传统文化，金观涛他们是自然科学出身，从控制论、信息论、系统论等‘新三论’出发搞历史比较研究。他们两个编委会，加上别的编委会，再厉害，世界上有一块最重要的东西，他们还是没有涉及，代表西方20世纪主流思想的东西还是没人搞。而甘阳找的人，都是北大外哲所的研究生和社科院哲学所现代西方哲学的研究生，都是搞当代西方哲学的。我们自鸣得意，自认为把世界思想文化的大潮流、大趋势看得很清楚。从胡塞尔的现象学，到海德格尔、萨特的存在主义，到伽达默尔的解释学，再加上维特根斯坦、语言哲学，从这个角度，就看到了一个机会。我们成立编委会，就出版这方面的书籍。”① 尽管“文化：中国与世界”丛书派如他们今天的回忆那样，只是“自认为把世界思想文化的大潮流、大趋势看得很清楚”，但确实影响了整个80年代后期思想界的方法论变动趋势，因为其后的中国哲学研究在研究方法与问题思考上便尽量考虑了诸如现象学、解释学和后现代文化等思想派别的观点，到了新世纪的大陆儒学重新兴起，便在研究方法与思想观念上都已经很明显地区别于80年代的中国哲学研究了，这与现代西方哲学的引入是颇有关系的。

随着社会、政治环境的变化，整体的“文化热”在20世纪80年代最后

① 徐友渔：《我对80年代“文化热”的回顾》，《人物》2011年第5期。

一年戛然而止。进入90年代，那些热闹非凡、意气挥洒与雄心大志都似乎转眼不见。但是“文化热”播下的种子却进入了土壤，中国哲学开始了十年漫长的学科化转型，而不再是一阵“风”或者一阵“热”。杨国荣教授作为90年代崛起的中国哲学史研究代表性人物之一，他下面一段话大致可以概括20世纪八九十年代之间中国哲学研究的大致状况：“相对于20世纪80年代的这一特征，20世纪90年代的学术研究似乎更多地呈现分化的趋向；而哲学史的研究，也相应地由广义的文化视域，逐渐在一定意义上回归哲学自身的具体问题。当然，这并不意味着完全离开文化的背景，而是表明哲学史的研究开始超越空泛的宏观论域，而较多地着眼于对具体哲学问题的深入考察。这一时期出现了所谓‘国学热’，从现象上看，国学热的特点在于对传统文化的历史成果作了较多的认同，而在这种认同的背后，则是研究视域的转换：综合式的宏观考察，开始转向各个学术分支的具体探析；继宽泛的文化认同之后，学科的认同逐渐提到了重要的地位。”① 学科认同是90年代的花朵和果实，但栽下这样的花朵和果实的却是在80年代，因此，80年代可以说是一个知识化准备的过程，并通过90年代得以深化。

五、结语：准备与开新

今天的人们，隔着20世纪90年代，重新反思80年代，在一些人的眼中，似乎80年代要比今天可爱，但本质上这其实是一种追根溯源。简言之，90年代的思想文化研究确实有如李泽厚所说：“思想家淡出、学问家凸显”，但在方法与学科认同上，但90年代还是继承了80年代的思想成果并是80年代学术与思想讨论的沉淀。总而言之，20世纪80年代中国哲学界的孔子再评价、中国哲学史写作、中国范畴研究以及“文化热”喧闹与冲击，使80年代的中国哲学研究显得颇有生气。确实，思想上的开放与自由、活泼与朝气确实比今天有些胶着的状态要自然明朗。今天中国思想的发展已经进入一个缓慢生长期，稚气自然已经消散，但是自身的主体性却需要长时期的

① 杨国荣：《回归智慧——近30年中国哲学研究概览》，《华东师范大学学报》2008年第6期。

反思与努力才能达到。80年代的热闹讨论留下来弥足珍贵的是一个知识化的准备，这在21世纪初的儒学复兴中体现出来了。但是知识化的准备并不是现成的武器或者说工具，即使是今天，依然如此。通由80年代汇集起来的各种思想资源还需要今人仔细打磨，方能成为一件应手的工具。而有了这些工具，中国文化的“新方”才能够进一步展开并应对当下各路思想的挑战，而且也只有这样，儒学也才能重现其在生活各个方面的影响力。

（作者单位：中国民航大学人文学院）

“性质美”：荀子人性论新识

——从学界对荀子人性思想的研究谈重写儒学史必要性

曾振宇

将荀子人性学说界定为“人性恶”或“性恶论”，似乎已成为盖棺论定的学界共识。但是，在这一常识或共识背后，却隐伏着深度的误读与误解。恰如牟宗三先生所言：“荀子之学，历来无善解。”[①]台湾韦政通先生对荀子人性学说的衡评可谓独树一帜：“荀子不是人性本恶的主张者。”[②]可惜韦政通并未对此进行全面论证，这一与众不同的观点难免有些孤芳自赏的况味。本人不揣谫陋，力图在前贤今哲思考基础上，对荀子人性思想本质与特点进行新的探讨。在研究思路上，“以荀释荀”。本文在结构上分为三个层层递进的部分：首先从荀子思想中心“礼”切入，探究礼之本质；其次，进而论证礼之道德精神是“仁”；本文最终落脚点在于荀子人性论。仁不是“无根”之仁，而是根植于荀子独有的道德形上学土壤之中。仁是“天德”，“义”是“人之所以为人”之所“贵”。仁内在于人性，人有“性质美”。未中肯綮之处，尚祈方家指正。

---

① 牟宗三：《名家与荀子》，吉林出版集团有限责任公司 2010 年版，第 129 页。

② 韦政通：《中国思想史》，上海书店出版社 2003 年版，第 220 页。

一、“先仁而后礼”：仁是礼之“天地精神”

徐复观先生评价荀子为“先秦儒家最后的大师”①。孔子儒家“内圣外王”之道，孟子与荀子分别引领一翼，展翅高飞。论及荀子仁学，从《荀子》全书展现的逻辑架构与哲学主旨寻绎，抽茧剥笋，似乎应当从“礼”切入比较恰当。“礼起于何也？曰：人生而有欲，欲而不得，则不能无求；求而无度量分界，则不能不争；争则乱，乱则穷。先王恶其乱也，故制礼义以分之，以养人之欲，给人之求。使欲必不穷于物，物必不屈于欲。两者相持而长，是礼之所起也。”（《荀子·礼论》）从经验世界论证“礼”之源起，是荀子礼学一大特点。尽管荀子已从“先王”的高度证明礼之缘起，尧舜禹已是儒家之道人格化隐喻。但是，荀子的问题意识与思维路向始终没有完全祛除世俗社会的经验色彩。礼是个人安身立命之本，也是治国平天下之大本大纲。“故人无礼则不生，事无礼则不成，国家无礼则不宁。”（《荀子·修身》）在荀子社会政治思想体系中，礼的重要性在于与儒家的王道政治理想密切联系。礼是实现儒家王道政治理想的唯一路径，“修礼者王”，（《荀子·王制》）不修礼者“亡国危身”。（《荀子·王制》）商王朝与五霸之一的楚国，都曾经在历史上叱咤风云、盛极一时，但最终都灰飞烟灭。坚甲利兵、高城深池，仍然避免不了衰亡的宿命。其中的道理就在于“由其道”，还是“非其道”？荀子所说的“道”就是“王道”，王道实质内涵就是礼义之道，“彼王者不然：仁眇天下，义眇天下，威眇天下。仁眇天下，故天下莫不亲也；义眇天下，故天下莫不贵也；威眇天下，故天下莫敢敌也。以不敌之威，辅服人之道，故不战而胜，不攻而得，甲兵不劳而天下服，是知王道者也。”（《荀子·王制》）儒家的王道政治并非一善而无徵的乌托邦，荀子认为，王道政治社会理想在历史上实现过，而且不止一次，尧、舜、禹和周文武时代就是王道大行于世的时期。“用国者，得百姓之力者，富；得百姓之死者，强；得百姓之誉者，荣。三得者具，而天下归之；三得者亡，而天下去之；天下归之之谓王，天下去之之谓亡。汤、武者，循其道，行其义，兴天下同利，除

① 徐复观：《中国人性论史》，华东师范大学出版社2005年版，第158页。

天下同害，天下归之。”（《荀子·王霸》）王道政治的根本在于得人心，得人心才能“天下归之”。基于此，我们不难发现，荀子的礼或礼义学说是在为天下的政治制度、法律制度与伦理体系立法。人自身是社会制度与伦理原则的立法者，上帝或其他神灵已丧失其存在的正当性。高扬人之主体性，祛除天神地祇的魅影。缺乏正当性与合法性证明的政治制度、法律制度与伦理体系，存在的合理性值得怀疑。那么，天下政治制度、法律制度与人伦存在的正当性何在？荀子的回答非常明确：“礼者，表也。”（《荀子·礼论》）杨倞注：“表，标准也。”礼是准则，是“人道之极”。其实，在荀子思想体系架构中，作为最高准则的礼，并非仅仅适用于人类社会：“天地以合，日月以明，四时以序，星辰以行，江河以流，万物以昌，好恶以节，喜怒以当。以为下则顺，以为上则明。万变，不乱；贰之，则丧也。礼岂不至矣哉！立隆以为极，而天下莫之能损益也。”（《荀子·礼论》）日月之所以光明，因为有礼；天能覆、地能载，因为有礼。天地四时、日月星辰和人类社会都应因循“礼”而行。礼作为准则，具有普适性特点，不仅适用于人类社会，也普遍适用于自然界。缘此，礼既是人之“表”，更是自然之“表”。杨倞评论说：“言礼能上调天时，下节人情，若无礼以分别之，则天时人事皆乱也。”（《荀子·礼论》）作为宇宙之“权衡”的礼，其基本功能是“分”，不仅确定人类社会之“分”，也预设了宇宙自然之“分”。担当自然与人类社会最高准则的礼，最大特点是“公”：“公生明，偏生暗；端悫生通，诈伪生塞；诚信生神，夸诞生惑。此六生者，君子慎之，而禹、桀所以分也。”（《荀子·不苟》）“公”与“偏”相对，公的基本含义是“公平”、“中和”，恰如《王制》篇所言：“故公平者，听之衡也；中和者，听之绳也。”荀子自己总结出“礼”有四大特点：“厚”、“大”、“高”、“明”。（《荀子·礼论》）“厚”、“大”彰显出礼的适用性范围；“高”凸显礼之位格；“明”显现礼之公平、公正，也就是《儒效》篇所言“比中而行之”。礼有“厚”、“大”、“高”、“明”四大特点，注定自然与人类社会离不开礼的引导。“故人之命在天，国之命在礼。”（《荀子·礼论》）礼是“命”，这里出现的“命”不是至上人格神的意志，也不是运命之命，而是指代人力无法违忤的、放之四海而皆准的准则、法则与趋势。命意味着绝对性与普遍性，既然礼是命，就应顺命而行。“凡礼，始乎棁，成乎文，终乎悦校。故至备，情文俱尽；其次，情文代胜；其下，复情以归大一也。”（《荀子·礼论》）清代学者郝懿行认为“悦校”之“校”当作“恔”，“恔者快也”，恔就是愉悦、幸福，“此言礼始乎收敛，成乎文饰，终乎悦快。”（《荀子·礼论》）“情文俱尽”也就是文质彬彬，外在之礼仪与内在之情感交融为一，了无间隙。合乎人心之礼，使人滋生愉悦与幸福，这是礼的最高境界。中国先秦哲学与古希腊哲学一样，也追求快乐与幸福，只是对幸福内涵的界定不一，但哲学旨趣多有相近相通之处。在孔、孟、老、庄、荀等先秦思想家心目中，“乐”就是人生幸福。荀子的“终乎悦校”就是快乐与幸福。这种生命的幸福因为与礼相“搭挂”（朱熹语），背后已有德性的因素作为道德支撑。合符德性的乐，才是真正的乐、真正的幸福。

但是，我们继而必须深入思考一个问题：如何保证或证实“礼”的动机是善的？如何证明礼具有普适性？荀子常言“礼以顺人心为本”，（《荀子·大略》）那么“顺人心”的原则与标准又何在？如果我们继而沿着荀子思想逻辑向前推进，我们就会欣喜地发现荀子已经在深入探讨一个形而上的问题：作为自然界与人类社会普遍准则的“礼”，其自身存在的正当性何在？如果礼不能超越经验世界的束缚，从形而上学高度寻求绝对根据，礼就成为漂浮无根的外在律令与空洞教条。缘此，礼背后隐伏的道德精神是什么？荀子常说“情安礼”（《荀子·修身》），性情何以能以礼为安？换言之，礼存在的“最终支撑”何在？荀子的回答是——“仁”：“人主仁心设焉，知其役也，礼其尽也。故王者先仁而后礼，天施然也。”（《荀子·大略》）仁先礼后，“先仁而后礼”，这是理解荀子仁与礼关系的枢要。荀子“先仁而后礼”是对孔子“绘事后素”的“接着讲”，前后之间的逻辑线索比较清晰。“先仁而后礼”不仅是逻辑在先，更重要的还在于，仁是礼之伦理“最终支撑”。杨倞注：“此明为国以仁为先也。”“故曰：仁义礼乐，其致一也。君子处仁以义，然后仁也；行义以礼，然后义也；制礼，反本成末，然后礼也。三者皆通，然后道也。”（《荀子·大略》）荀子之“道”，涵摄仁、义、礼三部分。君子行义贵在彰显仁之精神，仁之基本精神为“爱人”。（《荀子·议兵》）行礼旨在贯彻义之精神。仁、义、礼三者何为“本”？何为“末”？从荀子哲学内在逻辑体系分析，仁是本，仁是“天地精神”①，礼将仁义文化精神贯彻

① 牟宗三：《名家与荀子》，吉林出版集团有限责任公司2010年版，第134页。

于人伦中，并且指导人类行为，才能称之为“礼”。杨倞说：“本，谓仁义；末，谓礼节。谓以仁义为本，终成于礼节也。”（《荀子·大略》，杨倞注）彰显“仁”人文精神的礼义之道，荀子称之为“人之道”或“王道”。这种代表儒家社会政治理想的“王道”，又称为“先王之道”。“王道”并非单纯停留在形而上学的玄思中，以尧、舜、禹为代表的“先王”，他们施政的时代就是大道行于世的时期。“先王之道，仁之隆也，比中而行之。曷谓中？曰：礼义是也。道者，非天之道，非地之道，人之所以道也，君子之所道也。”（《荀子·儒效》）王念孙说：“此言先王之道乃仁道之至隆者也，所以然者，以其比中而行之也。”① 因循礼义之“中”而行，才能臻于“仁道”理想社会境界。在荀子看来，“先王之道”就是“王道”，“王道”就是“仁道”，“仁道”在历史上已经反复多次实现。

二、“向高度提”：道德形上学视域下的仁与人性

既然“仁”是礼存在正当性之文化精神与道德基础，那么仁自身存在的正当性又何在？对仁存在正当性的追问与证明，实际上又牵涉荀子思想另一重大哲学问题：荀子思想体系中是否存在道德形上学？因为牟宗三先生曾经批评荀子思想“本原不足”②。是耶非耶？时至今日有必要对此重新讨论。根据中国哲学与文化的问题意识、运思路向与叙事模式，通常从两大向度进行证明：一是本根论，譬如中国思想史上的“天”论、“道”论、“气”论、“理”论等等，回答仁与哲学本体之间是否存在某种“搭挂”；二是人性论，探讨仁与人性是否存在缘起关系。笔者分别从这两个方面进行探索。

1. 本根论与仁

在荀子思想结构框架中，“天”无疑是位阶最高的范畴，况且还有专门阐发“天”论的文章流传于世：“天行有常，不为尧存，不为桀亡。应之以治则吉，应之以乱则凶。强本而节用，则天不能贫；养备而动时，则天不能病；修道而不贰，则天不能祸。……故明于天人之分，则可谓至人矣。”在

① 王念孙：《读书杂志》之八“荀子杂志”，凤凰出版社 2000 年版，第 751 页。

② 牟宗三：《名家与荀子》，吉林出版集团有限责任公司 2010 年版，第 135 页。

《荀子》一书中，“天”范畴的义项繁复不一，并非单纯指谓“自然之天”。但就《天论》一篇而言，天的主要涵义还是自然之天。天与地相对，天也与人相分，各自有自身规律、法则与职责。在《天论》篇中，出现了“天职”、“天功”、“天情”、“天官”、“天君”、“天养”等概念，恰恰没有“天性”一词出现，更没有讨论性与天的内在关系。这是偶然还是必然？答案应当是《天论》篇有意“截断”天与人性的内在关联。“天能生物，不能辨物也，地能载人，不能治人也。”（《荀子·礼论》）天、地、人各有“分”，天没有主观意念与价值观念，所以不能“辨物”。《天论》篇主张“天”不能“辨物”，并不代表《荀子》32篇都“截断”天与人性的内在关系。值得我们注意的是，在《荀子》一书中，已有《不苟》与《大略》篇涉及天与人性之缘起：

> 君子养心莫善于诚，致诚则无它事矣。惟仁之为守，惟义之为行。诚心守仁则形，形则神，神则能化矣。诚心行义则理，理则明，明则能变矣。变化代兴，谓之天德。（《荀子·不苟》）
>
> 人主仁心设焉，知其役也，礼其尽也。故王者先仁而后礼，天施然也。（《荀子·大略》）

“天德”概念值得我们反复推敲与深究，或许能带给我们一大惊喜！众所周知，在孟子思想中，仁义礼智是“天爵”，所以“万物皆备于我。”楚简《成之闻之》也有“天德”记载，“天降大常，以理人伦。制为君臣之义，著为父子之亲，分为夫妇之辨。是故小人乱天常以逆大道，君子治人伦以顺天德。”君臣之义、父子之亲和夫妇之辨等人伦源起于天，是“天德”内在属性的显现。在二程、朱子思想体系中，仁义礼智信是“天理之件数”，是天理内在固有属性之一。基于此，在荀子思想体系中的“天德”，是否也具有道德形上学的涵义？杨倞注云：“言始于化，终于变也，犹天道阴阳运行则为化，春生冬落则为变也。”春生、夏长、秋收、冬藏，天地有大德为“诚”。天之“诚”，落实于人性为“天德”。此“天”已经不单纯是自然之天，也蕴含义理之天因子。在“德化之天”层面上，“诚”就是精神与道德本体。“天德”是“命”，具有绝对性和普遍性，所以君子应“顺命”。（《荀子·不苟》）因循“命”而动的具体做法就是“慎其独”。郝懿行认为，“独”

就是“诚”。“善之为道者，不诚则不独。”（《荀子·不苟》）致诚就在于让内在人心的“独”彰显出来，具体显现为仁。“天地为大矣，不诚则不能化万物；圣人为知矣，不诚则不能化万民；父子为亲矣，不诚则疏；君上为尊矣，不诚则卑。夫诚者，君子之所守也，而政事之本也，唯所居以其类至。操之则得之，舍之则失之。”由天道“诚”，证明人道当为“诚”；人道之诚因为天道诚的存在，而获得存在正当性。这一论证过程与逻辑特点，与孟子相比，似乎有一些相通之处。在孟子思想中，天道“诚”，人道“诚之”，人通过“思”，在德性之诚层面上实现天人合一。与孟子相比，《荀子》32篇只有《不苟》与《大略》两篇稍微涉及本体之天与仁德的内在关系，论证远不如孟子全面深入。但是，即便如此，不能不说这是一个令人惊喜的重大发现！因为我们已经从《荀子》中发现荀子已经从“天”与“诚”这一道德形上学高度论证仁与本体的内在关系。尽管属于雪泥鸿爪，也是弥足珍贵。徐复观先生评论荀子论性，只“是纯经验的性格”，“人性论的成立，本来即含有点形上的意义。但荀子思想的性格，完全不承认形上的意义，于是他实际不在形上的地方肯定性。”① 冯友兰先生也说：“孟子言义理之天，以性为天之部分，此孟子言性善之形上学的根据也。荀子所言之天，是自然之天，其中并无道德的原理，与孟子异。”② 徐复观与冯友兰先生所言，时至今日或许已有商榷的必要。

2. 人性论与仁

牟宗三先生评论说：“荀子之学，历来无善解。宋明儒者，因其不识性，不予尊重，故其基本灵魂遂隐伏而不彰。”③ 自汉以降，“无善解”的现象一直绵延至今。当下学术界大多将荀子人性学说概括为“性恶论”，就是一个非常有代表性的“无善解”案例。时至今日，确实有必要正本清源，以彰显荀子人性学说“基本灵魂”。我们先看看《荀子》一书中对“性”或“人性”的界定：

生之所以然者谓之性。性之和所生，精合感应，不事而自然谓之

① 徐复观：《中国人性论史》，华东师范大学出版社2005年版，第142页。

② 冯友兰：《中国哲学史》，华东师范大学出版社2000年版，第217页。

③ 牟宗三：《名家与荀子》，吉林出版集团有限责任公司2010年版，第129页。

性。性之好、恶、喜、怒、哀、乐谓之情。情然而心为之择谓之虑。心虑而能为之动谓之伪。虑积焉，能习焉，而后成谓之伪。正利而为谓之事。正义而为谓之行。所以知之在人者谓之知。知有所合谓之智。智所以能之在人者谓之能。能有所合谓之能。(《荀子·正名》)

性者，天之就也；情者，性之质也；欲者，情之应也。以所欲为可得而求之，情之所必不免也。以为可而道之，知所必出也。故虽为守门，欲不可去，性之具也。(《荀子·正名》)

故曰：性者，本始材朴也；伪者，文理隆盛也。无性则伪之无所加，无伪则性不能自美。性伪合，然后圣人之名一，天下之功于是就也。故曰：天地合而万物生，阴阳接而变化起，性伪合而天下治。(《荀子·礼论》)

这是荀子关于“性”与“人性”概念最经典的界说，研究荀子人性学说必须建基于《正名》、《性恶》、《礼论》等篇章对“性”概念的界定基础上。人性是存在之本体，是人之所以为人的基本规定性，人生只不过是这种普遍规定性的展开。荀子“性”或“人性”这一概念，蕴涵三层义项：其一，人之欲；其二，感官功能与属性；其三，“人之所以为人”的自然德性。我们先讨论人之欲与感官功能意义上的人性，因为人之欲与感官功能同属于人之自然材质之性。“凡人有所一同：饥而欲食，寒而欲暖，劳而欲息，好利而恶害，是人之所生而有也，是无待而然者也，是禹、桀之所同也。目辨白黑美恶，耳辨声音清浊，口辨酸咸甘苦，鼻辨芬芳腥臊，骨体肤理辨寒暑疾养，是又人之所常生而有也，是无待而然者也，是禹、桀之所同也。可以为尧、禹，可以为桀、跖，可以为工匠，可以为农贾，在势注错习俗之所积耳。是又人之所生而有也，是无待而然者也，是禹、桀之所同也。”(《荀子·荣辱》)耳能聪、目能明、口能言，属于人之感官功能，不可以善恶判断，在本文中无需对此再作进一步讨论。我们有必要深入探究的是人之欲，“欲食”、“欲暖”、“欲息”，犹如告子所言“食色”，“是人情之所同欲”，(《荀子·王霸》)即使贤如禹、汤，不肖如盗跖，在“食色”基本欲望上，也是“人之所生而有”。此外，譬如“富有天下”、“重色而衣之”、“重味而食之”、“重财物而制之”、“饮食甚厚”、“声乐甚大”、“台谢甚高”、“园囿甚广”(《荀子·荣辱》）等等，都是与生俱来的人之欲，都是“人情之所同欲”。这些生发于人之自然材质的欲，是人之“本始材朴”，有其合理合法、合符道德理性之成分，不可片面断定为“恶”。我们今天只有在“人之所生而有”立场上，才能真正理解《性恶》篇的主旨：“人之性恶，其善者伪也。今人之性，生而有好利焉，顺是，故争夺生而辞让亡焉；生而有疾恶焉，顺是，故残贼生而忠信亡焉；生而有耳目之欲，有好声色焉，顺是，故淫乱生而礼义文理亡焉。然则从人之性，顺人之情，必出于争夺，合于犯分乱理，而归于暴。故必将有师法之化、礼义之道，然后出于辞让，合于文理，而归于治。用此观之，然则人之性恶明矣，其善者伪也。”（《荀子·性恶》）荀子所言“食色”人欲之性，存在着两种潜在的性向：

其一，“食色”之欲有可能朝着善的方向发展。杨倞将“伪”训为“矫”，“伪”是“矫其本性”，郝懿行对杨倞的观点断然否定：“杨氏不了，而训为矫，全书皆然，是其蔽也。”① 先秦时期“伪”与“为”字义相通，泛指后天社会教化、制度文明与道德践履。如果简单地将“伪”训释为“矫”，等于断章取义地认定人性全恶而无善。“所谓性善者，不离其朴而美之，不离其资而利之也。使夫资朴之于美，心意之于善，若夫可以见之明不离目，可以听之聪不离耳，故曰目明而耳聪也。”（《荀子·性恶》）人“有性质美”（《荀子·性恶》），这是理解与评价荀子人性学说非常重要的逻辑起点。荀子反复强调人性之善必须因循人性内在固有的“性质美”，即“朴”与“资”，先天的人性之“自美”（本始材朴）在“师法之化、礼义之道”引领下，人性自然而然朝着善的性向发展。

其二，“食色”之欲有可能朝着恶的方向蔓延。如果人性“离其朴”、“离其资”，那是“性伤谓之病”。（《荀子·正名》）“性伤”才会导致人之性恶。具体而论，“从人之性，顺人之情”就是“性伤”，已经有“病”的人之性才有可能趋向于恶，恶是人性之“病”。《性恶》篇多次出现的“顺是”，旨在阐明“争夺生”、“残贼生”、“淫乱生”等“犯分乱理”现象，只与“从人之性”（王先谦指出，“从”之含义为“纵”）的“性伤”有内在关联。韦政通评论说：“依荀子之意，产生恶的关键在‘顺是’，照下文‘从人之性，

① 王先谦：《荀子集解·性恶》，中华书局2006年版，郝懿行“补注”。

顺人之情'的话看，顺是就是依循着自然之性，放纵它而不知节制，于是有恶的产生。"① 因此，荀子所说的"人之性恶"，与"未发"层面的"欲"没有关系，恶只与"性伤"前提下"已发"层面的"顺是"有涉。作为"本始材朴"自然材质意义上的欲，实际上不可以善恶界说。恶并不是"本始材朴"自然材质固有的本质属性，恶只与后天"已发"层面的发生学相联。"今人之性，生而离其朴，离其资，必失而丧之。用此观之，然则人之性恶，明矣。"(《荀子·性恶》) 荀子一再用"失而丧之"、"离"、"伤"、"病"等词语，实际上要声明："本始材朴"自然材质之性，是可以"美之"、"自美"的，后天世俗社会的"失而丧之"，才有可能将"本始材朴"自然人性引向恶。

荀子"性"或"人性"范畴的第三层义涵是"人之所以为人者"(《荀子·性恶》) 的自然德性，这一重蕴涵已直接涉及仁与人性究竟有无关系？徐复观先生认为荀子哲学精神对于孔子的仁，"始终是格格不入的"，原因在于仁在荀子思想体系中只是"客观的知识"，而不是道德形上学境界的范畴，所以仁在荀子思想中"没有生下根"②。牟宗三先生也批评荀子思想"本原不足"，甚至"无根"③。荀子之仁果真是"无根"之仁吗？让我们还是回到荀子思想本身，以荀释荀。荀子论证其人性学说，存在着一个一以贯之的逻辑基础：在"人之所以为人者"基础上立论。"人之所以为人者，何已也？曰：以其有辨也。饥而欲食，寒而欲暖，劳而欲息，好利而恶害，是人之所生而有也，是无待而然者也，是禹桀之所同也。然则人之所以为人者，非特以二足而无毛也，以其有辨也。今夫狌狌形笑，亦二足而无毛也，然而君子啜其羹，食其胾。故人之所以为人者，非特以其二足而无毛也，以其有辨也。夫禽兽有父子，而无父子之亲，有牝牡而无男女之别。故人道莫不有辨。辨莫大于分，分莫大于礼，礼莫大于圣王。"(《荀子·非相》)"二足而无毛"不是人之所以为人的本质规定，因为猩猩的体貌特征与人类似，也是"二足而无毛"。缘此，人禽之别何在？在于人有"辨"，"辨"的实际内涵是"分"，"分"意味着道德自觉与价值选择，"分"遵循的原则是"礼"。换言

① 韦政通：《中国思想史》，上海书店出版社2003年版，第220页。

② 徐复观：《中国人性论史》，华东师范大学出版社2005年版，第157页。

③ 牟宗三：《名家与荀子》，吉林出版集团有限责任公司2010年版，第135页。

之，人之所以为人的本质规定是德性，这种德性在荀子思想中体现为自然德性："水火有气而无生，草木有生而无知，禽兽有知而无义。人有气、有生、有知，亦且有义，故最为天下贵也。"（《荀子·王制》）孟子人性论中有“良贵”与非“良贵”之别：仁义礼智“四端”是“大体”，“大体”是“良贵”；“食色”之欲是“小体”，“小体”是非“良贵”。大体贵，小体贱。荀子所推崇的“最为天下贵”与孟子心志“大体”相近，“义”才真正是人之所以为人的本质特性，义是人之“贵”。孟子、荀子所“贵”，与郭店楚墓竹简《语丛一》“夫〈天〉生百物，人为贵”应该存在某种内在逻辑关联。义具有普遍性、绝对性特点，“义与利者，人之所两有也。虽尧、舜不能去民之欲利；然而能使其欲利不克其好义也。虽桀、纣不能去民之好义。”（《荀子·大略》）“义”在《王制》、《大略》篇中与“道”同义，泛指先在性、普遍性的自然德性（荀子作为自然德性的义，与亚里士多德“自然的德性”有几分近似之处）。从《王制》篇前后文文义判断，义是一集合概念，涵摄孝、忠、信、悌等具体德目："能以事亲谓之孝，能以事兄谓之弟，能以事上谓之顺，能以使下谓之君。"（《荀子·王制》）在荀子思想体系中，义与仁经常连举为“仁义”，组成一复合词。《王制》篇中作为集合概念的义，理应涵盖了仁。尤其重要的是，仁内在于人性，“君子养心，莫善于诚。致诚，则无它事矣。惟仁之为守，惟义之为行。诚心守仁则形，形则神，神则能化矣。诚心行义则理，理则明，明则能变矣。变化代兴，谓之天德”（《荀子·王制》）。诚是一个道德形上学色彩非常浓郁的范畴。在先秦时期，诚与信迥然有别，信涉及人与人之间道德关系，诚与他人无关。诚作为道德本体上通于天，下贯彻于人性，诚只单向对道德主体有所规约。诚之基本内涵如《大学》所言“毋自欺”，朱熹云："诚，实也。意者，心之所发也。实其心之所发，欲其一于善而无自欺也。"① 人之“天德”为诚，君子通过“养心”，体悟仁源起于“天德”，落实于人性为自然德性。杨倞注云："诚心守于仁爱，则必形见于外。"（王先谦：《荀子集解·不苟》篇杨倞注）仁内在于人性，所以需“诚心守仁”。一个“守”字，十分精确地揭明仁不是外在的道德规约与价值观，仁是“心之所发”，“致诚”就是让内在于人性的仁义“是其所是”地澄现与

① 朱熹：《四书集注·大学章句》，岳麓书社2004年版，第6页。

彰明。荀子“守仁”、“行义”之说，与孟子“仁义内在”近似，并且与郭店楚简“仁，性之方也，性或生之”①、“由中出者，仁、忠、信”②比较接近，荀子思想与郭店楚简内在逻辑关系有待于学界深入探讨。“仁义德行，常安之术也。”（《荀子·荣辱》）荀子所言“常安”于仁义，是对孔子“仁者安仁”的“接着讲”，仁源起于普遍、绝对的人性，是人之所以为人之“命”。“人之命在天”（《荀子·天论》）与“性自命出，命自天降”，两者之间存在着一以贯之的思想源流。明确了这一层含义，才能领悟何以能以仁为安、以仁为乐。在证明仁是内在人性的自然德性基础上，才能顺理成章地理解“涂之人可以为禹”如何可能：

> 凡禹之所以为禹者，以其为仁义法正也。然则仁义法正有可知可能之理，然而涂之人也，皆有可以知仁义法正之质，皆有可以能仁义法正之具，然则其可以为禹明矣。今以仁义法正为固无可知可能之理邪？然则唯禹不知仁义法正，不能仁义法正也。将使涂之人固无可以知仁义法正之质，而固无可以能仁义法正之具邪？然则涂之人也，且内不可以知父子之义，外不可以知君臣之正。不然。今涂之人者，皆内可以知父子之义，外可以知君臣之正，然则其可以知之质、可以能之具，其在涂之人明矣。（《荀子·性恶》）

追求生命内在超越，在有限的生命旅程中追求实现永恒的生命理想、享受生命理想境界之乐，是中国哲学一以贯之的文化精神。儒家如是，庄子道家如是，中国化的禅宗也复如是。“涂之人可以为禹”的道德形上学基础是人人“皆有可以知仁义法正之质，皆有可以能仁义法正之具”。“质”与“具”都是“本始材朴”，是人性自然材质。何谓“知”？何谓“能”？荀子自己有一训释：“所以知之在人者，谓之知；知有所合，谓之智。智所以能之在人者，谓之能；能有所合，谓之能。”（《荀子·正名》）“知”是认识论层面概念，“能”是实践理性与工夫论意义概念，“知”与“能”都是人固有

① 刘钊：《郭店楚简校释·成之闻之》，福建人民出版社2005年版，第100页。

② 刘钊：《郭店楚简校释·成之闻之》，福建人民出版社2005年版，第109页。

的、先验性的本能、能力。“知”与“能”是“涂之人可以为禹”的前提条件，“积”则是“涂之人可以为禹”的唯一工夫论途径。“积”在荀子思想体系中是一非常独特的概念，在《荀子》文本中出现八十多次，地位不可谓不重要。“积”的具体内涵是“化性起伪”，“化性”不是“灭性”，犹如“养心”不是“去心”。“化”是“是其所是”与“是其所不是”的辩证统一，严防人性之欲趋向恶，固守与弘扬人性中趋向善之善因。“化性起伪”的具体道德化路径是先天人性之善质、能力，与后天人文教化、道德践履相结合。“本夫仁义法正之可知之理、可能之具”，在“质”、“具”、“理”基石上，再“思索孰察”、“积善而不息”（《荀子·性恶》），方其如此，才有可能“积善”而为圣人。在理想人格的实现上，荀子特别强调“性”与“伪”的结合，两者不可偏废。荀子提出“能不能”与“可不可”的区别，“故小人可以为君子，而不肯为君子；君子可以为小人，而不肯为小人。小人、君子者，未尝不可以相为也，然而不相为者，可以，而不可使也。故涂之人可以为禹，则然；涂之人能为禹，未必然也。”（《荀子·性恶》）“能不能”是人性自然材质与能力，是实现理想人格之潜在可能；“可不可”是后天的道德自觉与践行。良驹虽有奔腾万里之潜能，如果没有伯乐的赏识与造父后天驯化，也不可能“一日而致千里”。伯乐与造父虽竭尽全力，也不可能让鸭子“一日而致千里”。“足可以遍行天下，然而未尝有能遍行天下者也”（《荀子·性恶》）。对于“能不能”这些人性自然材质“性质美”在成就圣人理想人格上之价值，戴震一针见血地指出：“此于性善之说不惟不相悖，而且若相发明。”① 傅斯年继而评论说：“人之生质中若无为善之可能，则虽有充分之人工又焉能为善？木固待矫揉然后可以为直，金固待冶者然后可以为兵，然而木固有其可以矫揉以成直之性，金固有其可以冶锻以成利器之性，木虽矫揉不能成利器，金虽有不能成良冶也。”② 人性自然材质与“圣人”理想人格之间不是一“绝缘体”，恰恰相反，圣人是人性自然材质“性质美”合乎逻辑与自然的推进与展现。在学术史上，将荀子人性学说界定为“人性恶”或“性恶论”，几乎已成为一种共识，现在看来实在有重新认识与评价的必要。在

① 戴震：《孟子字义疏证》，中华书局 1982 年版，第 31 页。

② 傅斯年：《性命古训辩证》，上海古籍出版社 2012 年版，第 194 页。

韩愈心目中，荀子因为谈性恶，已不是“醇儒”，所以被驱逐出儒家“道统”之外。程颐说：“荀子极偏驳，只一句‘性恶’，大本已失。”① 郭沫若继而说荀子断言“人之性便全部是恶”②。徐复观先生认为，荀子的人性思想，只是“以欲为性”③。诸多先贤今哲往往忽略了荀子哲学中的“性”蕴涵三层义项：人之欲、人之生理能力与人之所以为人的自然德性。人之生理能力不可以善恶断定；人之欲本身并不存在内在固有的恶质，恶只与后天“已发”层面的发生学有关；仁源起于诚，诚下贯于人性而为仁。仁内在于人性，是人性固有的、先在性的、绝对的本质规定，人性具有先验性“性质美”，“诚心守仁”才是人之所以能为“禹”之道德基石。综上所论，将荀子人性学说界定为“性恶论”、“人性恶”，不能不说是一误读误解，甚至可以说是千古奇冤。近半个世纪以来，日本与中国学术界有人将荀子人性学说界定为“性朴论”，也有一叶遮目之不足。缘此，荀子人性学说如何界定比较恰当？笔者认为将荀子人性学说界定为“性善说”比较确当。④

三、结　语

荀子礼学的本质是为天下的制度与人伦立法。不合乎礼之根本精神的人间制度与人伦，已丧失存在的正当性。荀子的“礼”与“礼法”，其间蕴涵些许古希腊格老秀斯“自然法”的因素。礼自身存在的文化精神是仁。仁先而礼后，仁不仅逻辑在先，更是礼之“天地精神”⑤。如果沿着荀子思想轨

---

① 程颢、程颐：《河南程氏遗书》，《二程集》，中华书局 2004 年版，第 262 页。

② 郭沫若：《十批判书·荀子的批判》，《郭沫若全集·历史编 2》，人民出版社 1982 年版，第 221 页。

③ 徐复观：《中国人性论史》，华东师范大学出版社 2005 年版，第 140 页。

④ 在学术研究动态上，1974 年，日本学者兒玉六郎在《日本中国学会报》第 26 辑上发表题为《荀子性朴说の提起——性伪之分に關する考察から》的论文。兒玉六郎将荀子人性思想界定为“性朴”而非“性恶”。2002 年，中国学者周炽成在其所著《荀子韩非子的社会历史哲学》（中山大学出版社 2002 年版）一书中，也认为荀子人性学说是“性朴论”而非“性恶论”。“性朴论”是对汉以降“性恶论”的反思与修订，具有一定的启发意义。但是，“性朴论”在观点上仍然存在以偏概全的不足。

⑤ 牟宗三：《名家与荀子》，吉林出版集团有限责任公司 2010 年版，第 134 页。

迹继续"向高度提"①，我们会惊喜地发现：从道德形上学高度为仁存在正当性进行论证，是荀子仁学已经达到的哲学新高度。与此同时，这也是学术界自汉以来一直忽略与低估的学术问题。在本根论层面，仁是"天德"，牟宗三称之为"客观精神"。作为"客观精神"的仁具有绝对性、普遍性特点，因而是人之"命"；在人性论层面，荀子一再声明人"有性质美"，"性伤"才有可能导致人性趋向恶。"人之性恶"与"未发"意义上的欲没有直接关系，恶不是"本始材朴"自然材质固有的本质属性，恶只与后天"已发"意义上的发生学有涉。荀子人性论立足于"人之所以为人"基础上立论，仁是"心之所发"，所以应"诚心守仁"，"致诚"就是让内在于人性之仁"是其所是"地彰明。徐复观先生认为荀子"道德的发端，不上求之于神，也不求之于心，而是求之于圣王的法"②。徐复观、牟宗三等诸位先生的评论与观点，今天看来已有重新商榷与衡评的必要。自汉朝以降，将荀子人性学说界定为"人性恶"或"性恶论"，不能不说是一千年误读与误解。

（作者单位：山东大学儒学高等研究院）

① 牟宗三：《名家与荀子》，吉林出版集团有限责任公司 2010 年版，第 133 页。

② 徐复观：《中国人性论史》，华东师范大学出版社 2005 年版，第 150 页。

仁与孝慈关系的当代阐释

蔡祥元

在儒家思想传统中，与孝、仁相比，有关慈的论述要少得多。在《礼记·礼运》中，慈作为人伦之义的第一条被提出，“何谓人义？父慈，子孝，兄良，弟悌……”但是，或许由于慈爱太自然了，做起来也极为容易，似乎没有强调的必要，因此它在思想上没有获得足够的重视。孟子言必称尧舜，并将尧舜之道归结为孝悌。舜之事亲之道，被孟子称为“大孝”。“舜尽事亲之道，而……此之谓大孝”(《孟子·离娄上》)，因为舜的父亲对舜很不好，甚至有杀之之心，但舜依然恪守孝道，最后令舜之父亲感动。舜的做法历来被称为孝道之典范。从这个典范中，我们可以看到，父母对子女是否慈爱，并不那么重要，不会因为父母不够慈爱就非议他们。但孝道不同，即使在父母未尽慈爱之道的情况下，也依然需要遵守。另外，从生物学角度看，慈爱现象在动物界也很普遍，孝爱则几乎没有。从社会政治角度看，如果强调慈爱，并以此来苛求父母，会导致犯上作乱，古代就有儒者已经提出过这种担忧：“惟如此而后天下之为父子者定。彼臣弑其君、子弑其父者，常始于见其有不是处耳。”①

考虑到以上诸种原因，我们就不难理解，为什么在儒学思想传统中，慈爱现象有意无意地就被忽视了。但是，这个疏忽，在我看来，极可能掩盖了儒学思想的一个重要源头，导致其思想在关键处有不通透之感。

① 朱熹：《四书章句集注》，中华书局 2012 年版，第 293 页。

一、从“孝悌也者，其为仁之本与”说起

有子曰：“其为人也孝悌，而好犯上者鲜矣；不好犯上，而好作乱者，未之有也。君子务本，本立而道生。孝悌也者，其为仁之本与！”(《论语·学而》)

《论语》中有子这段话的最后一句有两种不同的断句法：一是，其—为—仁之本与；另一是，其—为仁—之本与。根据第一种断句，孝悌乃是仁的根本，这里的“为”作介词“作为”解。第二种断句的意思则是，孝悌乃是为仁的根本，这里的“为”作动词“施行”解。这两种断句及解释代表了两种不同的思想。根据前一种，这段话是从本体层面讲孝悌是仁之为（作为）仁的根本，根据后一种，这段话是从经验层面、从方法层面上讲孝悌是为仁（行仁）的根本。“为”的这两种用法在《论语》中都存在，比如在“为政以德”(《论语·为政》)“见义不为”(《论语·为政》)“为礼不敬”(《论语·八佾》)等处“为”字自然做动词解，而在“先王之道斯为美”、“曾是以为孝乎”、“可以为师矣”、“天将以夫子为木铎”等地方，“为”字只能作介词解。因此，这两种断句意思都通，关键在于上下文的思想。

根据宋代儒家的心性说，仁爱之心更具普遍意义，孝悌只是仁爱的一种表现形式。因此，如果依照第一种断句，就会造成一个理解上的困难，孝悌成了仁爱的根本。程子、朱熹都注意到了这个潜在的疑难，并作了专门的解释。程子通过区分性与习，强调仁乃人性，孝悌乃是仁性之发用，以此否定了第一种断句与解读，从而避免了可能导致的思想困境：“行仁自孝悌始，孝悌是仁之一事。谓之行仁之本则可，谓是仁之本则不可。盖仁是性也，孝悌是用也。性中只有个仁、义、礼、智四者而已，何尝有孝悌来？然仁主于爱，爱莫大于爱亲，故曰：‘孝悌也者，其为仁之本与！’”① 根据程子的解释，其中“为仁之本”中的“为”解释为实施、实行的意思，“其为仁之本与”说的就是行仁之本，也即，行仁需从孝悌开始，“行仁自孝悌始”。“故为仁

① 朱熹：《四书章句集注》，中华书局2012年版，第48页。

以孝悌为本。论性，则以仁为孝悌之本”。以此，程子明确否定了第一种断句与理解：“谓之行仁之本则可，谓是仁之本则不可。”①

但是，这一解释首先将面临一个来自上下文的诘难。如果解读为“为仁”之本，那么，“本”在这里意思就是开始、发端，即行仁需从孝悌开始，如程子所言“行仁自孝悌始”。如果这样，为何有子在这里不直言“孝悌也者，其为仁之始与”或“为仁之端与”？当然，“本”之本意乃草木之根，自然也隐含着端倪的意思，而且还可以解读为施行仁爱的根本方法意义上的“本”。但是，我们注意到，“为仁之本与”是接着前一句（“君子务本，本立而道生”）讲“本”的。如果“本”解读为“为仁之本”，前一句的字面意思就有累赘之嫌，即：君子务必在“为仁之本”上用力，“为仁之本”立则仁义之道生。而如果解读为“仁之本”，则意思顺畅许多：君子务必在“仁之本”上用力，“仁之本”立则仁义之道生。此外，叶德辉在《日本天文本论语校勘记》中指出，《论语》的许多日本古本中此处均无“为”字，只有“其仁之本与”。② 根据这些古本，那么这里孝悌只能解读为“仁之本”，而不是“为仁之本”。

其次，孔子弟子多次问如何为仁，孔子做了不同回答，但并未提及孝悌乃是为仁最根本的法门。“颜渊问仁。子曰：‘克己复礼为仁。一日克己复礼，天下归仁焉。为仁由己，而由人乎哉？”（《论语·颜渊》）“仲弓问仁。子曰：’出门如见大宾，使民如承大祭。己所不欲，勿施于人。在邦无怨，在家无怨。’”（《论语·颜渊》）

最后，更关键的是，一种普遍的、先天的仁性观是否适合孔子思想。孔子本人确实看重孝悌之行，尤其是孝行，强调要全身心地投入到孝礼之中才能成其为孝。但是，大家也都知道，孔子很少谈性，只说“性相近也，习相远也”（《论语·阳货》），如其弟子所指出的，“夫子之文章，可得而闻也；夫子之言性与天道，不可得而闻也”（《论语·公冶长》）。孔子不直接谈人的本性，并非偶然，因为孔子心目中有一种非普遍化的、一种性与习成的“生生之性”。在他看来，人并不天生就是人，他还需有一个人之为仁从而成为

---

① 朱熹：《四书章句集注》，中华书局 2012 年版，第 48 页。
② 程树德：《论语集释》（一），中华书局 1997 年版，第 13 页。

人的过程。所以，把仁作为普遍化人性来看待，并且套用习与性分的思想框架，很可能错失了孔子那里更为原本的人（仁）一性论。

因此，孝悌仅仅解读为经验论、方法论层面的为仁之本，无论从文字方面考虑还是思想方面考虑，都会面临重大的挑战。而把孝悌作为“仁之本”，则可以更好地避免上述质疑，它暗示了一种以孝悌为本、为源的，亦即一种非普遍化的，需要在实际生活经验中被时机化地构成的人性论。

二、孝悌与慈爱的同源互构关系

在考察孝悌与仁的关系之前，我们先探讨一下孝悌本身的根源，这有助于避免把孝悌作为一种普遍化的人性来看待。

关于孝，孔子与弟子之间有许多直接对话。孔子对于如何行孝、为何行孝都有不少论述。孔子在与宰我有关三年之丧是否太久的讨论中，点出了为何需要行孝的根本。

> 宰我问：“三年之丧，期已久矣！君子三年不为礼，礼必坏；三年不为乐，乐必崩。旧谷既没，新谷既升，钻燧改火，期可已矣。”子曰：“食夫稻，衣夫锦，于女安乎？”曰：“安！”“女安则为之！夫君子之居丧，食旨不甘，闻乐不乐，居处不安，故不为也。今女安，则为之！”宰我出。子曰：“予之不仁也！子生三年，然后免于父母之怀。夫三年之丧，天下之通丧也。予也有三年之爱于其父母乎？”（《论语·阳货》）

从上述对话中可以很容易注意到，孔子在谈论为何行孝的时候，并没有简单说，这是人之天性，不行孝就有违背人性，而是指向父母对子女的养育现象。孔子的这些回答，表面看来，也是平实自然至极。为什么要孝敬父母呢？因为父母对我们有养育之恩。滴水之恩，当涌泉相报，何况养育之恩？报恩的解读固然不错，但对于理解孔子思想来说，恐怕是不够的。以报恩的方式来解释孝敬的根源，背后隐含着一种功利的算计，就像欠债还钱一样。孝敬父母仅是一种还债的行为吗？孔子明确否定了这一点，他认为仅仅是回报父母的养育之恩，还远不是孝。孝的关键在动心，发动孝敬之心，而不在于单纯地养老。“子游问孝，子曰：‘今之孝者，是谓能养。至于犬马，皆能有养。不敬，何以别乎？’”（《论有·为政》）子夏问孝，子曰：‘色难。有事弟子服其劳，有酒食先生馔，曾是以为孝乎？’”（《论语·为政》）

因此，孝之根源的问题就变成对孝敬之心的追问。对此问题，孟子有一个解释，他认为这是良知良能。孟子观察到，小孩子天生就能爱其父母兄长，这是人的本然之爱。如果能将此爱推广于他人，他就能成为一个仁义之人。孟子曰：“人之所不学而能者，其良能也。所不虑而知者，其良知也。孩提之童，无不知爱其亲者，及其长也，无不知敬其兄也。亲亲，仁也。敬长，义也。无他，达之天下也。”（《孟子·尽心上》）程子进一步指出，良知良能说的就是这是天生的，“良知、良能，皆无所由。乃出于天，不系于人”①。经孟子的观察与断言和宋儒的发挥与阐释，孝逐渐被认为是判别人与禽兽的关键区别，成为人心、人性之所当然者，乃是天理。这当然是对孝之根源的一种解释。虽然它避免了对孝作功利主义解释，但是，把孝上升为天理的同时，也就屏蔽了对孝之根源的追问，遮蔽了孔子对孝与慈的某种内在关系的暗示。

孟子的观察固然不错，但有一个前提被孟子忽略了，那就是孩子之所以天然地知道亲爱其父母，那是因为，他从出生之时就受着父母的呵护。我们可以设想，孩子出生后，父母只是简单地喂养他，从不对他笑，不去真心地关爱他，这样的孩子能天然地觉得父母可亲吗？如果父母不仅不关爱子女，而且动辄打骂，这样的孩子对父母多半不会觉得亲近，更可能是害怕与恐惧。当然，但是，这种情况很少发生，父母之关爱子女是一件很“自然”的事，甚至因为它太“自然”了，而常常被人们无视。但它并没有被孔子忽视，他对此有深切体会，并把它与孝关联起来作为一个整体进行考察。在宰我提出三年之丧时间太长，不太适宜的时候，孔子意味深长地指出，“予之不仁也！子生三年，然后免于父母之怀。夫三年之丧，天下之通丧也。予也有三年之爱于其父母乎？”这里我们不必拘泥于“三年之丧”与“三年然后免于父母之怀”之间数量上的对应性，关键的是，孔子在这里点出了孝心的

① 朱熹：《四书章句集注》，中华书局2012年版，第360页。

根源。古人之所以守丧三年，是因为父母去世后三年之内，“食旨不甘，闻乐不乐，居处不安”，而之所以对父母之死动心如此，是因为我们三年才能免于父母之怀。

但是，这似乎又回到了报恩的解释。不正是因为父母的慈爱，所以我们长大后要孝敬父母吗？这里面确实有某种报恩，但不是功利主义中的欠债还钱。因为，父母之养育，尤其是幼年期，不单单只是物质上的抚养，还直接关乎人之成人。人与动物不同，刚生下来时还不能称之为完整的人，他仅仅具备了人的身体，具备了成为人的可能性。要成为人，还需要一个再—生的过程。如果一个孩子幼年不是由人抚养，而是与动物生活在一起，他依然可以长大，如此长大之后只能是某种“狼孩”，而不是人。而这个再—生的过程主要在头三年完成的。最新的科学研究也表明，0—3 岁时是孩子大脑发育最快时期，大大超出其身体的发育速度，有关神经系统的研究显示，这一时期，神经元活动异常活跃，互相之间会建立许多新的连接。大脑神经细胞之间的这些联系，在很大程度上是由婴幼儿生活中的经历决定的。

而这个过程，可以看作一个人的“自我”意识形成期，并且主要由父母（包括父母的父母）共同参与完成的。他们的饥寒冷暖，都需要父母来呵护，对外部世界的认知，甚至对自己身体的运用，翻身、爬行等，需要借助父母的身体来展开。不仅如此，父母对他们的态度，对他们的触摸与微笑，很大程度会影响他们对自我的认知。可以说，婴幼儿对世界以及自我的认知，是以父母为尺度展开的。只有父母才有足够的耐心去倾听他们的咿咿呀呀，去关注他们，在他们还不会说话的时候就能与他说话。婴幼儿对父母有一种天然的依恋。这种依恋，不仅仅因为他们弱小，而是因为他们需要。如果把父母对儿女的养育之恩也称为一种债的话，那么，这不是那种可以偿还的外债，而是一种“原债”。“原债”是不可计算的，也是永远偿还不完的，是我们生存结构上对父母的“亏欠”。“父母”已经深深地植根于我们的“自我”之中。因此，我们才觉得父母是亲的。孟子观察到“孩提之童，无不知爱其亲”，但他没有注意到，孩提之童爱其亲的前提是，孩提曾“三年无免于父母之怀”。

在《论语》中，慈爱扮演着一个很重要的角色。孟武伯问孝的时候，孔子没有直接回答何为孝或如何行孝，直言“父母唯其疾之忧”，这就表明，在孔子心目中，孝与慈处于互相关联一个结构之中。孝之为孝，必须借助慈来理解。只有以此结构为视野，孝才具有直接的可理解性。孔子对慈爱的根源性地位是心领神会的，他多处点出了它。但没有被命名，而是保持在“匿名”之中。在人之成人的过程中，三岁之前的经历以“匿名”的方式保存在记忆之中。人们只会天然地认为父母对我们来说是最亲的人，但“遗忘”了他们为什么会成为我们亲人的过程。亲亲被当作人之“良知良能”，从思想上进一步掩盖了在“三年无免于父母之怀”的过程中，父母—亲成其为父母—亲的过程。

慈爱不仅在孩子心里埋下了未来是否孝敬的种子，慈爱当下就在孩子身上引发着孝敬。孝行的关键是孝敬之心的发动。一个人之所以能够对父母的冷暖病痛感到深切动心，是因为他对父母有依恋之心。正是此依恋之心，使得他能够对父母的遭遇切同身受。而依恋之心的根源来自父母的慈爱之心。我孩子小的时候我照顾比较多，对我极为依恋。两三岁的时候，我去上班，他经常泪水涟涟，有时还会说，“爸爸，你路上小心点”，“遇到红灯停下来哈”等等。这么小，就已经牵挂其我的安危了，已经“动心”了。

慈爱不仅对于孩子的现在与未来能否孝顺起着关键性作用，甚至对于施爱者本人，亦即孩子的父母，是否孝顺，也有一定的感化作用。中国民间有种说法，即一个人在自己做父母以后，才能懂得孝顺，懂得体谅自己的父母之心。这里当然有一些将心比心的联想，也与个人的年龄的增长逐渐长大成熟有关。但是，这里头更关键的还是慈爱本身的感化作用。婴幼儿用自己“嗷嗷待哺”的婴儿之声，感化开自我—中心，回归那更本源的仁—心，激发出那遗忘在岁月中的父母慈爱的烙印，从而在为人父母之后，变得更难理解体谅父母之心，从而也更孝敬了。

因此，在孝悌中，慈早已经以匿名的方式隐含于其中。考虑到这一点，“孝悌也者，其为仁之本与”背后的完整意思应该是：亲—亲也者，其—为—仁之本与。这里的“亲—亲”不同于通常意义上的“亲亲”，亦即理解为子女对父母单向的亲爱之情，同时还包括父母对子女的慈爱之情。因此，孝爱与慈爱彼此处于一种同源互构的关系之中。“‘亲爱’主要表现为‘慈爱’和‘孝爱’。它们的源头和表现方式都来源于人的生存时间或‘出生时间’。正因为‘亲’与‘子’的时相本性而非个体性，才使得亲子关系成了意义机制，而亲子之爱正是这种‘共构意义’的原初发生的显现。”①

它们互为起源，一同构筑了人性之本：“仁者，人也，亲亲为大。”（《中庸》）

三、亲—亲之爱与人之为仁（人）

下面我们更一般地从生存论层面考察亲亲之爱与人之为仁（人）的关系。

仁的原本含义，从字面看，说的就是人与人之间的亲爱之情：“仁，亲也，从人二”（《说文解字》）。将此亲亲之情，推及他人，就是一般意义上的仁爱，如孟子所言，“君子之于物也，爱之而弗仁；于民也，仁之而弗亲。亲亲而仁民，仁民而爱物。”（《孟子·尽心上》）亲亲之情，乃是仁爱之源。只有经过亲亲之情的熏陶与转化，一个人才可能对他人具有仁爱之心。可以想一下，一个人如果连自己的亲人都不感到亲近，他如何可能去亲近他人？

忠恕之道是为仁之方，但是行忠恕之道的未必是仁者。因为，己所不欲、勿施于人，己欲立而立人、己欲达而达人，完全可能出自对一种游戏规则的遵循，从而成为一种冷冰冰的礼让，这如何可能是仁爱？这样的人如何可能是仁者？仁者之为仁者，更重要的是那份敦实—厚重的人—情味。所以，孔子常讲，刚毅木讷的人更近乎仁，而不是那巧言令色者，巧言令色者某种意义上也在“己欲立而力人”，因为谁不喜欢别人对自己和颜悦色？谁不喜欢听到他人的夸奖与欣赏？而亲—亲之爱则是生命厚重感的一个重要来源。我们知道，置身于亲—亲之爱中的人，生命中充满了牵挂。父母之于子女，乃是“唯其疾之忧”；子女之于父母，则是“一则以喜、一则以惧”。如果上有老下有小，那生命牵挂的张力就更强了。这种源自亲—亲之爱的牵挂，让一个人做事情的时候，会自然地多一分顾虑，因为每一个决定都可能牵一发而动“全家”。这样的人，如何敢任意妄为、犯上作乱呢？不仅如此，这种源自亲—亲之爱的张力，使得一个人有可能从根子处脱开自我中心，因

① 张祥龙：《孔子的现象学阐释九讲——礼乐人生与哲理》，华东师范大学出版社 2009 年版，第 232 页。

为在亲亲之爱中一个人顾虑更多的往往不是自己，而是亲人。因此，这样的人往往更容易，也更自然地会为他人着想，做到真正意义上的“己欲立而力人，己欲达而达人”，从而成为一个仁人，而不是一个趋炎附势、察言观色的“小人”。因此，背负着亲—亲之爱的人，比之一个完全自我中心的个体，自然会更多一份人—情味。

当然，此种牵挂并非是外在的负担（虽然它也确有负担的一面），它同时是生命内在意义的源头。如果说男女之爱具有某种空间意谓的话——因为异性身体之间具有一种空间的距离，这种距离感往往能带来更多的神秘感与美感，是引发男女之爱的重要源泉——，那么亲亲之爱则更具时间性特征。生命乃是时间之流中的一种纯粹生成或创造，是时间之流中的发生的一个“扰动”或“出窍”（Exstase），并由此而开启一个新的时间之流。当然，如此开启的是一种原本的生命时间或生存时间。在新生命的诞生及其成长过程中氤氲跌宕着的就是原本的生存时间，过去与未来在这里发生深沉的碰撞与交织，并因此激发出崭新的现在，从中我们能感受到最源发的生存意义。因此，原本的时间之流，同时也是原本的生命—意义之流。“对我们现存人类，原本的意义首先是原本的时间。”① 新生命的诞生同时也意味着一个新的意义源头的开启，是一种真正意义上的源—发生（Ereignis）。人类的生存与一般动物不同，它在根子处是由“生存—意义”本身所驱动的。“没有这样一个原—缘发生结构，对现存人类的特性就不可能有一个直接的理解，而只能从它的表现、后果上去解释。”② 抑郁病患者之所以走向自杀，是因为他的生存—意义—结构出了差错，无法再产生生存的“意义”，活下去对他来说成为一件没有“意义”的事。虽然此时他的味觉、嗅觉、肠胃以及心肺功能等等都正常运作，但是它们因为缺少生命“意义”的负重，成为一台空转的机器。如果感受不到“意义”，那么，生命体本身成为一种纯粹外在的负担，选择自杀倒能给他瞬间的“解脱”之感。

而亲—亲之爱正是人类获得生命意义的一个重要根源。一个新生儿的

---

① 张祥龙：《孔子的现象学阐释九讲——礼乐人生与哲理》，华东师范大学出版社 2009 年版，第 212 页。

② 张祥龙：《孔子的现象学阐释九讲——礼乐人生与哲理》，华东师范大学出版社 2009 年版，第 210 页。

诞生，能够给父母双方、父母双方的家庭乃至两个家族带来全新的“意义”，每个人也都因此而获得了新的“身份”。父母双方成为真正意义上的亲人，因为他们成为同一个孩子的父亲和母亲。如张祥龙先生所言，“这个身体化的时间形态本身就在产生人生的意义：一位孕妇为夫妇、为家庭—家族、为她自己带来了变化和新意义的涌流，这是一个不可否认的人生现象。”①从怀孕开始，直至出生与成长，父母双方乃至父母的父母就与孩子一起共处于同一个时间化的意义之晕或意义化的时间之晕中，成为一个家庭—家族。在这个大家庭中，大家相依为“命”，其中任何一个人的生命直接关乎其他人的生命经历。“对于现存人类来说，亲子家庭才有生存时间的意义机制，这种家庭才是一个完整的人类身体。”②一个人如果人生遭遇意外，面对自己的死亡，姑且可以认命。但是，如果他上有耋耄之年的父母需要照顾、下有嗷嗷待哺的婴儿需要呵护，那么，此时即使认命，恐怕也无法安心。在这里，对亲人的挂念超出了自己的生命。自己的死亡是可以承受的，而对亲人的挂念则成为一个人至死也无法释怀的个体生命中的不能承受之“重”！

因此，海德格尔有关死亡的分析，在我看来，恐怕没他设想的那么本真。我们知道，海德格尔区分了自己的死与他人的死。他认为，他人的死亡是可以经验的，并且往往被经验为一种客观的生命的终结。“此在的某种了解在‘在客观上’是可以通达的。”③如此一来，死亡被领会为在世的此在不再在世，因此死亡或去世意谓的无非是从一个在世的存在者变成一个单纯的现成存在者。“此在这种存在者的终结就是现成事物这种存在者的端始。”④对他人死亡的经验，只是一种对死亡的外部经验，而不是对死亡本身的经验。“我们并不在本然的意义上经历他人的死亡过程，我们最多也只不过是

① 张祥龙：《孔子的现象学阐释九讲——礼乐人生与哲理》，华东师范大学出版社2009年版，第225页。

② 张祥龙：《孔子的现象学阐释九讲——礼乐人生与哲理》，华东师范大学出版社2009年版，第228页。

③ 海德格尔：《存在与时间》，陈嘉映、王庆节译，生活·读书·新知三联书店2000年版，第274页。德文本：Martin Heidegger, *Sein Und Zeit*, Tübingen: Max Niemeyer Verlag, 2006, S. 237。

④ 海德格尔：《存在与时间》，陈嘉映、王庆节译，生活·读书·新知三联书店1999年版，第274页。德文本：Martin Heidegger, *Sein Und Zeit*, Tübingen: Max Niemeyer Verlag, 2006, S. 238。

‘在侧’。”① 只有面对自己的死亡，才能领会死亡的生存论含义。我的所作所为，总可以为他人代劳，但我的死亡只能由我自己来承担、来面对，并且永远归属于我。“每一个此在向来都必须自己接受自己的死。只要死亡‘存在’，它依其本质就向来是我自己的死亡。”②

但是，依循海德格尔的思路，我们同样可以指出，自己的死亡并不能在严格意义上被自己所拥有，因为，当死亡到来后，“我”已经不在。自己的死亡总是悬而未决的，总是还未来临的，因而对自己死亡的“经验”只能是一种想象的经验。并且，由于它归属于一个未来的“我”，对它的经验也同样有某种陌己性，也即表现为某种他者的死。也正因此，和旁观他人的死一样，我们也可以，甚至经常也会从容地设想自己的死。在这个意义上，自己的死对自己来说具有生存论内涵，但它依然不够“切身”，也很难说我们以此就遭遇了死亡的原初意谓。

海德格尔点了一下但没有展开的乃是亲人的死：

> “死者”被从“遗族”那里扯开，但他与死人有别，是诸如丧礼、葬事、谒墓之类的“操劳活动”的对象。而这又是因为他在其存在方式中比起仅可为之操劳的周围世界内上到手头的用具“更多”。在所有哀悼思念地耽留于他之际，遗族与共他同在，其样式是表示敬意的操持。所以，也还不可把对死者的存在关联把握为寓于某种上手事物的操劳存在。③

虽然海德格尔在这里也指出死者与亲属是一种“共同存在”，以及亲属

---

① 海德格尔：《存在与时间》，陈嘉映、王庆节译，生活·读书·新知三联书店1999年版，第274—5页。德文本：Martin Heidegger，*Sein Und Zeit*，Tübingen：Max Niemeyer Verlag，2006，S. 238。

② 海德格尔：《存在与时间》，陈嘉映、王庆节译，生活·读书·新知三联书店1999年版，第276页。德文本：Martin Heidegger，*Sein Und Zeit*，Tübingen：Max Niemeyer Verlag，2006，S. 240。

③ 海德格尔：《存在与时间》，陈嘉映、王庆节译，生活·读书·新知三联书店1999年版，第274—275页。德文本：Martin Heidegger，*Sein Und Zeit*，Tübingen：Max Niemeyer Verlag，2006，S. 238。

对待死者的态度异于对待普通上手事物，但是海德格尔还是指出，在这里我们依然以一种缅怀的方式与死者的共同在世。“在这种共死者同在之中，死者本身实际生活不再在‘此’。共在却始终意指在同一个世界上共处。死者离弃了我们的‘世界’，把它留在身后。而在这个世界上遗留下来的人还能够共他同在。”① 换句话说，即使亲人已不再在世，但是，亲人的遗体依然被亲属把握为某种共同在世的存在者，因而我们还是没有经历到死者是如何去—世的，如何离世而去的，因此也依然经历不到死亡本身的真实意谓。

但是，海德格尔对亲人去世现象的描述依然是从外部进行的，而不是站在这个“共同存在”的意—晕之中，从而也说不上是对亲人死亡的切身体验。这种外部观察可以是冷静的、旁观的，因此，亲人之死最终也同样被归属于他人之死。但是，我们经验亲人之死与经验他人之死显然是不一样的。他人之死可以被看作一件客观的自然事件来看待。比如，某地发生车祸出人命了，很多人都愿意跑过去看一下，可以轻松地谈论车祸的惨烈。但是，如果你跑过去发现躺在地上的是你的亲人，你还能以一种猎奇的方式来观察乃至谈论死者的惨状吗？这是不可能的。因为，在这里，你不可能再去旁观死亡，而是直接遭遇死亡带来的震撼之痛。再理性的人，面对至亲之人的离世，也会变得突然哽咽失语，他维持不住自己的日常理性。因为，在这里发生了一种原初—生命共同体的撕裂！因此，亲人，尤其是至亲之人的去世，带来的是撕心裂肺的震痛！在亲人的去世中，我们感受到的不是一个大脑或心脏停止运行了，一个生命的机体不再有生命了，而是一个“世界”的消失，一个你曾经可以通达的“世界”永远地消逝了。这才是对死亡的更为原本的经验，这才是去世的真实意谓。

张祥龙先生也指出海德格尔的这个不足，他说，“在这个意义上，当父母经历子女的死亡，或子女经历父母的死亡的时候，他们经历的是‘自己身体的死亡’。这是海德格尔从来没有想到过的一种可能”②。他人的死亡往往

① 海德格尔：《存在与时间》，陈嘉映、王庆节译，生活·读书·新知三联书店 1999 年版，第 275 页。德文本：Martin Heidegger，*Sein Und Zeit*，Tübingen：Max Niemeyer Verlag，2006，S. 238。

② 张祥龙：《孔子的现象学阐释九讲——礼乐人生与哲理》，华东师范大学出版社 2009 年版，第 232 页。

被经历为一件客观的自然事件，而自己的死亡则是一种想象的主观事件，它们都说不上是对死亡的真实遭遇。但是，在亲人的死亡中则不同，我们在这里真实地遭遇着死亡的原初“意蕴”，经历着一个人去—世的真实意谓！这才是死亡“本身”！自己是经验不到的离世而去的，因为伴随着世界消逝，自己也消逝了。而通过亲人，我们则可以原初地感受里一个人离世而去的真实意谓，因此可以说，正是通过亲人，我们才通达死亡本身。

我们不仅不能拥有自己的“死亡”，我们同样也不能拥有自己的“出生”，因为，在出生之时，“我”还不是我，也就说不上对“我”的出生的拥有。人类的出生与动物不一样，后者一生下来就是一个完整的动物了，比如狼生下来就是狼，狗生下来就是狗。但人类不同，他刚生下来时还只是一个小动物，还不是真正意义上的人，“它”还需要经历一个父母的养育从而成其为人的过程。如果没有父母的养育，他长大了就可能只是一个狼孩、狗孩，而非人。人类对自己“出生”的经历，是通过养育子女还获得的。从我们记事起，我们就已经是“人”了，已经拥有一个完整的“我”，已经被抛入了一个“世界”。但是，我是如何学会一门语言，如何成为“我”自己的，如何成为“人”的，这个过程是在我们的意识中缺失的。因此，自我的“根基”对自我而言是未明的。但是，通过养育子女，可以间接地“补充”上我们对自己成长的经历，从而使我们成为一个“完整”的人。

养育子女不仅仅补全了我们的人生经历，它还使个人的生命获得了新生。有了子女，并不简单地意味着有后代了，以及这下子不用担心老了没人照顾了。而是，有了子女，你对“未来”重新有了想象，有了期待，简而言之，你重新有了“未来”！人的生命随着时间的消逝，随着年龄的增长，生命中伸向未来的能力日趋减弱，会感觉生活日趋平淡，对生活的“意义”感也会逐渐减弱。到了一定的年龄，通过养育子女，则能够给我们的生命带来新的“意义”增长点，会让你获得对生命新的体验。新生命的诞生与成长虽然会让你付出很多，但是他带给你的会更多。每个父母，说起自己的子女来，说不完道不尽。与人谈论的时候，很多时候，更愿意谈论自己的子女，而不是自己。因为在孩子身上发生的东西比我们日常生活中经历的那些东西都更为“闪耀”！在抚育婴幼儿的过程中，我们见证着一个人成其为人的过程！婴幼儿在成长的早期充满了无限的可能性，极具感染力与冲击力，它能够激活那逐渐被我们遗忘的对生命、对生活的原初感受力，从而帮助我们重新开启朝向未来的能力。只要想象一下，一个人子女的夭折或早逝，对一个人打击就可以了。父母去世会让人很难过，但是过一段时间，很容易走出来。而失去子女，对人的打击可能是一辈子的。因为他的生存结构中缺失了朝向未来的维度!

张祥龙先生生动地将这样一个生存—时间—意义—共同体称为“亲体”。“在儒家看来，人类的原本身体只能是亲子家庭，可以称作‘亲子体’或‘亲体’，它只出自阴阳（男女、夫妇、父母）和合，‘造端乎夫妇’，兴于夫妇，而成就于亲子两代、三代甚至多代之间。……亲子在物理空间中是分离的（在家庭空间中是共生的），但通过生存时间而成为了一个意义的发生体。”① 在“亲体”中，发生着空间（男女之爱）与时间（亲亲之爱）的相互转化与交融；在“亲体”中，发生着过去与未来的相互交织与生成；在“亲体”中，我们才有“生”、有“死”。因此，在亲体中，“我”才是“我”。

或许，这才是中国古人对人之为人的深切领会：仁者，人也，亲—亲为大！这种以亲亲之爱为源的“仁爱”是儒家文明的根基，与基督教文明中那种顺从“上帝”旨意的“博爱”有着微妙而关键的区别。

（作者单位：山东大学儒学高等研究院）

① 张祥龙：《孔子的现象学阐释九讲——礼乐人生与哲理》，华东师范大学出版社 2009 年版，第 230 页。

21 世纪新儒学发展的新向度：由学术殿堂走向民间社会

颜炳罡

近一个时期以来，中国大陆新儒学思潮出现了新动向，这就是儒学正由学术殿堂走向民间社会，由纯理论的学术言说走向民众的实际行动，儒学的大众化、草根化、生活化、实践化已成为当前儒学发展的重要力量，成为21 世纪新儒学发展的主流话语。在民间团体、学术机构、企业界人士、基层工作者等多层面、全方面的互应下，民间儒学思潮在中国大陆显得异常活跃，同时预示着中国大陆正在成为全世界儒学研究中心、儒学新思想的创发中心。只有民间儒学在中国大陆兴起，中国大陆才能真正引领东亚新儒学的话语权并进而引领世界儒学的发展。

我们所说的新儒学一般是指创发于中国大陆，后栖身中国港台地区的一个学派，主要指以熊十力、牟宗三、唐君毅、徐复观等为主要师承关系而努力推动儒家学术思想现代化的思想流派。本文所说的新儒学思潮与港台新儒学没有实质上的关联，因为就目前学术界情况看，中国大陆的新儒学还是一个边界比较模糊的概念，人们一般将对中国传统文化尤其儒学文化抱有同情、敬意的了解，力图使传统儒家思想适应于现代社会需要的知识分子都称为新儒学，从这个意义上说，大陆新儒学是一个学者数量众多、思想成分比较复杂的谱系。由于我们离这一谱系太近，还不能完全看清其本来面目。不过，随着时间的推移，中国大陆的新儒学思潮的主流倾向已经显现：这就是由学术殿堂走向民间社会，由庙堂儒学转化为民间儒学，儒学的大众化、草根化、生活化、实践化是未来儒学发展的主要向度。

传统儒学亦称儒教，而儒教是士大夫之教，是官中学中之人之教，农夫野老只能观望于孔庙的门墙之外。五四以后，儒学的政治优渥已不复存在，孔庙的神圣与庄严同样也不复存在，而儒学被打落到学术研究机构或高等院校学术的殿堂，成为学者们考证源流，辨章学术的对象，普通大众是无法参与到儒学研究活动本身的。当儒学成为考证、辨章的对象时，儒学由传统的政治深宫被锁进了学术深闺，由于儒学与百姓生活无关、与大众无关，“为往圣继绝学”只能成为一代又一代知识分子的宿命。现代新儒家们除梁漱溟之外，熊十力、冯友兰、贺麟、唐君毅、徐复观、牟宗三等及其后学主要精力用于思想体系尤其是哲学体系创建或对儒家义理现代性的发挥，当代大儒牟宗三虽然批评宋儒“内圣强而外王弱”，力图纠宋儒之弊，然而最终难以解开此一症结。现代新儒学体系越来越精密，理论越来越系统化，学说越来越玄远，同时也越来越远离百姓的日常生活。儒学研究者们与儒家理论的创发者们正是用自己的手砌起来墙与外界隔绝了，当一种学说不再过问百姓的疾苦忧乐的时候，百姓也就不再关心这一学说了。传统儒学是以政治的优越感拒民于千里之外，而现代新儒学可谓是以学术的优越感拒百姓于千里之外，问题在哪里？有鉴于此种，中国大陆儒学研究者或爱好者，努力从事着儒学民间化、大众化、草根化、实践化的努力，让儒学向其本质回，回归到为百姓日用之道。

一、儒家学者自觉担当起引领民间儒学发展的使命

北京、山东、河北、山西、湖北、四川、江苏、贵州等地学者虽然远隔千山万水，但这些地方的学者不约而同地关注民间儒学的发展。他们或从事民间儒学的理论论证，或为民间儒学发展到处呼吁、演讲，或亲身实践，走入百姓生活，宣讲儒学。这些学者大都是多年从事儒学研究的专家、学者，有着相当高的学术地位。在这个庞大的群体中，他们所思所想也不一定完全相同，其提出的口号或打出的旗帜也不一样，如有人提倡“儒学大众化”，有人提倡“儒学实用化”，有人提倡“儒学世俗化”，有人提倡“儒实践化”，也有人提倡“儒学民间化、生活化、草根化、实践化”等，不一而足。但这些主张的背后有着共同的诉求：第一，儒学应当从政治的桎梏中解

放出来，不能对儒学做过度的政治解读与联想，让儒学真正回归人伦日用之道的本质；第二，儒学应当从高等院校、人文科研机构等学术殿堂里走出来，面对实现，回应百姓文化与道德重建的诉求，让儒学真正成为百姓生活的智慧学，成为大众生活的向导。

二、书院、孔学堂、孔子学堂建设蓬勃发展，成为民间儒学发展的重要活动平台

书院自隋唐出现以来，历宋元明清，一直是儒家的道场，是儒家人物学术研究、思想传播、礼敬孔子及其他先贤、收藏典籍的重要场所，也是儒家新思想乃至新学派的发源地。如果说佛教徒的培养靠寺院，道教徒的培养靠道观，儒家人才的培养主要靠书院，同时书院也是传统儒生的公共精神空间。晚清，全国各地纷纷改书院为学堂，书院“功力”尽废，到20世纪末，在晚清还数以千百计的书院已经不复存在，即使残存的书院已经不具备原来的功能，大都成为旅游景点的点缀，鲜有发挥教学功能者。然而，进入21世纪，书院的出现“忽如一夜春风来，千树万树梨花”一样，在华夏大地纷纷出现。虽然20世纪80年代初，北京已有“中国文化书院”，一时间也曾产生过相当大的社会影响，然而，当时国人并没有意识到书院在儒学传播过程中的作用，因而没有激起不同行业、不同领域的国人建设现代书院的热情。进入21世纪，随着国学热的到来，儿童读经、企业家国学培训班、各种传统礼仪班等的兴起，书院在中国大陆从南到北，从东到西广泛兴建。据统计，具有书院之名的机构在全国多达1500多家。当然，这些书院相当多的是只有书院之名，并无书院之实，有的书院可能是一所商务酒店，有的书院也可能是一所私人高档会所，此等书院不是我们讨论的对象，我们主要讨论与探究与传统文化传播、讲习、研究有关的书院。这类书院有的是企业办的，有的是高校办的，有的学者办的，还有是政府办的，甚至有的是寺院里的和尚办的，还有的是传统书院的延续等，说明21世纪书院一出现就展现了投资多元、文化诉求多元的格局。在这些书院中，贵州孔学堂、山东尼山圣源书院、山东尼山书院、福建筼筜书院、湖南岳麓书院、大连白云书院等在2014年表现得尤其受人关注。贵州孔学堂取民助官办的运作模式，设有

孔学堂大讲堂，定期请国内外知名儒家学者前往授课，设有孔学堂书局，办有孔学堂杂志并举办了各种各样传统文化展示活动，每年一度的孔学堂庙会竟然可以在 7 天之内吸引 14 万人前来参与，足见孔学堂的文化魅力！贵州虽然属于经济欠发达地区，但其儒学推广则走在全国前列，彰显了强烈的文化自信与文化自觉意识，也体现了贵州人敢为天下先的气魄。2014 年山东省力推图书馆加尼山书院模式，利用全省各地市县的公共图馆附加其书院功能，引起了不小的反响。如果贵州孔学堂、山东省图书馆加尼山书院模式还是政府主导下儒学民间化行为的话，那么尼山圣源书院、福建篔筜书院、方太集团的孔学堂、深圳彭成书院、湖北云深书院等完全是民间性质。尼山圣源书院建立 6 年来，在《论语》教学、国学师资培训、儒学下乡、国际儒学交流等方面，成就显著，是目前最富有活力的书院之一。福建篔筜书院借助雄厚的财力支撑，在促进海峡两岸学术交流方面，功莫大焉。这些书院不仅是儒学民间化、大众化、草根化、生活化的践行者，对于推动儒学创造性转化与创新性发展起着重要作用。

三、学者们走出书斋，侧身乡村、社区，宣讲儒学，是民间儒学进入实践的开始

儒者一向主张，“一语不能践，万卷徒虚空”，强调知行合一。长期以来，儒学被锁进高等院校、研究机构的深宫里，与大众无涉，与民众的生活不相关，造成研究者与民众现实生活的严重脱节。当代儒家学者正在探索如何将学者们尤其是自己的研究成果向民众转化问题即向现实转化问题。相当多的学者放下教授、专家的架子，走向社会，走进社区、乡村、企业、机关乃至中、小学校，走到普普通通的百姓面前，既倾听百姓的声音，也向百姓传授自己的专业知识，与百姓交流、对话、互动。一方面他们以现实生活检验自己的理论成果；另一方面以现实生活升华自己的理论研究。位于山东省泗水县孔子出生地尼山脚下的尼山圣源书院的学者们做得尤为突出。尼山圣源书院创建于 2008 年，是由北京、山东、香港、台湾等儒家学者发起创立的、以传承儒家思想为宗旨的现代书院。该书院创设之日起，就坚持“以儒家的精神，做儒家的事业”，形成了扎根泗水乡土，服务山东儒学事业，面

向全球的战略构想，以北京、山东的学者为主体，在乡村和泗水县城区开展儒学大讲堂，深得乡民及当地群众的欢迎，达到了良好的效果，同时也引起众多媒体关注。在尼山圣源书院的带动下，“乡村儒学”现象在山东泰安的肥城仪阳、聊城的韩屯、德州武城等多地展开并初步形成小气候，对改善社会风气，和睦邻里关系，促进家庭和谐等方面发挥了重要作用。

四、“以孝治村”、“以儒治企”在中国大陆已不是个案，而是正在兴起的一股文化热潮，这是儒学由学术殿堂走向民间的具体落实

儒学在传统中国虽然是士教，农夫野老固然不与孔庙释奠之盛，但通过诵读《三字经》、《千字文》、《弟子规》等童蒙读物以及乡绅的道德示范，儒学已转化为百姓日常行为规范乃至生活方式，只是“百姓日用而不知”罢了。近代以来，经过余百年对传统的批判尤其是“文化大革命”对孔子、对儒学的批判，孔子、儒学在社会底层也备受摧残，儒学在基层社会有断裂之虞。事实上，儒学只有成为百姓日常行为规范和生活方式才能谈得上真正复活。当儒学化为百姓日常行为规范和生活方式之时，正是新儒学萌生之日。21 世纪，社会各界对孝道回归呼声越来越高，越来越迫切，中华孝心示范村、以孝治村在中国大地迅速出现。“以孝治村”甚至“以孝治市”，打造“儒学风孝道之乡”、“孝义之乡”等，已经不再是贴在墙上的标语，也不是某些领导的政绩工程，而是实实在在的行动。儒学在乡村的落实是从孝道开始的，而城市落实是从经典诵读开始的，这是城乡儒学切入点的不同。孝道最贴近人性，可以引起不同年龄、不同性别的共鸣，由孝之一德延伸出去，忠、信、礼、让等等可以跟进来，从而达到家庭和睦、邻里互助的局面，形成尊老爱幼的良好社会风尚。在海南、广西、山东等地，将孝道亲情教育引入监狱管理，唤起犯罪人员的道德良知，同样达到了良好的效果。

在中国，从南方到北方，“以儒治企”、“以德兴企”、“以孝立企”、“忠孝治企”等，决不是个别企业家的一时冲动，而是在探索合乎中国国情、更具有人文关怀的中国式管理之道。有的企业建有“孔子堂”，深圳有家企业建立了自己的书院，总裁每周带着高层管理团队学习《论语》，山西运城市

有家企业将“四书”作治企的宝典等，不一而足。儒学由学术殿堂走向民间社会，由少数人文学者、知识分子研究的对象转化为大众的生活规范和人生向导，这是儒学复兴的康庄大道，也是近期新儒学思潮的主调。

近期新儒学之新在于由学术殿堂走向民间，由理论言说转化为行为实践，由少数知识分子研究对象转化为大众的生活向导，开启了儒学大众化、草根化、生活化、实践化的大幕，这是 21 世纪儒学新的生长点，也是儒学创新的源泉，同时是儒学新理论的创发地。这一过程肯定还会遇到这样或那样的问题，甚至会遭遇挫折，既然儒学民间化的过程已经开启，一定会“青山遮不住，毕竟东流去”。新儒学思潮在全球化的背景下，向儒家学问的原本质回归，向现实生活回归，向大众回归，是儒学发展的内在要求，也是中国崛起的现实需要。

诚然，当我们说新儒学思潮是由学术殿堂向民间回归的时候，并不意味着儒学的理论研究尤其是新理论的创造不重要，也不意味着新儒学思潮在近期没有出色的表现，相反，我们认为儒学理论的新成长与儒学的民间化是相得益彰的。我们注意到，关注甚至侧身于儒学民间化、大众化、草根化、生活化、实践化的学者大都是在儒学理论创新领域最富活力也是最有创造力的一批学者，不少学者是儒学新理论的倡导者。诸如“新仁学”、“仁本体论”、“民主仁学”、“以仁义为体，以自由、民主为用”等，这些理论一方面关注现实，从现实中、从百姓的生活中、从现代社会的发展中乃至从人类前途命运中去寻求理论支撑，另一方面也为儒学民间实践寻求着理论说明。

儒学由神圣的学术殿堂走向民间是儒学发展的内在要求，展示了儒学发展的新动向，代表着儒学发展新趋势。我们认为，儒学只有植根百姓的人伦日用之中，才能找到自己成长的力量，而百姓人伦日用只有贯穿儒家人文教养才能得以升华。我们期盼这股由学术殿堂走向民间的新儒学思潮得以健康发展，真正解开百余年来困惑国人的难题：即儒学发展往往与百姓人伦日用、与现实脱节的难题，为儒学未来开辟一条生路，即一条希望之路。

（作者单位：山东大学儒学高等研究院）

后　记

本书是2014年12月13日至14日在山东大学举行的“重写儒学史”与“儒学现代化版本”问题学术研讨会的论文集。此次会议既是山东大学儒学高等研究院主办的“儒学前沿问题高端论坛”2014年度会议，也是国家重大项目“马克思主义与儒学”的子课题之一、黄玉顺教授主持的“儒学基本内涵及其现代性因素研究”课题的研讨会之一。

课题“马克思主义与儒学”是国家社科基金特别委托项目（批准号11@HZ009），首席专家为全国人大常委会原副委员长、山东大学儒学高等研究院院长许嘉璐先生。该项目分为以下六个子课题：

1. 马克思主义基本内涵及其历史形态研究（负责人何中华教授）；

2. 儒学基本内涵及其现代性因素研究（负责人黄玉顺教授）；

3. 马克思主义与儒学之关系的历史与现状研究（负责人杨朝明教授）；

4. 党和国家领导人传统文化观研究（负责人颜炳罡教授）；

5. 马克思主义与儒学的内在关系及其融合之可能性研究（负责人何中华教授）；

6. 马克思主义与儒学关系研究资料集成（负责人沈顺福教授）。

其中“儒学基本内涵及其现代性因素研究”课题的宗旨，是重新认识儒学的本质，特别是儒学走向现代性的可能及其实际的历史进程。这也正是举办此次“重写儒学史”与“儒学现代化版本”问题学术研讨会的意旨所在。

如此重大的问题，当然不是一次学术会议就能解决的，此次会议不过是抛砖引玉而已；但无论如何，此次会议在学术界首次明确地提出了“重写儒学史”的口号，提出了“儒学现代化版本”的问题。我们希望，并相信学术界将会就此展开更进一步的讨论。

责任编辑:方国根　崔秀军
封面设计:石笑梦

图书在版编目(CIP)数据

重写儒学史:"儒学现代化版本"问题/许嘉璐 主编.
-北京:人民出版社,2015.11
ISBN 978-7-01-015042-0

Ⅰ.①重…　Ⅱ.①许…　Ⅲ.①儒学-思想史-中国　Ⅳ.①B222.05

中国版本图书馆 CIP 数据核字(2015)第 155171 号

重写儒学史
CHONGXIE RUXUESHI
——"儒学现代化版本"问题

许嘉璐　主编

人民出版社 出版发行
(100706　北京市东城区隆福寺街 99 号)

北京中科印刷有限公司印刷　新华书店经销

2015 年 11 月第 1 版　2015 年 11 月北京第 1 次印刷
开本:710 毫米×1000 毫米 1/16　印张:23.5
字数:370 千字

ISBN 978-7-01-015042-0　定价:58.00 元

邮购地址 100706　北京市东城区隆福寺街 99 号
人民东方图书销售中心　电话 (010)65250042　65289539